100 Jahre DSC

1898 - 1998

1998 ist ein Jubiläums- und Meisterschaftsjahr für den nun 100-jährigen Dresdner Sport-Club. Grund genug über diesen großen Traditionsclub des Dresdner Sports eine Chronik und Dokumentation herauszubringen, die kein rosarotes Bonbon-Buch sein kann, denn zwangsläufig ist auch von Abstieg, Fehlern, Mißwirtschaft und seiner Nachfolgervereine nach dem Krieg die Rede, von tristen Tagen und grauem Nebel über den Sportplätzen im Ostragehege und im Heinz-Steyer-Stadion. Aber auch von Triumphen der Sportler und Sportlerinnen bei Olympischen Spielen, Welt-, Europa- und Deutschen Meisterschaften, die den Club auch nach Umbenennung in der DDR-Zeit als „Großclub SC Einheit Dresden" zu Erfolg und Anerkennung, sowohl national und international, gebracht haben. Von Zielvorgaben und Mastkuren, die Präsidenten und Abteilungsleiter dem Club immer wieder verabreicht haben, bis zu den Weichen, die das neue Präsidium für eine bessere Zukunft gestellt hat. Prioritäten muß ein Autor einer solch umfangreichen Chronik setzen. Deshalb sollte der ein oder andere, der nicht erwähnt wurde, nicht gleich den Stab über dieses neue DSC-Buch brechen. Natürlich ist in dem Buch auch von einem „Klimawechsel" und von homogenen Mannschaften und ihren Matadoren, die bei den 11 Abteilungen des DSC viele Titel souverän herausgespielt haben, die Rede. So wurde 1990 aus dem Club SC Einheit und den Fußballern des FSV Lok Dresden wieder das Lieblingskind der Dresdner. Nach einer wechselvollen Geschichte ist ein hoher Popularitätsgrad erreicht worden - dank der Leute von heute in der Führungscrew. Sie haben die Hände fest am Steuer des rot-schwarzen Flaggschiffes und hoffen, selbst bei noch so hohem Wellengang, weiter an der Spitze im Sport steuern zu können.

Dresden im Oktober 1998

Bernhard Heck

Eingesang

Inhaltsverzeichnis

100 Jahre DSC

Der Dresdner Sport-Club
Zum 100 Jubiläum

Inhalt

Dresden - das Elbflorenz in Deutschland
Dresden ist nicht ganz normal — 4-8

Ein Club im Wandel der Zeit
Der Dresdner Sport-Club eine Institution in Dresden — 10-17

Nostalgie beim DSC
1898 Gründung bis 1938 im Zeitraffer — 18-19

100 Jahre DSC
Die Geschichte eines Clubs (Text aus Originalchronik) — 20-33

Wo spielen wir morgen?
Die ewige Platzfrage beim DSC wie ein roter Faden — 34-35

Fußball in Dresden
Die Entstehung des Fußballspieles in Dresden — 36-43

Titel, Tore & Triumphe
Das Pokaldouble von 1940 und 1941 — 44-51

Titel, Tore & Triumphe
2. Pokalsieg 1941, Herbe Niederlage für Schalke 04 — 52-57

Titel, Tore & Triumphe
1. Deutsche Meisterschaft 1943 — 58-65

Titel, Tore & Triumphe
Der zweite Meisterstreich 1944 — 66-73

Die Meisterschaft 1998
Im dritten Anlauf klappte es mit dem Aufstieg in die 3. Liga — 74-78

Die Meisterschaft 1998
Bilder, die für sich sprechen — 78-87

Die Meisterschaft 1998
Vom Erfolgscoach zum Manager Matthias Schulz Aufstieg — 88-89

Der Club im Wandel der Zeit
Die DSC-Präsidenten von 1898 bis 1944 und von 1990 — 90-91

Der Club im Wandel der Zeit
Wolfgang Brune - seine Ziele: Seriosität und Kontinuität — 92-93

Der Club im Wandel der Zeit
Hotelboss Paul, Vize Menath — 94-95

Der Club im Wandel der Zeit
Schatzmeister Striebel, Verwaltungsratsboss Dr. Hesse — 95-96

Der Club im Wandel der Zeit
Der „Club der Hundert" eine Säule im Marketing — 96-97

Der Club im Wandel der Zeit
Die DSC-Geschäftsstelle - Schaltzentrale und Anlaufstelle — 98-99

Der Club im Wandel der Zeit
Die 64 Nationalspieler von Berthold, Hofmann Schön & Co. — 100-101

Der Club im Wandel der Zeit
Helmut Schön 16 Länderspiele, 1974 Weltmeister-Coach — 102-103

Der Club im Wandel der Zeit
Richard Hofmann 25 Länderspiele „König Richard" — 104-107

Der Club im Wandel der Zeit
1946 bis 1950 - Neubeginn in Schutt und Asche — 108-119

Der Club im Wandel der Zeit
Saison 1950/51 Auflösung der SG Friedrichstadt - Skandal! — 120-121

Der Club im Wandel der Zeit
Saison 1951 bis 1954 unter Rotation Dresden Erfolge — 122-130

100 Jahre DSC

Inhalt

Der Club im Wandel der Zeit
Saison 1955 bis 1958 der
SC Einheit holt den FDGB-Pokal — 131-134

Der Club im Wandel der Zeit
1958 bis 1962 dem SC Einheit
droht mehrfach der Abstieg — 135-139

Der Club im Wandel der Zeit
1962 bis 1968 die Zweitklassig-
keit für den SC Einheit — 140-142

Der Club im Wandel der Zeit
1969 - 1990 der Abstieg des
FSV Lok Dresden geht weiter — 143-145

Der Club im Wandel der Zeit
19 Sektionen schließen sich
dem SC Einheit an — 146-147

Der Club im Wandel der Zeit
Einheit-Sportler, Stammgäste
bei Olympiaden — 148-155

Der Club im Wandel der Zeit
Abteilung Fechten -
die Musketiere von Dresden — 156-161

Der Club im Wandel der Zeit
Abteilung Gewichtheben -
Peter Wenzel der Überflieger — 162-163

Der Club im Wandel der Zeit
Abteilung Kanu - Kanutin
Carsta Kühn mit 7mal WM-Gold — 164-165

Der Club im Wandel der Zeit
Abteilung Leichtathletik
Harbigs Weltrekord,
Liesel Krüger und Käthe Kraus,
Ramona Neubert, Hagen Melzer,
Heike Meißner, Thomas Golla — 166-179

Der Club im Wandel der Zeit
Abteilung Radsport
Jens Wettengel, das As! — 180-181

Der Club im Wandel der Zeit
Abteilung Schach
Schachhochburg Dresden — 182-185

Der Club im Wandel der Zeit
Wolfgang Uhlmann
das Schachgenie — 186-189

Der Club im Wandel der Zeit
Abteilung Schwimmen
Schwimm Star Richter & Co. — 190-193

Der Club im Wandel der Zeit
Abteilung Turnen
Von Olympia weit entfernt — 194-197

Der Club im Wandel der Zeit
Abteilung Volleyball
Wollen in die Spitzenplätze — 198-205

Der Club im Wandel der Zeit
Abteilung Wasserspringen
Springer As Hempel — 206-209

Der Club im Wandel der Zeit
Von 1898 bis 1932 Streifzug
durch die Geschichte — 210-223

Der Club im Wandel der Zeit
Von 1933 bis 1944 DSC
so populär wie Schalke 04! — 223-232

Der Club im Wandel der Zeit
Der Mitteldeutsche Pokal
zweimal DSC der Sieger — 233-235

Der Club im Wandel der Zeit
Von 1935 bis 1944
der Tschammer (DFB)-Pokal — 236-246

Der Club im Wandel der Zeit
Superstatistik 100 Jahre
Tabellen von 1901 bis 1998 — 248-254

Der Club im Wandel der Zeit
Der DSC von A bis Z
(Danksagung des Autors) — 255-256

Die Landeshauptstadt Dresden

100 Jahre DSC

Dresden - das Elbflorenz in Deutschland
Dresden ist nicht ganz normal...

Dresden?

Das fängt schon bei der Sprache an. „Die Leute dehnen jede Silbe, verlängern jedes Wort, hängen überall ein Lieblings-E an, so daß ihre Sprache ein förmliches Mäh, Mäh von Schafen wird...", äußerte sich Franz Grillparzer wenig schmeichelhaft zur Aussprache der Dresdner. Zugegeben, die Sprache hat ihre Eigenart - und paßt damit hervorragend zu Dresden und seinen Bewohnern. Die Dresdner sind ein besonderes Völkchen: Fast abgöttisch lieben sie ihre Stadt - und das, was Dresden einmal war. Das alte Dresden ist nicht nur in den Stadtansichten Bellottos, Kuehls und Kokoschkas lebendig, sondern vor allem in den Köpfen der Dresdner. Die Bomben des 13. und 14. Februar 1945 zerstörten diese Stadt auf einer Fläche von 15 Quadratkilometern nahezu vollständig. Angesichts der Trümmerberge gab es zwar Überlegungen, Dresden an anderer Stelle neu aufzubauen und „die Reste der Bauwerke sich mit Rankrosen und wildem Wein" bedecken zu lassen, aber diese Pläne waren ohne die Dresdner gemacht.

> „Die Leute hier dehnen jede Silbe, verlängern jedes Wort, hängen überall ein Lieblings-E an, so daß ihre Sprache endlich ein förmliches Mäh, Mäh von Schafen wird."
>
> Franz Grillparzer

Herbert Conert, Dresdens Stadtbaurat nach dem Krieg, veranschlagte 75 Jahre für den Wiederaufbau der zerstörten Stadt. Und hatte damit gut geschätzt: Mehr als zwei Drittel dieser Zeit liegen hinter uns - und vor uns Jahre, in denen es noch so manche Lücke zu schließen gibt. Deshalb meinte der deutsche Zeithistori-

Die berühmte Prager Straße - historische Aufnahme von 1939

ker Arnulf Baring in einem Interview: „Dresden nach 1945 ist im Grunde nur noch eine normale Stadt des Industriezeitalters." Womit er sich irrt. Wer nach Dresden kommt, der kann der Sixtinischen Madonna mit ihren lausbubenhaften Engeln in die Augen schauen und

> „Dresden nach 1945 ist im Grunde nur noch eine normale Stadt des Industriezeitalters"
>
> Arnulf Baring

die Stadt mit Canalettos Blick entdecken, der kann den Anblick der drei Elbschlösser und die Semperoper genießen, der kann auf der barocken Königstraße flanieren und mit dem Zwinger eine der prunkvollsten Barockanlagen Europas bewundern, der kann im Italienischen Dörfchen an einem der weltweit schönsten Plätze seinen Kaffee genießen und in den Dresdner Sammlungen Kunstwerke von Weltruhm bestaunen.

Wo sonst ist Europas größtes zusammenhängendes Villengebiet des 19. Jahrhunderts noch in Teilen erkennbar, schrieb eine Gartenstadt wie Hellerau Architekturgeschichte, findet sich eines von Europas größten, fast lückenlos erhaltenen Gründerzeitvierteln und mit Pfunds

> „Dresden hat mir große Freude gemacht und meine Lust, an Kunst zu denken, wieder belebt. Es ist ein unglaublicher Schatz aller Art an diesem schönen Orte."
>
> J. W. v. Goethe 1790

Molkerei der schönste Milchladen der Welt? Die Brühlsche Terrasse, nicht nur von Schwärmern als Balkon Europas benannt, gibt den Blick frei auf Japanisches Palais, Bellevue, Blockhaus, Königsufer und Augustusbrücke. Der Fürstenzug ist mit seinen 25.000 Meißner Kacheln das größte Porzellanbild der Welt und der Goldene Reiter, als ein Wahrzeichen Dresdens und Sinnbild der Ära August des Starken, mehr als nur ein Reiterstandbild.

„Dieses Dresdner Fluidum, diese Ungreifbare und mit Worten nur unvollkommen zu Umschreibende, ist die Summe vieler Eindrücke. Es entsteht aus dem einzigartigen Zusammenklang von Natur, Architektur und Kultur...", schwärmte Baudelaire.

Dresden - das ist europäischer Kulturboden, über Generationen bestellt von Komponisten und Musikern, Malern und Bildhauern, Architekten und Gartengestaltern, Choreographen und Tänzern, Schriftstellern und Dichtern, gepflegt von Sammlern, Liebhabern und Förderern. Bis heute empfinden Künstler aller Genres Dresden als einen Ort der Inspiration. Herder fühlte sich zum Vergleich mit dem italienischen Florenz inspiriert und Schiller zur „Ode an die Freude", Schütz zur ersten deutschen Oper „Daphne", Schumann erlebte in Dresden - nach eigenen Aussagen - seine fruchtbarste Zeit und Richard Wagner und Gottfried Semper gingen hier auf die Barrikaden. Das war dann aber doch

DRESDNER NEUESTE NACHRICHTEN

100 Jahre DSC Dresden

Panorama-Luftbild von Dresden des Dresdner Fotografen Jörg Schöner, 1997 aufgenommen mit einer Noblex 150, einer Panoramakamera aus dem Kamera Werk Dresden. In der linken unteren Ecke ist die eindrucksvolle Sportanlage des Dresdner Sport-Clubs gut zu erkennen.

zuviel - beide mußten die Stadt fluchtartig verlassen. Wie auch der letzte Wettiner, der sich mit einem „dann machd doch Euern Dregg alleene" aus Dresden verabschiedete. Er verließ mit dem Residenzschloß eines der geschichtsträchtigsten Gebäude von Dresden. Hier wird seit dem Mittelalter an-, um- und neugebaut. So natürlich auch heute. Bis 2006 soll die äußere Hülle stehen. Mit dem Bauwerk haben die Dresdner noch viel vor: Zeitungen sprechen von einem zweiten „Louvre", die Dresdner von einem Museumskomplex. Also keine Kopie. Schließlich sind die Dresdner Kunstsammlungen einmalig.

Die zerstörte Innenstadt nach den Angriffen am 13. und 14. Februar 1945

Abo direkt: (08 00) 1 13 45 67

Die Landeshauptstadt Dresden

100 Jahre DSC

Dresden - das Elbflorenz in Deutschland
Dresden ist nicht ganz normal...

Dresden!

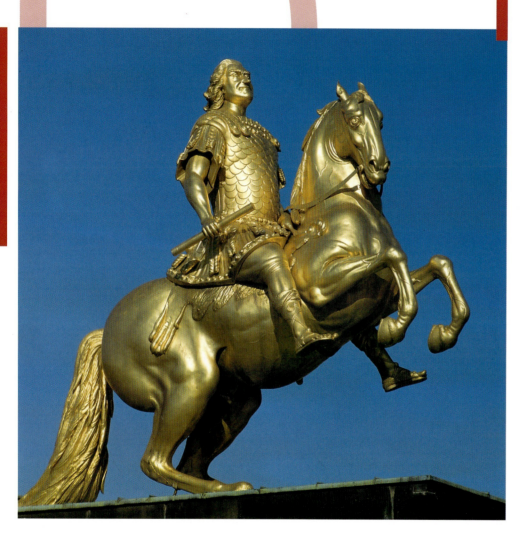

„Der Goldene Reiter" - alias „August der Starke", eins der berühmten Wahrzeichen von Dresden.

> „Dieses Dresdner Fluidum, diese Ungreifbare und mit Worten nur unvollkommen zu Umschreibende, ist die Summe vieler Eindrücke. Es entsteht aus dem einzigartigen Zusammenklang von Natur, Architektur und Kunst."
>
> Charles Baudelaire

„Bis jetzt weiß ich keinen Ort, den ich um seiner selbst Willen Dresden vorziehen möchte", schrieb Christian Gottfried Körner an einen Freund. Recht hat er, schließlich nimmt Dresden laut einer Umfrage Platz 3 in puncto Lebensqualität unter Europas Großstädten ein. Da aber beim besten Willen nicht jeder in der sächsischen Landeshauptstadt leben kann, verbringen immer mehr die schönsten Wochen des Jahres in Dresden: derzeit mehr als sechs Millionen Touristen. Dresden hat damit seinen Platz in den Top Ten der beliebtesten europäischen Städte sicher.

Dresden, das ist nicht nur eine der schönsten Kunststädte, sondern auch eine der grünsten Städte Europas. Die Stadt gehört zu den wenigen Metropolen, in denen sich die Natur so wie hier an der Elbe bis in das Stadtzentrum entfalten kann. Mit Konsequenz sorgen die Dresdner seit Jahrhunderten dafür, daß die Elbwiesen und der phantastisch schöne Blick auf die Elbhänge unbebaut bleiben. Und wenn schon einmal an der Elbe gebaut wird, dann mit Sinn für Qualität wie das Beispiel von Schloß Pillnitz zeigt. Schönes in Dresden - ein uferloses Thema.

„Das Haus ist kein geschliffener Kristall, es ist ein langer harter Brocken, ruppig und scharfkantig. Nackt und eiskalt wie ein Sternensplitter", schrieb die FAZ über Dresdens neueste Architekturerrungenschaft: das Kino UFA-Palast Himmelb(l)au an der Prager Straße. Neue Bauten haben es nicht einfach, den Ansprüchen der Dresdner gerecht zu werden. Doch das St. Benno-Gymnasium von Günter Behnisch, der Landtag von Peter Kulka und das Kino der Wiener Architekten Wolf D. Prix und Helmut Swiczinsky überzeugen mit ausgefallenen Lösungen - und dafür sind die Dresdner schon immer zu begeistern. Oder hätte George Bähr hier sonst seine gewagte Kuppelkonstruktion für die Frauenkirche durchsetzen können? Heute fasziniert das Wiederaufbauprojekt Menschen weltweit.

DRESDNER NEUESTE NACHRICHTEN

6

100 Jahre DSC

Historische Aufnahme von Dresden mit der eindrucksvollen „Steinernen Glocke" …die Kuppel der Dresdner Frauenkirche

Historische Aufnahmen von Dresden: (von oben nach unten)
- *Pirnaischer Platz mit Kaiserpalast,*
- *Pirnaischer Platz vom Kaiserpalast aus,*
- *Die Dresdner Hofchaisenträger,*
- *Blick in die Schloßstraße*

Dresden!

Die Bewohner der sächsischen Hauptstadt können „in einer beispiellosen Fülle von Kulturschätzen und Naturschönheiten schwelgen. Dieser doppelte Reichtum hat eine sinnesfrohe Lebensart geprägt, die ihresgleichen in Deutschland sucht. Die spürbare Gelassenheit, die in Dresden herrscht, harmoniert mit der schwebenden Leichtigkeit, die Architekten wie Pöppelmann, Chiaveri und Knöffel aus schwersten Materialien hervorgezaubert haben", schwärmt die „Vogue".

Das Beste an Dresden sind zweifellos die Dresdnerinnen und Dresdner. Sie gelten nicht nur als tüchtig, pragmatisch und liebenswert, sondern auch als höflich, besonders hilfsbereit und neugierig. Die Dresdner haben halt ihre Eigenart - und das nicht nur bei der Sprache.

> „Bis jetzt weiß ich keinen Ort, den ich um seiner selbst Willen Dresden vorziehen möchte."
>
> Christian Gottfried Körner

*Abbildung auf der Seiten 8
Bernardo Bellotto, genannt Canaletto -
Der Neumarkt in Dresden vom Jüdenhof aus.
Zwischen 1749 und 1751, Öl auf Leinwand,
Galerie Alte Meister, Dresden*

Abo direkt: (08 00) 1 13 45 67

Die Landeshauptstadt Dresden

100 Jahre DSC

Dresden - das Elbflorenz in Deutschland

Dresden ist nicht ganz normal...

..."Auf der Vedute ist der zweite große Markt, der mit der ersten Erweiterung der Stadt seit 1546 entstand, dargestellt. Bellotto hat ihn vom Dinglingerhaus aus aufgenommen und die Frauenkirche George Bährs, von 1726 bis 1743 errichtet, mit ihrem Kuppelwunder in die Bildmitte gestellt... Links steht der mächtige Bau des Stallgebäudes von Paul Buchner von 1586 bis 1588, dessen oberes Geschoß 1744 bis 1746 von Johann Christoph Knöffel zur Gemäldegalerie mit großen Fenstern umgebaut wurde. Sie diente bis zum Neubau Sempers am Theaterplatz (heute die Gemäldegalerie Alte Meister) der Aufbewahrung der Bildschätze. Die bürgerlichen Bauten im Halbrund links, die in die Augustusstraße führen, wurden Opfer der Beschießung von 1760. Nur das letzte Haus, ein typischer Bau des bürgerlichen Barock, blieb erhalten..." *(gekürzt nach: Bernardo Bellotto · Dresden im 18. Jahrhundert, von Dr. Fritz Löffler, Koehler & Amelang, Leipzig)*

DRESDNER NEUESTE NACHRICHTEN

Immer am Ball.

Das Dresdner Original

Der Dresdner Sport-Club

100 Jahre DSC

Ein Club im Wandel der Zeit
Eine Institution in Dresden

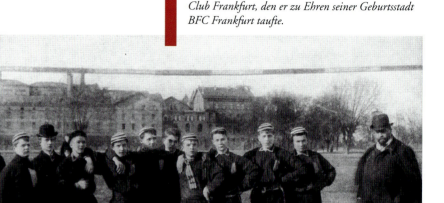

Bildhauer Georg Leux (rechts mit Havelock), führte in Berlin das Fußballspiel ein und gründete 1886 den ersten Berliner Fußballverein, den Berliner Fußball Club Frankfurt, den er zu Ehren seiner Geburtsstadt BFC Frankfurt taufte.

Weltweit gibt es viele noble Fußballvereine: Bayern München, den vielfachen Deutschen Meister, Borussia Dortmund, den Sammer-Klub, Real Madrid, den königlichen Club aus der spanischen Hauptstadt, Juventus Turin, den italienischen Rekordmeister und dreifachen Gewinner der Champions-League, den FC Liverpool, Ajax Amsterdam oder den RSC Anderlecht. Alle diese klangvollen Namen haben auf den ersten Blick mit dem Dresdner Sport-Club nichts gemeinsam - sie gehören einfach alle zur vornehmsten Gesellschaft des internationalen Fußballs.

Und doch gibt es bei näherem Hinsehen einige Gemeinsamkeiten. Dabei gehört der Dresdner SC zu den ältesten Fußball-Clubs in Deutschland. Am 30. April 1898 gründeten ein knappes Dutzend junger Männer im „Hotel Stadt Koblenz" unter der Federführung des späteren Ehrenvorsitzenden Karl Baier den „Dresdner Sport-Club 1898". Mit 20 Mitgliedern ging es auf der Wiese am Ostragehege um die Jahrhundertwende um das Fußballspielen. Schon zwölf Jahre vorher in Berlin gründeten 1886 der aus Frankfurt am Main stammende Bildhauer und Opernsänger Georg Leux den ersten deutschen Fußballclub.

Zu Ehren seiner Vaterstadt taufte er ihn „Berliner Fußballclub Frankfurt". In Hamburg wurde 1887 die Germania gegründet, der sich später mit dem Hamburger FC 88 und dem SC Falke 06 zum Hamburger SV zusammenschloß. Auch in Dresden (Elbflorenz) entwickelten sich die Dinge um den Fußball zusehends. In der sächsischen Hauptstadt dominierte zunächst der Dresdner Fußball Club (1893 gegründet), der FC Dresdner Fußballring 1902, SV Guts Muts Dresden 1902, der Ball Spiel-Club Sportlust 1900 und vor allen Dingen der Dresdner Sport-Club (DSC), der am 30. April 1898 gegründet wurde.

> ➤ Das erste offizielle Spiel des DSC endet 1898 in Prag 0:0

Unter den Gründern befand sich der spätere Ehrenvorsitzende Karl Baier, das Spielgelände war eine Wiese im Areal des Ostrageheges. Und hier gibt es die erste Parallele, die alle Dresdner mit Stolz erfüllen dürfte. In Dortmund und München tat sich zu dieser Zeit noch gar nichts!

Die Dortmunder stritten sich noch auf der „Weißen Wiese", ob der Sportplatz eingezäunt wird, erst am 15. Januar 1911 spielte der am 19. Dezember 1909 gegründete BVB 09 gegen den VfB Dortmund und siegte im „Lokalderby" mit 5:3. Auch die Bayern im Schatten der dominierenden „Sechziger" suchten in München noch ihre Anfänge.

Anders dagegen der Dresdner Sport-Club. Sein erstes offizielles Spiel bestritt der Dresdner SC am 04. Mai 1898 in Prag auf der Kaiserwiese gegen den Ruder- und Fußballclub Regatta Prag, das mit einem torlosem Remis endete. Übrigens: Der FC Bayern fusionierte 1903 mit dem Münchner Sport Club und verlor beim DFC Prag ein Jahr später mit 0:8 Toren(!).

Erster Höhepunkt in der Vereinsgeschichte, war die Saison 1904/5. Dort holte sich der DSC im Finale am 24. April 1905 mit einem 3:2 gegen den Hallescher FC 1896 die 1. Mitteldeutsche Meisterschaft. In den Spielen um die Deutsche Meisterschaft schlug man im Viertelfinale FC Viktoria 1895 Hamburg mit 5:3, ehe man im Halbfinale in Leipzig dem spä-

100 Jahre DSC

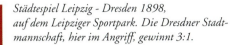

Städtespiel Leipzig - Dresden 1898, auf dem Leipziger Sportpark. Die Dresdner Stadtmannschaft, hier im Angriff, gewinnt 3:1.

Der Fußball noch in den Kinderschuhen: In einfacher Art wurde Fußball zu spielen gezeigt: Hier eine lavierte Handzeichnung vom Spiel 1902 in Leipzig, zwischen dem English FC und Dresden. Es ging hart zu.

Chronik

teren Deutschen Meister Berliner T und FC Union 1892 mit 2:5 unterlag!

Nach dem Ersten Weltkrieg begann der rasante Aufstieg des Dresdner Sport-Clubs, der in nunmehr über vier Jahrzehnten zahlreiche Kapitel großer deutscher Fußballgeschichte geschrieben hat. Der Sport Club in „Elbflorenz" war eigentlich immer schon mehr als nur ein Fußballclub. Für die Bürger in Dresden waren die rotschwarzen Kicker fast schon eine Weltanschauung. Wohl nirgendwo sonst - vielleicht noch in Schalke - wurde in den Jahren 1933 bis 1944 so mit einem Verein mitgelitten. „Das Himmelhochjauchzend-zu-Tode-betrübt"- es könnte in Dresden erfunden worden sein.

Von den „DSCern" wurde immer mehr verlangt als von anderen Clubs. Von Beginn an stand der Verein in Mitteldeutschland, weil Berlin eigenständig war, im Mittelpunkt des öffentlichen Interesses. Ein Platz im Mittelfeld wurde und wird dem Team nicht verziehen. Auch die anderen Sportler des DSC spüren diesen Leistungsdruck seit Jahren. An der Spitze oder mindestens auf Tuchfühlung zur Spitze mußten die Akteure nicht nur in den dreißiger Jahren stehen, das hat sich auch in der Neuzeit nicht geändert. Deshalb war der Erfolgsdruck ein gewohnter Wegbegleiter für die Sportler des DSC gewesen in all den Jahren seit der Gründung 1898.

Die Vereinsführung wurde erst nach dem Krieg durch die Sowjetische Doktrin geändert, ein bürgerlicher Verein war der DDR-Staatsführung und hier vor allen Dingen Erich Mielke suspekt. Seine Visionen und die seiner Mitläufer fanden in Clubs wie SC Einheit Dresden ihre Krönung. 225 Mitarbeiter(!) einschließlich Übungsleiter waren für rund 900 Leistungssportler rund um die Uhr tätig, das Sportsystem höhlte sich längerfristig selbst aus und wurde vom Trend der Zeit selbst überholt.

Im Fußball war das Team von 1902 bis 1933 16mal Ostsächsischer Meister, sechsmal Mitteldeutscher Meister und zweimal Mitteldeutscher Pokalsieger. In der Blütezeit des DSC von 1933 bis 1944 wurden die Dresdner Fußballer sechsmal Sachsenmeister und je zweimal Deutscher Fußballmeister (1943 und 1944) und Deutscher Pokalsieger (1940 und 1941).

In der Leichtathletik war der DSC einer der erfolgreichsten Vereine Deutschlands. Als erster Deutscher Meister in der DSC-Geschichte trug sich 1907 Vincent Duncker mit 11,0 Sekunden über 100 Meter in die Meisterschaftsrekordliste ein. Rudolf Harbig wurde zu einem Zeitidol. Unvergessen sein Lauf in der Illgen-Kampfbahn (dem heutigen Dynamo-Stadion) über 1.000 Meter, wo er einen Weltrekord lief, oder die Bronzemedaille in der 4 x 400 m Staffel bei der Olympiade 1936 in Berlin. Namen wie Käthe Kraus, Hildegard Gerschler oder Liesel Krüger begründen den Begriff Tradition in der Leichtathletik des DSC. Wolfgang Uhlmann, der Schach-Großmeister aus Dresden, der in die Phalanx der russischen Großmeister vordrang, muß ebenso in diese Reihe der Topstars einge-

Der Dresdner Sport-Club

100 Jahre DSC

Ein Club im Wandel der Zeit
Die Institution in Dresden

reiht werden. Ebenso wie Karin Enke Kania, die im Eisschnellauf dreimal Gold holte und eine der erfolgreichsten Athleten wurde. Unvergessen auch die Silbermedaille bei den Olympischen Spielen 1996 in Atlanta, als Jan Hempel vom 10-Meter-Turm knapp an „Gold" scheiterte. Oder auch die Fechter Klaus Haertter und Udo Wagner, die bei Weltmeisterschaften, damals noch beim SC Einheit Dresden, internationale Klasse darstellten. Im Rudern der legendäre Vierer mit Grahn, Schubert, Rühle und Vorberger der die gesamte Olympia-Konkurrenz versenkte. Im Kanu Carsta Kühn, die 1980 in Moskau Olympiasieger wurde, oder Roland Graupner der 1978 den Weltmeistertitel holte. Alle diese Sportler, alle kann man nicht nennen, haben die Tradition im Dresdner Sport weitergetragen und die Abteilungen populär gemacht.

Erfolge - und davon gab es genug - wurden mit großer Begeisterung gefeiert. Die Niederlagen verziehen die DSC-Fans ihren Spielern und Akteuren sehr langsam. Trotz aller Noblesse und Vornehmheit sind die Rotschwarzen ein Club zum Anfassen geblieben. Von Beginn an wurde ein enges Verhältnis vom Spieler zum Zuschauer gepflegt, herrschte regelrechte familiäre Atmosphäre, wenn man sich nach dem Training oder Spiel im vereinseigenen Heim traf.

Knapp vier Jahrzehnte Spitzenfußball von 1900 bis 1944 haben in Dresden sportliche Marksteine gesetzt, zahlreiche Stars hervorgebracht, Trainer-größen verschiedener Nationalitäten gaben ihre Visitenkarte in Dresden vor dem Kriege ab, und auch die Clubführung lag in all den Jahren immer in den Händen starker Persönlichkeiten. Der Bogen spannt sich von Karl Baier über Kirmse, Wünsche, Sporbert, und Arno Neumann. Bis in die Neuzeit, wo Günther Rettich und Wolfgang Brune den Dresdner Sport-Club nach 1990 leiteten. Dies alles hat den Club nachhaltig geprägt. Kein Wunder, daß die Fußballer des DSC von 1930 bis 1944 der sportliche Werbeträger der Metropole an der Elbe waren. Dachte man damals an Dresden, kamen Richard Hofmann, Helmut Schön und das Ostragehege, der Zwinger und die Semperoper in den Sinn.

Der Dresdner Club hätte wahrscheinlich auch noch heute seinen festen Platz in Dresden, gehörte zum festen Inventar aller deutschen Fußball-Fans. Doch die Nachkriegsjahre verliefen für den 1944 zum letzten mal gekürten Deutschen Meister alles andere als reibungslos. Die Sowjets, mit Fußball nur am Rande beschäftigt, unterbanden die Spiele in Mitteldeutschland.

Auf „höherer" Ebene findet im „Westen" am 12./13. Dezember 1947 in Stuttgart ein Treffen der Verbandsfunktionäre aus dem „Bizonalen Fußballausschuß" statt. Es war bereits das 2. Treffen, bereits sieben Monate vorher in Essen hatten der „Fachausschuß Fußball" die Interessen des damals noch verbotenen DFB mit der Unterstützung der amerikanischen und britischen Besatzungsmächte in vielen Punkten vertreten, während die Vertreter der französischen

Ein neuer Abschnitt beginnt, der DFB ist wieder entstanden. Der Bundesvorstand von 1949: von links: Artur Weber, Carl Arpe, Hans Huber, Dr. Peco Bauwens, Kurt Müller, Dr. Karl Zimmermann, Dr. Heino Eckert.

100 Jahre DSC

Jimmy Hogan: Langjähriger Trainer des Dresdner Sport-Clubs in den zwanziger Jahren mit vorbildlicher Schußhaltung

Der junge Helmut Schön in Aktion gegen Dänemark - der „Lange", einer der Spielmacher des Dresdner Sport-Clubs. Die steile Kariere hatte er damals noch vor sich

Chronik

und der Beauftragte des Aliiertenrates von Berlin wenigstens zuhörten, unterband die sowjetische Zone solche Normalisierungsbestrebungen vehement.

Auch in Stuttgart war kein Vertreter der sowjetischen Zone bei diesem wichtigen Termin für den Fußball in Ostdeutschland vertreten! Hier wurden die Weichen für den Fußball in Westdeutschland und Ostdeutschland entscheidend gestellt. Während in Westdeutschland die drei Deutschen Westzonen die Direktive des Alliierten Kontrollrates über die Auflösung (Liquidierung) aller faschistischen Einrichtungen und Organisationen, die zunächst auch das Verbot aller bestehenden deutschen Sportvereine einschloß, korrigierten, geschah in der sowjetisch besetzten Zone diesbezüglich nichts. Im Gegenteil. Man sah von sowjetischer Seite keinen Handlungsbedarf, zumal die Kollektiv-Doktrin bei den Stadtkommandanten vorherrschte.

Während also in Westdeutschland Klubs wie Schalke 04, der 1. FC Nürnberg oder Borussia Dortmund ihren alten Namen bekamen, wurden in Ostdeutschland die Top-Vereine wie der Dresdner SC, die SC Planitz oder die SG Meerane mit Namen wie Turbine, Rotation, Torpedo oder Einheit ihrer alten Traditionsnamen und den einzelnen Abteilungen beraubt. Ein folgenschwerer Fehler für den Sport im Ostteil Deutschlands, wie sich in den Jahren noch herausstellen sollte.

Die Dresdner konnten sich mit Tabak Dresden, Sachsenverlag oder später Rotation Dresden einfach nicht anfreunden. Der Fußball in Mitteldeutschland hatte seinen Marktwert mit der Trennung von den Deutschen Meisterschaftsspielen und einer eigenen Liga verspielt.

Der Markenartikel "DE ES CE" hatte endgültig von seiner Anziehungskraft verloren. Knapp 50 Jahre hatte der Verein auf dem Buckel, stand in der Blüte. Aber der Einschnitt durch den Zweiten Weltkrieg, ging gerade an den ostdeutschen Clubs nicht spurlos vorüber.

Kaum ein Club in Deutschland, wohl nur noch Rekordmeister Bayern München, verfügte stets über derart hochkarätige Spitzenkönner wie der DSC in den Jahren von 1930 bis 1944. In der Mehrzahl wurden die großen DSC-Strategen und Leistungsträger nicht eingekauft, sondern oft von kleinen Clubs aus der Dresdner Umgebung geholt und dann zu dem geformt, was sie später wurden. Nämlich echte Stars- aber ohne Allüren- und Vorbilder für die jungen Spieler in den Farben Schwarz-Rot. Kreß, legendärer DSC-Torwart, oder der im Februar 1928 von Meerane nach Dresden gewechselte Richard Hoffmann prägten die Mannschaft um den großen Techniker von „Dresdensia" Helmut Schön. Der „Lange" war in dieser Zeit der Spielmacher der Dresdner, und der vorläufig letzte aus dieser Reihe der „Großen des DSC".

Der Dresdner Sport-Club

100 Jahre DSC

Ein Club im Wandel der Zeit
Die Institution in Dresden

Deutsches Pokalfinale 1940: Siegtorschütze Schaffer (3.v.l.) im Jubel mit Machate, Miller und Schubert.

Als Trainer der Deutschen Fußball-Nationalmannschaft wurde Schön 1974 Weltmeister, hatte Kontakte zu Real Madrid, zu Johann Cruiff von Ajax Amsterdam, und dem belgischen Erstdivisionär RSC Anderlecht. Dieser Club war Helmut Schön gar ein Trainerangebot wert. Womit sich der Kreis zu den großen des europäischen Fußballs wieder über einen ehemaligen Dresdner schließt.

Mit der (Neu)-Gründung des Dresdner Sport-Club mit zehn Sportabteilungen, nach der Wende am 30. April 1990 ging der DSC neue Wege. Man schaffte zweimal den Aufstieg in Serie und etablierte sich in der Oberliga. Nach Abstieg schaffte der DSC das Comeback und wurde zwei Jahre später, knapp hinter dem 1. FC Magdeburg wegen eines Pünktchens geschlagen nur Vize! Man scheiterte in den Relegationsspielen um den Aufstieg an den Amateuren von Hansa Rostock und schaffte in der Saison 1997/98 mit einer Super-Serie von 15 ungeschlagenen Spielen, doch noch den kaum für möglich gehaltenen Aufstieg in die Regionalliga! Hut ab vor der Leistung der DSC-Verantwortlichen um Bernd Engst und Matthias Schulz und natürlich der Mannschaft! Trotzdem, die Verantwortlichen schauen weiter nach vorne und haben mittelfristig den Weg in die 2. Bundesliga im Visier. In den Sportarten Schach und Damen-Volleyball spielt man in der 1. Bundesliga, mit Jan Hempel haben die Wasserspringer einen Weltklasseathleten in ihren Reihen. Deutlich zeigt auch der Mitgliederanstieg von 1990 bis heute um fast das Doppelte, wobei die Hälfte aus Jugendlichen besteht, daß der Dresdner Sport-Club ein Club im Wandel der Zeit ist.

100 Jahre DSC

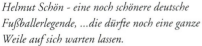

Helmut Schön - eine noch schönere deutsche Fußballerlegende, ...die dürfte noch eine ganze Weile auf sich warten lassen.

Ein Club im Wandel der Zeit? Beim DSC ist von Stagnation nichts zu spüren, denn dies würde Rückschritt bedeuten. Vielmehr sind die „DSCer" in vielerlei Hinsicht einmal mehr die Schrittmacher. Schrittmacher und damit auch Vorbilder für andere: Mit Spielerkooperationen innerhalb der Stadt hat sich der DSC neben Dynamo weiterentwickelt, strebt mit Macht die erste Kraft an. Auch das Beispiel in München mit den Sechzigern und Bayern zeigt, daß zwei Clubs durchaus in freundschaftlicher Rivalität und sportlicher Koexistenz leben können, eine für Dresden auch im Hinblick auf die Bewerbung um die Fußball-Weltmeisterschaft 2006 wohl einmalige Chance.

Der Dresdner Sport-Club - ein Club mit Kraft und Dynamik im 100er Jahr - aber auch mit Herz! Knapp 10 Jahrzehnte Dresdner Sport-Club sind auch Verpflichtung für die Funktionäre und Sportler aller 11 Abteilungen. Helmut Schön hat den Weg vorgezeigt. Sein Vermächtnis sollte durch seine Nachfolger bis zum heutigen Tag fortgeführt werden.

Chronik

Abo direkt: (08 00) 1 13 45 67

895 Nachwuchskicker, 23 Bundesligaprofis, einmal Bayer

Ulf Kirsten, Bundesliga-Fußballer   Patrick Manegold, E-Jugend-Fußballer

Die Fußballer Patrick Manegold und Ulf Kirsten verbindet nicht nur die Liebe zu ihrem Sport. Beide stürmen auch in Bayer-Sportvereinen: Patrick in der E-Jugend des SV Bayer Wuppertal, Ulf Kirsten bei den Profis von Bayer 04 Leverkusen.

Zwei Sportler, die stellvertretend für die Vielfalt des von Bayer geförderten Sports stehen. In 30 Bayer-Sportvereinen gehen 46.000 Mitglieder ihrer sportlichen Betätigung nach, sei es im Breiten-, Behinderten- oder im Spitzensport. Was 1904 aus dem Wunsch von Bayer-Mitarbeitern nach einer sinnvollen Freizeitbeschäftigung entstand, entwickelte sich zu einer der größten Sportinitiativen unserer Zeit, die bis heute richtungsweisend geblieben ist.

Die Förderung des Sports verstehen wir als soziale Aufgabe. Sie ist fester Bestandteil unserer Unternehmensphilosophie und wird uns auch zukünftig ein besonderes Anliegen sein.

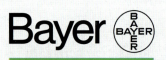

Bayer

So sportlich ist keiner

www.bayer.com/sport

Der Augenblick des größten Triumphes im Leben des Fußball-Bundestrainers Helmut Schön: 1974 wurde er mit der deutschen Nationalelf in München mit dem 2:1 Finalsieg über Holland Weltmeister. Unvergessen: Der „Mann mit der Mütze"

DSC-Nostalgie

100 Jahre DSC

Chronik DSC

1898 Gründung am 30. April

Daß der DSC am 30. April 1898 - anläßlich der Ostertage- in der Gaststätte „Hotel Stadt Koblenz" in der Pfarrgasse 3 aus der Taufe gehoben wurde, hatte seinen Grund!" Karl Baier, der DSC Mitbegründer und langjährige Vereinsvorsitzende wußte, wovon er sprach. Er nämlich hatte diesen Ort ausgewählt. Gastwirt Korte hatte eine hübsche Tochter. Auf sie hatten es Karl und seine „Abtrünnigen" vom Neuen Dresdner Fußball-Klub abgesehen, zusätzlich war ihnen der nur Fußball-Klub ein Dorn im Auge, sie wollten auch andere Sportarten ausüben. Die hübsche Maid verdrehte an diesem Abend dem knappen Dutzend Männer den Kopf, und so wurde aus den „Abtrünnigen" des Neuen Dresdner Fußballclubs der späteren „Sportgesellschaft 1893" zum Schluß der Sitzung um 12.00 Uhr der „Dresdner Sport Club 1898". Die erste Sitzung, in der über die Vereinsfarben und das Abzeichen Beschluß gefaßt wurde, fand am 06. Mai 1898 statt. Von nun an wurde der DSC einer der erfolgreichsten Mitteldeutschen Clubs der Vorkriegszeit. Das erste in der DSC-Chronik festgehaltene Spiel war das 4:1 am 13. Mai 1898 gegen den Dresdner Fußball-Club 1906, das der DSC mit 4:2 gewann. Für das erste Wettspiel lud der Deutsche Fußball Club Prag „Regatta" den DSC und seinen Vorsitzenden Karl Baier nach Prag ein. Auf der Kaiserwiese gab es am 4. Juli 1989 ein torloses Remis.

1908 Erste, heiße 20 Jahre

Innerhalb kürzer Zeit spielt sich der Dresdner Sport-Club, neben dem VfB Leipzig in die Bestenliste der Mannschaften Mitteldeutschlands. In der Saison 1904/05 wird er mit einem 3:2 Sieg über den Hallescher FC 1896 Mitteldeutscher Meister. Damit war der DSC für die Spiele um die Deutsche Meisterschaft mit 11 Teilnehmern qualifiziert. In der 1. Runde traf er auf den Meister des Verbandes Hamburg Altona den FC Viktoria 1895 Hamburg. In einem packenden Spiel siegte der DSC mit 5:3 Toren und schaffte damit den Einzug ins Halbfinale um die Deutsche Meisterschaft. Dort unterlag er dem späteren Deutschen Meister Berliner Thor und Fußball Club FC Union 1892 mit 2:5. Auch in der Saison 1906, 1907, 1908 und 1909 sichert er sich die Meisterschaft für Ostsachsen, ehe er 1910 vom BC Sportlust Dresden in seiner Phalanx unterbrochen wird. In der Leichtathletik macht sich der DSC in den Jahren von 1898 bis 1908 um den Sport verdient. Mit einem großen Leichtathletik-Meeting am 4. September 1898 in Dresden begann vier Monate nach der Gründung die Aufwärtsentwicklung der Abteilung des DSC ihren Anfang zu nehmen.

Der Erste Weltkrieg war gerade vorüber, die Fußballer des DSC begannen den Spielbetrieb wieder aufzubauen. Doch die Zeit blieb nicht ohne Rückschläge: Mitte 1919 gab es eine neue Klasseneinteilung. Dabei erhielt der Sachsen-Kreis eine Liga (Ostsachsen) und Dresden eine A-Klasse. Der DSC wurde der Ostsachsenliga zugeordnet. So wurde mit Beginn der Saison 1919/20 der Weg für den Dresdner Sport-Club nicht einfach. Dominierend der Sportverein 06 Dresden, der sich mit 24:8 Punkten den ersten Platz sicherte. Vor Guts Muts Dresden und dem DSC die punktgleich mit 21:11 Punkten auf den Plätzen zwei und drei landeten. In der nächsten Saison stand die Meisterschaft ganz im Zeichen von Fußballring 02 Dresden und Brandenburg 01 die den Meister unter sich ausspielten. Der DSC belegte hinter Guts Muts Dresden den 4. Platz nach insgesamt 14 Spiel-

100 Jahre DSC

Mitteldeutscher Meister 1928/29: Das komplette Team von links: Trainer Hogan, Buschkamp, Gedlich, Jülich, Hofmann, Krause, Adler, Haftmann, Zwetsch, Herzog, Köhler, Masseur Kühn, Berthold, Mannschaftleiter Wilhelm,
Vorn: Gloxyn, Richter, Stössel

1928 Das 30jährige Bestehen

1938 Wieder 10 Jahre später

tagen. Die Saison 1925/26 steht ganz im Zeichen des DSC. Mit 34:2 Punkten und dem tollen Torverhältnis von 121:26 Toren sichern sich die Dresdner die Ostsachsenmeisterschaft und werden durch einen 3:0 Erfolg über SV Fortuna 1902 Leipzig Mitteldeutscher Meister. Der DSC zieht zum 2. Mal nach der Teilnahme in der Saison 1904/05 in die Spiele um die Deutsche Meisterschaft ein. Dort unterliegt er überraschend dem Breslauer SC 1908 mit 0:1 Toren. In der Leichtathletik wird der DSC ab 1925 zum dominierendsten Club Mitteldeutschlands. Großen Anteil daran hatte auch der bekannte Dresdner Turn- und Sportlehrer Kurt Uhlmann, er formt die Mitteldeutschen Meister (Kugelstoßen) und Horlich im Speerwerfen. Mit neun Gau-Meisterschaften wurde der DSC einer der besten Mannschaften der Saison 1926.

Mittlerweile hatte sich der Dresdner SC in der Sachsenliga etabliert. Die Sachsen wurden Serienmeister, Konkurrenz erhielten Sie nur durch BC Hartha, Polizei Chemnitz und VfB Leipzig. Im Jahr des 30jährigen Bestehens wird der DSC mit 22:2 Punkten und 44:14 Toren mit acht Punkten Vorsprung Meister vor Brandenburg 01 Dresden. In den Spielen um die Mitteldeutsche Meisterschaft unterliegt der DSC im Endspiel FC Wacker Halle mit 0:1!. Mit einem 2:1 Sieg über Guts Muts Dresden vor 20.000(!) Zuschauern im Stadion von Fußballring Dresden sichert sich der DSC den 1. Mitteldeutschen Pokalsieg. Durch eine Änderung im Qualifikationsmodus für die Spiele um die Deutsche Meisterschaft durch den DFB - es ist neben dem Meister auch der Pokalsieger qualifiziert - zog der DSC zum 3. Mal in die Endrundenspiele um die Deutsche Meisterschaft ein. Erneut ist in der Vorrunde für die Sachsen Schluß. Gegen den FC Wacker München gibt es in München eine 0:1 Niederlage. Die Leichtathleten sind 1927 in der Verbandsstatistik mit 124 Punkten auf den 3. Rang vorgerückt. Auf Platz eins der VfB Leipzig mit 159 Punkten und mit 156 Punkten Viktoria Magdeburg. In der Liste der 10 besten Leichtathleten des Verbandes Mitteldeutschen Vereine (VMBV) ist der DSC 18(!) Mal vertreten. Die Rekordmarken hielten: Gaßmus, Theil, Bähr und Tröger, mit je einer Plazierung, Niemeyer mit je zwei. Überragend Horlich und Seraidaris, die sich gleich in 4 Sportarten in die Bestenliste eintrugen. Mit fast 1.300 Mitgliedern wächst der DSC zu einem der größten Vereine in Mitteldeutschland heran

Der DSC ist längst zu den „großen" Mannschaften Deutschlands wie Schalke 04 oder 1. FC Nürnberg im Fußball aufgestiegen. Mit der Gründung der überregionalen Gauligen ab der Saison 1933 wird der Fußball im DFB noch interessanter. Die Gauliga Sachsen mit 11 Mannschaften aus Mitteldeutschland sieht in der Saison 1933/34 den DSC im heißen Zweikampf mit dem VfB Leipzig. Erst am letzten Spieltag fällt die Entscheidung zugunsten des DSC, der sich dank des besseren Torverhältnisses gegenüber Leipzig diesen ersten „Titel" sichert. Auch im sogenannten „Mutschmann-Pokal" siegt der DSC mit 6:1 gegen die Sportfreunde 01 Dresden. In den Spielen um die Deutsche Meisterschaft in Gruppe IV trifft der DSC auf den 1. FC Nürnberg, Borussia Fulda und FC Wacker Halle. Durch eine 0:1 Heimniederlage gegen den 1. FC Nürnberg bringt sich der DSC selbst um die Halbfinalteilnahme und wird punktgleich mit dem Club nur Zweiter! Erst in der Saison 1938/39 wird der DSC wieder Meister der Gauliga V und spielt in der Gruppe IIb um die Deutsche Meisterschaft. Mit Siegen über Warnsdorfer FK (3:1 und 5:1) sowie gegen Schweinfurt 05 (4:1 und 4:2) zieht der DSC gegen den Sieger aus Gruppe IIa ins Entscheidungsspiel, das die Sachsen mit 4:1 und 3:3 für sich entscheiden. In der Halbfinalpaarung traf der DSC auf Schalke 04. Erst im Wiederholungsspiel gab man sich mit 0:2 geschlagen, nachdem man sich in der 1. Partie noch mit 3:3 nach Verlängerung getrennt hatte. Im Spiel um den undankbaren 3. Platz schlug man den Hamburger SV mit 3:2 Toren.

Nostalgie

Der Dresdner Sport-Club

100 Jahre DSC

Chronik DSC
Die Geschichte eines Clubs
(Text aus Originalchronik DSC)

Als Beweis, das der Dresdner Sport-Club sich in Deutschland einen guten Namen gemacht hatte sei die Tatsache registriert, daß bei verschiedenen Gründungen um 1900 von sportlichen Verbänden: wie Deutscher Fußballbund, Verband Mitteldeutscher Ballspielvereine, Deutsche Sportbehörde für Athletik, stets einige Mitglieder (Baier, Kühnel, Hänsch, Kirmse) des DSC zur Beratung zugezogen, bisweilen sogar auch in den Vorstand gewählt wurden. Doch lassen wir den Originaltext, der in der Chronik 40 Jahre DSC 1938 erschien, ungekürzt und authentisch heute Revue passieren:

„Auch an der Gründung des Vereins für Vaterländische Festspiele war der DSC durch Baier und Kühne beteiligt. Dieser Verein führte sportliche Veranstaltungen gemeinsam mit den Turnern durch, und alljährlich wurden auch Leichtathletische Wettkämpfe ausgetragen, bei denen der DSC keine schlechte Figur machte. Viele von uns konnten bei der Preisverleihung den schlichten Eichenkranz stolzen Gefühl in Empfang nehmen. Aber auch mit den Turner-Fußballabteilungen pflegten wir später regen Fußballverkehr, was wieder zur Folge hatte, das wir manchen Turner als Mitglied bei uns aufnehmen konnten. Erwähnt sei hier nur unser alter guter Sportsfreund Georg Schmidt den heute im Club noch jeder kennt, von dem aber die wenigsten wissen, das er früher ein großer Turner war. Aber auch im Club selbst wurden die Leichtathleten trotz regen Fußballbetriebes nicht vernachlässigt. Waren es in den ersten Jahren nur Vereinswettkämpfe, so beteiligten wir uns später auch an allen Ausschreibungen des Verbandes und des Bundes, und wenn man in den alten Statistiken blättert, so findet man sogar manchen Namen vom DSC in der Siegerliste eingezeichnet. Die

Jimmy Hogan (kniend), der englische Trainer des Dresdner Sport-Clubs, und der Torhüter seiner ersten Fußballmannschaft, Georg Richter, der als Repräsentativ-Spieler für die Mitteldeutsche Auswahl um 1930 spielte.

jungen DSCler von damals waren durchdrungen von grenzenloser Hingabe zu ihrem Sport und glühenden Ehrgeiz, der sie befähigte, mit eiserner Energie zu kämpfen für ihre erkorenen Farben schwarzrot. Möge dieser alte DSCler Geist der jetzigen und späterer Generation stets voranleuchten und Ansporn sein.

> ➤ „Den Kinderschuhen entwachsen"
> (ein zeitgenössischer Bericht)

Als der DSC im Jahre 1904 von der Lennestraße nach dem Dresdner Westen an die Nossener Brücke übersiedelte, waren wir Jungens im Alter von 9 bis 12 Jahren, die schon damals auf den Wiesen an der Nossener Brücke mit dem Ten-

Fußball-Länderspiel 1931 in Paris gegen Frankreich: Die beiden Spielführer Richard Hofmann und Thepot begrüßen sich. In der Mitte Schiedsrichter Crews-England, ganz links der Linienrichter Dr. Peco Bauwens. Das Spiel endete mit einem 1:0 Erfolg der Franzosen.

nisball ihrer Fußballwettkämpfe durchführten. Ins Auge gefaßt hatte man das Ostragehege, jenes Gelände, auf dem heute unsere vorbildliche Anlage steht. Architekt und Oberbaurat Mittmann - jetzt Berlin, aber heute noch ein eifriges auswärtiges DSC-Mitglied - bearbeitete die Planung, die mit einem Kostenvoranschlag von 55.000 Mark abschloß. Das Vorpachtrecht für das erforderliche Gelände im Ostragehege war bereits gesichert. Als man an die Durchführung des Baues herangehen wollte, brach der Weltkrieg aus. Jetzt galt es für jeden Sportsmann, seinen gestählten Körper für das Vaterland einzusetzen. Voller Begeisterung rückten fast alle DSCer ins Feld. Und wir Jungen, im Alter von damals 19 - 20 Jahren, warteten nicht ab, bis die Reihe an uns war. Alle, die wir damals in der Jugendmannschaft des DSC vereint waren (Dr. Schubert, Weinhold, Gärtner, unser heutiger Vereinsführer Schäfer, Nitzschmann, Liebig, Freytag, Dunsch,. Hentschel, Laux, Lenk und viele andere, zogen von der Schulbank weg als Kriegsfreiwillige hinaus. So jung wir auch waren, so sehr waren wir aber imstande, alle Strapazen und Anstrengungen zu überwinden, denn unsere Körper waren durch den Sport aufs beste gestählt. Jeder von uns hat dann in den schweren Kriegsjahren empfunden, daß der Sport Dienst am Vaterland ist.

100 Jahre DSC

Der Club in schwerer und großer Zeit

Abb. li. u.: Käthe Kraus, Dresdner Sport-Club, wurde im Jahre 1931 mitteldeutsche Meisterin im 100 m-Lauf (12,5 Sek.) und im 200 m-Lauf (26,4 Sek.).
Abb. oben: Handball beim Dresdner Sport-Club: Fortuna-Leipzig gegen Dresdner Sportclub 2:2 im Kampf um die Mitteldeutsche Damen-Meisterschaft. Heike Schmiedel wirft das erste Tor für Dresden trotz starker Leipziger Behinderung.

In geregelten Bahnen gestaltete sich das Leben des einzelnen und des deutschen Volkes und auch dem Sport schien eine ruhig-stetige Aufwärtsentwicklung beschieden. Juli 1914 war angebrochen. In seinem Verlaufe drohten politische Spannungen die Völker Europas zu erschüttern, doch erhoffte man in deutschen Landen beharrlich, daß zu friedlichem Handeln gemahnende Kräfte der Besonnenheit sich noch einmal stärker erweisen würden als unverantwortliche Kriegshetze, bis am 1. August das deutsche Volk die Waffen zur Verteidigung seiner Ehre zu ergreifen gezwungen wurde. Wie Sturmestosen durchbrausten die Kriegsfanfaren die Länder Europas. Wehrhaft erhob sich das deutsche Volk wie ein Mann, begeistert und begeisternd. Bedeutsam erwies sich die Wahrheit des Wortes, daß es dem Vaterland galt, wenn wir zu spielen schienen. Eine stolze Schar DSCer stellte sich zum Waffendienst, zog bereits in den ersten Augusttagen als Aktive und Reservisten hinaus zum Schutze deutscher Erde, von heißen Wünschen der Heimat begleitet. Binnen kurzem wuchs die Zahl der waffenfähigen Clubkameraden beachtlich. Nicht gering war unter ihnen der Anteil junger Kriegsfreiwilliger, die, in sportlicher Übung gestählt, mit vaterländischer Einsatzfreudigkeit zu den Fahnen eilten. Wer gestern noch Gymnasiast oder Student - sie stellten den Stamm der Freiwilligen - fand heute schon als Soldat seine Sehnsucht erfüllt und zog gar bald schon ins Feld. Im Nu waren unsere Reihen gewaltig gelichtet. Der Schützenhof, eben noch die Stätte froher Jugendertüchtigung, war verwaist, denn auch die zunächst Daheimgebliebenen durchglühten in diesen Tagen der Mobilisierung der Nation stärkere Impulse, als der Sport an seelischen Schwingungen zu geben vermochte. Seine Aufgabe mußte ja zunächst auch klein und nebensächlich erscheinen gegenüber dem unwiderstehlichen Gebot der großen Stunde. Allmählich aber brach sich doch die Erkenntnis Bahn, daß auch der Sport trotz allem seine Mission im Dienste des Vaterlandes zu erfüllen habe. Der Wille zu sportlicher Betätigung erwachte wieder. Unsere junge Mannschaft und die bescheidene Zahl der in der Heimat Verbliebenen erkannten die Notwendigkeit verstärkter Körperertüchtigung. Neben ihnen fanden erneut sportliche Betätigung die von auswärts in Garnison gekommenen Kameraden und in weiterem Verlauf auch jene der unseren, die Urlaubstage verbrachten oder auch nach überstandenen Krankheiten oder Verwundungen der Genesung entgegengingen. So wurden unsere Reihen immer erneut zu ziemlich geregelter Sportausübung formiert und unsere Sportstätten zeigten wieder rege Betriebsamkeit.

Es bedarf keines besonders ausgeprägten Kameradschaftssinnes, um zu verstehen, daß die in der Heimat Verbliebenen das Bedürfnis bewegte, mit den im Felde oder in ferner Garnison stehenden Kameraden Verbindung aufzunehmen und zu pflegen. Das war selbstverständlicher Ausfluß kameradschaftlicher Gesinnung. In diese Zeit fällt auch die Gründung unserer ersten Vereinszeitung, deren Herausgabe (zunächst in einfachster Form mit Schreibmaschine vervielfältigt) neben anderen großzügigen Maßnahmen vor allem der Initiative unseres damaligen Vorsitzenden Erich Sporbert (gestorben im März 1936) zu danken war. Zu gewissen Zeitabschnitten standen mehr als 150 DSCer im Felde. Das nichtaktive sportliche Leben des Clubs besaß vornehmlich im Johanneshof als Vereinslokal seinen vertrauten Mittelpunkt. Hier trafen sich die Daheimgebliebenen in bewährter Kameradschaft, um Gewißheit zu erhalten über das Schicksal unserer treuen Frontkämpfer und damit zugleich innerlich starken Anteil zu nehmen an dem

Der Dresdner Sport-Club

100 Jahre DSC

Chronik DSC
Die Geschichte eines Clubs

Spiel um die Deutsche Meisterschaft: 1860-München schlägt den Dresdner SC mit 1:0. Szene vor dem Tor des Mitteldeutschen Meisters, vergeblich hechtet der Dresdner Torwart nach dem Ball.

Endspiel um die Mitteldeutsche Meisterschaft: Wacker-Leipzig gegen Wettin-Wurzen, das 4:2 endete. Hier ein Kopfballduell zwischen Kraus (Wacker) und Wurzener Walter Hahnemann (rechts).

unvergleichlich gewaltigen Erleben, das der heroische Kampf der deutschen Nation gegen die Welt bedeutete. Viele Zeugnisse sportbrüderlicher Verbundenheit in Wort und Bild wurden in jenen Tagen zur Erhaltung für die nachfolgende DSC-Generation mit liebevollem Fleiß zusammengetragen, doch fielen alle diese schönen Erinnerungen dem Tribünenbrande im Jahre 1928 zum Opfer. Mit tiefer Wehmut wurden bereits in den ersten Kriegswochen eintreffende betrübliche Nachrichten vom heldischen Opfertode prächtiger Sportkameraden vernommen. Tage schmerzlicher Trauer um liebe Gefallene wurden aber auch abgelöst von freudigen Wiedersehen mit Urlaubern oder in der Heimat Genesung suchenden. Kaum einer war unter ihnen, der nicht hätte von einem rührenden Zusammentreffen von Vereinskameraden an der Front erzählen können. So schmiedete der Krieg den Club zu einer mehr denn je gefestigten Gemeinschaft. Aus ihr erwuchs als natürliche Pflicht die beständige Sorge, das Los unserer Feldgrauen mit bescheidenen Kräften erleichtern zu trachten und ihnen das Bewußtsein zu geben, daß die Heimat in nie erlahmender Dankbarkeit ihrer gedenkt. Die Durchführung eines ausgiebigen Liebesgabendienstes ergab immer wieder sichtbare Beweise tätiger Sorge. Besonders reichliche Sendungen, die auch liebe Frauenhände mit packen halfen, wurden selbstverständlich zu den Weihnachtsfesten zusammengestellt. Die mit dabei gewesen, erinnern sich heute gern, mit welchen stolzen Gefühlen da geschafft wurde. Dabei ist auch anerkennend der vielen Stiftungen der von Daheimgebliebenen, von bessergestellten Feldkameraden und weitherzigen Gönnern zu gedenken, die eine fast regelmäßige Versendung kleinerer Lebensmittelpäckchen ermöglichen halfen. Reiche Entschädigung für gern aufgewendete Mühen boten die große Freude der Empfänger ausdrückenden Dankesbriefe, lösten sie doch das unbeschreiblich schöne Gefühl aus, wenn auch in kleinem Maße zur Erleichterung der Strapazen unserer Frontkameraden beigetragen zu haben. Inzwischen hat sich Dank allgemeiner Unterstützung die Möglichkeit geboten, die Vereins-Nachrichten im Druck erscheinen zu lassen. - Sie wurden immer betonter im besten Sinne wertvolles Bindeglied zwischen Feld und Heimat; brachten ein Bild der Ereignisse der Heimat und kurze Schilderungen der Einsendungen aus dem Felde. Ihr Erscheinen wurde stets sehnsüchtig erwartet. Alle hiermit verbundenen Tätigkeiten und die nicht geringe Verwaltungsarbeit des Clubs neben beruflicher Anspannung bis zur Grenze des Möglichen, brachten ein reichliches Arbeitspensum, doch gaben Pflichtgefühle und Liebe zum Sport immer erneuten Antrieb.

Die sportlichen Vorgänge während des Weltkrieges mußten naturgemäß verblassen neben dem gewaltigen Geschehen jener großen Zeit. Über dies wurden sie auch von so vielen Zufälligkeiten beeinflußt, daß sich ein zuverlässiger Maßstab für wirkliches sportliches Können kaum bilden ließ. Trotzdem wurde in allmählich immer geregeltere Formen annehmendem Spielbetrieb wacker gekämpft, in vereintem Einsatz von alten Kämpen und nachdrängender Jugend der sportliche Ehrenschild des Clubs reingehalten und mancher schöne Erfolg für schwarzroten Farben errungen.

Das schmerzliche Ende unseres heldenhaften Widerstandes gegen eine feindliche Welt vereinte uns wieder mit unseren Kameraden. Im Becher herzlicher Wiedersehensfreude fehlte bitterer Wermut nicht. Zerfallen das Reich. 47 DSCer, tüchtige Sportler zumeist und prächtige Kameraden, waren auf dem Felde der Ehre geblieben. Ehrfurchtsvoll senken wir in stetem Gedenken ihres Opfertodes unsere Fahne und fühlen uns ihnen in nie verlöschender Dankbarkeit kameradschaftlich verbunden.

100 Jahre DSC

2 Jahrzehnte Ostragehege

Packendes Lokalderby: Gaumeisterschafts-Verbandsspiel zwischen dem Dresdner Sport-Club und der SG 1893 Dresden, das mit 6:1 für den DSC endete. Torhüter Eisler (1893) rettet vor dem DSC-Nationalspieler Sackenheim (ganz links), unterstützt wird er von seinen Verteidigern.

Der Völkerkrieg endete, der Kampf der Deutschen gegen Deutsche begann. Die Trauer der Angehörigen um ihre Gefallenen steigerte sich zur Verbitterung ob dieses Preises für solches Ende. Verschwendung restlichen Volksvermögens stand bitterste Not gegenüber.

Abseits all dieser Wirren bewiesen die zurückkehrenden DSCer gute sportliche Schule. Sie sammelten sich allmählich wieder und begannen ihre sportliche Arbeit. Die Aktiven brachten zunächst den Namen des DSC wieder an die Öffentlichkeit und gewannen den von der Sportgesellschaft 1893 gestifteten Gedächtnispokal und einen weiteren Pokal des Gaues Ostsachsen.

Schleunigst wurden auch die Vorkriegspläne für eine großzügige Anlage im Ostragehege wieder aufgegriffen. Und wenn dort heute die größte deutsche Vereins-Sportstätte zu finden ist, dann gebührt der Dank dafür in erster Linie der klugen Voraussicht und dem Wagemut der Frontsoldaten des DSC, die mit den Hütern des Cluberbes in der Heimat gemeinsam den ersten - bekanntlich in allem schwersten - Schritt taten zum DSC-Sportpark in seiner heutigen Gestalt! Das sei auch hier besonders festgehalten: die Anlage ist entstanden und gewachsen aus eigener Kraft des Dresdner Sport-Club. Freilich, anfangs schien es, als wollte das für damalige Zeiten unerhörte Vorhaben das ideelle und materielle Vermögen der DSCer übersteigen: sportlich hatte der Club mit seiner ersten Mannschaft um den Verbleib in der ersten Klasse zu kämpfen. Ging das entscheidende Spiel gegen die Dresdner Spielvereinigung ... , aber nein: es wurde nicht verloren! Unser später als „Gummi" berühmt gewordener Verteidiger, Fred Herzog, war damals schon dabei. Zwei Jahre später, nach dem 25jährigen Jubiläum

Der Dresdner Sport-Club

100 Jahre DSC

Chronik DSC
Die Geschichte eines Clubs

Deutsche Meisterschaft: Dresdner SC gegen Hertha BSC Berlin 4:3. Berthold (DSC) und Müller (Hertha BSC) im Kopfballduell. Zwischen beiden im Hintergrund Richard Hofmann.

wurde das Vereinsgefüge zweckmäßig umgestaltet, die wirtschaftliche Verwaltung von der sportlichen Leitung getrennt und der Schwerpunkt der Arbeit auf den sportlichen Wiederaufbau gelegt, der eine wirtschaftliche Gesundung zur Folge haben mußte.

Diese Rechnung ging auch auf. Die Einstellung von Sportlehrern, deren Gehälter zunächst durch freiwillige Spenden aus Mitgliederkreisen aufgebracht wurden, lohnte sich, denn namentlich unter Lory Polster machte die „Liga" sichtlich Fortschritte, bis zum ersten Male wieder 1926 die Ostsächsische Gau- und dazu die Mitteldeutsche Verbandsmeisterschaft erkämpft werden konnte.

Von nun an war der Club wieder da!

Im Dezember desselben Jahres trafen auch zum ersten Male DSCer, Köhler und Mantel, als Mitglieder einer Verbandsauswahlmannschaft in Leipzig mit dem „neuen Halblinken" zusammen, mit Richard Hofmann, dem „weitaus besten Stürmer".

Acht Tage später, das war der 12. Dezember 1926, zog Georg Köhler bereits zum vierten Male das Länderdreß an. Nicht nur stunden-, tagelang kann man über den „Vereins-Nachrichten" sitzen und als Alter Erinnerungen auffrischen, als Junger wertvolle Kenntnisse über das interessante Werden und Wachsen des DSC von heute schöpfen. Hier kann es sich leider nur um eine Darstellung unserer Clubgeschichte in großen Zügen handeln.

Wir müssen darum zahllose Begebenheiten überspringen und uns begnügen mit der Feststellung, daß unsere Erste das Heft im damaligen „Gau Ostsachsen im Verband Mitteldeutscher Ballspielvereine" bis 1933 nicht mehr aus der Hand gab. Besonders herausgehoben sei aber der verheißungsvolle Start zum Spieljahre 1927/28 mit einem Siege um den Ehrenpreis des Herrn Reichspräsidenten von Hindenburg im Turnier der Berliner Tennis-Borussia, mit dem sich der DSC durch zwei Spiele in die Herzen der Berliner und sogar in die Spalten der uns damals noch lange nicht „grünen" Presse spielte. Der Schwerpunkt mitteldeutscher Spielstärke verlagerte sich immer deutlicher nach Dresden. Das bewies eindeutig jener Märzsonntag vor genau 10 Jahren, als DSC und Guts Muts alle Mitbewerber um den BMBB-Pokal ausgeschaltet hatten und sich an der Bärnsdorfer Straße zum Endspiele stellten. Unvergeßlich bleibt dieses Erlebnis. Durch Rudi Bertholds Treffer gewannen wir nach herrlichem Kampfe 2 : 1.

Wenige Wochen später folgte aber auch schon der Dämpfer: die Verbands-Meisterschaft schnappte uns Wacker Halle durch seinen Linksaußen Schlag mit 1 : 0 weg. Und dabei hatten wir doch schon die Musikkapelle und was sonst alles noch zu einem richtigen Triumpfzuge von Reick ins Gehege gehört in der Umgebung der Radrennbahn verstaut!!! Übermut....

Der Schaden wurde gemildert, denn als Pokalsieger hatten wir doch noch Gelegenheit, in die Spiele um die Deutsche Meisterschaft einzugreifen. Die Münchner Julisonne zerbrannte aber grausam stolze Hoffnungen. Nach 138 Minuten Spielzeit glückte Wacker München das 3 : 2. Die Folge unseres glänzenden Berliner Ruhmes und Reicker, schließlich Münchner Mißgeschickes: Lory Polster übersiedelte zu Tennis Borussia, aber Jimmy Hogan kam! Wie stand es um den Club um diese Zeit, also Anfang des Spieljahres 1927/28? Die 1. Mannschaft hatte in 31 Meisterschafts- und Pokalspielen 132 : 28 Tore, 23 Gesellschaftsspielen 112 : 41 Tore erzielt, insgesamt also in 54 Spielen 244 : 69 Tore. Dazu war die Reserve, 5., 6., 7., und „Alt-Herren"-Mannschaft in ihren Klassen Meister geworden, während die 3. Mannschaft zum vierten Male hintereinander den - wie man sagt - undankbaren zweiten Platz belegt.

Außerdem verfügte der Club über einen Meister der Statistik in Alwin Weinhold. Dessen Erhebung weist am 31. Dezember 1928 aus: Mitgliederbestand 1265. Davon aktiv: 29,7 Prozent Männer, 24,6 Prozent Jugend, 10,3 Prozent Frauen, 8,8 Prozent Ältere, zusammen 73,4 Prozent Aktive, gegenüber 26,6 Prozent Passive. – Bemerkenswert ist dabei der zahlenmäßig starke Anteil der Jugendlichen, denen wir pflichtbewußt eine Stätte körperlicher und seelischer Ertüchtigung im Club schufen.

100 Jahre DSC

Abb. oben: Handball beim DSC: Mitteldeutschland schlägt Norddeutschland 8:2 im Handball-Repräsentativkampf. Strafwurf für Norddeutschland. Die mitteldeutsche Deckung (Dresdner Sport-Club) versucht mit Blockbildung den Ball abzufangen.

Abb. unten: Hockey beim DSC: Repräsentativspiel Norddeutschland gegen Mitteldeutschland in der Vorrunde um den Hockey-Silberschild, das 4:4 endete. Der Mitteldeutsche Spieler vom DSC wird regelwidrig zu Fall gebracht. Es gibt Strafecke.

Chronik

Damals stellten wir bereits, einschließlich Jugend 22 Fußball-, 9 Handball-, 7 Hockey- und 4 Faustball-Mannschaften, außer den Leichtathleten und Boxern. Damit stand der DSC an der Spitze der mitteldeutschen Großvereine vor CBC Chemnitz und GM Dresden. Sprunghaft steigerten sich diese Zahlen von nun an.

Doch so sportspießbürgerlich-friedliche Entwicklung war dem DSC nicht etwa beschieden. Zwar beschäftigte den von Dr. Schubert und Alwin Wilhelm ins Leben gerufenen „DSC-Heimbau-Verein" schon seit etwa einem Jahre die Erstellung eines Clubhauses, aber zur Ausführung der großzügigen Pläne von Reinhold Mittmann entworfen, fehlte noch das Nötigste, das Geld. Da griff das Schicksal unbarmherzig ein. Zwei Hochwasserkatastrophen hatten die alte Tribüne glücklich überstanden. Jetzt, am 17. Oktober 1928, bereitete ihr eine Feuersbrunst, durch Kurzschluß entstanden, ein unwillkommen vorzeitiges Ende. Alle Berechnungen waren über den Haufen geworfen. Dieser großen Sorge stand aber auch wieder eine neue Hoffnung gegenüber: Richard Hofmann wurde Weihnachten 1928 spielberechtigt und half zuerst ein Punktspiel gegen 08-Meißen 5 : 2, dann ein Gesellschaftsspiel gegen den gefürchteten CBC in Chemnitz 4 : 4 gestalten. Seine erste entscheidende Tat vollbrachte er für den DSC in Raußlitz. Gegen den „Erbpächter" der Gaumeisterschaft war neben EM, Fußballring und Brandenburg (diese beiden jetzt als Sportfreunde 01 vereinigt) auch Spielvereinigung immer ganz besonders „auf Draht". 0 : 3 stand das Punktspiel bereits, als Richard anzog, auf 2 : 3 stellte und zuletzt auch noch in für Dresden erstmals erlebtem Einsatze auch noch das 4 : 3 erzwang.

Der Dresdner Sport-Club

100 Jahre DSC

Chronik DSC
Die Geschichte eines Clubs

Die Nationalspieler des Dresdner Sport-Club: Vor dem Spiel in Amsterdam 1931 gegen Holland (1:1). v. li.: Kurt Stössel, Karl Schlösser, Richard Hofmann, Friedrich Müller, Georg Köhler.

Dieses Spieljahr 1928/29 endete gerade umgekehrt wie das vorige: den Pokal entführte uns im Endspiele (natürlich wieder in Reick!) Wacker-Leipzig mit 1 : 2, als „Trost" blieb uns aber diesmal die Mitteldeutsche Verbandsmeisterschaft, gegen CBC in Chemnitz 3 : 2, durch 3 Treffer Richard Gedlichs ertrotzte. - Treu blieb uns unser Schicksal in der Deutschen Meisterschaft: wieder zur Vorrunde nach München und wieder geschlagen, diesmal von Bayern München und zwar glatt 0 : 3!

Kurz vorher hatte Alwin Wilhelm die Führung der Mannschaft übernommen. Er versuchte sofort, Ersatz zu schaffen durch ein glänzendes Privatspiel-Programm. So erschien unter anderem die Ägyptische Nationalmannschaft. 3 : 1 wurde sie geschlagen. Vor diesem Spiele wurde unserem Richard Hofmann eine damals einzig dastehende Ehrung für seine Meisterleistung im Kölner Länderspiel gegen Schweden 3 : 0 zuteil. Alle drei Tore hatte Richard erzielt, drei weiteren blieb die Anerkennung durch den Schiedsrichter versagt! Hofmann erhielt die Sächsische Staatsplakette aus der Ilgen-Stiftung.

Das nächste Spieljahr 1929/30 brachte uns zum 14. Male die Ehre der ostsächsischen Gaumeisterwürde. Damit hatte unsere Liga in den letzten fünf Jahren einen ganz seltenen Rekord aufgestellt: von 90 Punktspielen waren 83 gewonnen worden, 5 endeten unentschieden, nur 2 gingen verloren und diese beiden an Spielvereinigung Dresden! Und doch sollte auch diese Freude wieder schmerzlich getrübt werden! Am 18. Februar 1930 erlitt Richard Hofmann einen ernsten Autounfall, und mit uns bangte ganz Fußball-Deutschland um seinen Heros. Richards kernige Urnatur ließ ihn verhältnismäßig schnell wieder gesunden. Anfang Mai stand er bereits gegen die Schweiz in der Länderelf, während seine Kameraden ohne ihn und noch dazu in Leipzig gegen BfB sich mit 4 : 1 die vierte Verbandsmeisterschaft erkämpften! Das war am 4. Mai 1930, und am 6. Mai erreichte Richard wohl seinen sportlichen Höhepunkt. Im Grunewald-Stadion brummte er der englischen Nationalmannschaft im Länderspiel drei herrliche Tore auf. Auf dieses 3 : 3 ist der deutsche Fußball heute noch stolz.

In dieser Zeit erwähnt unsere Chronik auch die erste Begegnung mit dem heutigen Sachsenmeister BC Hartha. Wir verfügten damals über eine zweite ligareife Mannschaft, die Hogan-Elf. Diese spielte in der Hauptsache in der „Provinz" und half durch ihre gepflegte Spielweise den DSC volkstümlich zu machen. Auch Hartha mußte sich ihr 3 : 1 beugen.

Anläßlich des 30jährigen Gau-Jubiläums halfen 9 DSCer der Dresdner Städtemannschaft gegen Basel zu einem 1 : 1. Unser Gedlich erzielte den Treffer.

Der Deutsche Meister ausgeschaltet! Diese Kunde eilte am 1. Juni 1930 durch die Lande. Diesmal hatte es der DSC einen Schritt weitergebracht und die Vorrunde zur deutschen Meisterschaft überstanden. Für die Zwischenrunde bekam er nun die Titelverteidiger Spielvereinigung Fürth vorgesetzt. Die Ilgenkampfbahn war überfüllt und die Nervenprobe wurde übermenschlich: Halbzeit 3 : 1. Danach 3 : 4. Berthold vor: 4 : 4! Cloxin und Schlösser hinausgestellt. Abpfiff. Mit 9 Mann in die Verlängerung. Hallmann übernimmt die Sturmführung und erzielt mit fabelhafter Energieleistung 5 : 4. Schluß.

Kühn wurde nun mit der bereits vorbereiteten Reise durch Nord- und Westdeutschland

100 Jahre DSC

Stadtderby im Ostragehege: Dresdner Sport-Club gegen Dresden 1906. Torraumszene mit Karl Schlösser und Richard Hofmann (rechts).

(Schalke 1 : 5, Bochum 4 : 0) das Vorschlußrundenspiel gegen Holstein-Kiel in Duisburg verbunden. Die beiden im Vorspiel herausgestellten Pechvögel erhielten 3 Tage vor diesem entscheidungsschweren Schritte noch eine zusätzliche Disqualifikation aufgebrummt. (Am DSC statuierte die hohe Fußballobrigkeit schon damals gern ein Exempel!) Die Folge von all dem: Mit 0 : 2 kamen wir abermals ab vom Wege ins heißersehnte Schlußspiel. Und nie wieder standen wir so greifbar nahe vor diesem Ziele!

Daß wir aber damals mit gutem Rechte die Hand nach höchster Würde ausstrecken durften, beweist folgende Abrechnung über das Spieljahr 1929/30:

26 Meisterschaftsspiele
22 gew., 3 unentsch., 1 verl., 126 : 24 Tore
24 Gesellschaftsspiele
12 gew., 3 unentsch., 9 verl., 78 : 47 Tore
50 Spiele insgesamt 34 gew., 6 unentsch., 10 verl., 204 : 71 Tore.

Hierzu ist zu bemerken, daß wir die einzige Niederlage in den Meisterschaftsspielen eben durch Holstein-Kiel bezogen hatten und daß sich unter den Gesellschaftsspiel-Partnern namhafte Gegner der deutschen und ausländischen Spitzenklasse befanden.

Diese Hochleistung war gegründet auf solider Breitenarbeit. Meister ihrer Klassen waren außerdem die 3. und 5. Fußball-, die 1. Junioren-, 2. Jugend- und 1. Jugend-Handballmannschaft. Die Leichtathleten errangen 10 Gau- und 3 Mitteldeutsche, die Boxer 3 Gau- und durch Löffler eine Deutsche Polizeimeisterschaft. Unter den Schiedsrichtern ragte schon damals Walter Ruhland als Meister seines Faches hervor. Der Mitgliederbestand wuchs von 30 auf 100 und von 100 auf 1.426. Allein 118 Jugendliche strömten in diesem Jahre neu zum Club!

Noch aber gab es kein Rasten. Sowie nun die Pflege des Fußballspieles zu einem sportgerechten Höhepunkt geleitet wurde, sollten nun auch die übrigen Sportarten planmäßig aufgebaut werden. Deshalb wurde ein zweiter Sportlehrer hauptamtlich angestellt: Woldemar Gerschler.

Ungeheure Arbeit wurde freudig und selbstlos, allen sich immer höher türmenden Zeitnöten zum Trotze, der Idee des Sportes als Dienst am Volk und Vaterland zuliebe geleistet und konnte nur bewältigt werden bei Ausschaltung aller anderen Interessen der gesamten Mitarbeiterschaft.

Noch war kaum 1 Jahr seit der Erstellung unseres Clubhauses, Erweiterung und Zuschaueranlage und fachgemäßen Herrichten der hinteren Plätze vergangen, da belebten schon wieder Handwerker und Arbeiter den Hauptplatz. Noch höher wurden die Dämme geschüttet. Die Holztribüne mit ihren 2.200 Sitzplätzen wuchs hinter den Elbterrassen in die Höhe. Das Länderspiel gegen Ungarn stand am 28. September bevor. 42.000 Zuschauer erlebten, wie nach dem 3 : 3 unser Richard Hofmann mit seinem Treffer den 4 : 3 Sieg der Ländermannschaft einleitete.

Welchen Auftrieb dieses Großereignis zur Folge hatte, ist aus den folgenden Angaben ersichtlich:

Januar 1931: Punktspiel DSC gegen EM 6 : 0, 30.000 Zuschauer.

Februar 1931: Dresden mit 9 DSCern in Berlin 5 : 2, 20.000 Zuschauer.

April 1931: DFB-Pokal-Endspiel Mittel- gegen Süddeutschland, DSC-Platz mit 10 DSCern 3 : 4 nach Verlängerung. 30.000 Zuschauer.

Der Dresdner Sport-Club

100 Jahre DSC

Chronik DSC
Die Geschichte eines Clubs

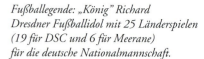

Fußballegende: „König" Richard Dresdner Fußballidol mit 25 Länderspielen (19 für DSC und 6 für Meerane) für die deutsche Nationalmannschaft.

April 1931: Fünf DSCer (Hofmann, Köhler, Müller, Schlösser und Stössel) in der Ländermannschaft gegen Holland in Amsterdam 1 : 1. Also Gau, Verband und Bund erkannten und nützten die Schlagkraft des DSC! Der selbst aber holte sich „nebenbei" auch noch zum dritten Male hintereinander die Mitteldeutsche Verbandsmeisterschaft.

Die DFB-Vorrunde wurde überstanden. Wie im Vorjahre fand die Zwischenrunde auf heimatlichen, diesmal sogar eigenem Boden statt. Der Gegner war zwar nicht Fürth, aber Kiel und promt ließ sich die Rache für Duisburg 1930 gut an. 3 : 1 stand es zur Halbzeit, 4 : 4 aber beim Schlußpfiff. Wieder war's aus!!!

30.000 verließen arg enttäuscht das Gehege. Der Niederschlag unter den Spielern, Mitgliedern und Anhängern soll nicht in die Erinnerung zurückgerufen werden. Aber er wurde überwunden und im neuen Spieljahre ging's unentwegt wieder „in die Vollen".

Die Mannigfaltigkeit und Zahl der Aufgaben und die Art, wie unsere Mannschaft an deren Lösung ging, zeigt beispielsweise folgender Ausschnitt aus dem Spielplane des Spätherbstes 1931:

18.10. Spielvereinigung Dresden
(Punktspiel) 9 : 0.
25.10. Riesa SV in Riesa
(Gesellschaftsspiel) 7 : 0 / 5.000 Zuschauer.
31.10. Auswahlmannschaft Erzgebirge in Aue
12 : 1 / 8.000 Zuschauer.
1.11. Saale-Gau-Meister Wacker in Halle
3 : 2 / 14.000 Zuschauer
8.11. SV 06 Dresden (Punktspiel) 7 : 1
15.11. Gau-Auswahlmannschaft Mittelelbe
in Magdeburg 3 : 2 / 12.000 Zuschauer
18.11. Deutscher Meister Hertha BSC

100 Jahre DSC

(Gesellschaftsspiel) 4 : 3 / 20 000 Zuschauer
22.11. Bezirksmeister Arminia in Hannover
6 : 1 / 12 000 Zuschauer

Verweile, lieber Leser, aber noch einen Augenblick bei dieser Zusammenstellung, um die unerhörte Leistung unserer tapferen Elf nur einigermaßen würdigen zu können, unterziehe dich bitte einmal der kleinen Mühe, die Lücken in nachfolgender Betrachtung selbst auszufüllen: Das waren also innerhalb ... Kalendertagen ... Spiele, also durchschnittlich aller ... Tage 1 Spiel. Unter den Partnern befanden sich ... Orts-Punktspielgegner, ... Auswahlmannschaften und ... Meister (bis zum Deutschen Meister). Verloren ging davon nicht 1 Spiel, aber insgesamt brachten sie eine Torausbeute von ... Da nur 3 dieser Treffen in Dresden ausgetragen wurden, hatte die Mannschaft in dieser Zeit ... Fahrt ... Kilometer (teils mit Privatwagen, wie am 31. Oktober bis 1. November über Aue nach Halle und zurück nach Dresden) zurückzulegen. Von besonderem Interesse ist auch die Gesamt-Zuschauerzahl von 200.000 (dabei können die beiden Lücken in den Zuschauerzahlen unbedenklich fast mit je 5.000 angesetzt werden, denn unter denen tat's die Liga damals nie!)

Zum 16. Male wurden wir 1932 Gaumeister. Die Mitteldeutsche mußten wir aber abgeben, und zwar in Leipzig erstmals an den PSV Chemnitz mit 2 : 3 nach Verlängerung. An den Verbands-Pokalspielen waren wir nicht beteiligt, also hatten wir auch keine Möglichkeit, an den DFV-Spielen teilzunehmen.

So riß also unsere schönste Glanzperiode 1928/32 jäh ab. Auch Jimmy Hogan verließ uns und übersiedelte nach Paris.

Rund um uns herum bereitete sich schon der nationalsozialistische Umbruch vor und als Adolf Hitler zum zweiten Male in Dresden sprach, gab unser Platz den Massen Raum und würdigen Rahmen. In dieser Zeit raffte der Club noch einmal alle Energien zusammen, erspielt er sich 1932/33 zum 17. Male die letzte alte Gaumeisterwürde und erkämpft er sich zum ersten Male in der Geschichte des früheren BMBB beide Trophäen: Meisterschaft und Pokal.

Beide im Schlußspiele gegen denselben PSV, der uns im Vorjahre entthront hatte, also empfindlich Rache dulden mußte. Die Meisterschaft wurde in der Ilgenkampfbahn 3 : 1, der Pokal in Chemnitz 4 : 2 gewonnen. Das „Himmelhoch-jauchzen und Zu-Tode-betrübt-sein" lagen aber auch diesmal wieder dicht nebeneinander. In der DFV-Vorrunde schieden wir sogar auf eigenem Platze, nach Verlängerung 1 : 2 von Arminia Hannover geschlagen, schon wieder aus.

Die nationalsozialistische Revolution, von Grund auf das gesamte volkliche Leben umgestaltend, stellte mit der nunmehr vollzogenen Eingliederung des deutschen Sportes uns neue Aufgaben und brachte uns hohe Zielsetzungen. In unseren Reihen gepflegter Kameradschaftssinn und erprobter kämpferischer Einsatz machten uns die Umstellung leicht. An die Spitze des Gaues Sachsen im jetzt gegründeten Deutschen Reichsbund für Leibesübungen, der nun in sich das gesamte Gebiet der Leibesübungen vereinigt, tritt im kommenden Jahre unser Kamerad Ministerialrat Pg. Kunz, und scheidet damit aus seiner Vereinstätigkeit als Betreuer unserer Ligamannschaft.

Fast alle die Mannen, die uns in der Nachkriegszeit, vor allem aber in der Hoch-Zeit so glanzvoll vertreten haben, stehen am 9. August 1933 in dem DSC-Opferspiel „Jung-Alt" auf dem Plane:

Vor 7.000 Zuschauern gewann „Jung" 6 : 3, 2.835,- RM konnten zugunsten der Opfer der Arbeit abgeführt werden. Wenige Wochen später durften wir den Reichssportführer von Tschammer und Osten auf unserem Platze anläßlich einer Tagung begrüßen.

Um diese Zeit stand Willibald Kreß zum ersten Male im DSC-Tore, und zwar half er uns gleich den Deutschen Meister Fortuna Düsseldorf 4 : 1 schlagen.

Mit dem September 1933 lief auch die neugeschaffene Gauliga an. Sie führte als ersten Gegner den BfB Leipzig ins Gehege, der sich aber mit 2 : 1 die ersten neuen Punkte mitnahm. Der Start war also nicht gerade ermutigend. Als aber im Oktober Helmut Schön sein Debüt in Chemnitz gab und der PSV in Anwesenheit des

Der Dresdner Sport-Club

100 Jahre DSC

Chronik DSC
Die Geschichte eines Clubs

Reichsstatthalters Mutschmann 3 : 2 geschlagen wurde, stiegen die Hoffnungen auf die neue Würde des Sachsenmeisters wieder ganz wesentlich.

Vorerst aber sicherten wir uns den für Sachsen gestifteten Mutschmann-Pokal, um den sich im Endspiele mit uns die Sportfreunde 01 bewarben. Unsere Mannschaft überraschte mit einem 6 : 1-Siege. Die Spieler erhielten zur Erinnerung an den Umbruch die Adolf-Hitler-Gedenkmünze in Silber.

1934 war DSC erster Sachsenmeister, zwar punktgleich mit BfB, aber dank weitaus besseren Torverhältnisses. Nach neuen Grundsätzen wurde nun endlich auch die Deutsche Meisterschaft ausgetragen. Halten wir unsere Gruppenspiele als die letzte „amtliche" Großtat des DSC fest: Borussia Fulda in Kassel 0 : 0, Wacker Halle in Dresden 7 : 2, 1. FC in Nürnberg 2 : 1, Borussia Fulda in Leipzig 3 : 1, Wacker in Halle 2 : 0, 1. FC in Dresden 0 : 1. Im letzten Spiele 1 : 2 oder 2 : 3! Punktgleich, mit etwas geringerem Torverhältnis mußten wir dem 1. FC den Vortritt lassen.

Von nun an wird es stiller um unsere Liga. Zwar spielt die Mannschaft im Heimatgau noch immer die Rolle eines angesehenen und gefürchteten Gegners, ist sie eine überall in Deutschland beliebte Gastmannschaft, aber eigentliches Ziel und damit innere Befriedigung jedes Sportmannes bleibt mit Recht die Meisterschaft.

In den letzten vier Jahren blieb sie uns versagt. Wir mußten erst wieder neu aufbauen. Wird diese innere Arbeit nun gar noch erschwert durch Schicksalsschläge, wie sie die schwere Bestrafung Richard Hofmanns 1935 oder der Fall Hannover 1937 darstellt, so heißt es, erst recht die Zähne zusammenzubeißen.

100 Jahre DSC

Deutscher Fußballmeister 1943: Das ruhmreiche Team von links: Weinhold (Vereinsführer), Kugler, Schaffer, Pohl, Dzur, Schubert, Schön, Köpping, Hofmann, Erdl, Georg Köhler (Trainer) Knieend von links: Pechan, Kreß, Hempel

Daß der DSC nicht gewillt ist, sich aufzugeben, daß bewies die Ausrichtung eines zweiten Länderspieles und zwar gegen die Tschechoslowakei. Mit 60.000 Zuschauern am 26. Mai 1935. Das bewiesen sportlich wertvolle Erfolge wie die Ostersiege 1937 über den ersten FCN 5 : 3 und dem Deutschen Meister Schalke 2 : 1, das bewiesen die Punktspiele des jüngsten Spieljahres, bei denen wir in der ersten Serie, glänzende Auferstehung feierten und sicher mit 4 Punkten Vorsprung der Gaumeisterschaft zuspurteten. Das bewies nach außen hin vor allem auch der einzigartig erfolgreiche Start Helmut Schöns im Länderspiele gegen Schweden in Hamburg. Dann kam der schwarze Tag von Hannover. Ein - nach unserer Überzeugung unverdient - hartes Schicksal beraubte uns jäh das mit viel Liebe und ehrlichem Einsatze vorbereiteten Enderfolges. Verletzungen über Verletzungen kamen hinzu. Aber unsere von Georg Köhler mit vollem Rechte als „verstärkte Reserve" bezeichnete Mannschaft erbrachte den letzten und schönsten Beweis für den unbeugsamen Willen des DSV, sich zu behaupten, unserer Vaterstadt Dresden und unserem Heimatgau Sachsen zuliebe, wenn es sein darf erst recht auch zu Ehren des deutschen Sports. Darum sei unserem Nachwuchse, dessen liebevoller Pflege stets unsere besondere Aufmerksamkeit gilt, zum Ansporn eine Zusammenstellung unserer bisherigen National-Spieler angefügt:

Hofmann 25 Länderspiele, Kreß 16 Länderspiele, Köhler 5 Länderspiele, Sackenheim 4 Länderspiele, Gedlich und Müller je 2 Länderspiele, Berthold, Haftmann, Mantel, Schlösser, Stössel und jüngst Schön 1 Länderspiel.

In den letzten Jahren ging aber eine andere Saat auf zu herrlichster Blüte, bewährte es sich glänzend, daß der DSC von Anfang seines Bestehens an nicht nur ein Fußballklub war, sondern der Verpflichtung seines Namens getreu stets auch verwandten, im besten Sinne volkstümlichen Sportarten mit viel Sorgfalt und stets freudig gebrachten Opfern eine Heimat bereitet hatte.

Wenn man Leichtathletik, Hockey, Boxen, Hand- und Faustball im Rahmen dieser Erinnerungsblätter aus den vergangenen 40 Jahren DSC einen äußerlich bescheidenen Rahmen einnehmen, so bedeutet das keine Minderbewertung dieser Sportarten, sondern es liegen dafür vielmehr 3 zwingende Gründe vor: Fußball ist nun einmal der Sport der Massen - die anderen Gebiete der sportlichen Leibesübungen werden sich wohl immer „nur" an eine Auslese des Volkes wenden; der Fußball hat in erster Linie die Geschichte des DSC gemacht - seine Clubgeschwister, vor allem die Leichtathletik, sind erst in jüngster Zeit zur sportlichen Reife im nationalen Sinne gelangt; mit den sportlichen Werten und der werbenden Kraft verbindet der Fußball eine vielseitige wirtschaftliche Macht. Unter deren Schutz hat der DSC stets auch die anderen Sportzweige gestellt und ihnen die äußeren Voraussetzungen für eine fachgemäße Förderung geschaffen. Das gilt vor allem auch für die sportliche Jugenderziehung, die durch Schülerkurse auch Nichtmitglieder zugute kam, bis die HJ uns diese Arbeit abnahm. So war der Club auch in seiner Fußball-Glanzzeit niemals ohne wirtschaftliche Sorgen, dafür aber allezeit reich an sportlich geschultem Nachwuchs auf allen Gebieten und vor allem reich an Idealisten, die aufgingen in ehrenamtlicher Tätigkeit für den vielseitigen Riesenapparat des modernen Großvereins.

Mag auch vielen äußere Anerkennung versagt

Chronik

Der Dresdner Sport-Club

100 Jahre DSC

Chronik DSC
Die Geschichte eines Clubs

geblieben sein, ja zeitweise solche Arbeit in einem „Verein" über die Achsel angesehen worden sein, so bleibt doch als schönster, unbezahlbarer Lohn das Bewußtsein, nach besten Kräften auch mitgeholfen zu haben, unser deutsches Volk körperlich und seelisch größer zu gestalten.

Dafür konnten den sinnfälligsten Beweis liefern unsere Leichtathleten. Sie hatten zunächst unter den trostlosen Nöten des bitteren Kriegsendes ganz besonders zu leiden. Bei Großveranstaltungen blieb uns fürs erste nur die Erinnerung an die herrlichen Erfolge vor dem großen Weltenbrande, und wir mußten froh sein, wenn wir etwa zu „Rund um den Großen Garten" überhaupt eine Mannschaft auf die Beine brachten, die natürlich denn auch jahrelang unter „ferner lief". 1920 erlebten wir aber doch auf unserem Platze die Deutschen Leichtathletikmeisterschaften, und 1922 zog die „Abteilung" sogar selbst ein großzügiges Nationales Sportfest auf, das aber leider trotz der Verbindung mit einem Ligaspiele gegen Karlsruher FV mit einem wirtschaftlichen Mißerfolge endete. Clubkameraden griffen in ihre Taschen und stopften das Loch!

Einige Spitzenkönner hielten das leichtathletische Panier hoch, und zwar in solchen Gebieten, in denen wir heute die damalige Leistungshöhe noch nicht wieder erreicht haben. So konnten wir 1927 als Olympiakandidaten die Werfer Horrlich und Seraidaris, den Langstreckler Gaßmus begrüßen. Seraidaris hat denn auch mehrfach in Ländermannschaften gestanden.

1928 hatten wir es bereits schon auf 15 Gau- und 5 Mitteldeutsche Meisterschaften gebracht. - Durch Marianne Stryck wagten damals schon die Frauen den ersten Schritt in die deutsche Sonderklasse. Deren Hauptstärke aber lag damals auf dem Handballfelde. 1928/29 holte sich die Frauen-Mannschaft gleichzeitig mit der Liga die Mitteldeutsche Meisterschaft. In diesem Jahre erscheint der DSC auch fünfmal in der 30er Bestenliste der damaligen Deutschen Sportbehörde für Leichtathletik durch Seraidaris, die 4 x 100-Meter-Staffel der Männer und der Frauen, als Einzelkämpferinnen neben der Läuferin Stryck auch zum ersten Male Käthe Krauß, und zwar als - Weitspringerin. - Diese Erfolge waren aber bescheiden, gemessen an den Leistungen, die dann Woldemar Gerschler mit den nunmehr sich wirklich zu einer Abteilung festigenden Leichtathleten erzielte. 1931 stand Käthe zum ersten Male in einem Länderkampf, und zwar gleich gegen England. 1932 wurden die Handballerinnen wieder Mitteldeutscher Meister, glänzte aber der Club auch vor allem mit einer wirklich würdigen Massenvertretung beim Großstaffellaufe. Von 358 gemeldeten DSCern waren 336(!) am Start. Damit erwarb sich der DSC damals für die beste Gesamtleistung den Wanderpreis der Dresdner Neueste Nachrichten. In diesem Jahre errangen wir uns zu 17 Gau- und Mitteldeutschen Meisterschaften durch Käthe Krauß auch zwei „Deutsche" im 200-Meter-Lauf und vor allem der 4 x 100-Meter-Frauenstaffel. 1933 schaffte dann Käthe zum ersten Male den Titel, den sie bis heute noch nicht wieder abgegeben hat, die Deutsche Meisterschaft über 100 Meter. Von den Fortschritten in der Breitenarbeit legten die Erfolge bei „Rund um den Großen Garten 1934" beredtes Zeugnis ab: die 3. Fußballmannschaft gewann zum dritten Male hintereinander ihre 10 x 100-Meter-Staffel, zum ersten Male siegten auch die Leichtathleten in ihren Klassen wieder, und zwar gleich mit der 2. und der 3. Mannschaft. Die Stärke der Abteilung wuchs damals auf 330 Köpfe.

Von den Ereignissen des folgenden Jahres sei nur kurz erinnert an den Frauen-Länderkampf gegen Polen auf unserem Platze, an dem außer Käthe auch unsere inzwischen gleichfalls zur Deutschen Meisterin im Speerwerfen herangewachsenen Liesel Krüger beteiligt waren. Die Erfolge der beiden Spitzenkönnerinnen hatten zur Folge, daß ein herrlicher Schwung alle Mädels erfaßte, fleißiges Training und vorbildlicher Kameradschaftsgeist Selbstverständlichkeit wurden und ihnen die Deutsche Vereinsmeisterschaft 1935 bescherte, nach hartem Kampfe mit Berlin und Hamburg im Charlottenburger Mommsen-Stadion erspurtet, zuletzt noch einmal zu Hause im Alleingange erhärtet. Die Krone der Entwicklung brachte nicht nur der Leichtathletik sondern dem gesamten DSC das Olympiajahr 1936 in Berlin.

Käthe verteidigte ihre „Deutsche". Liesel wurde mit dem letzten Speerwurfe des Tages auf den zweiten Platz verdrängt, aber zum ersten Male seit Vincenz Dunkers längst vergangenen Zeiten trug sich wieder ein DSC-Läufer in die Liste der Deutschen Meister ein: Rudolf Harbig gewann nach härtestem Kampfe, für die anderen überraschend, die 800 Meter. Schauplatz war wieder das Mommsen-Stadion des DSC. Damit hatte sich Rudi einen Platz in der Deutschen Olympia-Mannschaft gesichert.

Vier-Olympia-Kämpfer stellte somit der DSC: außer Käthe Krauß, Liesel Krüger und Rudolf Harbig noch den Langstreckengeher Friedrich Prehn. Als fünfter hätte Walter Fritzsche in der 4 x 100-Meter-Staffel stehen können, hätte ihn nicht eine heimtückische Muskelzerrung im Frühsommer 1936 kampfunfähig gemacht.

100 Jahre DSC

Die Erfolge der DSCer bei den Olympischen Spielen: Krauß die Bronzemedaille im 100-Meter-Lauf in 11,9 hinter Stephens-USA und Walasiewicz Polen;
Krüger die Silbermedaille im Speerwerfen mit 43,29 Meter hinter Fleischer Deutschland
Harbig die Bronzemedaille in der 4 x 100-Staffel mit Hamann, von Stülpnagel und Voigt hinter USA und England.
Mit besonderer Freude denken wir auch zurück an das innerhalb von vier Tagen zustande gebrachte große Nacholympische Sportfest des DSC, das zum ersten Male mehr als 12.000 Zuschauer für eine leichtathletische Veranstaltung, noch dazu an einem Wochentage, mobilisierte.
Trotz der starken Beanspruchung der Spitzenkönner gerade im Olympiajahre verteidigten die Frauen ihre Deutschen Meisterschaften mit der 4 x 100-Meter-Staffel und in der Vereinsmeisterschaft erfolgreich, schoben sich die Männer an die 10. Stelle in der Reichsliste.
Aus den noch in frischer Erinnerung befindlichen Ereignissen des letzten Jahres seien nur die beiden Rekordläufe Rudolf Harbigs über 400 und 800 Meter genannt, mit denen er die von einem Hanns Braun gegründete, von Dr. Peltzer fortgeführte Geschichte, des Mittelstreckenlaufes zunächst vollendete.
Eine derartig überragende Kämpfernatur wies, leider nur vorübergehend, auch unsere Box-Abteilung in Herbert Nürnberg auf, der sich bei uns zum Deutschen und sogar Europa-Meister seiner Gewichtsklasse emporarbeitete. Eine herrliche Krönung jahrzehntelanger eiserner Arbeit dieser Abteilung, die sich auch mühsam sogar aus wirtschaftlich eigener Kraft zu ihrer heutigen angesehenen Stellung emporgearbeitet hat.

Als treue und strebsame Abteilung hat sich ferner unsere Hockey-Abteilung bewährt, die gleichfalls im Olympia-Jahr ihren stolzesten Erfolg feiern konnte, als sie mit der Ersten die Kreismeisterschaft errang und an zweiter Stelle der Rangordnung unsere 2. Hockey-Mannschaft auswies. Auch im vergangenen Jahre vertrat unsere 1. Hockey-Mannschaft Dresden. Da nun auch auf diesem Gebiete eine Gau-Liga geschaffen worden ist, wird unsere Hockey-Mannschaft auch künftig den Weg zu höheren Würden zu finden wissen und im Kampfe mit größeren Mannschaften an Erfahrung und Können gewinnen.
Unsere Handballer kämpfen einen alle Hochachtung verdienenden Kampf ums sportliche Dasein. Ihre Glanzzeiten liegen schon weiter zurück, als Gernot Bähr noch ständiger Torwart der Mitteldeutschen Mannschaft war und die Frauen, wie oben erwähnt, sich zweimal die Mitteldeutsche Meisterschaft holten.
Als zahlenmäßig kleinste, dafür aber an Lebensjahren wohl stärkste der selbständigen Spezialabteilungen sei auch die Faustball-Abteilung genannt, die in bescheidener Stille, aber mit echter DSCer-Treue jahrein, jahraus schafft und dem Club wertvolle Kameraden und Kameradinnen erhält.
Seit Jahren sind wir bemüht, innerhalb unserer sportlichen Aufgaben der Pflege des Wintersportes in gesteigertem Umfange Geltung zu verschaffen. Die in letzter Zeit unter fleißiger Leitung erzielten Fortschritte bei reger Beteiligung besonders der in den Sommersportarten tätiger DSCer, lassen für die Zukunft Gutes erhoffen. In jüngster Zeit ist schließlich noch die wiedererstandene Tischtennis-Abteilung durch vorbildliche Rührigkeit an die Öffentlichkeit getreten. Sie zählt zu den stärksten ihres Gebietes im Reiche. Neben ihr haben wir als allerjüngstes Glied unserer Clubgemeinschaft nun auch eine Schwimm-Abteilung, gegründet auf den Zusammenschluß unserer Taubstummen-Elf mit dem TSV der gehörlosen Sportler. Möge auch sie sich im Geiste ihres leider allzu früh abgerufenen Schöpfers, unseres Eugen Fritzsche, als kampfesfreudiger Stoßtrupp des DSC bewähren!
So hat DSC-Geschick aus kleinsten Anfängen heraus im Verlaufe von 40 Jahren den Club zu einer wertvollen Zelle des DRL wachsen lassen. In buntem, schicksalhaftem Wechsel waren uns heitere und schwarze Lose beschieden. Wenn es trotz vieler Fährnisse gelang, unsere Gemeinschaft zu heutiger Größe emporzuführen, so ist das dem unbeugsamen kämpferischen Einsatz der Aktiven und dem nimmermüden Idealismus der Männer zu danken, die den Lebensgang des Clubs mit hingebender Treue umhegten. Mögen auch künftige Jahre dem DSC vergönnen, stets wackere Streiter als Hüter und Mehrer überkommenen Erbes zu besitzen, damit sich erfülle:

> ➢ NACH AUSSEN LORBEER, INNEN FRIEDEN, BLÜH' DEM VEREINE IMMERDAR."

Der Dresdner Sport-Club

100 Jahre DSC

Wo spielen wir morgen?
Die ewige Platzfrage - beim DSC wie ein roter Faden!

Platzfrage

Mit der Gründung des Dresdner Sport-Clubs am 30. April 1898 war für die Gründungsmitglieder die Frage der Sport- und Spielplätze eine der zentralen Fragen für das weitere Aufblühen des Vereines. In jener Zeit war der Neubeginn ein kühnes Unternehmen, denn über eigene Sport- und Spielstätten konnte bis dato noch kein Verein in Dresden verfügen. Auch der neu gegründete Dresdner Sport-Club hat die ersten Spiele um 1900 nur auf den brachliegenden und teilweise ungepflegten Wiesen des „Großen Ostrageheges" ausgetragen. Vor jedem Spiel mußten die Spielbegrenzungen aufgezogen werden. Dieses Handicap wurde durch das „Einrammen" der Torpfosten noch unterstrichen, zumal das „Aufsetzen" der Torlatte einiges handwerkliches Geschick voraussetzte, bei einigen Torschüssen - so Historiker - auch schon mal das wacklige Gebälk zusammenbrach. Trotz der Widrigkeiten entwickelte sich der Dresdner Sport-Club prächtig und schon 1899 spielte neben der 1. Mannschaft eine zweite Männermannschaft.

Mit der Verfügung der Landesregierung vom 23. August 1899 wurde den Spielern des Dresdner Sport-Club das Spielen mit der „Lederflautsche" und der Spielbetrieb auf dem „Großen Ostragehege" untersagt. Die Fußballer zeigten sich jedoch von der Entscheidung am grünen Tisch unverdrossen und nahmen ihren Spielbetrieb auf dem Sportplatz in Dresden-Strehlen auf, ehe sie 1902 auf den Sportwiesen der „Lennestraße" dem Fußballsport frönten und in der Saison 1901/02 Meister des Gaues Dresden wurden. Im ersten Endspiel um die Mitteldeutsche Meisterschaft unterlag der Dresdner Sport-Club dem Meister des Gaues Leipzig, dem VfB Leipzig, mit 3:6 Toren. Der Spielbetrieb der Fußball-Mannschaften umfaßte drei Männer- und eine Jugendmannschaft.

Mit der Einweihung des Sportplatzes an der „Nossener Brücke" 1904 ging für die Spieler und Mitglieder des Dresdner Sport-Clubs ein langgehegter Wunsch in Erfüllung. Das Gelände verfügte über zwei große Sportfelder, einen großzügigen Umkleideraum mit bescheidener Waschgelegenheit. Die Freude währte jedoch nur kurz denn für die expandierende Stadt Dresden mußten die in der Nähe befindlichen Kohlelagermöglichkeiten erweitert werden. Deshalb war der Spielbetrieb nur bis 1912 noch regelmäßig möglich und die Fußballer mußten sich erneut nach einer neuen Spielstätte umschauen. Um den regen Spielbetrieb aufrecht zu erhalten bot die Stadt Dresden dem Dresdner Sport-Club als Entschädigung die Nutzung der Sportanlagen des „Schützenhofes" in Trachau an. Dort spielten die immer erfolgreicher aufspielenden DSC-Spieler bis zum Ende des ersten Weltkrieges, ehe

1918 die Vereinsführung des Dresdner Sport-Clubs beschloß, eine „vereinseigene" Sportanlage, trotz großer finanzieller Probleme und Schwierigkeiten in die Tat umzusetzen. Im Dezember 1918 erfolgte der erste Spatenstich im Ostragehege. Viele Stunden und Tage plagten sich die Mitglieder (!) unentgeltlich und bauten den Sportplatz mit der Hilfe von freiwilligen Spenden der Mitglieder, so daß am 12. Oktober 1919 die offizielle Einweihung der neuen Spielstätte im Ostragehege stattfand. Wichtig war den Vereinsoberen damals: „Durch vorteilhafte Kreditaufnahme die finanzielle Unabhängigkeit von der Stadt Dresden zu erreichen und den Bau des Sportparkes aus eigenen Mitteln zu ermöglichen".

Dunkle Wolken zogen für den Dresdner Sport-Club in der Nacht vom 18. zum 19. Oktober 1928 auf, als das Klubhaus und mit ihm die

100 Jahre DSC

Abb. links: „Steintribüne" mit Zielturm eine Aufnahme aus dem Jahr 1991. Tatkräftige Helfer beim Bau der „Kurve" um 1936 (kleines Foto).

Abb. rechts: Spielstätte des Dresdner Sport-Club. Das Heinz-Steyer-Stadion in der Totalen. Bau der Stufen an der Anzeigetafel im Heinz-Steyer-Stadion (kleines Foto).

Platzfrage

gesamten Holztribüne ein Raub der Flammen wurde. Die Mitglieder reagierten zunächst fassungslos, doch bereits am 24. November 1929 konnte das Klubhaus und die Tribüne, aus Stahl und Beton gebaut, feierlich eingeweiht werden. In den folgenden Jahren erfolgte ein stetiger Ausbau der Zuschauerterrassen und der „Wälle". Dafür wurde laut Satzung des Dresdner Sport-Clubs eigens ein Bauausschuß in den Vorstand berufen, der die Zielsetzung von ca. 40.000 Zuschauern realisieren sollte. Die Einweihung der großen Holztribüne vor der später gebauten Eissporthalle, erfolgte beim Fußballspiel Dresdner Sport-Club gegen den 1. FC Nürnberg am 31. August 1930 in Dresden. Das DFB-Länderspiel Deutschland gegen Ungarn am 28. September 1930 war für den „Bauausschuß" des Dresdner Sport-Clubs ein weiteres Highlight, bekamen die damaligen Herren doch schriftlich nachgewiesen: „Der Grund und Boden des Sportparks im Ostragehege gehörte nicht der Stadt Dresden sondern dem Freistaat Sachsen."

Beim Festakt zum 40jährigen Bestehens des Dresdner Sport-Clubs am 30. April 1938 wird dem Dresdner Sport-Club mit einer Laufzeit von 99 Jahren das Sportgelände am Ostragehege offiziell übertragen.

Mit dem Ende des Zweiten Weltkrieges nach 1945 wird Sachsen Teil der russischen Besatzungszone. Damit veränderten sich auch innerhalb des Dresdner Sport-Clubs für das Sportgelände am Ostragehege die Eigentumsverhältnisse, das Vermögen des Dresdner Sport-Clubs wird zum Volkseigentum erklärt. Neben der Auflösung des Dresdner Sport-Clubs wurden auch die Sportplätze umbenannt. Nach dem Arbeitersportler und KPD-Funktionär Heinz Steyer erhielt der Sportpark im Ostragehege einen neuen Namen. Heinz Steyer, ein Gegner des Krieges und überzeugter Antifaschist, wurde 1944 zum Tode verurteilt und von den Nazis hingerichtet. Ein würdiger Gedenkobelisk am Zugang zur Steintribüne erinnert noch heute an den unbeugsamen Menschen unter der Nazi-Herrschaft.

Die offene Einfahrt in das Heinz-Steyer-Stadion von der Pieschener Allee wurde 1956 erstellt, als die internationale Friedensfahrt Dresden als Etappenziel ansteuerte. Leider wurde in den Nachkriegsjahren das Ehrenmal für die im Ersten Weltkrieg gefallenen Sportler des Dresdner Sport-Clubs, das die Vereinsverantwortlichen des DSC um 1925 errichten ließen, auf „höhere Weisung" stillschweigend entfernt. Auch ein Stück Dresdner Sportgeschichte mit einem faden Beigeschmack!

Der Dresdner Sport-Club

100 Jahre DSC

Fußball in Dresden
Die Entstehung des Fußballspieles in Dresden

Fußball ist das Spiel der Welt. Ungeachtet fußballähnlicher Spiele im Mittelmeerraum zur Zeit der Antike und in China läßt sich der Vorläufer dieses europäischen Wettkampfspiels kaum vor dem 13. Jahrhundert nachweisen. Englands Pionierrolle für den modernen Fußball ist nicht von der Hand zu weisen. Von britischen Seefahrern, Handelsclerks und Soldaten wurde das Spiel von den Briten in allen Erdteilen und Ländern bekannt gemacht.

Schon Shakespeare läßt Kent im „Lear" sagen: „You base football player". In England (Ersterwähnung 1314) und in Frankreich wurde das von vielköpfigen Mannschaften ausgetragene, ungeregelte Kampfspiel wegen der mit ihm verbundenen wüsten Ausschreitungen durch königliche und behördliche Bestimmungen wiederholt verboten. In den oberitalienischen Städten und hier besonders in Florenz („calcio fiorentino"), nahm das Spiel, bei dem die florentinischen Kaufleute ihre livrierten Dienerschaften gegeneinander antreten ließen, geregelte Formen an. Eine erste Beschreibung findet sich im Ballspieltraktat „Scanios" im Jahre 1555.

Lokalpatriotismus verhinderte zunächst bis in das 19. Jahrhundert eine Vereinheitlichung der Fußballregeln. Anfang des Jahrhunderts fanden auf dem Kontinent die ersten offiziellen Länderspiele statt. Die Idee der Gründung eines internationalen Verbandes begann Formen anzunehmen. Allgemein bestand die Absicht, die führende Rolle der Engländer anzuerkennen, die schon 1863 ihre Football Association gründeten. Am 1. Mai 1904 standen sich Brüssel im Heysel-Stadion im ersten offiziellen Länderspiel die Teams von Belgien und Frankreich

gegenüber. Am 21. Mai 1904 wurde in Paris in einem Hinterhaus des „Athletiques Sports" die Federation Internationale Football Association (FIFA) gegründet. Die Gründungsakte wurde von den Ländern Frankreich, Belgien, Dänemark, Niederlande, Spanien, Schweden und der Schweiz unterschrieben. 1905, beim zweiten FIFA-Kongreß vom 10.-12. Juni in Paris, war England ebenso dabei wie Deutschland, Österreich, Italien und Ungarn. Schottland, Irland und Wales folgten dem Beispiel England und gaben ihre Isolation auf. Endgültig in die

100 Jahre DSC

Fußball um 1860. Studenten und junge Kaufleute jagen nach englischem Vorbild dem Fußball nach. Es gab schon Tore aber noch keine einheitliche Sportkleidung. Die Spielregeln waren einfach.

> Die Anfänge des deutschen Fußballsports in Dresden und Leipzig

Parallel zur Entwicklung der FIFA begann sich in Deutschland das Spiel mit dem runden Leder durchzusetzen. In Deutschland wurde das Fußballspiel zuerst an den höheren Schulen in Braunschweig eingeführt. Mentor dabei Professor Konrad Koch, er gründete 1874 am Martino-Catharineum Braunschweig den ersten deutschen Schüler-Sportverein. Zwar gab es wegen der „Engländerei" viel Anfeindungen und Widerstände, doch der Trend Fußball war nicht mehr aufzuhalten. In Göttingen, Hannover, Hamburg, Leipzig und Dresden, sowie in der Hauptstadt Berlin fand der neue Sport Nachahmer. Die ersten Fußballvereine entstanden rund zehn Jahre später. Frankfurt, Cannstadt, Karlsruhe und Mannheim hießen die Stationen. In Berlin gründete 1886 der aus Frankfurt am Main stammende Bildhauer und Opernsänger Georg Leux den ersten deutschen Fußballclub.

Zu Ehren seiner Vaterstadt taufte er ihn „Berliner Fußballclub Frankfurt". In Hamburg wurde 1887 die Germania gegründet, der sich später mit dem Hamburger FC 88 und dem SC Falke 06 sich zum Hamburger SV zusammenschloß.

FIFA integriert wurde England mit der Wahl der Engländers Daniel Burley Woolfall, der 1906 den „Pionier" Robert Guerin ablöste. Die FIFA ist heute die größte Organisation der Welt, sie hat mehr Mitgliedsstaaten als die UNO in New York.

> Das erste offizielle Spiel des DSC endet 1898 in Prag 0:0.

Auch in Dresden (Elbflorenz) entwickelten sich die Dinge um den Fußball zusehens. In der sächsischen Hauptstadt dominierten der FC Dresdensia (1898 gegründet), der Dresdner FC 1893, der FC Dresdner Fußballring 1902, der SV Guts Muts Dresden 1902, der Ball Spiel-Club Sportlust 1900 und vor allen Dingen der Dresdner Sport-Club (DSC) der am 30. April 1898 von fünf jungen Männern gegründet wurde. Unter diesen „Fünf" Gründern befand sich auch der spätere Ehrenvorsitzende Karl Baier, der den Dresdner Sport-Club mit seinem Elan noch Jahre prägte. Das Spielgelände war eine Wiese im Areal des Ostrageheges. Sein erstes offizielles Spiel bestritt der Dresdner SC am 04. Juli 1898 in Prag auf der Kaiserwiese. Das Fußballspiel gegen den Ruder- und Fußball-Club Regatta Prag endete mit einem torlosen Remis.

Organisation und Entwicklung des Fußballsports ging zunächst noch immer langsam voran. Zunächst waren die „Turner" die Wegbereiter für die „Fußballer". 1889 kam es auf dem Deutschen Turnfest in München zu einem Fußballspiel zwischen dem „Allgemeinen Turn-Verein Leipzig„ und den „Orion-Club London„. Dieses Spiel beflügelte die Popularität des Fußballspiels. Anfangs der neunziger Jahre bildeten sich die ersten Verbände. Frühe Berliner Verbandsgründungen wie der „Bund Deutscher Fußball- Spieler" (1890) und der „Deutsche Fußball- und Cricketclub" (1891), die durch ihre Namen einen über Berlin hinausgehenden Rahmen andeuteten, konnten sich nicht etablieren und lösten sich nach wenigen Jahren des Bestehens wieder auf.

Der Dresdner Sport-Club

100 Jahre DSC

Fußball in Dresden
Die Entstehung des Fußballspieles in Dresden

Auch die Gründung des „Verbandes Dresdner Ballspielvereine" im Jahre 1901 erfolgte auf DSC-Initiative und seinem emsigen Vorsitzenden Willibert Kirmse, später schloß sich der DSC dem Verband Mitteldeutscher Ballspielvereine an. Die Fußballbewegung verlangte immer mehr nach einer nationalen Lösung. Erneut waren es die Hochburgen des Fußballs Dresden und Leipzig die ein historisches Datum setzten. Das engagierte Vorgehen des Verbandes „Leipziger Ballspielvereine", der im Dezember 1899 zum „Ersten allgemeinen deutschen Fußballtag" einlud und am 28. Januar 1900 zum „zweiten Fußballtag" nach Leipzig einlud, hatte Erfolg. 86 Vereine und drei Verbände versammelten sich im Leipziger „Mariengarten" als gegen Mittag, über den einzigen Tagesordnungspunkt: „Ob und wie eine Einigung sämtlicher Fußballvereine Deutschlands erreicht werden könne", debattiert wurde. Mit 64 gegen 22 Stimmen entschied sich die Versammlung für die sofortige Gründung des Bundes, der auf Vorschlag von Walter Bensemann den Namen „Deutscher Fußball-Bund" erhielt. Zwar stimmen die Berliner Vereine, die zunächst für die Schaffung einer Kommission waren, gegen die Gründung, doch traten sie bereits wenige Monate später - beim zweiten Bundestag im Juni des gleichen Jahres - dem DFB endgültig bei.

> ➤ Am 28. Januar 1900 wird der Deutsche Fußballbund gegründet.

Am 28. Januar 1900 wurde der „Deutscher Fußball-Bund" (DFB) gegründet. Er war nach dem Zusammenschluß der Turner (1868), Ruderer (1883), Radsportler (1884), Schwimmer (1886) und Leichtathleten (1898) der sechste Verband, der sich auf dem Gebiet der Leibesübungen und des Sports in Deutschland bildete. Als erstes schuf der DFB einheitliche Spielregeln. Viele Verbände spielten damals noch nach eigenen Regeln. Für die Spieleinzelheiten waren oft stundenlange Beratungen notwendig. Der in Leipzig gewählte elfköpfige Ausschuß unter dem Vorsitz von Prof. Dr. Ferdinand Hueppe, machte sich mit Mut und Tatkraft ans Werk, um die hochgesteckten Ziele zu erreichen. Bereits im 2. Jahr wurden in den sechs dem DFB angeschlossenen Verbänden und den zwölf Einzelvereinen 4.000 Mitglieder gezählt. Diese Aktivitäten schufen die Voraussetzungen für einen stärkeren Spielverkehr über die Verbandsgrenzen hinweg.

Die einzelnen Landesverbände hatten die Aufgabe den Meister zu ermitteln der dann für die Endrundenspiele qualifiziert war. Da sich die Gründung der einzelnen Landesverbände voneinander sehr verzögerte, entschied man sich für eine „Freie-Lösung", bei der neben den Landesmeistern die Regionalmeister startberechtigt waren, sofern sie innerhalb der Landesgrenze sich befanden und noch keinem überregionalen Landesverband angehörten.

In Leipzig wird am 26.12.1900 der Verband Mitteldeutscher Ballvereine gegründet

Wie unterschiedlich die Verbandsgründungen waren sieht man daran, daß Verband Süddeutscher Fußballvereine bereits 1897 gegründet wurde, während der Westdeutscher Spiel-Verband erst 1907 aus dem Vorläufer Rheinisch Westfälischer Spielverband aus der Taufe gehoben wurde. Der Verband Mitteldeutscher Ballspielvereine wurde dagegen schon am 26. Dezember 1900 ins Leben gerufen. Die 12 Gründervereine waren: Chemnitzer BC, FC Dessau, Hallescher FC Hohenzollern, SV Hohenzollern Merseburg, Hallescher FC 1896, VFB Leipzig, FC Wacker Leipzig, FC Lipsia Leipzig, Neue Leipziger BV Olympia, Weißenfelser FC Preußen, Mittweidaer BC, Germania Mittweida. Der Dresdner SC schloß sich erst später an. Aus nur teilweise authentischen Unterlagen, sollen die Dresdner von den Verbandsfunktionären aus Leipzig die Einladung zu spät bekommen haben...

Die Arbeit des Verband Mitteldeutscher Ballvereine stützte sich dabei auf die Vorarbeiten des seit 1887 bestehenden Verband Leipziger Ballvereine der bis 1903 die vorüber gehende Leitung des Verbandes Gau Nordwestsachsen übernahm. Der Meister von Mitteldeutschland wurde im Pokalsystem ermittelt, dabei ermittelten die einzelnen Gaue ihre Meister. In der ersten Saison 1901/02 war Mitteldeutschland in nur drei Gaue eingeteilt. Zum Gau Leipzig gehörten Halle und Wurzen, zum Gau Dresden gehörten Mittweida, Chemnitz und Zwickau, der Gau Weißenfels umschloß noch Naumburg und Merseburg.

Saison 1901/02
Meister Gau Leipzig: FC Wacker Leipzig
Meister Gau Dresden: Dresdner Sport-Club
Finale: 17.03.1902
FC Wacker Leipzig - Dresdner Sport Club
Schlußstand: 6:3

100 Jahre DSC

*Wettspiel zwischen dem English Football-Club von Dresden und Berlin Union 1892 in Berlin an historischer Stätte. Dresden gewann mit 3:0.
Unter den Zuschauern befanden sich die Vertreter des Preußischen Kulturministeriums und der englische Botschafter in Berlin.*

Fußball

Saison 1902/03

1902 schuf der DFB endgültig die Deutsche Fußballmeisterschaft. Der Meister Mitteldeutschland wurde in einem Qualifikationsspiel ermittelt. Im Endspiel um die Süddeutsche Meisterschaft setzte sich der Karlsruher Fußball Verein gegen den 1. Hanauer FC 1893 mit 5:2. Meister des Verbandes Hamburg Altona wurde der Altonaer FC 1893.

Den Kreis der Endrundenteilnehmer schloß der Deutsche Fußball Club 1892 Prag und der Meister des Verbandes Berliner Ballspiel-Vereine Berliner Thor Ball- und Fußballclub Britannia 1892.

Meisterschaft Mitteldeutschland:
Meister Nordwestsachsen: VfB Leipzig
Meister Ostsachsen: Dresdner Sport-Club
Meister Mittelelbe: Magdeburger FC Viktoria 1896
Qualifikation: 05.04.1903
VfB Leipzig - Dresdner Sport Club 2:0
Freilos: Magdeburger FC Viktoria 1896

Finale: 12.04. 1903
VfB Leipzig - Magdeburger FC Viktoria 1896
Schlußstand: 1:0

Damit waren für die 1. Endrunde 1902/03 um die Deutsche Meisterschaft qualifiziert:
VfB Leipzig, Magdeburger FC Viktoria 1896, Karlsruher Fußball Verein, Deutsche Fußball Club 1892 Prag und Berliner Thor Ball- und Fußballclub Britannia 1892.

Der Dresdner Sport-Club

100 Jahre DSC

Fußball in Dresden

Die Entstehung des Fußballspieles in Dresden

Nur wenige Zuschauer verloren sich auf der Exerzierweide in Berlin, als sich der Altonaer FC und die Magdeburger FC Viktoria in der Vorrunden-Qualifikation gegenüber standen. Die Norddeutschen machten ihrem Favoritenbild alle Ehre und landeten einen 8:1 Kantersieg über die konsternierten Magdeburger! Im zweiten Spiel traf der große Favorit Berliner T- und FC Britannia auf dem Spielgelände im Sportpark Friedenau auf den Mitteldeutschen Meister VfB Leipzig. Doch nicht die favorisierten Berliner machten das Spiel, sondern die Sachsen bestimmten das Spielgeschehen. An Ende stand es 3:1 für den VfB Leipzig, wobei Stanischewski zwei Tore erzielte. Einen Riesenwirbel gab es in der 2. Runde, so daß die erste große Fußball-Meisterschaft Deutschlands den Hauch von „Skandal" zierte. Zunächst setzte der DFB das dritte Vorrundenspiel zwischen dem DFC Prag und dem Karlsruher FV in München an, daß sollte in München das dritte Vorrundenspiel werden.

Am 31. Mai 1903 fand auf einem mit Tauen abgegrenzten Teil des Altonaer Exerzierplatzes vor rund 1.000 Zuschauer das erste Endspiel um den Titel „Deutsche Fußballmeister" statt. Der VfB Leipzig siegte mit 7:2 (1:1) gegen den DFC Prag und wurde 1. Deutscher Meister! Die Endspielteilnahme, die als „Unkostenbeitrag" auf Tellern gesammelt wurde, betrug 473 Mark. Mit einem beachtlichen finanziellen Defizit endete die Endrunde! Trotzdem die „Idee" um die deutsche Meisterschaft lebte. Der Karlsruher FV bekam ein „Wiedergutmachungsmatch", daß er 3:7 gegen Leipzig verlor!

Saison 1903/04
Mitteldeutsche Meisterschaft
Meister Mittelelbe: Magdeburger FC Viktoria 1896
Meister Nordwestsachsens: VfB Leipzig
Meister Ostsachsen: Dresdner Sport-Club
Qualifikation: 24.04. 1903
VfB Leipzig - Magdeburger FC Viktoria 1896
Schlußstand: 8:2
Freilos: Dresdner Sport-Club
Finale 12.04. 1903
VFB Leipzig - Dresdner Sport-Club
Schlußstand: 4:0
Mit diesem 4:0 Erfolg wurde 1904 der VfB Leipzig 3. Mitteldeutscher Meister

Deutsche Meisterschaft
8 Endrundenteilnehmer
Meister des Verbandes
Magdeburger Ballspiel-Vereine:
Magdeburger FC Viktoria 1896
Meister Mitteldeutschland:
VfB Leipzig
Meister des Verbandes Kasseler Ballspiel-Vereine:
Kasseler Fußballverein 1895
Meister des Rheinisch Westfälischen Verbandes:
Duisburger Spielverein
Meister des Verbandes Berliner Ballspiel-Vereine:
Berliner Thor und Fußball-Club Britannia 1892
Meister Süddeutschland:
Karlsruher Fußball Verein
Meister des Verbandes Hamburg-Altona:
SC Germania 1887 Hamburg
Meister des Verbandes Hannoverscher Ballspiel-Vereine:
Hannoverscher Fußball-Club 1896

In der Endrunde um die Deutsche Meisterschaft zog der VFB Leipzig nach einem 3:2 gegen den Duisburger SV ins Finale gegen den Berliner T und Britannia 1892. Das Endspiel sollte am 29. 04. 1904 in Kassel stattfinden. Dagegen legte jedoch der Karlsruher FV Protest ein. Begründung: Das Spiel gegen Berliner T und Britannia 1892, das 1:6 verloren wurde, fand nicht an einem neutralen Ort, wie den Statuten des DFB entsprechend, statt. Bei einer Krisensitzung am Tage des Endspiels in Kassel entschloß sich daher der DFB alle Endrundenspiele zu annulieren und das Finale nicht auszuspielen. Damit wurde 1904 kein Deutscher Fußballmeister gekürt.

Viertelfinale
SC Germania 1887 Hamburg - Hannoverscher Fußball-Club 1896 11:0
VfB Leipzig - Magdeburger FC Viktoria 1896 1:0
Duisburger Spielverein - Kasseler FV 5:3
Berliner T und FC Britannia 1892 - Karlsruher FV 6:1
Halbfinale
SC Germania 1887 Hamburg - Berliner T und FC Britannia 1892 1:3
VfB Leipzig - Duisburger SV 3:2
Finale
VfB Leipzig - Berliner T und FC Britannia (nicht gespielt)

Saison 1904/05
Mitteldeutsche Meisterschaft
Meister Mittelelbe:
Magdeburger FC Viktoria 1896
Meister Nordwestsachsens:
Hallescher FC 1896
Meister Ostsachsen: Dresdner Sport-Club

100 Jahre DSC

Der Magdeburger FC Viktoria 1896 verzichtete auf das Ausscheidungsspiel
Finale: 24.04. 1905
Dresdner Sport-Club - Hallescher FC 1896
Schlußstand: 3:2
Mit diesem 3:2 Erfolg wurde 1905 der Dresdner Sport-Club 4. Mitteldeutscher Meister

Deutsche Meisterschaft
11 Teilnehmer
Meister des Verbandes Breslau:
Sport Club Schlesien Breslau
Finalist vom Vorjahr:
Verein für Ballspiele Leipzig (gesetzt)
Meister des Verbandes Berlin:
Berliner T und FC Union 1892
Meister des Verbandes Mitteldeutschland:
Dresdner Sport-Club
Meister des Verbandes Süddeutschland:
Karlsruher Fußballverein
Meister des Verbandes Hannover:
Hannoverscher Fußball Club 1896
Meister des Verbandes Rheinisch Westfälisch:
Duisburger Spielverein
Meister des Verbandes Magdeburg:
Magdeburger Fußball Club Viktoria 1896
Meister des Verbandes Braunschweig:
Braunschweiger FC Eintracht
Meister des Verbandes Niederlausitz:
Sport Club Alemania Cottbus

Qualifikation:
SC Schlesien Breslau - SC Alemania Cottbus
Schlußstand: 5:1
Vorrunde:
Braunschweiger FC Eintracht - Hannoverscher FC 1896 3:2 n.V.
Magdeburger FC Viktoria 1896 - SC Schlesien Breslau (fand nicht statt)

Vorrunde:
Braunschweiger FC Eintracht - Magdeburger FC Viktoria 1896 2:1 n.V.
Viertelfinale
Karlsruher FV - Duisburger SV 1:0
Dresdner Sport Club - FC Viktoria 1895 Hamburg 5:3
VfB Leipzig - Braunschweiger FC Eintracht (fand nicht statt Leipzig verzichtete wegen zu hoher Reisekosten)
Freilos: Berliner T und FC Union 1892
Braunschweiger FC Eintracht Braunscheig-Berliner T und FC Union 1892 1:4
Halbfinale
Dresdner Sport Club - Berliner T und FC Union 1892 2:5
Freilos: Karlsruher FV
Finale:
Berliner T und FC Union 1892 - Karlsruher FV
Schlußstand: 2:0
Mit diesem 2:0 über den Karlsruher FV wurde 1905 die Berliner T und FC Union 1892 2. Deutscher Fußballmeister.

Saison 1905/06
Mitteldeutsche Meisterschaft
Meister Mittelelbe:
Magdeburger FC Viktoria 1896
Meister Nordwestsachsen:
VfB Leipzig
Meister Südwestsachsen:
Chemnitzer Ballspiel-Club
Meister Ostsachsen:
Dresdner Sport-Club

1. Halbfinale
VFB Leipzig - Magdeburger FC Viktoria 1896 5:0

2. Halbfinale
DSC - Chemnitzer Ballspiel-Club
Das Halbfinale fand nicht statt, da Chemnitz nicht antrat, dadurch DSC kampflos weiter
Finale:
VfB Leipzig - Dresdner Sport-Club
Der DSC verzichtete auf das Finale (!) dadurch zog der VfB Leipzig in die Endrundenspiele um die Deutsche Meisterschaft.

Deutsche Meisterschaft
8 Teilnehmer
Deutscher Meister Vorjahr:
Berliner T und FC Union 1892
Meister des Südostdeutschen-Baltenverbandes:
Sport Club Schlesien Breslau
Meister des Verbandes Mitteldeutschland:
Verein für Ballspiele Leipzig
Meister des Norddeutschen Verbandes:
Fußball Club Viktoria 1895 Hamburg
Meister des Märkischen Verbandes:
Berliner Fußball Club Norden Nordwest
Meister des Westdeutschen Verbandes:
Kölner Fußball Club 1899
Meister des Verbandes Berlin:
Berliner Fußballclub Hertha 1892
Meister Süddeutschland:
1. Fußball Club Pforzheim

Viertelfinale
Berliner T und FC Union 1892 - FC Viktoria 1895 Hamburg 3:1
VfB Leipzig - Berliner FC Norden-Nordwest 9:1
SC Schlesien Breslau - Berliner Fußballclub Hertha 1892 0:7
FC Pforzheim - Kölner FC 1899 4:2

Fußball

Der Dresdner Sport-Club

100 Jahre DSC

Fußball in Dresden

Die Entstehung des Fußballspieles in Dresden

Halbfinale
Berliner FC Hertha 1892 - VfB Leipzig 2:3
1. FC Pforzheim - Berliner T und FC Union 1892 Berlin 4:0
Finale
VfB Leipzig - 1. FC Pforzheim
Schlußstand: 2:1
Mit einem 2:1 Finalsieg gegen den 1. FC Pforzheim schaffte der VFB Leipzig 1906 das „Double" bei der 3. Deutschen Meisterschaft.

Saison 1906/07
Mitteldeutsche Meisterschaft
Meister Mittelelbe:
Magdeburger FC Viktoria 1896
Meister Nordwestsachsen: VfB Leipzig
Meister Südwestsachsen:
Mittweidaer Ballspiel-Club
Meister Ostsachsen: Dresdner Sport-Club

Semifinale: 17. 03. 1907
VFB Leipzig - Mittweidaer Ballspiel-Club 6:0
Magdeburger FC Viktoria 1896 - DSC 3:2
Finale
VFB Leipzig - Magdeburger FC Viktoria 1896
Schlußstand: 1:0
Mit diesem 1:0 Erfolg wurde 1907 der VfB Leipzig 5. Mitteldeutscher Meister

Deutsche Meisterschaft
6 Teilnehmer
Meister des Südostdeutschen- Baltenverbandes:
SC Schlesien Breslau
Meister des Norddeutschen Verbandes:
Fußball Club Viktoria 1895 Hamburg
Meister Brandenburg:
Berliner T und Fußball Club Viktoria 1889
Meister des Westdeutschen Verbandes:
Düsseldorfer Fußball Club 1899

Meister des Mitteldeutschen Verbandes:
Verein für Ballspiele Leipzig
Meister Süddeutschland:
Freiburger Fußball-Club 1897

Vorrunde
Berliner T und FC Viktoria 1889 - SC Schlesien Breslau 2:1
FC Viktoria 1895 Hamburg - Düsseldorfer FC 1899 8:1
Als Deutscher Meister hatte der VfB Leipzig ein Freilos

Halbfinale (Nürnberg)
Freiburger FC - VFB Leipzig 3:2
Berliner T und FC Viktoria 1889 - FC Viktoria 1895 Hamburg 4:1
Finale
Berliner T und FC Viktoria 1889 - Freiburger FC **Schlußstand:** 1:3
Mit diesem 3:1 Finalsieg wurde der Freiburger Fußball Club 4. Deutscher Fußballmeister

Saison 1907/08
Mitteldeutsche Meisterschaft
Meister Mittelelbe:
Magdeburger FC Viktoria 1896
Meister Saale: Hallescher FC 1896
Meister Nordwestsachsen:
FC Wacker Leipzig
Meister Südwestsachsen:
Chemnitzer Ballspiel-Club
Meister Ostsachsen: Dresdner Sport-Club
Meister Thüringen: Sport-Club Erfurt
Meister Vogtland: FV Wettin Plauen

Viertelfinale
Magdeburger FC Viktoria 1896 - Sport-Club Erfurt 6:2

Hallescher FC 1896 - FV Wettin Plauen 5:0
Chemnitzer Ballspiel-Club - Dresdner SC 5:4
Freilos: FC Wacker Leipzig

Halbfinale
Magdeburger FC Viktoria 1896 - Chemnitzer Ballspiel-Club 8:2
FC Wacker Leipzig - Hallescher FC 1896 2:1 n.V.
Finale
FC Wacker Leipzig - Magdeburger FC Viktoria 1896 **Schlußstand:** 3:2
Mit diesem 1:0 Erfolg wurde 1908 der Verein für Ballspiele Leipzig 6. Mitteldeutscher Meister

Deutsche Meisterschaft
8 Teilnehmer
Meister des Vorjahres:
Freiburger Fußball Club
Meister Südostdeutschland:
Verein für Rasenspiele Breslau
Meister Mitteldeutschland:
Fußball Club Wacker Leipzig
Meister Brandenburg:
Berliner T und Fußball Club Viktoria 1889
Meister Baltenverband:
Verein für Ballspiele Königsberg
Meister Westdeutschland:
Duisburger Spielverein
Meister Norddeutschland:
Braunschweiger Fußball Club Eintracht
Meister Süddeutschland:
Fußball Club Stuttgarter Kickers

Viertelfinale
VfB Königsberg - Berliner T und FC Viktoria 1889 0:7
VfR Breslau - FC Wacker Leipzig 1:3
Braunschweiger FC Eintracht -

100 Jahre DSC

Duisburger SV 0:1
Freiburger FC - FC Stuttgarter Kickers 1:0
(das Spiel wurde wiederholt, da Freiburger Spieler frühzeitig das Feld verließen.
Freiburger FC - FC Stuttgarter Kickers 2:5

Halbfinale (Nürnberg)
FC Wacker Leipzig - Berliner T
und FC Viktoria 1889 0:4
FC Stuttgarter Kickers - Duisburger SV 5:1

Finale(Berlin)
Berliner T und FC Viktoria 1889 - FC Stuttgarter Kickers **Schlußstand:** 3:1
Durch seinem 3:1 Finalsieg wurde der Berliner Thor und FC Viktoria 1889 1908 5. Deutscher Fußballmeister

Saison 1908/09
Mitteldeutsche Meisterschaft
Meister Mittelelbe:
Magdeburger Fußball Club Viktoria 1896
Meister Nordwestsachsen:
Verein für Ballspiele Leipzig
Meister Ostsachsen:
Dresdner Sport-Club
Meister Südwestsachsen:
Chemnitzer Ballspiel-Club
Meister Thüringen:
Sport-Club Erfurt
Meister Saale:
Hallescher Fußball Club 1896
Meister Vogtland:
Fußball Club Appeles Plauen

Viertelfinale
Dresdner SC - FC Appeles Plauen 3:1
Hallescher FC 1896 - Magdeburger FC Viktoria 1896 4:1
Sport-Club Erfurt - Chemnitzer Ballspiel-Club 3:1
Freilos: Meister Nordwestsachsen

Halbfinale
Sport-Club Erfurt - Dresdner SC 7:2
Hallescher FC 1896 - *Das Entscheidungsspiel um den Meister des Verbandes Nordwestsachsen zwischen dem VFB Leipzig und der SpVgg Leipzig (4:11) wurde zu spät angesetzt, deshalb konnte der Gewinner nicht an den Spielen um die Mitteldeutsche Meisterschaft teilnehmen.

Finale
Sport-Club Erfurt - Hallescher FC 1896
Schlußstand: 5:4
Mit diesem 1:0 Erfolg wurde 1909 der Sport-Club Erfurt 7. Mitteldeutscher Meister

Deutsche Meisterschaft
8 Teilnehmer
Meister Südostdeutschland:
SC Alemania Cottbus
Meister Mitteldeutschland: Sport-Club Erfurt
Meister Brandenburg:
Berliner T und FC Viktoria 1889
Meister Baltenverband:
Verein für Ballspiele Königsberg
Meister Märkischer Verband:
Fußball Club Tasmania 1900 Rixdorf
Meister Norddeutschland:
Altonaer Fußball Club 1893
Meister Westdeutschland:
Fußball Club Mönchengladbach 1894
Meister Süddeutschland:
Karlsruher Fußball Club Phönix

Viertelfinale
FC Mönchengladbach 1894 - Karlsruher FC Phönix 0:5
Sport-Club Erfurt - SC Alemannia Cottbus 4:3 n.v.
Altonaer FC 1893 - FC Tasmania 1900 Rixdorf 4:3
VfB Königsberg - Berliner T und FC Viktoria 1889 1:12

Halbfinale
Karlsruher FC Phönix - Sport-Club Erfurt 9:1
Altonaer FC 1893 - Berliner T und FC Viktoria 1889 0:7

Finale
Karlsruher FC Phönix - Berliner T und FC Viktoria 4:2
Mit seinem 4:2 Finalsieg über den Berliner Thor und FC Viktoria 1889 wurde der Karlsruher Fußball Club Phönix 6. Deutscher Fußballmeister

1908 tat der DFB einen weiteren entscheidenden Schritt zur Ausweitung des Fußballsports in Deutschland. Das erste Länderspiel in Basel gegen die Schweiz endete mit einer 3: 5 Niederlage.

Das letzte Länderspiel einer deutschen Mannschaft vor dem 1. Weltkrieg ging am 5. April 1914 in Amsterdam über die Bühne. Nach einer Halbzeitführung mit 1: 0 für Deutschland trennte man sich nach packender Schlußphase mit einem leistungsgerechten 4:4 Unentschieden.

Fußball

Der Dresdner Sport-Club

100 Jahre DSC

Titel, Tore & Triumphe
Das Pokal-Double von 1940 - Der 1. FC Nürnberg wird 2:1 geschlagen.

1. Pokalsieg

Nach dem es im Vorjahr für den Dresdner Sport-Club schon in der II. Schlußrunde gegen WKG Neumeyer Nürnberg auf eigenem Platz das 1:2 Aus gab, gaben sich diesmal die Spieler um Trainer „Schorsch" Köhler konzentrierter. Zum Auftakt der Pokalspiele reisten die Dresdner zur I. Schlußrunde in das Sudetenland bei NSTG Graslitz. Obwohl mit Helmut Schön und Richard Hofmann zwei Leistungsträger fehlten setzten sich die „Rothosen" klar mit 4:0 durch. Walter Dzur brachte den DSC mit 1:0 in Front. Machate und Carstens bauten das Ergebnis auf 3:0 aus. Boczek war es vorbehalten sieben Minuten vor Schluß den 4:0 Endstand zu markieren.

1. Schlußrunde
Das DSC Team: Kreß - Kreisch, Hempel - Miller, Dzur, Köpping - Boczek, Fissel, Machate, König, Carstens.
Tore: 0:1 Dzur (34.), 0:2 Machate(53.), 0:3 Carstens (75.), 0:4 Bozcek (82.)

In der II. Schlußrunde traf der DSC zu Hause auf den Blumenthaler SV. Der hoch favorisierte DSC hatte nur in der ersten Hälfte Probleme, in der 2. Halbzeit landeten die Dresdner einen überlegenen 5:0 Kantersieg.

2. Schlußrunde
Das DSC Team: Kreß - Miller, Strauch - Hempel, Dzur, Schubert - Boczek, Schaffer, Machate, Pohl, Carstens.
Tore: 1:0 Dzur (34.), 2:0 Machate(58.), 3:0 Machate (67.), 4.0 Pohl (74.), 5:0 Schubert (79.)

Mit dem SC Rot-Weiß Frankfurt macht der DSC in der III. Schlußrunde wenig Federlesens. 6:0 heißt es am Ende, wobei der überragende Boczek zweimal ins Schwarze traf.

100 Jahre DSC

Miller, Kreß und Hempel mit dem Tschammer-Pokal

1. Pokalsieg

3. Schlußrunde

Das DSC Team: Kreß - Miller, Hempel - Pohl, Dzur, Schubert - Boczek, Schaffer, Machate, Schön, Carstens.
Tore: 1:0 Schaffer (18.), 2:0 Machate (19.), 3:0 Dzur (49.), 4:0 Boczek (51.), 5:0 Schön (68.), 6:0 Boczek (70.)

In der Runde der letzten acht Mannschaften (IV. Schlußrunde) mußte der DSC zum VfB Königsberg reisen. Der in glänzender Spiellaune befindliche Helmut Schön setzt vor knapp 15.000 Zuschauern in Königsberg beim DSC die Akzente, der Meister Ostpreußens ist von Beginn an ohne Chance.

4. Schlußrunde

Das DSC Team: Kreß - Miller, Hempel - Pohl, Dzur, Schubert - Boczek, Schaffer, Machate, Schön, Carstens.
Tore: 0:1 Machate (12.), 0:2 Carstens (15.), 0:3 Machate (21.), 0:4 Carstens (44.), 0:5 Schön (53), 0:6 Machate (59.), 0:7 Schaffer (72.), 0:8 Bozcek (82).

In der Vorschlußrunde herrscht in Dresden Pokalhochstimmung. 42.000 Zuschauer sehen dem Pokalschlager gegen Rapid Wien erwartungsvoll entgegen. Und der DSC hatte einen Auftakt nach Maß. Machate brachte den DSC bereits nach zwei Minuten in Führung. In der Folgezeit erspielten sich die Dresdner Chance um Chance, doch scheiterten die DSC-Stürmer immer wieder am Rapid-Schlußmann Raftl, der einen weiteren Treffer verhinderte. In der zweiten Hälfte wurde das Spiel der Dresdner immer druckvoller. Angetrieben von Mittelfeld-Dirigent Helmut Schön nehmen die torreifen Szenen im Wiener Strafraum zu. Mit dem längst fälligen

Der Dresdner Sport-Club 100 Jahre DSC

Titel, Tore & Triumphe
1940 - Zum ersten Male Deutscher Pokalsieger!

1. Pokalsieg

100 Jahre DSC

Diese Mannschaft wurde 1940 DFB-Pokalsieger. Der Tschammer-Pokal ging erstmals nach Dresden. Unvergessen, die Namen: (von links) Schubert, Schön, Miller, Machate, Kreß, Dzur, Schaffer, Boczek, Hempel und Carstens

1. Pokalsieg

Der Dresdner Sport-Club

100 Jahre DSC

Titel, Tore & Triumphe
1940 - Was für ein Endspiel!

1. Pokalsieg

Siegestrunken trägt Spielführer Hempel den Kranz, und Schaffer, der das entscheidende Tor schoß, darf auch ein Stück von dem Lorbeer tragen. Mit ihnen schreitet, wunschlos glücklich, der Linksaußen Carstens, der gleichmäßig beste Stürmer des DSC in diesem Spiel. (Bild und Originaltext aus „Die Fußball-Woche" von 1940 - Fotograf Schirner)

2:0 durch Carstens in der 68. Minute fällt die Vorentscheidung. Machates Treffer in der 76. Minute zum 3:0 Endstand hatte nur noch statistischen Wert. Der Dresdner Sport-Club stand im Pokalfinale gegen den 1. FC Nürnberg. Der Club hatte sich in Düsseldorf mit 1:0 verdient durchgesetzt.

Vorschlußrunde: Das DSC-Team: Kreß - Miller, Hempel - Pohl, Dzur, Schubert - Boczek, Schaffer, Machate, Schön, Carstens
Tore: 1:0 Machate (2.), 2:0 Carstens (68.), 3:0 Machate (76.)

Das Endspiel

Trotz der Kälte kamen am 1. Dezember 1940 knapp 60.000 Zuschauer ins Berliner Olympia-Stadion um das Pokalfinale zwischen dem Dresdner Sport Club und dem 1. FC Nürnberg zu sehen. Zunächst gibt es vor dem Anpfiff große Aufregung um die Trikotfarben. Sowohl der DSC und der Club wollen in Ihren traditionellen „Roten Trikots" auf den Rasen des Berliner Olympia-Stadions. Erst der Schiedsspruch vom badischen Unparteiischen Alois Pennig beendet die Diskussionen. Dresden spielt in schwarzen Hosen, weißem Trikot, die Nürnberger in weißen Hosen und roten Trikot. Trotz der widrigen Verhältnisse und des hartgefrorenen Bodens bestimmt der DSC den Spielverlauf. Angetrieben von Helmut Schön der im Mittelfeld die spielerischen Akzente setzt, kommt der DSC immer besser in Schwung. In der 20. Minute gelingt Machate die 1:0 Führung für den Dresdner SC. Die Folge davon der Druck des Clubs nimmt deutlich zu. Trainer Köhler hatte die als Anweisung gegeben: „Spielt auf dem frostigen Boden keine Risikobälle und engt die Aktionsräume der beiden Club-Stürmer Gußner und Kund ein".

100 Jahre DSC

Die unvergessenen Helden der 40er Jahre:
(von links oben nach rechts unten)
Trainer Köhler, Trainer Gerschler, Miller, Kreß,
Hempel, Strauch, Pohl, Dzur, Schubert, Köpping,
Boczek, Kugler, Schaffer, Machate, Hofmann,
Schön und Carstens

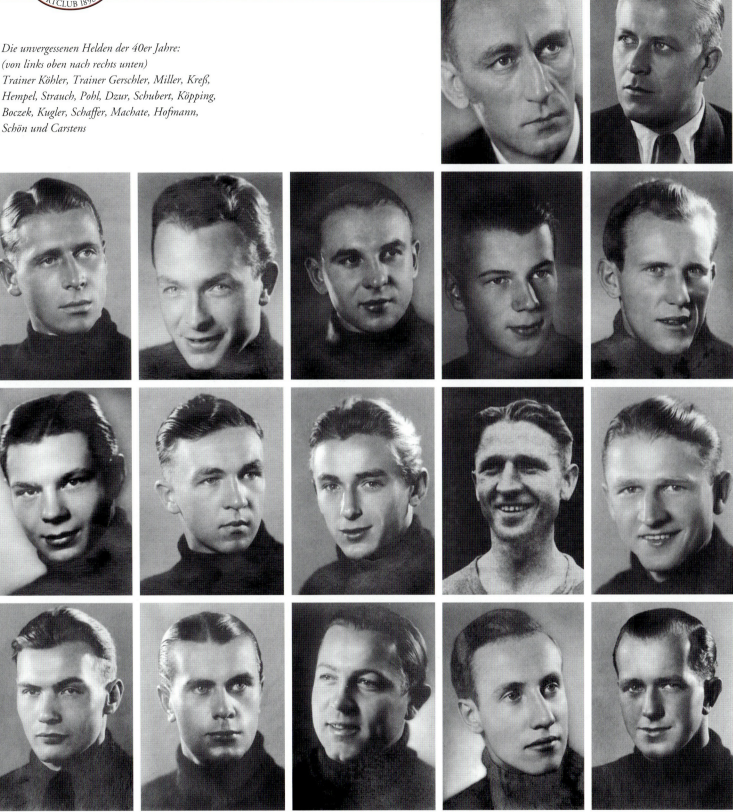

Der Dresdner Sport-Club

100 Jahre DSC

Titel, Tore & Triumphe
Deutscher Pokalsieger!

1. Pokalsieg

Links: Abgekämpft aber glücklich - Dresdens Machate, Schaffer, Miller und Schubert
Rechts: Geschickt gemacht: Machate schlenzt den Ball zum 1:0 für Dresden ins lange Eck

Gerade wegen Willi Kund machte man sich im sächsischen Lager Sorgen. Wegen seines nicht gerade glücklichen Gastspieles in Dresden, war der „Cluberer" hoch motiviert. Doch nicht ihm, sondern Gußner gelingt in der 32. Minute der Ausgleich. Die Finalpartie war wieder offen.

In der zweiten Hälfte hatten beide Mannschaften mehrere Möglichkeiten in Führung zu gehen, doch die Torhüter auf beiden Seiten erwiesen sich als Meister ihres Faches. Und so mußten die beiden Teams nachdem es auch nach 90 Minuten noch 1:1 stand, in die Verlängerung. In der Verlängerung nahm der DSC sofort das Heft in die Hand. Dann nach vier Minuten der gerade begonnenen Verlängerung großer Jubel im DSC-Lager. Was war geschehen? Heiner Schaffer nicht gerade bekannt für seine Schußkraft hatte sich ein Herz gefaßt, zog aus 30 Metern ab und der Ball mit Effet getreten, überraschte Club-Torwart Georg Köhl - zumal der durch die Bodenverhältnisse an Standfestigkeit kämpfte - und rauschte an dem sichtlich irritierten Nürnberg Keeper ins Tornetz. 2:1 für den DSC. Die Stimmung auf den Rängen machte Verwunderung Platz. War der Nürnberger Club nicht der Favorit? Fragte

100 Jahre DSC

Oben links: *Nürnbergs Gußner will von der rechten Seite eine Flanke vor das Dresdner Tor schlagen, doch Dzur blockt das Leder zur Ecke ab.*
Oben rechts: *Nürnbergs Schlußmann Köhl hat sich ganz lang gemacht und mit fairem Einsatz den Flankenball von Dresdens Machate abgefangen.*

Unten: *Die Freude über ihren ersten Pokalgewinn ist bei den Mannen um Helmut Schön (der „Lange" in der Mitte) verständlicherweise groß.*

1. Pokalsieg

man sich überwiegend auf den Rängen. Doch der Dresdner SC lies sich den Sieg nicht mehr nehmen, zumal die Dresdner irgendwie konditionell frischer wirkten. Mit dem Schlußpfiff nach 120 Minuten fielen sich die Dresdner in die Arme. Schaffer der in der 94. Der Verlängerung den Siegtreffer erzielt hatte wurde von den Kameraden gefeiert.

Der Dresdner SC war Deutscher Pokalsieger 1940 und hatte den ersten Gipfel erreicht, der „Zweite" sechs Monate später im Endspiel um die Deutsche Meisterschaft sollte seine eigene Geschichte bekommen. Doch zunächst stand die Siegerehrung im Mittelpunkt des Interesses. Unter dem Jubel der 60.000 Zuschauer reckte Helmut Schön den Pokal in die Höhe, Dresden hatte seinen Ruf als Fußballhochburg in Deutschland mit dem Cuperfolg um den Tschammer-Pokal eindrucksvoll bestätigt.

Finale: 1. Dezember 1940
Austragungsort: Berlin, Zuschauer: 60.000

Das DSC Team: Kreß - Miller Hempel - Pohl Dzur Schubert - Boczek Schaffer Machate, Schön Carstens

Team 1. FC Nürnberg: Köhl - Billmann Uebelein - Luber Kennemann Carolin - Gußner Eiberger Friedel - Pfänder Kund

Schiedsrichter: Pennig (Mannheim)

Dresdner SC - 1. FC Nürnberg 2:1 (1:1) n.V.

Tore: 1:0 Machate (20.), 1:1 Gußner (32.), 2:1 Schaffer (94.)

Der Dresdner Sport-Club

100 Jahre DSC

2. Pokalsieg 1941
Herbe Niederlage von Altmeister Schalke 04 - DSC wieder Pokalsieger!

Zum Auftakt muß der Dresdner Sport Club in der 1. Schlußrunde zum Pokalschreck Luftwaffensportverein Wurzen. Die Spieler des LSV Wurzen hatten, um die 1. Hauptrunde zu erreichen, mit einem 2:1 Sieg über den VfB Leipzig einen „Großen" überraschend ausgeschaltet und waren zumindest in der 1. Hälfte dem Pokalverteidiger aus Dresden gleichrangig. Zumal der DSC auf seinen Mittelfeldstrategen Helmut Schön und den gesperrten „Bomber" Richard Hoffmann verzichten mußte. Doch in der 2. Hälfte setzte sich die größere Routine der Sachsen immer mehr durch. Zunächst bringt Herbert Pohl mit einem Doppelschlag (37. und 38. Minute) die Sachsen mit 2:0 in Führung. Das 3:0 von Schaffer zwei Minuten nach dem Seitenwechsel und der listig markierte Treffer zum 4:0 durch Schubert stellten die Weichen auf Sieg. Der DSC spielte in folgender Besetzung:

1. Hauptrunde
Gaugruppe Schlesien, Sachsen und Sudetenland
LSV Wurzen - Dresdner Sport Club 1:4

DSC-Team: Kreß - Miller, Hempel - Pohl, Dzur, Schubert - Boczek, Schaffer, Petzold, Kugler, Carstens.

In der 2. Hauptrunde wird das ewige Duell bei Chemnitz „angesetzt". Daß sich der DSC auch von den Chemnitzern nicht überraschen ließ zeigten die Mannen um Helmut Schön von Beginn an. Es dauerte es bis zur 2. Hälfte, dann setzten sich die besser aufspielenden Dresdner doch noch klar durch. Kugler erzielte in der 59. Minute das 0:1 dem Verteidiger Miller in der 66. Minute das 0:2 folgen ließ. Nun war der Widerstand der Chemnitzer gebrochen und Kugler, mit seinem zweiten Treffer in der 82. Minute, stellte den Endstand her.

2. Hauptrunde
Gaugruppe Schlesien, Sachsen und Sudetenland
Ordnungspolizei Chemnitz - Dresdner Sport Club 0:3

DSC-Team: Kreß - Miller, Hempel - Pohl, Dzur, Schubert - Boczek, Schaffer, Schön, Kugler, Carstens.

Im Achtelfinale traf der Dresdner Sport-Club im Ostragehege auf die Niedersachsen aus Hannover. Trotz eines 0:2 Rückstandes nach 10 Minuten zeigten sich die Dresdner unbeeindruckt und landeten einen 9:2 Kantersieg unter dem Jubel der knapp 10.000 Zuschauer. Noch vor der Pause machten die Sachsen aus einem 0:2 Rück-

100 Jahre DSC

Seite 52: Mit dem Sieger-Pokalkranz nach dem zweiten Pokalsieg - Dresdens Fußballidol Richard Hofmann. Sportlich fair gratuliert Szepan von Schalke nach der 1:2 Niederlage der „Knappen" im Pokalfinale von Berlin.
Seite 53: Titelbild der Sport-Illustrierte im Jahr des Pokalsieges mit Helmut Schön vom DSC

2. Pokalsieg

stand noch ein 4:2. Carstens mit 2 Toren, Schaffer und Pohl sorgten für die klare Führung noch vor der Pause. Nach der Pause brennt der DSC ein wahres Feuerwerk ab. Carstens mit seinem dritten Treffer, sowie der dreifache Torschütze Kugler bringen den DSC ins Viertelfinale.

DSC-Team: Kreß - Miller, Hempel - Pohl, Dzur, Schubert - Boczek, Schaffer, Schön, Kugler, Carstens.

3. Schlußrunde Tschammer-Pokal
DSC - Hannoverscher SV 1896 9:2
Holstein Kiel - Blau-Weiß Berlin 4:0
Luftwaffensportver. Kamp - VfB Königsberg 3:2
Austria Wien - Vorwärts Rasensport Gleiwitz 8:0
Stuttgarter Kickers - 1.FC Nürnberg 4:1
SV Waldhof 07 - Admira Wien 0:1
ETB Schwarz-Weiß Essen - FC Schalke 04 1:5
1. Sportverein Jena - 1. FC Metz 3:0

Im Viertelfinale traf der Dresdner Sport-Club auf den Luftwaffensportverein Kamp in Stettin. Vor knapp 8.000 Zuschauern entwickelte sich eine spannende Partie, in der der DSC in der 13. Minute durch einen Drehschuß von Schön mit 1:0 in Führung ging. Danach kam zwar der LSV Kamp zusehens besser ins Spiel doch als die Kamper ihre Abwehr zu stark entblößten, konterte der DSC geschickt und Hofmann schoß zur 2:0 Pausenführung ein. In der zweiten Hälfte waren es dann erneut die Dresdner, die durch Richard Hofmann mit 3:0 in Führung gingen. Hofmann war mit seinem dritten Treffer zum 4:0 vorbehalten in der 78. Minute den Schlußpunkt zu setzen. Nach einem Foulspiel im Dresdner Strafraum verkürzte der Kamper Ewert zum 1:4 in der 81. Minute. Der DSC stand in der 5. Schlußrunde und traf im Kampf

Der Dresdner Sport-Club

100 Jahre DSC

2. Pokalsieg 1941
Hofmann und Schön - das erste Mal zusammen!

Bild oben: Ganz Klasse gehalten! Kreß, im Dresdner Tor, kann Eppenhoffs aus Nahdistanz abgefeuerten Schuß abwehren.

um den Einzug ins Finale auf das Super-Team von Admira Wien.
Das Team das in Stettin den Luftwaffensportverein Kamp besiegte:

DSC-Team: Kreß - Miller, Hempel - Pohl, Dzur, Schubert - Boczek, Schaffer, Schön, Kugler, Carstens.

4. Schlußrunde Tschammer-Pokal
Luftwaffensportverein Kamp - DSC 1:4
Holstein Kiel - 1. Sportverein Jena 2:1
FC Schalke 04 - Austria Wien 4:1
Admira Wien - Stuttgarter Kickers 5:0

Jene Wiener aus „Floritsdorf" die mit der „Wiener-Schule" damals Fußballgeschichte schrieben, trafen am 12. Oktober 1941 im Ostragehege vor über 30.000 Zuschauern auf den DSC. Von Beginn an entwickelte sich auf dem schweren Boden ein kampfbetontes Spiel, in der der DSC von den Anfangsminuten die Initiative übernahm. In der 16. Minute zeigte Schaffer „Köpfchen" nachdem ihm Carstens mit einem weiten Ball die Lederkugel auf den Kopf spielte. Danach versuchte Admira verständlicherweise besser ins Spiel zu kommen. Hahnemann und Urbanek kurbelten immer wieder das Admira Spiel an. Des öfteren mußte Kreß im DSC-Tor seine Klasse nachweisen. In der 26. Minute ist jedoch auch er machtlos. Urbanek flankte in die Mitte des Strafraums und der beste Admira-Spieler Hahnemann zirkelt den Ball per Kopf unter die Latte, unhaltbar für Kreß im Dresdner Tor. Der DSC zeigt sich trotz des Ausgleichs nicht geschockt und spielte weiter groß auf. Seine Bemühungen wurden belohnt. Schön war es vorbehalten nach einer

100 Jahre DSC

2. Pokalsieg

scharf getretenen Ecke den Ball aus der Drehung unter das Lattenkreuz einzuschießen. Der DSC führte mit 2:1. Endgültig auf die Siegerstraße kam der DSC mit dem 3:1 durch Carstens in der 45. Minute. Nach dem Seitenwechsel kämpften die Wiener um den Anschlußtreffer. Dieser gelang Ihnen in der 55. Minute. Doch der DSC ließ sich den Sieg nicht mehr nehmen. Carstens spielte sich nach 87 gespielten Minuten elegant im Strafraum frei, narrt noch zwei Admira Spieler, ehe er Kugler den Ball so servierte, daß dieser nur noch zum 4:2 Endstand einzuschießen brauchte. Der DSC stand als Titelverteidiger im Finale und traf auf die Schalker, die Dresdens Angstgegner Holstein Kiel eine 0:6 Schlappe zufügten. Alles fieberte dem 2. November 1941 in Berlin entgegen.

Bild unten: Kuzorra hat, acht Minuten nach der Pause, den durch Rechtsaußen Kugler erzielten Führungstreffer des DSC durch einen meisterlich placierten Schuß ausgeglichen. Kuzorra schob mehr als er schoß den Ball am außerhalb seines Tores stehenden Kreß vorbei in die äußerste lange Ecke. Eppenhoff ist der Schalker, der sich im Vordergrund (links) des Erfolges freut. Kreß liegt rechts, bei ihm steht Dzur. (Historische Aufnahme und Originaltext aus: „Die Fußball-Woche" 1941 - Fotograf: Hohmann

Besetzung: (oben DSC, unten Admira Wien)

5. Schlußrunde Tschammer-Pokal
Dresdner Sport Club - Admira Wien 4:2
FC Schalke 04 - Holstein Kiel 6:0

Das Endspiel

Mit einem Rekord reagierten die schon Tage vor dem Finale elektrisierten Massen der Fußball-Fans. Über 80.000 Zuschauer füllten das weite Rund des Olympiastadions als am 2. November 1941 das 11. Pokalspiel vor den Augen der Prominenz aus Politik, Wirtschaft und Show ausgetragen wurde. Von Beginn ließ der DSC keine Zweifel aufkommen, wer Herr im Hause ist. Die Schalker, die eigentlich als „Favorit" ins Endspiel gingen, sahen sich von Beginn an in der Defensive. Eine taktische Meisterleistung von Trainer Georg „Schorsch" Köhler und seinem Mittelfeldstrategen Helmut Schön. In einem unveröffentlichen Interview sagte einmal Helmut Schön im internen Kreis: „Schalke war Favorit, doch wir wußten von kleinen Schwächen der Schalker. Nur über die Außen konnten wir den Schalker Kreisel knacken".

Und genau das traf dann auch ein. Mit Kugler (9.) und Carstens (57.) machten zwei Außenstürmer die entscheidenden Treffer zum 2:1 Erfolg über Schalke 04. Alle die im Stadion waren, hatten einen DSC gesehen, der Fußball mit Herz und Verstand spielte, der den Schalkern einfach keine Chance ließ, wenngleich das Ergebnis am Ende doch knapp ausfiel. Eigentlich hätte der DSC an diesem Tag noch höher gewinnen müssen, doch Schußpech und Klodt im Tor der Schalker verhinderten dies. Eigentlich wurde die Partie auch dadurch entschieden, daß Kuzorra gegen Pohl und Szepan gegen Schubert keinen Stich bekamen, ja im Endeffekt sogar die Abwehrspieler des DSC den Angriff des DSC ständig mit Vorlagen überraschten. Von Beginn an schnürten die Dresdner die Schalker am eigenen Strafraum ein. In der 9. Minute eine glänzende Ballstaffete über Schön, Hofmann und Carstens. Hofmann steht am Strafraum in schußgünstiger Position, doch statt von der Strafraumgrenze aus zu schießen, legt er den Ball geschickt auf Kugler und der spitzelt über den herauslaufenden Schalker-Schlußmann die Lederkugel ins lange Eck zur Führung für den DSC. Angefeuert von Tausenden Fans bestimmen die Dresdner weiter das Geschehen auf dem Rasen des Olympiastadions. Carstens einer der besten Spieler auf dem Platz spielte in der 17. Minute Bornemann schwindelig, legt auf Hofmann, doch der „Bomber" zieht

Der Dresdner Sport-Club

2. Pokalsieg 1941
Helmut und Richard, ...alle waren die Größten!

Helmut Schön und Richard Kreß (rechts im Bild) begleiten Richard Hofmann, der umringt von Fans, das Olympia-Stadion in Berlin verläßt

knapp am Schalker Tor vorbei. Erst nachdem Barufka in der 35. Minute ein Tor aus Abseits erzielt, kommen die Schalker besser ins Spiel, doch vor der Pause ändert sich dank Kreß und Klodt am Spielstand nichts mehr.

Nach der Pause wandelt sich die Partie zunächst nur scheinbar, Schalke spielt nun druckvoller und schafft auch in der 51. Minute den Ausgleich. Aus Rechtsaußenposition spielt Füller den Ball auf Kuzorra der umspielte seinen Gegenspieler und schießt aus knapper Distanz flach in die Ecke, unhaltbar für Kreß im Dresdner Tor. Doch wer geglaubt hatte der DSC wäre geschockt sah sich getäuscht. Die Dresdner bestimmten weiter das Geschehen auf dem Rasen und gingen nur zwei Minuten nach dem Ausgleich erneut in Führung. Carstens faßt sich ein Herz spielt den Ball geschickt durch die Schalker Abwehr umspielte Bornemann und gegen seinen plazierten Schuß hat Klodt im Schalker Tor keine Chance. Danach boten sich Hofmann und Schön die Möglichkeit zu einem weiteren Treffer, doch Klodt und der schwer bespielbare Boden machen die Tormöglichkeiten zunichte. Schalke versucht in den letzten zwanzig Minuten alles auf eine Karte zu setzen. Dresdens Abwehrbollwerk Miller rettet nach Drehschuß von Szepan auf der Linie. In der Folge häufen sich die Konterchancen für den DSC und „König" Richard hat in der 81. Minute die große Chance steht frei vor Schalkes Keeper Klodt, umspielte diesen und seinen Schuß klärte Schalkes Verteidiger Bornemann mit letztem Einsatz zur Ecke.

Damit waren die Dresdner in der Schlußphase des denkwürdigen Pokalendspiels einem weiteren Treffer näher als die Schalker dem Ausgleich. Das zeigt eigentlich am besten die Konstellation der Partie im Berliner Olympia-Stadion. Der DSC wurde nach 1940 zum zweiten Mal Pokalsieger. Die Niederlage des Deutschen Altmeisters FC Schalke 04 wurde Tage später analysiert und kommentiert, doch unter dem Strich kamen alle Kritiker zu dem Schluß: Der DSC war ein würdiger Pokalsieger, spielte variantenreich und war mit Klassespielern an diesem Tage besser besetzt. Der Dresdner SC war endgültig in die Phalanx der Deutschen Fußball-Spitzenmannschaften eingedrungen, erntete Lob von allen Seiten für seine Klassevorstellung im Berliner Olympia-Stadion. Diese sollten auch 1942 der Grundstein für eine Titelverteidigung sein, doch die Kriegswirren und das sollte man nicht außer Acht lassen, zogen nicht nur für den Dresdner Fußball dunkel am Fußballhimmel immer mehr hoch.

100 Jahre DSC

Unnachahmlich die Schußhaltung von Richard Hofmann. Zurecht war er der „Bomber".

Deutscher Pokal (Tschammer) 1940/41
Finale: 2. November 1941 in Berlin,
Zuschauer: 80.000

Besetzung: (oben DSC, unten Schalke 04)

Dresdner Sport-Club – Schalke 04 2:1 (1:0)

Schiedsrichter: Fink (Frankfurt)

Tore: 1:0 Kugler (8.), 1:1 Kuzorra (51.), 2:1 Carstens (53.)

2. Pokalsieg

Der Dresdner Sport-Club

100 Jahre DSC

Der 1. Meistertitel 1943

1943 - »Was für eine Nummer!« - FV Saarbrücken mit 3:0 ausgeschaltet!

1. Meister

Saison 1942/43

Einmalig, was der Dresdner Sport-Club in dieser Saison leistet. Ungeschlagen mit 36:0 Punkten und einem Torverhältnis von 136:14 Toren wird der DSC Meister des Gaues Sachsen. Tore am Fließband gibt es im Ostragehege zu sehen. 11:0 heißt gegen Fortuna Leipzig, der Riesaer SV bekommt eine 1:14 Niederlage, und jeweils 12:0 heißt es gegen Zittau und Döbeln. Nach dieser einmaligen Saison wachsen in Dresden erstmals die Träume, die Deutsche Meisterschaft nach Sachsen zu holen.

Abschlußtabelle			
Gauliga Sachsen			
1. Dresdner Sport-Club	18	136:14	36:00
2. Planitzer SC	18	84:20	25:11
3. BC Hartha	18	45:36	23:13
4. Chemnitzer BC	18	42:42	21:15
5. Riesaer SV	18	38:71	17:19
6. Fortuna Leipzig	18	40:59	17:19
7. VfB Leipzig	18	51:44	15:21
8. Döbelner SC 02	18	35:56	14:22
9. Ordnungspolizei Chemnitz	18	39:66	10:26
10. Sportlust Zittau	18	21:12	02:34

Die Erwartungen für die Spiele um die Deutsche Meisterschaft sind nach den Leistungen in der Gauliga natürlich in Sachsen groß. Hier die einzelnen Mannschaften, die sich für die einzelnen Vorrundenspiele qualifizierten:

Gaumeister Ostpreußen
VfB Königsberg
Gaumeister Danzig Westpreußen
SV Neufahrwasser
Gaumeister Wartheland
Deutsche Männerwacht (DMW) Posen
Gaumeister Okkp. Gebiete Polen
Adler Deblin (DM-Vertreter als Generalgouvernement: SG Warschau)
Gaumeister Pommern
LSV Pütnitz
Gaumeister Brandenburg
Berliner SV 92
Gaumeister Oberschlesien
Germania Königshütte
Gaumeister Niederschlesien
Reinecke Brieg
Gaumeister Sachsen
Dresdner Sport-Club
Gaumeister Mitte
SV Dessau 05
Gaumeister Hamburg
Viktoria Hamburg
Gaumeister Mecklenburg
TSG Rostock
Gaumeister Schleswig Holstein
TSV Holstein Kiel
Gaumeister Weser Ems
Wilhelmshaven 05
Gaumeister Südhannover-Braunschweig
Eintracht Braunschweig
Gaumeister Westfalen
FC Schalke 04
Gaumeister Niederrhein
Westende Hamborn
Gaumeister Köln Aachen
Viktoria Köln
Gaumeister Moselland
TuS Neuendorf
Gaumeister Kurhessen
Spielverein Kassel
Gaumeister Westmark
FV Saarbrücken
Gaumeister Hessen-Nassau
Kickers Offenbach
Gaumeister Baden

Verein für Rasenspiele Mannheim
Gaumeister Elsaß
FC 93 Mülhausen
Gaumeister Württemberg
VfB Stuttgart
Gaumeister Nordbayern
1.FC Nürnberg
Gaumeister Südbayern
1860 München
Gaumeister Ostmark
Vienna Wien
Gaumeister Sudetenland
Männer Sportverein Brünn

Auch bei den Spielen um die Deutsche Meisterschaft müssen die Machthaber das sportliche Geschehen zunehmend in den Hintergrund drängen. Der Modus zur Ermittlung des Deutschen Meisters wird „kriegsbedingt" geändert. Um die vielen Gaue in den Modus der Ausscheidungsspiele im K.o. System einzugliedern, wurde das Setzverfahren für die Vorrunde gewählt. In einer Zwischenrunde wurden die 16 Mannschaften ermittelt, die im K.o. System die Teilnehmer für das Viertelfinale um den Einzug über die Vorschlußrunde ins Endspiel ausspielen.

100 Jahre DSC

Das Meisterteam von 1940 vor dem Finale gegen den großen 1. FC. Nürnberg

1. Ausscheidungsspiel
Holstein Kiel - TSG Rostock 4:0
TSG Rostock - Holstein Kiel 1:1

1. Vorrunde
In der 1. Vorrunde ist der Dresdner Sport-Club Gast beim Gaumeister Mitte der SV Dessau 05. Nur knapp kann sich der DSC mit 2:1 behaupten. In der 1. Halbzeit führen die Dessauer sogar mit 1:0. Erst in der Schlußphase kann sich der DSC noch durchsetzen. Helmut Schön erzielte in der 78. Minute das 2:1.

Das DSC-Team:
Kreß - Pechan, Hempel - Pohl, Dzur, Böhme - König, Schaffer, Schön, Hoffmann, Erdl.

Torschützen DSC:
Erdl und Schön

1860 München - VfB Stuttgart 3:0
VfR Mannheim - 1.FC Nürnberg 3:1
FV Saarbrücken - FC 93 Mülhausen 5:1
FC Schalke 04 - SV Kassel 8:1
Vienna Wien - MSV Brünn 5:2
Viktoria Köln - TuS Neuendorf 2:0
Reinecke Brieg - Germania Königshütte 4:3 n.V.
Eintracht Braunschweig - Viktoria Hamburg 5:1
SG Warschau - DWM Posen 3:1
Berliner Sportverein 1892 - LSV Püttnitz 2:2 n.V. W.h. 2:0
Dresdner Sport-Club - SV Dessau 05 2:1
VfB Königsberg - SV Neufahrwasser 3:1

Achtelfinale
Im Achtelfinale am 16. Mai 1943 stellt sich mit dem Gaumeister Südhannover Braunschweig der Eintracht aus Braunschweig ein unangenehmer Gegner im Ostragehege vor. 30.000 Zuschauer sorgen für einen tollen Rahmen. In der Pause stand die Partie für den DSC auf der Kippe. Torlos ging es in die Kabinen. Erst König mit seinen beiden Treffern machte für den DSC alles klar. 4:0 heiß es am Ende für die Sachsen, die in Helmut Schön und Schaffer die besten Akteure in Ihren Reihen hatten.

Das DSC-Team:
Kreß - Pechan, Hempel - Pohl, Dzur, Köpping - König, Schaffer, Schön, Hoffmann, Erdl.

Torschützen DSC:
König (2), Schaffer und Erdl

Holstein Kiel - Berliner Sportverein 1892 2:0
1860 München - Kickers Offenbach 2:0
VfR Mannheim - Westende Hamborn 8:1
FV Saarbrücken - Viktoria Köln 5:0
FC Schalke 04 - Wilhelmshaven 05 4:1
Vienna Wien - Reinecke Brieg 8:0
DSC - Eintracht Braunschweig 4:0
SG Warschau - VfB Königsberg 1:5

In der Zwischenrunde spielt der DSC gegen den SV Neufahrwasser in Danzig groß auf. Obwohl der VfB Königsberg sich mit 3:1 in der Vorrunde gegen den Gaumeister von Danzig-Westpreußen durchsetzte, wurde der SV Neufahrwasser für den Gaumeister Ostpreußen VfB Königsberg nominiert, da die Königsberger bei Ihrem Spiel einen nicht spielberechtigten Spieler einsetzten. Davon zeigte sich der DSC unberührt und fertigte den Gaumeister aus Danzig Westpreußen mit 4:0 klar ab. Damit hatte sich der DSC für die Vorschlußrunde qualifiziert. Schlechte Erinnerungen wurden bei den Sachsen wach, als mit Holstein Kiel der Gegner bekannt wurde.

Zwischenrunde
Holstein Kiel - FC Schalke 04 4:1
1860 München - Vienna Wien 0:2
VfR Mannheim - FV Saarbrücken 2:3
Dresdner Sport-Club - SV Neufahrwasser 4:0
(*Obwohl Königsberg qualifiziert war, wurde es disqualifiziert wegen nicht berechtigter Teilnahme eines Spielers. Neufahrwasser wurde deshalb wieder in den Wettbewerb genommen.)

Vorschlußrunde
Doch im Gegensatz zum frühzeitigen Ausscheiden Jahre zuvor zeigten sich die Spieler des DSC im Hindenburg-Stadion zu Hannover vor knapp 30.000 Zuschauern von Beginn an konzentriert. Zur Halbzeit führten die Sachsen mit 1:0 durch Helmut Schön. Nach der Pause entwickelte sich eine spannende Partie, in der die Dresdner auf Grund des größeren spieltechnischen Verständnisses schließlich einen verdienten 3:1 Sieg und damit zum zweiten Mal im Finale standen. Gegner war überraschend der Gaumeister Westmark der FV Saarbrücken, der Vienna Wien mit 2:1 ausschaltete.

Das DSC-Team:
Kreß - Pechan, Hempel - Pohl, Dzur, Schubert - Kugler, Schaffer, Schön, Hofmann, Erdl.

Torschützen DSC: Erdl, Schön und Kugler

Vorschlußrunde
Holstein Kiel - Dresdner Sport Club 1:3
Vienna Wien - FV Saarbrücken 1:2
Spiel um den dritten Platz:
Holstein Kiel - Vienna Wien 4:1

1. Meister

Der Dresdner Sport-Club

100 Jahre DSC

Der 1. Meistertitel 1943
Das Endspiel in Berlin

Schon Tage vorher ist das Endspiel des Dresdner Sport-Club im durch den Krieg gebeutelten Fußball-Deutschland in aller Munde. Das Spiel beginnt mit einer Schrecksekunde für den DSC, als ein lang geschlagener Ball von Saarbrückens Läufer Plückhan den pfeilschnellen Dorn die Möglichkeit zum 0:1 eröffnet. Von diesem Auftaktschock erholen sich die Sachsen nur schwer. Zumal die 87.000 Zuschauer jede Aktion des „Außenseiters" Saarbrücken bejubelt. Anders dagegen die Dresdner, die nur schwer ihren Rhythmus finden. Und sie haben sogar noch Glück. Herberger zieht an der Strafraumgrenze ab, sein fulminanter Schuß prallt gegen die Querlatte des DSC-Tores. Erst kurz vor der Halbzeit ändert der DSC seine Taktik. Die beiden Verteidiger Pechan und Hempel rücken in das Mittelfeld vor.

Mit diesem taktischen Schachzug wird das DSC-Spiel druckvoller, davon profitieren vor allem Hofmann und Schön.

Nach der Pause wird das Spiel des DSC immer druckvoller, zumal die Saarländer zunehmend dem hohen Tempo aus der 1. Hälfte konditionell Tribut zollen müssen. In der 55. Minute bricht Erdl mit seinem 1:0 für den DSC endlich den Bann. Der DSC übernimmt immer mehr das Kommando. In der 62. Minute spielt er mit Kugler einen geschickten Doppelpaß, dringt in den Strafraum der Saarländer ein, und gegen seinen plazierten Schuß ins entfernte Toreck hat Saarbrückens Torwart Dalheimer keine Chance. Der DSC führt mit 2:0. Die Dresdner forcieren weiter das Tempo, und Schön, Hofmann und Co. erspielten sich Chance um Chance. Nur gut, daß es mit der Treffsicherheit von Kugler, Hofmann und Pohl hapert, sonst hätte es für die Saarbrücker ein Debakel gegeben. So setzt Kugler sechs Minuten vor dem Abpfiff, auf Vorlage von Spielmacher Schön mit seinem trockenem Schuß kurz unter die Querlatte den Schlußpunkt zum 3:0 in dieser Finalpartie. Bis zum Schlußpfiff tat sich nichts mehr Erwähnenswertes, sieht man einmal von der guten Einschußmöglichkeit des FV Saarbrücken durch Linksaußen Dorn eine Minute vor Schluß ab.

Somit konnte Helmut Schön unter dem Jubel der Fans die „Viktoria" in Besitz nehmen. Der Dresdner Sport-Club wurde beim 12. „Anlauf" endlich Deutscher Meister. Er krönte damit die Leistungen seit Jahren, man denke nur an die Vizemeisterschaft 1941 oder die Pokalsiege 1940 und 1941. Mit dem 1. Titel reihte sich der Dresdner Sport-Club in die Liste der ganz Großen des deutschen Fußballs ein. Namen wie Hofmann, Pohl, Dzur, Schubert, Kugler, Schön und Torwart Kreß, um nur einige stellvertretend zu nennen, wurden zu Fußball-Idolen in Deutschland. Damit holte der Dresdner Sport Club zum 1. Mal den Titel und wurde zum 33. Deutschen Meister gekürt.

> Die Zeichen für die Bevölkerung standen jedoch auf Sturm, denn der unglückselige Krieg, der soviel Leid für die Familien in Deutschland und ganz Europa brachte, sollte in seine „letzte" und entscheidende Etappe gehen.

Besetzung: (oben DSC, unten FV Saarbrücken)

Deutsche Meisterschaft 1942/43
Finale: 27. Juni 1943
Austragungsort: Berlin, Zuschauer: 80.000

Dresdner SC - FV Saarbrücken 3:0 (0:0)

Schiedsrichter: Raspel (Düsseldorf)

Tore: 1:0 Erdl (55.), 2:0 Schubert (62.), 3:0 Kugler (84.)

Der Dresdner Sport-Club

100 Jahre DSC

Der 1. Meistertitel 1943
Packendes Spiel - ...und rundrum ...war Krieg!

1. Meister

links: Parade von Kreß im Meisterschaftspiel 1943
rechts: Eleganz am Ball: Helmut Schön setzt sich gegen einen Saarbrücker Abwehrspieler durch
unten: Herzlicher Empfang der Sieger in Dresden

100 Jahre DSC

oben: Historische Amateuraufnahme, handsigniert
unten: Die Ankunft der Sieger in Dresden
rechts: Die Siegestrophäe „Viktoria"

1. Meister

Der Dresdner Sport-Club

100 Jahre DSC

Der 1. Meistertitel 1943
Die Viktoria zum ersten Mal in Dresden!

Richard Hofmann, von Helmut Schön als „das spielerische und moralische Rückrat des DSC" bezeichnet, trägt 1943 stolz die „Viktoria" nach dem 3:0 Sieg über den FV Saarbrücken zum Bahnhof. Am Sockel der Trophäe, unten rechts gut zu erkennen, fehlt noch die DSC Plakette. Das rechts stehende Bild zeigt die vollständige Viktoria mit allen Plaketten, der Pfeil kennzeichnet die stolze Fahne des DSC.

1. Meister

Ihr Partner in Sachen Gastronomie

Eigentümer: Rainer Blode

Altleubnitz 32 · 01219 Dresden · Telefon & Fax: 03 51 · 4 70 65 73

Iveco LKW-Zentrum Sachsen GmbH in Dresden!

Ihr Partner für:
- Iveco-Neufahrzeuge und FIAT-Transporter
- Gebrauchtfahrzeuge
- Ersatzteile
- alle Servicearbeiten inkl. AU, BSU, ZU, Tacho usw.

NEU! Leistungsprüfstand für alle Fabrikate + Pkw

24-Stunden-Notdienst
Tel. 0172/7 41 43 45 oder
Tel. 0171/6 71 01 08

Öffnungszeiten:
Mo–Fr 7.00 bis 22.00 Uhr
Sa 7.00 bis 16.00 Uhr

IVECO
MEHR BEWEGEN

Iveco. Europas starke Typen.

Iveco LKW-Zentrum Sachsen GmbH
Kötzschenbroder Straße 140
01139 Dresden
Tel.: 0351/8 31 62-0 • Fax: 0351/8 31 62-25

Rufen Sie uns an!

Iveco LKW-Zentrum Sachsen GmbH
Verkaufsbüro Chemnitz
Dresdner Straße 48 a • 09130 Chemnitz
Tel.: 0371/4 32 52-0 • Fax: 0371/4 32 52-13

Der Dresdner Sport-Club

100 Jahre DSC

Zweiter Meisterstreich 1944

1944 - Der DSC schlägt LSV Hamburg mit 4:0!

Wieder 1.

Saison 1943/44

Auch in dieser für den Fußball letzten Saison setzt sich der amtierende Deutsche Meister in der Gauliga Sachsen klar durch. Während es in ganz Deutschland durch den Krieg immer schwieriger wird, den Sportbetrieb aufrechtzuerhalten, spielt man in Sachsen die Meisterschaft ohne Unterbrechung. Zwei Niederlagen müssen sich die Dresdner gefallen lassen. Beim Gastspiel in TuRa Leipzig gibt es eine 2:4 Niederlage, und der Chemnitzer BC schafft im Ostragehege einen überraschenden 3:1 Erfolg. Trotzdem bleibt festzustellen, daß mit 16 Siegen die Meisterschaft des Sport-Clubs niemals in Frage stand. Mit 107 erzielten Toren waren die Dresdner nicht zu stoppen.

Abschlußtabelle			
Gauliga Sachsen			
1. Dresdner Sport-Club	18	102:17	32:04
2. SG Zwickau	18	55:37	24:12
3. BC Hartha	18	52:64	21:15
4. Chemnitzer BC	18	52:47	19:17
5. Döbelner SC 02	18	51:59	17:19
6. Riesaer SV	18	40:44	16:20
7. Planitzer SC	18	40:46	15:21
8. TuRa Leipzig	18	43:61	14:22
9. Fortuna Leipzig	18	39:57	14:22
10. VfB Leipzig	18	31:73	08:28

Spiele zur Deutschen Meisterschaft 1943/44

Gaumeister Ostpreußen
VfB Königsberg
Gaumeister Danzig Westpreußen
LSV Danzig
Gaumeister Wartheland
Soldaten Deutsche Wacht (SDW) Posen
Gaumeister Okkp. Gebiete Polen
LSV Mölders Krakau (DM-Vertreter als Generalgouvernement: SG Warschau)
Gaumeister Pommern
HSV Groß Born
Gaumeister Brandenburg
Hertha BSC
Gaumeister Oberschlesien
Germania Königshütte
Gaumeister Niederschlesien
Soldaten Turn Club (STC) Hirschberg
Gaumeister Sachsen
Viktoria Dresdner Sport-Club
Gaumeister Mitte
SV Dessau 05
Gaumeister Hamburg
LSV Hamburg
Gaumeister Mecklenburg
LSV Rerick
Gaumeister Schleswig Holstein
TSV Holstein Kiel
Gaumeister Weser Ems
Wilhelmshaven 05
Gaumeister Südhannover-Braunschweig
Eintracht Braunschweig
Gaumeister Osthannover
WSC Celle
Gaumeister Westfalen
FC Schalke 04
Gaumeister Niederrhein
Kampf Sportgemeinschaft (KSG) Duisburg
Gaumeister Köln Aachen
VfL 99 / Sülz 07 Köln
Gaumeister Moselland
TuS Neuendorf
Gaumeister Kurhessen
Borussia Fulda
Gaumeister Westmark
KSG Saarbrücken
Gaumeister Hessen-Nassau
Kickers Offenbach
Gaumeister Baden
Verein für Rasenspiele Mannheim
Gaumeister Elsaß
FC 93 Mülhausen
Gaumeister Württemberg
Sportverein Göppingen
Gaumeister Nordbayern
1.FC Nürnberg
Gaumeister Südbayern
Bayern München
Gaumeister Ostmark
Vienna Wien
Gaumeister Sudetenland
NSTG Brüx
Gaumeister Böhmen Mähren
MSV Brünn

Spiele zur Deutschen Meisterschaft

Auch bei den Spielen um die Deutsche Meisterschaft müssen die Machthaber das sportliche Geschehen zunehmend in den Hintergrund drängen. Der Modus zur Ermittlung des Deutschen Meisters wird „kriegsbedingt" geändert. Um die vielen Gaue in den Modus der Ausscheidungsspiele im K.o. System einzugliedern, wurde das Setzverfahren für die Vorrunde gewählt. In einer Zwischenrunde wurden dann die 16 Mannschaften ermittelt, die im K.o. System die Teilnehmer für das Viertelfinale um den Einzug ins Halbfinale und Finale ausspielen.

In den Ausscheidungsspielen ist der Gaumeister Oberschlesien Germania Königshütte zu Gast im Ostragehege. Der DSC läßt sich vor 12.000 Zuschauern nicht von der Linie abbringen und führt schon zur Pause mit 4:1. In der

100 Jahre DSC

Von links: Karli Miller, Helmut Schön, Richard Hofmann mit Lorbeerkranz, Willi Kress, Dzur und vorne Heiner Kugler

Wieder 1.

Schlußphase hatte der oberschlesische Meister dem Sturmwirbel der Sachsen nichts mehr entgegenzusetzen und unterliegt mit 2:9 Toren!

Das DSC-Team:
Weber - Belger, Hempel - Pohl, Poitsch, Schubert - Voigtmann, Schaffer, Schön, Hofmann, Köpping

Torschützen DSC: Schön(3), Hofmann und Voigtmann je 2, Schaffer und Pohl je 1 Tor.

Ausscheidungsspiele

Bayern München - VfR Mannheim 1:2 n. V.
1. FC Nürnberg - NSTG Brüx 8:0
KSG Saarbrücken - SV Göppingen 5:3
FC Schalke 04 - TuS Neuendorf 5:0
Vienna Wien - MSV Brünn 6:3
VfL 99 / Sülz 07 Köln - KSG Duisburg 0:2
FC 1893 Mülhausen - Kickers Offenbach 4:2
STG Hirschberg - SDW Posen 7:0
HSV Großborn - LSV Rerick 6:4

LSV Hamburg - WSC Celle 4:0
Eintracht Braunschweig - SV Wilhelmshaven 05 1:2
Holstein Kiel - SV Dessau 05 3:2 n.V.
LSV Mölders Krakau - VfB Königsberg 1:4
Hertha BSC - LSV Danzig 0:0 n.V. W.h. 7:1
Dresdner Sport-Club - Germania Königshütte 9:2

Der Dresdner Sport-Club

100 Jahre DSC

Zweiter Meisterstreich 1944
Vor der langen Fußballpause nochmal aufgetrumpft!

Wieder 1.

Vorrunde

In der 2. Vorrunde traf der Dresdner Sport-Club auf Borussia Fulda. Vor 10.000 Zuschauern in Fulda hatten die Hessen dem Angriffswirbel der Sachsen nichts entgegenzusetzen. Überragend dabei der siebenfache Torschütze Helmut Schön, der von der Borussia-Abwehr an diesem Tage nicht zu bremsen war.

Das DSC-Team:

Weber - Belger, Hempel - Pohl, Poitsch, Schubert - Voigtmann, Schaffer, Schön, Hofmann, Strauch

Torschützen DSC:

Schön(7), Voigtmann und Hofmann

VfR Mannheim - 1.FC Nürnberg 2:3
KSG Saarbrücken - FC 1893 Mülhausen 5:3
FC Schalke 04 - KSG Duisburg 1:2
Vienna Wien - STG Hirschberg 5:0
HSV Groß Born - VfB Königsberg 10:3
LSV Hamburg - Wilhelmshaven 05 1:1 n.V. W.h. 4:2
Holstein Kiel - Hertha BSC 2:4
Dresdner Sport-Club - Borussia Fulda 9:2

Zwischenrunde

In der Zwischenrunde kam es - so die „Experten"- zum vorweg genommenen Endspiel. Mit dem Tschammer-Pokalsieger Vienna Wien stellte sich eine der spielstärksten Mannschaften der Ostmark im Ostragehege vor. 45.000 Zuschauer sorgten in Dresden im Frühjahr 1944 für einen einmaligen Rahmen. Die Erwartungshaltung der Dresdner Fußball-Freunde war groß, um so enttäuschter sind die Fans, als der Wiener Decker sträflich freistehend in der 5. Minute das 0:1 erzielte. Der DSC zeigte sich jedoch nicht geschockt und verschärfte das Tempo. In der Folge erspielte sich der DSC die ein oder andere Chance, doch

Schaffer (9.) und Hofmann scheiterten am Wiener Schlußmann. In der 33. Minute schaffte Köpping den lange verdienten Ausgleich zum 1:1. Nach der Pause nahm die Dramatik zu, als Köpping in der 52. Minute die Führung für den DSC erzielte. Vienna zeigte sich geschockt, und Helmut Schön markierte mit blitzsauberem Schuß das 3:1 für die Dresdner. Zwar gelang den Wienern in der 74. Minute noch der Anschlußtreffer, doch mit Routine und Abgeklärtheit brachten die Sachsen das Ergebnis über die Zeit. Damit hatte sich der DSC für die Vorschlußrunde qualifiziert.

Ungute Erinnerungen wurden bei den Sachsen wach, als mit dem 1.FC Nürnberg der Gegner in Dresden bekannt wurde. Schließlich hatten die Franken dem DSC in den Spielen um die Deutsche Meisterschaft schon des öfteren das „Nachsehen" gegeben!

Das DSC-Team:

Kreß - Belger, Hempel - Pohl, Poitsch, Schubert - Voigtmann, Schaffer, Schön, Hofmann, Köpping

Torschützen DSC: Schön(2), Köpping

100 Jahre DSC

*1943 bis 1944 Deutscher Meister: von links:
Pohl, Dzur, Hofmann, Kugler, Ertl, Schaffer, Pechan,
Schubert, Schön, Kreß und Hempel*

Wieder 1.

1. FC Nürnberg - KSG Saarbrücken 5:1
KSG Duisburg - LSV Hamburg 0:3
HSV Groß Born - Hertha BSC 3:2
Dresdner Sport-Club - Vienna Wien 3:2

Vorschlußrunde

15.000 begeisterte Zuschauer im Erfurter Stadion sahen eine packende Halbfinalpaarung, in der die Sachsen mit einem auch in der Höhe verdienten 3:1 Sieg über den 1. FC Nürnberg den Einzug ins Finale schafften. Interessant dabei, daß der DSC mit diesem Sieg im 19. Vergleich mit zehn Siegen und neun Niederlagen die Bilanz für sich entscheidet! Die junge neuformierte Mannschaft des 1. FC Nürnberg hatte gegen die routiniert aufspielende Mannschaft des Dresdner Sportclubs nichts entgegenzusetzen. Schon in der 4. Minute gingen die Sachsen durch Voigtmann mit 1:0 in Führung. Als Machate in der 26. Minute auf 2:0 für den DSC erhöhte, schien die Partie gelaufen. Doch ein verwandelter Elfmeter eine Minute vor dem Wechsel durch den Nürnberger Hettner ließ bei den Franken nochmals Hoffnung aufkommen. Schön war es vorbehalten, mit einem verwandelten Foulelfmeter in der 71. Minute den 3:1 Endstand herzustellen. Viel Mühe hatte der Gaumeister Hamburg, eine „Kriegsgeburt" unter dem Namen „Luftwaffensportverein" (LSV) Hamburg, der den Gaumeister Pommerns „den SV Groß Born, mit 3:2 bezwang. Damit war das Finale am 18. Juni 1944 in Berlin zwischen dem Dresdner Sportclub und dem LSV Hamburg klar.

Das DSC-Team:

Kreß - Belger, Hempel - Pohl, Dzur, Schubert - Voigtmann, Machate, Schön, Hofmann, Schaffer

Das Team des 1. FC Nürnberg

Schäfer - Billmann, Neubert - Wintjes, Herder, Herberger- Wals, Morlock, Werner, Luther, Hettner

Torschützen DSC:

1:0 Voigtmann (4.), 2:0 Machate (26.), 2:1 Hettner (44.), 3:1 Schön (71.)

1. FC Nürnberg - Dresdner Sport-Club 1:3
LSV Hamburg - HSV Groß Born 3:2

Spiel um den dritten Platz:

HSV Groß Born - 1. FC Nürnberg

Endspiel:

Dresdner Sport-Club - LSV Hamburg 4:0
18. Juni 1944 in Berlin, Zuschauer: ca. 70.000

Damit holte der DSC zum 2. Mal den Titel, schaffte damit nach dem Pokaldouble 1940 und 1941 jetzt auch das Meisterschaftsdouble und wurde zum 35. Deutschen Meister gekürt.

Der Dresdner Sport-Club

100 Jahre DSC

Zweiter Meisterstreich 1944
Fußball im totalen Krieg!

Wieder 1.

18. Juni 1944 in Berlin; Zuschauer: 70.000
Dresdner SC - LSV Hamburg 4:0 (2:0)
Schiedsrichter: Trompeter (Köln)
Tore: 1:0 Voigtmann (20.), 2:0 Schaffer (50.), 3:0 Schön (60.), 4:0 Schaffer (85.)

Besetzung: (oben DSC, unten LSV Hamburg)

Das Endspiel in Berlin:

Das Spiel stand kriegsbedingt unter keinem günstigen Stern. Wegen der ständigen Luftgefahr durch feindliche Bombenflieger wurde das Endspiel offiziell nicht bekanntgegeben. Erst für den Sonntag früh(!) wurde das Spiel in Berlin angesetzt und das Olympia-Stadion als Austragungsort festgelegt! Eine geschaltete „Sonderleitung" zum Luftgaukommando Berlin vermittelte viertelstündlich die „Luftlage"; im Falle eines feindlichen Luftangriffes auf Berlin hätten sich die 70.000 Zuschauer ohne Schutz „irgendwie in die Gegend" zerstreuen müssen. So lautete ein geheimes Papier aus dem Reichshauptamt Berlin. Viele der Fußballer, die auf dem Spielfeld standen, hatten von einer Bombardierung durch die Royal Airforce gehört, aber dem Ansinnen der Propaganda gegen die Engländer trotzdem ein Spiel abgeliefert. Viele erzählten sich, daß die Engländer als Heimatland des Fußballs einem Bombardement eines Fußballspiels niemals zustimmen würden.

Und so ließen sich die knapp 60.000 Zuschauer und die Fußball-Fans aus Dresden und des Dresdner Sport-Club nicht von einem möglichen Fliegeralarm beeindrucken. Ebenso von den kaum noch sportlich zu nennenden Tricks, die der LSV Hamburg sich einfallen ließ. Was hatte der fußballbegeisterte Luftwaffenkommandant des Luftwaffenkommando Nord, Theodor von Albruck, nicht alles unternommen, um eine schlagkräftige Mannschaft auf die Beine zu stellen. Durch die Hilfe eines ebenfalls fußballbegeisterten Stabsoffizier ließ er Zug um Zug prominente Fußballer, die bei der Luftwaffe ihren Dienst verrichteten, nach Hamburg versetzen. Sie mußten dort bei Flak, Nachrichten- oder Bodenpersonal ihren Wehrdienst tun, aber in erster Linie eigentlich Fußball spielen. Und so tauchten in der Hamburger Mannschaft Spieler auf, die schon für andere Klubs in der Länderspiel-Elf standen. So der „Eiserne Reinhold" Reinhold Münzenberg, oder der Nationaltorwart Willy Jürissen, um nur einige zu nennen.

Doch alle diese kaum noch sportlichen Tricks nützten an diesem 18. Juni 1944 nichts! Der DSC zeigte sich als homogenes Team und fertigte die Hamburger Elf mit 4:0 ab! Zwar dauerte es bis zur 20. Minute ehe Rechtsaußen Voigtmann in abseitsverdächtiger Position den DSC mit 1:0 in Führung schoß, doch mit zunehmender Spielzeit wurde der DSC immer überlegener. Schaffer (50.) und Schön (60.) schraubten das Ergebnis auf 3:0, ehe fünf Minuten vor Schluß Schaffer von Schön freigespielt wurde und diese klare Chance eiskalt zum 4:0 nutzte.

Fast hätte Machate noch das 5:0 erzielt, doch Jürissen im Hamburger Tor reagierte glänzend. Damit hatte der Dresdner Sport-Club es geschafft, nach dem 1.FC Nürnberg (1920 und 1921), Hertha BSC (1930 und 1931), sowie dem FC Schalke 04 (1934, 1935 und 1939, 1940) als vierte Mannschaft den Meistertitel zweimal hintereinander zu gewinnen. Damit schaffte der DSC nach dem Pokaldouble 1940 und 1941 jetzt auch das begehrte Meisterschaftsdouble und wurde nach dem Titel im Vorjahr zum 35. Deutschen Meister gekürt.

Dieses Deutsche Meisterschafts-Endspiel 1944 war gewissermaßen das Ende des Fußballbetriebes. Im August 1944 wurden einschneidende Beschränkungen im Reiseverkehr angeordnet. Diese lähmten auch die sportlichen Aktivitäten, zumal viele Spieler ins „Feld" mußten und nicht mehr heimkehrten. Deutschland bereitete sich auf den „totalen" Krieg vor. Der Fußball und seine Mannschaften wie der Dresdner Sport-Club mußten sich auf Wichtigeres konzentrieren. Der Fußball hatte Ende 1944 aufgehört zu rollen, es sollte drei lange Jahre noch dauern, bis Richard Hofmann (wer sonst?) in der Saison 1947 für Dresden die Fußball-Schuhe wieder anzog.

100 Jahre DSC

Über 100 000 Zuschauer feierten den zweifachen Deutschen Meister Dresden Sport-Club 1944 als die Mannschaft im Triumphzug durch Dresden fuhr.

SATIVUM Werbe DESIGN

Dresden

Der Dresdner Sport-Club

100 Jahre DSC

Zweiter Meisterstreich 1944
Des Ende des Reiches - Das Ende vom Fußball?

Nochmal 1.

Oben: Eine Postkarte vom Meisterteam 1944
Unten: Ein Foto-Gemälde spricht hier zu uns: Vor der einzigartigen Kulisse des Marathontors unseres Olympiastadions spielt sich ein Fußballdrama ab. Der Dresdner SC hat eben sein drittes Tor geschossen. Ein Jubelsturm bricht los von den Rängen herunter auf die Spieler, die sich glückstrahlend umarmen und den trefflichen Schützen, Helmuth Schön, begeistert in ihre Mitte nehmen. Die Deutsche Meisterschaft ist entschieden. Betrübt, niedergeschlagen aber in beherrschter Haltung stehen die Luftwaffensoldaten beiseite...
(Historisches Originalfoto und Originaltext aus: Deutsche Fußballwoche - Fotograf: Schirner)
Rechts: Die originale Viktoria von 1944 - seit Kriegsende gilt dieser Pokal als verschollen.

100 Jahre DSC

15 Spiele unbesiegt

Selbst wenn der DSC nur Zweiter wird: Vor Schulz der in Doppelfunktion seit dem 1. April 1997 auch DSC-Manager ist, kann man nur den Hut ziehen. Mit 12 Siegen und drei Unentschieden ist der Oberliga-Zweite in der Rückrunde ungeschlagen! Was ist das Geheimnis des großen Erfolges? „Die Synthese innerhalb der Mannschaft", erklärt Matthias, der mit Ehefrau Andrea (34, Erzieherin und Aerobic-Trainerin) und Sohnemann Anton (9) in dem schmucken Haus in Kesselsdorf wohnt, das er zusammen mit seinen Schwiegereltern gebaut hat.

„In der DSC-Elf stehen viele gestandene Spieler, die meiner Spielauffassung entsprechen." Aber das ist es nicht alleine. Schulz verheimlicht nicht, daß seine Mannschaft körperlich nicht in optimaler Verfassung war, als er sie übernommen hat, aber das lag nicht an Trainer Horst Rau, mit dem ich mich gut verstehe, wiegelt er ab. „In der zweiten Halbzeit fehlte den Spielern oft die Luft", weiß der Kumpeltyp. „Jetzt sind wir im zweiten Durchgang jedem Gegner konditionell überlegen."

Nie lautstarke Kritik

Sein Vorgänger Horst Rau regierte mit harter Hand, stauchte die Spieler wortgewaltig zusammen. „Schulle" ist eher ein Leisetreter, übt am Spielfeldrand nie lautstark Kritik. „Ich rede ständig mit den Jungs", verriet der Erfolgscoach sein Konzept. „Und ich versuche ihre Stärken auszubauen. Damit die zum Tragen kommen, setze ich die Spieler auf den für sie optimalen Positionen ein." So hat Freistoß-Spezialist Tino Wecker Probleme im Abwehrverhalten. „Dann tue ich ihm doch keinen Gefallen, wenn ich ihm Aufgaben im Defensivbereich übertrage," sagt „Schulle". Oder Abwehrrecke Knut Michael der zu oft in die Offensive ging. „Das kann nicht sein betonte der DSC-Coach und Pfiff Michael zurück. „Schulle" würde gern als DSC-Coach weitermachen, dessen Leibgericht Spaghetti sind, verhehlt nicht, daß er irgendwann den Trainer-Job zum Hauptberuf machen wird. Im bezahlten Fußball versteht sich. „Angebote gibt's noch nicht", sagt Matthias. „Aber ich habe genügend gute Kontakte, um woanders einzusteigen."

Die Väter des Aufstieges unmittelbar nach dem Schlußpfiff: Bernd Engst umarmt seinen Trainer Matthias Schulz.

Der Aufstieg in die 3. Liga

Nach dem triumphalen Aufstieg in die 3. Liga gab „Schulle" den Trainer-Job beim DSC ab, um sich als Manager nur noch um die Sponsoren zu kümmern. Sein Nachfolger wurde Matthias Müller (43), der den Dresdner Sport-Club schon von 1990-1994 mit aufgebaut hat, dann aber wegen Erfolglosigkeit gefeuert wurde. „Lotte" früher DDR-Nationalspieler bei Dynamo, hat nun in der 1. Regionalliga-Saison des DSC wieder das Sagen bei dem Helmut-Schön-Klub und das im 100. Jahr!

Der Club im Wandel der Zeit

100 Jahre DSC

Die DSC-Präsidenten
Von der Gründung 1898 bis 1944 und von 1990 bis heute

Die Chefs

Von Karl Baier über Arno Neumann bis zur Neugründung - dann folgten Günther Rettich und Wolfgang Brune

Karl Baier 30.4. 1898 – 1.6. 1914

Walter Kirmse 1.6. 1919 – 30.7. 1919

Wünsche n.n.

Sporbert n.n.

Arno Neumann 1.8. 1924 – 31.12. 1929

Walter Sporbert 1929 – 1933

Arthur Schäfer 1.6. 1933 – 30.3. 1941

Alwin Weinhold 1.4. 1941 – 30.9.1944

1949 bis 1964 wurde die DSC-Linie über die Nachfolgervereine SG Friedrichstadt Dresden, die BSG Sachsenverlag und Rotation Dresden ohne Präsidenten geführt. Trotzdem sollen die Männer, die als Klubvorsitzender beim SC Einheit Dresden fungierten, genannt werden:

Hans Wodny 1.1. 1954 – 30.3. 1962

Werner Fritzsche 15.4. 1962 – 30.5. 1965

Helmut Müller 1.6. 1965 – 30.3. 1966

Helmut Schäfer 1.4. 1966 – 30.5. 1974

Hans Joachim Reuße 1.6. 1974 – 30.3. 1983

Heinz Peter Wichtel 1.4. 1983 – 30.11. 1989

Günther Maukitsch – SC Einheit Dresden

Hans Amtag – 1.2. 1990 – 30.1. 1991 (FSV Lok Dresden)

Günther Rettich 1.1. 1992 – 31.12. 1993

Wolfgang Brune 1.1. 1994 bis heute

Männer auf dem Chef-Stuhl - Freudentage und bittere Stunden

Präsidenten werden meist an ihren Erfolgen gemessen. Stellen die sich ein, floriert der Club. Bleiben Sie aus, heißt es entweder: „Vorstand weg!". Oder „Trainer raus!" Dies ist fast bei allen Sportarten so. Sportliche Erfolge auf Dauer können aber nur durch Beständigkeit an der Vereinsspitze gewährleistet werden. Heute wird mit hohen Etats in den Clubs jongliert und gerechnet. Das Rad der Geschichte läßt sich nicht zurückdrehen, die Vorstände müssen im Interesse des Clubs, den sie leiten, oft Entscheidungen treffen, die rätselhaft, öfters unverständlich, manchmal sogar unpopulär und für den Außenstehenden unerklärlich erscheinen.

Der ehemalige DSC-Präsident Günther Maukitsch hat einmal gesagt: „Ich hänge an meinem DSC, aber für ein Amt stehe ich nicht mehr zur Verfügung. Das ist Sache jüngerer, entscheidungsfreudigerer Männer": Ein wahres Wort. Gegenüber den Summen, die heute im Vereinsleben über den Tisch gehen, erscheinen Aufwendungen oder „Spesen" vergangener Jahrzehnte wie „Klecker-Beträge". Supermarkt gegen Tante-Emma Laden. Doch auch die Vereinsführer, die vor Jahrzehnten ihrem Hobby mit viel Engagement nachgingen, waren nicht frei von Sorgen.

Nicht in den Jahren der großen Arbeitslosigkeit, nicht in der Zeit der Nationalsozialisten, die auch den Sport total für sich vereinnahmten. Und einfach war der Neubeginn nach den beiden Weltkriegen auch nicht. In Dresden mußten die Verantwortlichen auch dem Staatsregime in der DDR mit allen Tiefen Rechnung tragen. Keine leichte Aufgabe für die Männer, die zunächst unter dem DSC-Nachfolger SG Friedrichstadt Dresden, dann Rota-tion Dresden; dem SC Einheit als zentraler Sportclub und im Fußball mit dem FSV Lok Dresden die Verantwortung trugen. Mit der „Wende" ab April 1990 wieder unter dem alten Namen „Dresdner Sport-Club 1898 e.V." versuchten die Verantwortlichen Hans Amtag vom FSV Lok Dresden, Günther Maukitsch SC Einheit Dresden, und Lothar Müller als Sportlicher Berater für den Fußball, eine Neustrukturierung vorzunehmen.

Diese ist auch im achten Jahr seit der Einheit, speziell für die Fußball-Abteilung, noch nicht gänzlich abgeschlossen. Für das Präsidium des DSC und seinen amtierenden Präsidenten Wolfgang Brune keine leichte Aufgabe, hier die richtige und kompetente Entscheidung zu finden. Deshalb ist auch Brune froh, mit dem Fußball-Abteilungsleiter Bernd Engst, einen Dresdner Mittelständler an der Hand zu haben, der mit Sinn für das wirtschaftlich Machbare, seine Entscheidungen mit ihm ausgewogen abstimmt.

Mit der Präsidentschaft von Karl Baier im April 1898 hatte alles begonnen. Walter Roßberg und Arno Neumann, die bis 1929 den Verein führten, sowie Arthur Schäfer und Alwin Weinhold, die bis zum zweiten Weltkrieg die

100 Jahre DSC

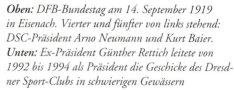

Oben: DFB-Bundestag am 14. September 1919 in Eisenach. Vierter und fünfter von links stehend: DSC-Präsident Arno Neumann und Kurt Baier.
Unten: Ex-Präsident Günther Rettich leitete von 1992 bis 1994 als Präsident die Geschicke des Dresdner Sport-Clubs in schwierigen Gewässern

Die Chefs

Geschicke führten, formten den Dresdner Club, bis er nach dem 2. Weltkrieg, 1954 von Hans Wodny als Vorsitzender des SC Einheit Dresden, im Kollektiv beerbt wurde. Nach der Gleichschaltung bei den Nationalsozialisten führte Arthur Schäfer den Verein von 1933 bis 1941 und wurde mit dem DSC zweimal Deutscher Meister und 2 facher Pokalsieger.

Nach dem Zweiten Weltkrieg wurde die DSC-Linie über die Nachfolgervereine SG Friedrichstadt, BSG Sachsenverlag, Rotation, SC Einheit und FSV Lok Dresden ohne Präsidenten dafür mit einem Vorsitzenden geführt. Mit der Wende 1989 führte Dieter Maukitsch die Vereinsgeschäfte beim neuen „Dresdner Sport-Club 1898 e.V.", bis er 1992 vom AOK Geschäftsführer Sachsen/Dresden Günther Rettich abgelöst wurde. Seit 1994 führt das Vorstandsmitglied der Stadtsparkasse Dresden Wolfgang Brune die präsidialen Geschäfte des DSC.

Die Verbundenheit des Dresdner Sport-Club mit den traditionellen Säulen der Dresdner Wirtschaft wird dadurch dokumentiert, daß mit Dieter Maukitsch, Günther Rettich und Wolfgang Brune drei Kaufleute den Verein ab 1990 führten. Am längsten „im Amt" zeigte sich Karl Baier, der 16 Jahre die Geschicke des Dresdner Sport-Clubs einer „Dresdner Institution" leitete.

Der Club im Wandel der Zeit

100 Jahre DSC

Seriosität und Kontinuität
Maxime in der Führungsetage des DSC-Präsidenten

Wolfgang Brune leitet als Präsident den DSC seit 1994

Wolfgang Brune - der längste amtierende Präsident der Neuzeit des Dresdner Sport Clubs

Hochachtung, Respekt und Anerkennung klingen durch, wenn in Sachsens Klub-Branche festgestellt wird: „Der Dresdner Sport-Club ist der bestgeführte Verein der Liga." Dieses Lob gilt in erster Linie dem Präsidenten Wolfgang Brune, der dem Dresdner Traditionsverein nunmehr seit Ende 1994 vorsteht.

Unter seiner Ägide entwickelte sich der DSC von einem sportlich wie finanziellen Grenzanbieter zu einem Klub, der inzwischen nationales Ansehen genießt. Der Weg dahin war holprig und dornenreich. Innerhalb weniger Monate wurden Wolfgang Brune und Wolfgang Menath, als Vizepräsident durch ihr voll durchgezogenes Sanierungskonzept zu geachteten Hoffnungsträgern, denen es gelang, den Klub zu stabilisieren und schließlich aus einer zunächst unübersehbaren Talsohle herauszuführen.

Hoffnungsträger ist das Mitglied des Vorstandes Wolfgang Brune bis heute geblieben. Nach dem Ausscheiden Rettichs aus der Führungscrew zimmerte er vornehmlich mit seinem Präsidiumskollegen Hartmut Paul, einem Unternehmer, der gleichzeitig als IHK-Präsident Dresdens hohes Ansehen auch über die Grenzen Dresdens genießt, einen breitgefächerten Klub, der seit Anfang der 90er Jahre in Deutschland durchaus Modellcharakter besitzt. Das ist aber nicht das Endziel. Denn Wolfgang Brune, der seit fast 10 Jahren mit der Bankkauffrau Silvia verheiratet ist, handelt von jeher nach dem Prinzip: Stillstand ist Rückgang.

100 Jahre DSC

Wolfang Brune (mitte) mit Klaus Kaiser (links) und Volleyball-Abteilungsleiter Henning A. Thiemann.

Brune

Geboren in Rulle bei Osnabrück, hat er immer dafür gesorgt, daß der Schornstein raucht. Das gilt nicht nur für seine bedeutende Funktion im Vorstand der Stadtsparkasse Dresden, sondern auch in hohem Maße für den Dresdner Sport-Club mit seinen 11 Abteilungen. Wenn er auf seine Funktionärskarriere angesprochen wird, muß er unwillkürlich lachen. Denn Brune hat sich ganz bestimmt nicht nach dem Amt gedrängt, schon gar nicht danach gesehnt. „Ich bin an den DSC gekommen wie die Jungfrau zum Kind", bekennt er heute, „eigentlich wollte ich nur eine begrenzte Zeit dazu beitragen, daß eine solche Institution wie der Dresdner Sport-Club nicht vom Erdboden verschwindet." Vor vier Jahren hat er nicht einmal im Traum daran gedacht, daß er zukünftig einen Großteil seiner freien Sonnabende in Stadien, Hallen oder Sitzungen verbringen würde.

Daran hat er sich inzwischen genauso gewöhnt wie seine Frau Silvia und die Kinder Katharina und Kristina. Und Brune hat Spaß daran gefunden, obwohl er auch heute noch der Meinung ist, daß der Sport nicht die allein seeligmachende Freizeitbeschäftigung sein kann. Mit einem verstohlenen Blick auf seinen riesigen Bücherschrank scheint er Abbitte zu erhoffen. „Es hat vieles im privaten Bereich gelitten. Doch als ich mich nun einmal mit großen Bedenken für die Übernahme des Präsidentenamtes beim DSC entschieden hatte, war mir klar, daß ich dem auch Tribut zollen mußte."

Dies ist ihm auch von den nur wenigen verbliebenen Gegnern nicht abzusprechen. Ein Wolfgang Brune macht keine halben Sachen. Er macht sie auch heute, da er weitgehend durch bewährte Kräfte, wie dem Vizepräsidenten Wolfgang Menath, Bernd Engst im Fußballtagesgeschäft, dem Schatzmeister Rainer Striebel und dem Verwaltungsratsvorsitzenden Dr. Jürgen Hesse, oder durch die übrigen Abteilungsleiter entlastet wird.

Das heißt für den Karatekämpfer Brune aber nicht, daß er auch nur einen Moment lang die Zügel schleifen läßt. Selbst im Urlaub behält er stets die Hand am Puls, läßt sich eingehend über jeden Vorgang im Klub informieren. Sein Engagement nährt die Hoffnung, daß er dem DSC noch lange erhalten bleibt. Sie ist nicht unwahrscheinlich. Denn Wolfgang Brune beschränkt sich nicht darauf, den Erfolg zu erstreben. Er will ihn erlangen. Denn seine Arbeit soll schließlich einmal eine bleibende Bestätigung erhalten.

Der ganz große Wurf ist dem DSC unter seiner Führung indes noch nicht gelungen, obwohl mit dem Vizetitel von 1997 in der Oberliga nur einen Punkt hinter dem Meister FC Magdeburg und dem Erreichen der Relegations-Endspiele gegen Hansa Rostocks Amateure schon gewaltige Marktpunkte gesetzt wurden. Der Aufstieg in die Regionalliga in der Saison 1997/98 war dabei fast schon eine Voraussetzung. Sie sind allerdings nur Fragmente in dem Mosaik, das Brune vorschwebt. Das hört sich ein wenig nach Ungeduld an. Ist es aber nicht. Denn der DSC-Präsident ist ein behutsamer Stratege, der das Machbare nie aus dem Auge verloren hat: „Rom ist auch nicht an einem Tag erbaut worden. Wir planen in großzügigen Zeiträumen. Denn im Sport ist nichts übers Knie zu brechen." Darum hat er mit den Abteilungsleitern und Trainern der einzelnen Sportsparten im DSC Männer um sich geschart, die markantiv die gleichen Ansprüche für sich reklamieren.

Die große Popularität des Wolfgang Brune wurzelt allerdings nicht in seinem Ehrgeiz. Seine menschlichen Qualitäten haben ihn dem Sportvolk nahe gebracht. Er hat nie auf dem Olymp gethront. Er tauscht sich gerne mit den Fans aus, er besucht die Jugendspiele, und er widmet den ehemaligen Meisterspielern des DSC auch weit über 40 Jahre nach deren großen Erfolgen noch farbenprächtige Kränze. Wolfgang Brune ist die Integrationsfigur eines wieder erstarkten, großen, deutschen Traditionsklubs. Und um ihn wird der Dresdner Sport-Club in fast allen Sportvereinen der Region Sachsen beneidet.

Bernhard Heck

Der Club im Wandel der Zeit

Die Chefs

Hotelboß Paul
Seit 1997

Daß sich Wolfgang Brune nach seiner Wahl zum DSC-Präsidenten im Dezember 1993 mit dem von ihm auserwählten Wunschkandidaten Hartmut Paul als Vizepräsidenten einen Mann seiner Wahl an Land zog, ist mit den Jahren in Dresden einer größeren Öffentlichkeit nachhaltig bewußt geworden. Der Präsident der Industrie und Handelskammer Dresden scheute damals trotz der

vorhandenen Bande zu Dynamo und der unrühmlichen beim damaligen Landesligisten Dresdner SC Sport-Club für die Vorstandsarbeit, uneigennützig zur Verfügung. Diesen Schritt vollzog Paul nicht so sehr aus Gründen kalkulierter Überlegung, sondern aus Zuneigung. Der in Rathen/Sachsen gebürtige Vollblutmanager ist seit fünf Jahren als Mitglied dem DSC verbunden. Denn Hartmut Paul macht keine halbe Sachen, dazu hat sich der Unternehmer ein mittelfristiges Ziel gesetzt. „Den DSC durch Schaffung von neuen Kontakten in Verbindung mit der erforderlichen finanziellen Kontinuität dahin zu bringen, daß der Deutsche Doppel-Meister von 1943 und 1944 den Sprung schafft in den bezahlten Fußball. Um dort zu spielen, wo der Club auf Grund seiner großen Tradition einfach hingehört." Paul will aber auch den anderen erfolgreichen Abteilungen bei den täglichen Problemen zu helfen, damit der Dresdner Sport-Club wieder der Großverein wie in den 30er Jahren in Sachsen wird."

Vize Menath
Setzt auf Nachwuchs!

Der 39jährige Kaufmann und Geschäftsführer diverser Firmen in Dresdens Neu-Vorort Cossebaude, gilt als das stille Präsidiumsmitglied, aber in Finanzsachen und Vertragswesen ist der in Regensburg geborene Menath sofort „hellwach". Seit 1991 hat sich der immer top gekleidete Selfmademann beim Dresdner Sport-Club zu einer grauen Eminenz entwickelt. Wolfgang

Menath - Mann der ersten Stunde nach der Wende beim DSC, weiß wo die Ziele des DSC in der Zukunft sind: „Wir müssen vor allen Dingen in den 11 Abteilungen auf den Nachwuchsbereich setzen, von dort kommen die künftigen Leistungsträger." Unter seiner Ägide entwickelte sich der DSC von einem sportlichen Grenzanbieter zu einem Club der inzwischen in der Jugendarbeit nationales Ansehen genießt. Menaths Maxime gilt dabei nicht nur für seine bedeutende Funktion im DSC-Präsidium, sondern auch für seine vielen Funktionen in den verschiedenen Firmengremien seiner VISA-Gruppe. Mit Fortbildungsmaßnahmen möchte er die Jugendarbeit beim DSC weiter forcieren. Menath liebt schnelle Autos, den Motor- und Wassersport und natürlich das runde Leder.

H. Striebel
Marathon in New York!

Er hatte schon immer mit Geld zu tun: Als Freizeitfußballer in Bietigheim (bei Stuttgart) war er der Kassenchef. Im Oktober 1990 begann er die Finanzabteilung der AOK Dresden Zug um Zug aufzubauen. 1994 kandidierte Rainer Striebel für das DSC-Präsidium - natürlich als Schatzmeister. „Mich reizt die Aufgabe. Ich möchte gern etwas im Verein bewegen",

begründete der 36jährige seine damalige Kandidatur. Sein Motto: „Stillstand ist Rückschritt". Rainer Striebel ist auch durch und durch Sportfan. Seine größte Leistung: im Vorjahr stand er den New-York-Marathon durch. Regelmäßig laufen, gelegentlich Fußball- und Skatspielen - damit verbringt Rainer Striebel, der jetzt im Büro der AOK-Geschäftsführung arbeitet, seine Freizeit. Und er schaut sich gern Spitzensport im Fernsehen an, vor allem Leichtathletik und Ballsportarten. Rainer Striebel, der in Bern geboren wurde, über Württemberg nach Sachsen kam, verwaltet auch zu Hause das Geld. Vor Jahren bezog er ein Haus in Ullersdorf. Als Ziel gibt der Kenner der Finanzen an: „Ich möchte weiter mitarbeiten, daß aus dem Dresdner Sport-Club ein renommierter Club wird in dem die Finanzen stimmen, nur so können wir die sportlichen Leistungen nach außen auch gut verkaufen."

100 Jahre DSC

Dr. Hesse
Boß des Vewaltungsrates

Der aus Magdeburg stammende Geschäftsführer der EC-Consult und Kenner der Sportszene in der Landeshauptstadt, gilt als der ruhende Pol im DSC-Präsdium. Wenn es beim DSC-Präsident Wolfgang Brune um „Hintergrundfragen" geht oder darum, den finanziellen Bereich abzusichern, dann wird der 45jährige Wirtschaftsfachmann um Rat gefragt. Er, der die

„leisen Töne" und den Fußball liebt, gilt als ausgeglichen und steht mit Rat und Tat den 11 Abteilungen zur Seite. Er ist Finanzexperte, hält den Dresdner Sport-Club auf „Grundlage der Gemeinützigkeit" - eine wichtige Plattform für den mit fast 3000 Mitgliedern zweitgrößten Verein in der Landeshauptstadt. Seine Hauptaufgabe als Vorsitzender des Verwaltungsrates sieht er aber auch darin, die verschiedenen Strömungen innerhalb des Gesamtvereins zu bündeln und somit längerfristig die Ausgaben für den DSC zu reduzieren. Keine leichte Aufgabe, wenn man die „Interna" in dem Groß-club kennt. Der verheiratete Unternehmer hat zwei Kinder und liebt die Literatur. Seine Liebe gilt den „Fohlen" von Borussia Mönchengladbach ebenso wie den Fußballern des Dresdner SC. Sofern es seine knappe Zeit zuläßt, sieht man ihn zusammen mit Schatzmeister Rainer Striebel auf der Steintribüne im Heinz-Steyer-Stadion, wenn die DSC-Fußballer auf dem Rasen um Punkte und Tore kämpfen.

Der Club im Wandel der Zeit

100 Jahre DSC

Die Macher der Fußball-Abteilung
Kompetenz und Beharrlichkeit sind die Attribute

Es war der Tag der DSC-Meisterschaft, Samstag, der 24. Mai um 15.48 Uhr. Schlußpfiff! Der 2:0 Triumph im letzten Meisterschaftsspiel in Bischofswerda beseitigte auch die letzten Zweifel über den Aufstieg in die Regionalliga, Bernd Engst und der Autor trafen sich in den Katakomben des Stadions. Gefaßt und zugleich triumphierend stand der Fußballboß bescheiden im gleißenden Sonnenlicht, während sich die Fotografen und die Kameramänner der Spieler und des Trainerstabes um die besten Schnappschüsse bemühten. Für ihn, der in den letzten Wochen die Täler der Gemütsregungen durchgehen mußte, ein besonderer Tag, vielleicht der schönste in seiner Amtszeit als Vorstandsvorsitzender der Fußball-Abteilung des Dresdner Sport-Clubs.

Für die Fußballer vom DSC ist der renommierte Elektrochef längst zu einem Glücksfall geworden. Nicht nur, daß er den Club mit Geschick und Gespür während seiner Amtszeit um alle gefährlichen Klippen steuerte, nein, er ist die große Integrationsfigur im Verein. Dabei hält der 51jährige Elektromeister von hochtrabenden Bezeichnungen nichts. Die schwere Entscheidung gegen den Druck der Öffentlichkeit mit Matthias Müller, einen Kontra-Typ zum ehemaligen Vollpower-Trainer Matthias Schulz zu verpflichten, hat sich Bernd Engst nicht leicht gemacht.

Auch die schwere Lage zu Beginn der Regionalliga-Saison im August meisterte Engst mit dem ihm eigenen Durchsetzungsvermögen. „Jetzt müssen die Ärmel hochgekrempelt werden", lautete sein Credo. Doch die Plackerei zusammen mit seinem Vize Gerhard Potuschek und Schatzmeister Rudolf Hadwiger wurde, wie zuletzt im Westsachsen-Stadion in Zwickau, mit engagierten Fußball belohnt. Nicht zuletzt Engsts guter Name in der Landeshauptstadt, seine Verbindungen zu wichtigen Leuten aus der Dresdner Wirtschaft oder der Politik - mit Arnold Vaatz hat er einen regen Meinungsaustausch-, seine direkte und unkomplizierte Art verschafften dem DSC eine Reihe zusätzlicher Geldgeber, die in kritischen Situationen zu ihrem Wort standen. Alleine hätte der Fußballboß diese Entscheidungen allerdings nicht tragen können. Als wertvolle Stütze in der schwierigen Phase des DSC nach dem Aufstieg erwies sich seine Ehefrau Adelheid. Die diplomierte Ökonomin engagierte sich ebenso für den Verein wie ihr Gatte. „Gott sei Dank ist meine Frau dem Fußball ebenso zugetan wie ich. Sie bringt viel Verständnis für mich auf, wenn ich mal wieder in Sachen Fußball unterwegs bin", lobt Engst seine „bessere Hälfte".

Sie stehen ein wenig im Hintergrund, doch ohne ihre Arbeit wäre der Dresdner SC nicht das, was er im Augenblick darstellt. Das „Team" an der Spitze des DSC ist wirklich top - und eine verschworene Gemeinschaft. Was Fußball-Boß Engst bei seiner Rede den Mitgliedern im Juni 1998 beschwor („Wir ziehen alle en einem Strang"), ist Wirklichkeit geworden.

Auch ein Verdienst des 46jährigen Vize Gerhard Potuschek, der mit „leisen Tönen" geschickt das DSC-Trio zusammen mit Schatzmeister Rudolf Hadwiger abrundet. Der Landesgeschäftsführer der Barmer Ersatzkasse Sachsen hat sich mit der ihm eigenen Art einen Namen in Dresdens Sportszene gemacht. Der gebürtige Lampertheimer - von dort kommt auch Erfolgscoach Klaus Schlappner - gilt als kühler Rechner, auch wenn es um Hunderttausende geht. Bei Verhandlungen gilt er als harter, aber fairer Partner, der keinen Fußbreit von seiner Grundeinstellung abweicht. Mit den Zahlen beim Fußball im DSC muß sich derzeit in erster Linie Schatzmeister Rudolf Hadwiger auseinandersetzen. Der 48jährige Geschäftsführer von IVECO Sachsen mußte - so wie er es nennt -, zunächst die Altlasten und das Sommerloch meistern". Die einnahmelose Zeit nach dem Titelgewinn, wobei die Gehälter und andere Kosten weiterlaufen, waren ein großes Problem. Doch Hadwiger bewieß in dieser Hinsicht bei vielen Gesprächen mit Spielern sein Geschick. Seinen Haushaltsetat hat er fest im Griff, wobei er auch die Bedeutung aus Werbung und Marketing erkannt hat. Das „Vorstandquartett" als Ergänzung mit dem emsigen Thilo Paul, Inhaber eines renommierten Elektrobetriebes, sieht Hadwiger als Hintergrund für eine ideale Basisarbeit. „Die Stärken der einzelnen Leute werden nun viel besser genutzt. Bernd Engst ist ein pragmatisch denkender Leiter der Fußball-Abteilung, Vize Potuschek sichert in seiner sachbezogenen Art den wichtigen Bereich um das Sponsoring und Hartmut Paul kümmert sich zusammen mit Klaus Hildenbrand, einem erfahrenen schwäbischen Bau-Unternehmer, um die organisatorische Seite des Klubs", erläutert Hadwiger die Aufgabenstellung.

Der DSC steht als Regionalligist nun auf einem soliden Fundament. Dies freut natürlich auch Lothar Müller, der langjährige Spieler des SC Einheit Dresden und einer der Initiatoren der „Neugründung" 1990. Er gilt als das „Urgestein" des DSC und komplettiert zusammen mit dem vom Vorstand kooptierten Neugersdorfer Unternehmer Ernst Lieb die „Macher" des DSC. Die gestiegene Attraktivität des zu „alten Ruhms" aufstrebenden Fußballklubs, der auch über die Grenzen Dresdens hinaus eine breite Anhängerschaft besitzt, ist auch für den DSC-Fußballvorstand eine Verpflichtung, denn ein Ausruhen auf den Lorbeeren gibt es im rauhen „Fußball-Alltag" nicht.

100 Jahre DSC

Der "Club der Hundert"
Beim Fußball eine Säule im Marketing!

Oben: Bei der Aufstiegsfeier im Mai 1998: Vize-Abteilungsleiter Gerhard Potuschek, Arnold Vaatz und Lothar Seidel *Unten: Hatten Grund zum feiern: Die Mitglieder vom „Club der Hundert" im DSC: von links: Volker Klette, Edelsponsor Rudolf Rublic (Inhaber Rublic & Canzler, Jochen Österreich, Lothar Seidel, Arnold Vaatz (Umweltminister) und Gerhard Potuschek.*

Dem „Club der 100" zum 100sten!

Hundert Jahre alt werden ist für einen Sportverein nichts ungewöhnliches. Man möchte meinen, daß er dank dieses stattlichen Alters genügend Erfahrungen im Vereinsleben entwickelt haben sollte und fest im sportlichen Geschehen der Region verankert ist. Daß es leider noch nicht in allen Disziplinen so ist, mag zum größten Teil daran liegen, daß über 40 Jahre kein Vereinsleben möglich war. Die Entwicklung seit der „Wiedergeburt" im Jahre 1990 hat gezeigt, daß speziell die Abteilung Fußball mit dem Neubeginn einige Stabilisierungsfragen zu klären hatte. Dem Anspruch, so wie in der Vorkriegszeit den nationalen Fußball in kürzester Zeit wieder wesentlich mitzubestimmen, konnten wir bisher nicht gerecht werden. Der verpatzte zweite Anlauf zum Sprung in die Regionalliga hat aber immerhin dazu geführt, daß ein allgemeines Erwachen stattge-

funden hat. Fans, Mitglieder der Abteilung Fußball, Management und Sponsoren haben verstanden, daß man mit Erwartungshaltungen allein nicht vorankommt. Nur die koordinierte Zusammenarbeit aller kann den langfristigen Erfolg sichern.

Wir vom Club der 100 werden in der Saison 1997/98 unser Engagement verstärken und gemeinsam mit dem Sportmanagement und allen Fußballinteressierten optimale Voraussetzungen für den Spielbetrieb sowohl im Nachwuchsbereich als auch für den avisierten Aufstieg der 1. Männermannschaft in die Regionalliga schaffen. Ein Höhepunkt der 100-Jahrfeier unseres Vereines sollte eine Aufstiegsfeier der Abteilung Fußball sein! Diese Feier fand am Sonntag nach dem 2:0 Erfolg in Bischofswerda beim Mitglied des „100er Clubs" Volker Klette, im Biergarten des „Goldenen Stiefels" in Dresden statt.

Der Club im Wandel der Zeit

100 Jahre DSC

DSC-Geschäftsstelle

Schaltzentrale und Anlaufstelle für fast 3.000 Mitglieder im Verein

Die Zentrale

Die Zeiten, da der Papierkram von einem Vorstandsmitglied so nebenbei nach Feierabend erledigt werden konnten, sind bei den heutigen Klubs längst vorbei. Fast 2.800 Mitglieder müssen verwaltet und gemanagt werden. Viele Jahre leitete Geschäftsführer Christian Legler, Jahrgang 1935 und Ur-Dresdner, ehrenamtlich für den Verein die Geschicke. Auf der Geschäftsstelle des Dresdner Sport-Club war der ehemalige Techniker und dem Motorsport verschriebene Legler, seit fünf Jahren tätig, als er Mitte 1992 aufgrund der Vorruhestandsregelung vom Dienst befreit wurde und sich beim DSC betätigte. Seine große Liebe galt immer dem Fußball sowie dem Motorsport. Er war lange Jahre Übungsleiter bei Dynamo Dresden und dort betreute dort im Fußball die aufkommenden Talente wie: Matthias Sammer, Ulf Kirsten, Heiko Scholz und Michael Mauksch.

Viele weitere Spieler in den Nachwuchs-Mannschaften hat er hautnah und unmittelbar erlebt. Die heutige DSC-Fußball-Generation um Matthias Schulz, Jan Rizha, Marco Hölzel, Steffen Bittner und weitere, kennt der emsige Geschäftsführer seit Jahren. Seit Jahren gibt es ein freundliches Hallo, wenn man sich auf dem Platz oder der Geschäftsstelle begegnet nur ein Zimmer weiter sitzt mit Michael Krämer der Geschäftsführer der Abteilung Fußball. Der „Mischa" ist ein echtes Original für den DSC. Er der früher selbst beim DSC Fußball spielte und seit 1985 auf der Fußball-Geschäftsstelle das täglich anfallende Tagesgeschäft abwickelt, gilt als gute Seele der Mannschaft und des Abteilungsvorstandes um Bernd Engst, und seinen Vize Potuschek. Kein Weg, keine Erledigung ist dem 43 jährigen zuviel. Sein neuester Stolz ist ein Computer, wo er die Daten und Fakten für die Stadionzeitung nun endlich ordnen und aktualisieren kann. Der Trainerstab ist zwar mit Matthias Schulz und Carsten Peterson als Co-Trainer gut besetzt, aber was wären sie ohne die Männer im Hintergrund, ohne jene die sich selbst als „Mädchen für alles" bezeichnen. Die den Cracks die Muskeln kneten, die Blessuren quasi über Nacht wegzaubern und von Niederlagen und Fehlschüssen gezeichnete Fußballerseelen wieder aufrichten. Die Medizinmänner beim DSC, das sind Frau Dr. Bettina Krötzsch, die Physiotherapeuten Axel Taube und neuerdings Constanze Görlitz.

Leglers Mitarbeiterin und rechte Hand Carla Naumann, Jahrgang 1939 und seit ihrer Jugend sportlich engagiert war viele Jahre beim SC Cottbus im Sportbereich tätig. Im Jahr 1979 erfolgte ihr Wechsel zum damaligen „Großsportclub" SC Einheit Dresden. Dort war sie in der Aus und Weiterbildung des Nachwuchses und für die Leistungssportler des Klubs tätig. Sie war Gründungsmitglied bei der Neugründung des Dresdner Sport-Clubs im April 1990. Im Juni 1990 wechselte sie in die Vereinsverwaltung, wo Sie seit Jahren auf der Geschäftsstelle die tägliche Clubarbeit souverän und zuverlässig absolviert. Neu hinzu gestoßen ist seit dem 1. Januar 1998 der 27jährige Sport- und Geschichtslehrer Robert Baumgarten, der als hauptamtlicher Geschäftsführer neue Schwerpunkte auf der Geschäftsstelle des DSC setzten soll. Baumgarten, der sich privat für die Antike und die sächsische Geschichte interessiert und gern Volleyball spielt hofft, daß ihn die Abteilungen schnell akzeptieren: „ Ich werde monatlich die Abteilungen aufsuchen, Probleme konkret ansprechen", hat er sich vorgenommen.

In den letzten fünf Jahren wurde mit der gewichtigen Unterstützung der AOK Sachsen die

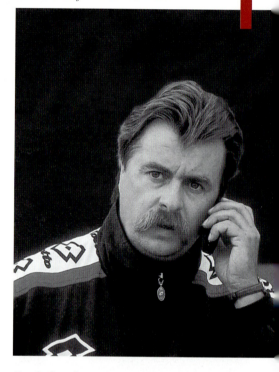

Immer auf Ballhöhe: Michael Krämer, selbst ehemaliger Spieler des DSC und heutiger Geschäftsstellenleiter auf der Pieschener Allee

Geschäftsstelle mit neuen und modernen Möbeln ausgestattet. Die Ausstattung mit modernsten Kommunikationsmitteln, einer Telefonanlage und Fax waren eine wichtige Voraussetzung, um das Tagesgeschäft wesentlich zu verbessern, bis hin zu den einzelnen Sportabteilungen, die mit Hilfe der Stadtsparkasse mit hochwertiger Hard- und Software ausgerüstet wurden. Die elektronische Verwaltung des Verein sowie das Beitrags-Einzug-Verfahren wurden vereinfacht, ebenso die Steuerung und Kontrolle der Finanzströme im Verein. Neben beantragen und abrechnen der Fördergelder sowie der Kontenführung, sind ein exakter Zahlungsvergleich bei ständiger Überprüfung, ein unerläßliches „Muß" für das Ansehen des Klubs nach Außen. Die Organisation und Erstellung der Tagesordnung aller Veranstaltungen sowie die offiziellen

100 Jahre DSC

Führten viele Jahre die Geschäftsstelle des Dresdner Sport-Clubs an der Pieschener Allee: Geschäftsführer Christian Legler und seine charmante Kollegin Christa Naumann, die schon 1990 (Neu)-Gründungsmitglied des Dresdner Sport-Clubs war.

Die Zentrale

Beratungen, die Einladung der Mitgliederversammlung, das Führen der Protokolle..., gehört ebenso zum Komplex der Geschäftsstelle des DSC.

Die Beantragung und Finanzierung von Arbeitsplatzmaßnahmen, die Besetzung von qualifizierten Trainern und Übungsleitern sowie die Aktivierung der Vereinszeitung sind ein Verdienst von Carla Naumann und Christian Legler. Der persönliche Kontakt mit den Athleten zu Wettkämpfen der 11 Sport-Abteilungen sowie die Führung des Internats mit zur Zeit 30 Betten machen die Geschäftsstelle zur wichtigen Schnittstelle im Verein. Beide sehen sich seit Jahren als Mittler zwischen der Hierarchie und der sportlichen Basis im Club. Mit der Einführung eines „Magnet-Kartenchips" für die Mitglieder des Dresdner Sport-Clubs, wurde ab Dezember 1997 ein weiterer Meilenstein, für die optimale Betreuung seiner DSC-Mitglieder geschaffen.

Hier die neuesten Vereinsdaten:
(Stand: 30.03.1998)

Zur Zeit hat der DSC 2.707 Mitglieder, davon sind 375 weibliche und 819 männliche Erwachsene. Die 358 Jugendliche teilen sich auf in 143 weibliche und 215 männliche Mitglieder. Unter 14 Jahren sind beim DSC 444 Mädchen und 544 Jungen integriert. Besonders stolz ist man auf die Mitgliederentwicklung, so wurde in der Zeit von 1991 bis 1997 die Mitgliederzahl fast verdoppelt, nämlich von 1.382 auf 2.707, interessant ist dabei das vor der Wende beim damaligen FC Einheit Dresden. 228 Angestellte(!) für Verwaltungs- und Übungsleiterposten zur Verfügung standen und diese für 850 Leistungssportler zuständig waren.

Der Club im Wandel der Zeit

100 Jahre DSC

Die Nationalspieler
Berthold, Hofmann, Schön & Co.

National

14 Nationalspieler mit 61 Berufungen für die DFB-Auswahl von 1908 bis 1942

Rudolf Berthold (1)
15.04.1928 Bern · Schweiz-Deutschland 2:3

Walter Dzur (3)
01.09.1940 · Leipzig · Deutschland-Finnland 13:0
15.09.1940 · Preßburg · Slowakei-Deutschland 0:1
05.10.1941 · Helsinki · Finnland-Deutschland 0:6

Richard Gedlich (2)
18.04.1926 · Düsseldorf · Deutschland-Holland 4:2
02.10.1927 · Kopenhagen · Dänemark-Deutschland 3:1

Martin Haftmann (1)
02.10.1927 · Kopenhagen · Dänemark-Deutschland 3:1

Richard Hofmann (19)
01.06.1929 · Berlin · Deutschland-Schottland 1:1
23.06.1929 · Köln · Deutschland-Schweden 3:0
20.10.1929 · Altona · Deutschland-Finnland 4:0
04.05.1930 · Zürich · Schweiz-Deutschland 0:5
10.05.1930 · Berlin · Deutschland-England 3:3
07.09.1930 · Kopenhagen · Dänemark-Deutschland 3:6
28.09.1930 · Dresden · Deutschland-Ungarn 5:3
02.11.1930 · Breslau · Deutschland-Norwegen 1:1
15.03.1931 · Paris · Frankreich-Deutschland 1:0
26.04.1931 · Amsterdam · Holland-Deutschland 1:1
24.05.1931 · Berlin · Deutschland-Österreich 0:6
13.09.1931 · Wien · Österreich-Deutschland 5:0
27.09.1931 · Hannover · Deutschland-Dänemark 4:2
06.03.1932 · Leipzig · Deutschland-Schweiz 2:0
01.07.1932 · Helsingfors · Finnland-Deutschland 1:4
25.09.1932 · Nürnberg · Deutschland-Schweden 4:3
30.10.1932 · Budapest · Ungarn-Deutschland 2:1
04.12.1932 · Düsseldorf · Deutschland-Holland 0:2
19.03.1933 · Berlin · Deutschland-Frankreich 3:3

Willibald Kreß (4)
14.01.1934 · Frankfurt/a.M. · Deutschland-Ungarn 3:1
27.05.1934 · Florenz · Belgien-Deutschland 2:5
31.05.1934 · Mailand · Deutschland-Schweden 2:1
03.06.1934 · Rom · Deutschland-Tschechoslowakei 1:3

Georg Köhler (5)
25.10.1925 · Basel · Schweiz-Deutschland 0:4
18.04.1926 · Düsseldorf · Deutschland-Holland 4:2
20.06.1926 · Nürnberg · Deutschland-Schweden 3:3
12.12.1926 · München · Deutschland-Schweiz 2:3
30.09.1928 · Stockholm · Schweden-Deutschland 0:2

Friedrich Müller (2)
26.04.1931 · Amsterdam · Holland-Deutschland 1:1
24.05.1931 · Berlin · Deutschland-Österreich 0:6

Arno Neumann (1)
20.04.1908 · Berlin · Deutschland-England 1:5

Herbert Pohl (2)
05.10.1941 · Helsinki · Finnland-Deutschland 0:6
07.12.1941 · Breslau · Deutschland – Slowakei 4:0

Karl Schlösser (1)
26.04.1931 · Amsterdam · Holland-Deutschland 1:1

Helmut Schön (16)
21.11.1937 · Hamburg · Deutschland-Schweden 5:0
18.09.1938 · Chemnitz · Deutschland-Polen 4:1
25.09.1938 · Bukarest · Rumänien-Deutschland 4:1
25.01.1939 · Brüssel · Belgien-Deutschland 1:4
26.03.1939 · Florenz · Italien-Deutschland 2:3
23.05.1939 · Bremen · Deutschland-Irland 1:1
22.06.1939 · Oslo · Norwegen-Deutschland 0:4
24.09.1939 · Budapest · Ungarn-Deutschland 5:1
15.10.1939 · Zagreb · Jugoslawien-Deutschland 1:5
12.11.1939 · Breslau · Deutschl.-Böhmen-Mähren 4:4
03.12.1939 · Chemnitz · Deutschland-Slowakei 3:1
17.11.1940 · Hamburg · Deutschland-Dänemark 1:0
09.03.1941 · Stuttgart · Deutschland-Schweiz 4:2
06.04.1941 · Köln · Deutschland-Ungarn 7:0
20.04.1941 · Bern · Schweiz-Deutschland 2:1
05.10.1941 · Stockholm · Schweden-Deutschland 4:2

Helmut Schubert (3)
05.10.1941 · Helsinki · Finnland-Deutschland 0:6
16.11.1941 · Dresden · Deutschland-Dänemark 1:1
07.12.1941 · Breslau · Deutschland-Slowakei

Kurt Stössel (1)
26.04.1931 · Amsterdam · Holland-Deutschland 1:1

Richard Hofmann

100 Jahre DSC

Dresden in den vierziger Jahren - Hochburg der Nationalspieler - hier eine Auswahl:
Obere Reihe von links: *Helmut Schubert, Herbert Pohl, Willibald Kreß*
Untere Reihe von links: *Trainer Georg Köhler, Walter Dzur, Helmut Schön*

Nationalspieler

Der Club im Wandel der Zeit

100 Jahre DSC

Helmut Schön

16facher Nationalspieler und als Trainer 1974 Weltmeister-Coach!

Im Wiener Prater Stadion wurde das Weltklasseteam Rapid Wien 1940 mit 2:1 besiegt. Vor 50.000 begeisterten Fans immer wieder am Ball: Helmut Schön als Mittelstürmer

Unglaublich – aus gut 30 Metern drosch der „Lange", wie wir ihn nannten, quer durch die polnische Deckung, den Ball wie am Lineal gezogen ins Netz. Das war an jenem naßkalten 18. September 1938 im Chemnitzer Stadion. Zum ersten Male konnte ich ihn in einem Länderspiel bewundern, nachdem ich im Dresdner Ostragehege kaum ein Spiel ausgelassen hatte, wie es sich für einen jungen Vereinskameraden des erfolgreichen Kickers ja auch gehörte. Die Rede ist von Helmut Schön, der beim 4:1 gegen Polen gerade eben seinen 23. Geburtstag feiern konnte und inzwischen schon seit seinem Debüt vor einem Jahr gegen Schweden aus der deutschen Nationalmannschaft nicht mehr wegzudenken war. Mit zwei Toren hatte er damals einen glanzvollen Einstand. Daß er es bis zum Kriegsende auf 16 Länderspiele mit 17 Torerfolgen brachte, ist längst Fußball-Geschichte.

Dabei war der langschlaksige Helmut durchaus nicht der damals gefragte Typ einer draufgängerischen Schußkanone – wie etwa „König Richard" Hofmann, der sage und schreibe ganze 18 Jahre zur Stamm-Elf des Dresdner Sport-Clubs zählte und weit über 500 Tore für seinen Verein erzielte. Nein, der Helmut Schön war eher ein feingliedriger Ballkünstler, so etwa wie der „papierene" Österreicher Matthias Sindelar, den viele für das größte Fußballtalent aller Zeiten hielten. Schon während seiner Schulzeit am Bischöflichen Sankt-Benno-Gymnasium an Dresdens Wienerstraße – das immerhin von „August dem Starken" persönlich gegründet worden war – imponierte der Primaner Helmut seinem Sportlehrer Gutberlet mit den gekonnten Ballkunststücken beim „Päppeln" auf dem engen Schulhof – wie wir Jungen das Ballgeschiebe während des schulischen Sportunterrichts zu bezeichnen pflegten.

Dennoch brachte erst das Jahr 1936 den erhofften Durchbruch, wenn auch zu keiner Zeit sportlicher Bedeutungslosigkeit, denn der Dresdner Sport-Club nahm in der sächsischen Liga nur einen Mittelplatz ein. Das änderte sich erst, als „Schorsch" Köhler als altgedienter Spieler das Training übernahm und seinen Club zum doppelten Pokalgewinn (1940 und 1941) und schließlich sogar zum zweifachen Meistertitel (1943 und 1944) führte, wobei allerdings auch die beiden DSC-Trainer aus der Leichtathletik, Woldemar Gerschler und Helmut Bergmann, als „Co-Piloten" kräftig mitgemischt hatten. Die Leichtathleten waren ohnehin immer das zweite Standbein des traditionsreichen Dresdner Sport-Club gewesen, denken wir nur an Namen wie Käthe Krauß, Liesel Krüger und den unvergessenen Rudolf Harbig, dem viele Nachwuchsläufer nachzueifern versuchten.

Für Helmut Schön begann zwar der Aufstieg zur absoluten deutschen Spitzenklasse, aber es war ein steiniger Weg. Gegen die Ruppigkeit seiner Kontrahenten nutzte ihm die sprichwörtliche Eleganz seiner Ballführung oft wenig. Die Zahl seiner Knieverletzungen war schon kaum noch zu zählen. Längst war er Dauerpatient im Sportsanatorium Hohenlychen, oft nur kurz für wichtige Punkt- und Pokalspiele wieder zusammengeflickt. Aber der lange Helmut

100 Jahre DSC

*Ein ungewöhnliches Bild:
Die Fußballer des DSC beim Training
unter der Leitung von Rudolf Harbig!*

*Die Jungs auf der Straße
eifern ihren großen Vorbildern nach*

Schön

war durchaus ein harter Kerl, der seine Mannschaft auch in solchen Situationen nicht im Stich ließ.

Ich erinnere mich noch gut eines Punktspiels gegen den alten Erzrivalen Chemnitz, wo es bis kurz vor Schluß noch 2:2 stand. Mit großartigem Einsatz hechtete Schön im flachen Sprung einer Flanke nach und köpfte den Ball über die Linie, prallte aber gleichzeitig mit dem Kopf gegen den Torpfosten. Da lag er nun mit einer gehörigen Platzwunde an der Stirn. Von besorgten Freunden wie Gegnern umringt, kam er wieder zu sich und fragte: „War's Tor?" Kaum war die Frage bejaht, stürmte Schön jubelnd zur Spielfeldmitte, denn das Spiel war gewonnen.

Er konnte sich gut an die Szene erinnern, als ich – vierzig Jahre später – mit ihm und Rudi Arndt in Wiesbaden zusammen fachsimpelten, um über die Zukunft der Deutschen Olympischen Gesellschaft für die Landesgruppe Hessen zu beraten, denn auch der Olympischen Gesellschaft gehörte seine ganze Zuneigung. „Ja", bemerkte er, „damals gab es noch keine Ersatzbank im Fußball, Ausgeschiedene durften nicht ersetzt werden. Verletzte hatten sich gefälligst noch während des Spieles zurückzumelden!"- Als der Dresdner Sport-Club am 10. November 1940 in der Pokalschlußrunde gegen Rapid Wien antrat, lieferte er selbst den Beweis. Das Spiel stand auf der Kippe, als Schön wegen einer stark blutenden Verletzung das Feld verlassen mußte. Mannschaftsarzt Dr. Schubert nähte und verband ihm die Wunde und schickte ihn 10 Minuten später wieder aufs Spielfeld. Unter Schöns meisterhafter Regie – so schrieb damals die Presse – wirbelten die Dresdner Spieler in der zweiten Halbzeit das Wiener Team so durcheinander, daß es bald 3:0 stand, bis „Bimbo" Binder für Rapid Wien schließlich das Ehrentor erzielen konnte. Was Helmut Schön später nach dem Kriege für den Sport und den deutschen Fußballer geleistet hat – wurde viel zu Recht gewürdigt. Daß er auch schon als Aktiver mehr als nur Fußball spielen konnte und seinen jungen Freunden zum Vorbild wurde, wollte ich damit gesagt haben. Den „Langen" wird man in Dresdens Fußball so schnell nicht vergessen.

Aufgezeichnet von Bernhard Heck nach Unterlagen von Hilmar Dressler

Der Club im Wandel der Zeit

100 Jahre DSC

Richard Hofmann
Dresdner Fußballidol mit 25 Länderspielen

Tolle Schußhaltung von Richard Hofmann

Höchstes Ziel einer Fußballmannschaft ist die Erkämpfung des Deutschen Fußballmeisterschaftstitels. Höchstes Ziel des einzelnen Fußballspielers ist ein Start in der Deutschen Fußball-Nationalmannschaft. Über eine Million Aktive und Passive hatte der DFB in den 30er Jahren. Da waren erklärlicherweise die Chancen gering, als Nationalspieler berufen zu werden. Wer es aber damals auf 25 Länderspiele brachte, der muß über einzigartiges Können verfügen, der mußte gewissermaßen ein Fußballgenie sein. Das ist Richard Hofmann auch, was noch durch die von ihm erzielten 24 Länderspieltore unterstrichen wurde.

Die Sportzeitung „Kampf" schrieb 1939: „Möge dieses Fußballgenie seinem Verein, dem Dresdner Sport-Club, dem Verband Mitteldeutscher Ballspiel-Vereine und dem Deutschen Fußball-Bund noch recht lange aktiv und erfolgreich erhalten bleiben". Im 61. Länderspiel des Deutschen Fußball-Bundes am 2. Oktober 1927 in Kopenhagen gegen Dänemark, streifte sich Richard Hofmann erstmals das National-Dress über. In der deutschen Mannschaft starteten erstmalig Leinberger (Spielvereinigung Fürth), Gedlich (Dresdner Sport-Club.), Mantel (DSC.), Haftmann (DSC.) und Richard Hofmann (Dresdner Sport-Club.). Außerdem stand Georg Köhler (Dresdner Sport-Club.) als fünfter Dresdner in Reserve zur Verfügung. Hofmann wurde gezwungen, nicht auf seinem Stammposten halblinks, sondern halbrechts zu spielen. Trotzdem hinterließ er einen großartigen Eindruck, ebenso wie Leinberger. Die meisten der anderen Teilnehmer hatten nicht ihren besten Tag.
Das Spiel ging mit 1:3 verloren.

100 Jahre DSC

Vor der "Yenize" - Richard Hofmann beim Kopfballtraining

Zum zweiten Male als Internationaler kämpfte Richard Hofmann im 62. Länderspiel des DFB am 23. Oktober 1927 in Altona gegen Norwegen. Die Skandinavier lagen zur Halbzeit mit 0:2 in Führung. Nach der Pause klappte es jedoch großartig in den Reihen der Deutschen. Richard Hofmann spielt glänzend als Halblinker und bereitete seinen Kameraden uneigennützig, die besten Schußgelegenheiten vor. Hochgefang, Böttinger und Kalb erzielten ein halbes Dutzend Treffer. Endergebnis 6:2 für Deutschland. Das 63. DFB-Länderspiel kam in Köln zur Durchführung am 20.11. 1927. Holland war der Gegner. Bis kurz vor Schluß stand es 2:1 für Deutschland. Da verschenkte Stuhlfauth den Sieg dadurch, daß er zu weit vor dem Tore stehend, einen hohen 40-m-Fernschuß über sich hinweg passieren ließ. Richard Hofmann erhielt wieder glänzende Kritiken.

Sein erstes Länderspieltor schoß Hofmann am 5. April 1928 in Bern gegen die Schweiz. Der Kampf wurde mit 3:2 gewonnen und war das 64. Spiel der Auswahl des Deutschen Fußball-Bundes. Berthold vom Dresdner-Sport-Club nahm ebenfalls als Außenläufer daran teil. In seinem fünften Länderspiel, dem 65. des DFB. am 28. Mai 1928 in Amsterdam gegen die Schweiz im Rahmen der Olympischen Spiele, machte Richard Hofmann sportliche Weltsensation. Deutschland gewann 4:0. Der Dresdner schoß allein drei Tore, Böttinger eins. Damit brachte es Hofmann nunmehr auf vier Länderspieltreffer. Alle Zeitungen schrieben in den überschwenglichsten Tönen über die Glanzleistungen des Sachsen. Ein schwarzer Tag in der Geschichte des Deutschen Fußball-Bundes und ein schwarzer Tag im Leben Richard Hofmanns war der 3. Juni 1928. Wiederum im Rahmen der Olympischen Spiele startete der Dresdner zum sechsten Male und der DFB. zum 66. Male. Als Gegner galt es, den Weltmeister Uruguay zu

Der Club im Wandel der Zeit

100 Jahre DSC

Richard Hofmann
Hommage an einen großen Dresdner Fußballer.

Abb. links: *Richard Hofmann schießt ein. Im Hintergrund die Tribüne des Ostrageheges.*
Abb. rechts: *Ein ganz seltenes Dokument vom privaten „Richard" - in Hosenträgern bei einem Laubenpieperfest in Dresden. Diese Aufnahme gehört mit zu letzten vor seinem Ableben. Unvergessen!*

Weltmeister Uruguay zu bekämpfen. Leider entglitt das Spiel sehr schnell dem ägyptischen Schiedsrichter Vossouf Mohamed. Er bestrafte fortgesetzt die fairen seitlichen Rempler der Deutschen und übersah restlos die harte Gangart der Südamerikaner. In der 38. Minute stellte er den Deutschen Mittelläufer Kalb heraus. Danach verloren einige Deutsche Nationalspieler zum Teil auch die Nerven. Das Spiel artete aus. Zwei Minuten vor Schluß verweist der Schiedsrichter den Südamerikaner Nasazzi und auch Richard Hofmann des Feldes. Deutschland verlor 1:4. Den Ehrentreffer erzielte der Dresdner. Es war sein fünftes Länderspieltor. Im Anschluß an die Vorgänge während des Spieles gegen Uruguay wurden Kalb vom 1. FC Nürnberg und Richard Hofmann vom Dresdner Sport-Club durch den DFB auf längere Zeit von Länderspielen suspendiert. Kalb hat übrigens nie wieder ein Länderspiel ausgetragen. Erst im 72. Länderspiele des DFB kam Richard Hofmann zu seinem 7. internationalen Start und zwar am 1. Juni 1929 in Berlin gegen Schottland. Man erwartete eine hohe Niederlage der Deutschen, die sich jedoch glänzend schlugen. Der schwedische Schiedsrichter gab ein wunderbares Tor von Richard Hofmann wegen Abseits des völlig unbeteiligten Sobed nicht. Endresultat 1:1. In Toren ausgedrückt, erreichte Richard Hofmann den Zenit seiner Laufbahn am 23. Juni 1929 in Köln gegen Schweden. Er schoß nicht weniger als sechs Tore, von denen leider der Wiener Schiedsrichter Braun drei nicht anerkannte. An diesem Tage hätte das 50.000 Köpfe starke rheinische Publikum den schutzgewaltigen Sachsen am liebsten vor Begeisterung in Stücke zerrissen. Der Dresdner brachte es also bis hierher auf acht Länderspiele und acht Länderspieltore. Das neunte Länderspieltor in seinem neunten Länderspiele erzielte Hofmann am 20. Oktober 1929 in Altona gegen Finnland. In diesem 74. internationalen Treffen des DFB starteten auch noch Sackenheim (als Guts Mutser), der zwei Tore auf sein Konto brachte, und Flick (als Duisburger). Beinah niemals zuvor und auch nicht hinterher wurde so viel über Richard Hofmann geschrieben als zur Zeit des 75. DFB-Länderspieles, an dem der durch einen Autounfall schwer verletzte Dresdner gar nicht teilnehmen konnte. Italien gewann 2:0 am 2. März 1931 in Frankfurt/Main. Die Presse brachte einmütig zum Ausdruck, daß mit Richard Hofmann sicherlich ein besseres Ergebnis erzielt worden wäre. In erstaunlich kurzer Zeit wiederhergestellt, absolvierte Hofmann sein zehntes Länderspiel bereits am 4. Mai 1930 in Zürich gegen die Schweiz. Es war der 76. internationale DFB-Kampf. Sackenheim (Guts Muts) spielte halbrechts. Hofmann schoß zwei Tore und brachte es damit auf nunmehr elf Länderspieltreffer. Übrigens startete am gleichen Tage der Dresdner Sport-Club ohne Richard Hofmann im Endspiel um die Mitteldeutsche-Meisterschaft in Leipzig gegen den dortigen VfB. und gewann noch immer 2:1. Es folgt nun wieder ein besonderer Höhepunkt in der Karriere des Rekordinternationalen. Richard Hofmanns elfter internationaler Start und des DFB 77. Länderspiel fand am 10. Mai 1930 in Berlin gegen England statt und endete mit 3:3. Die deutschen Tore schoß sämtlich Richard Hofmann. Die englischen Spieler, sie sind bekanntlich sehr abergläubig, bestürmten Hofmann nach dem Spiel, ihnen seine gesamte Ausrüstung zu verkaufen. Vor allen Dingen auf die Fußballschuhe hatte man es abgesehen. Man bot erhebliche Beträge, aber Hofmann behielt alles selbst. Als der Dresdner voriges Jahr Arsenal London beim Training besuchte (aus Anlaß des Länderspieles Österreich - England), begrüßten ihn sofort freudestrahlend James und Coleman.

ELEKTRO · SANITÄR · HEIZUNG · LÜFTUNG · DACH

MARTH GmbH & Co.KG

◀ Wir lieferten und installierten die Datennetzanlage für die Hochschule für Technik und Wirtschaft am Friedrich-List-Platz.

▶ Diese Stadtvilla in der Glasewaldstr. 16, erbaut um 1920 in Dresden, wurde von unserem Unternehmen vollständig saniert.

An der Niedermühle 4 · 01257 Dresden · Telefon 03 51 · 2 80 73 39 / Telefax 03 51 · 2 80 73 18

TIEFBAU · HOCHBAU · TROCKENBAU · MALER

• Gasthof Goppeln •
...und Dresden liegt Ihnen zu Füßen

Auch heute noch geht in der ehemaligen Poststation die Post ab. Festlichkeiten, Tagungen, Geschäftsmeetings, Seminare... das Haus bietet für jeden Anlaß das passende Ambiente.

Sächsische und internationale Küche verwöhnen Ihren Gaumen. Selbst Tagungspausen werden in der freundlichen Umgebung mit der berühmten „Babisnauer Pappel" zum Erlebnis. Wir freuen uns auf Ihren Besuch.

Gasthof Goppeln
Hauptstraße 2 · 01728 Goppeln (Endhaltestelle Buslinie 75)
Telefon 03 51 · 2 81 61 59 / Fax 03 51 · 2 81 61 50

Der Club im Wandel der Zeit

100 Jahre DSC

Der Dresdner Sport-Club
1946 bis 1950 - Neubeginn in Schutt und Asche

Neubeginn

1. Ostzonenmeister 1948/49

1949/50 Vizemeister - aber Auflösung der SG Friedrichstadt nach dem Skandalspiel gegen Horch Zwickau im Sommer 1950

Die Nachkriegsjahre im total zerstörten Dresden gestalteten sich für die Bevölkerung des ehemaligen Elbflorenz äußerst schwierig. Zu groß waren die Zerstörungen, die der Masterbomber Maurice A. Smith am 13. Februar 1945 mit seinem Richtungsmarkierern um 22.03 Uhr einleitete. Wenig später, nur knapp hundert Meter von der DSC Spielstätte am Ostragehege entfernt, fallen die Brandbomben im hunderter Takt und verwandeln die Stadt in ein flammendes Inferno. Das Chaos, das Leid und die teilweise enormen Zerstörungen ließen die Menschen nicht daran glauben, daß die Stadt jemals wieder aus der Asche entstehen könne. Die daraus resultierende Armut und Not, das Elend und die Trauer um die vielen Opfer sowie der Kampf gegen den Hunger, ließen auch in der Hauptstadt Sachsens den Sport unmittelbar nach Kriegsende erst einmal in den Hintergrund treten.

Aus den Anfängen zu einer Normalisierung des Sportbetriebs 1946

Es waren die ehemaligen prominenten Spieler, die den zweiten Weltkrieg ohne Schaden überlebt hatten und von der Physis als auch altersmäßig in der Lage waren, dem Fußball in Dresden ab 1946 neue Impulse zu geben. So spielte Richard Hofmann mit dem ehemaligen DSC-Spieler Herbert Pohl bei der SG Hainsberg. Negativ wirkte sich bei diesen

Dresden nach dem 13. und 14 Februar 1945, Blick in Richtung Kunstakademie und Albertinum

ersten Anläufen in der sowjetischen Besatzungszone die Doktrin der Machthaber aus, sie waren nicht gewillt, dem Sporttreiben freien Lauf zu lassen. Eine sicher nicht ganz unverständliche Haltung, wenn man das Leid bedenkt, das Hitlerdeutschland den anderen Völkern, insbesondere den osteuropäischen, zugefügt hatte. In den Westzonen ging es diesbezüglich viel leichter zu, was der Entwicklung des Fußballsports sehr zugute kam. So gab es in den Zentren des deutschen Fußballs bereits 1946 wieder einen regulären Spielbetrieb. Dies war vor allem in Süddeutschland, Westdeutschland sowie den Großstädten wie Berlin und Hamburg der Fall. Am weitesten war die Entwicklung im Süden Deutschlands wo in der Oberliga Süd überregional 16 spielstarke und traditionsreiche Vereine eine erste Meisterschaft ausspielten.

Die Entwicklung in der sowjetischen Besatzungszone ist geprägt von Mißtrauen und Macht

Anders dagegen vollzog sich die Entwicklung in der sowjetischen Besatzungszone. Die russischen Machthaber und Besatzungsmacht zeigte sich desinteressiert, den Sport auf der früheren Basis zu unterstützen und zu fördern. Die

100 Jahre DSC

Blick vom Rathausturm auf die völlig zerstörte Innenstadt

Neubeginn

alten bürgerlichen Vereine (so der Wortlaut) wie der VfB Leipzig, Polizei SV Chemnitz oder der Dresdner Sport-Club sollten zerschlagen und aufgelöst werden. Unbeeindruckt von der Politik der sowjetischen Machthaber und den Hindernissen, die in der damaligen Zeit herrschten, rollte der Fußball zumindest auf Staffelebene in den Städten der Ostzone.

Trotzdem dauerte es noch zwei Jahre, bis über die Grenzen Dresdens das „runde" Leder wieder rollt. Der Punktspielauftakt vollzieht sich im Raum Dresden zur Saison 1946/47. Im Bezirk Dresden spielen 30(!) Mannschaften in drei Staffeln zu je 10 Mannschaften die Meisterschaft aus. Hans Kreische, der 1945 aus der Gefangenschaft zurückkehrt, schließt sich zunächst der SG Lockwitz an, ehe er in der Saison 1946/47 bei der SG Striesen dem runden Leder nachjagt. Die Staffelsieger ermittelten im direkten Vergleich den Meister.

Neubeginn

Saison 1946/47

Kreis Dresden · Staffel I
1. SG Dresden Mickten
2. SC Dresden Striesen
3. SG Riesa
4. SG Meißen
5. Dresden Cotta
6. VfB Dresden 03
7. Dresden Laubegast
8. Ballspiel Club Sportlust Dresden
9. Dresden Löbtau
10. Dresden Johannstadt

Wegen Punktgleichheit Entscheidungsspiel zwischen der SG Mickten und SG Strießen das 2:1 für die Micktener endet.
Staffelsieger: SG Mickten

Kreis Dresden · Staffel II
1. SG Friedrichstadt Dresden
2. SG Radeberg
3. SG Radebeul
4. SG Hainsberg
5. Dresden Neustadt
6. Vikt. Kaditz
7. VfB Seidnitz
8. Leuben
9. Dippoldiswalde
10. SG Weixdorf

Staffelsieger: SG Friedrichstadt

Kreis Dresden · Staffel III
1. SG Heidenau
2. Dresden Gittersee
3. Sportverein 06 Dresden
4. SG Ottendorf
5. Sachsen 1900 Dresden
6. Bannewitz
7. Loschwitz
8. Zschachwitz
9. Cossebaude
10. Niedersedlitz

Staffelsieger: SG Heidenau

Die Staffelsieger bestritten die Endrundenspiele: Dabei besiegte die SG Friedrichstadt die SG Mickten mit 2:0 und schlug die SG Hainsberg mit 1:0.
Somit wurde der Nachfolgeverein des Dresdner Sport-Club, die SG Friedrichstadt ungeschlagen 1. Dresdner-Stadtmeister 1947!

Saison 1947/48

Die Situation in der sowjetischen Besatzungszone hatte sich im Sport noch nicht reorganisiert. Während im Westen erstmals wieder eine deutsche Meisterschaft ausgespielt wurde, geht man im Osten den Weg der kleinen Schritte zur Normalisierung des Sportbetriebes. Der FDJ gelingt es im Frühjahr 1948, die von der sowjetischen Besatzungsmacht auferlegte Kreisgebundenheit der Sportler zu lockern. Trotzdem wird in einigen Ländern noch immer keine Meisterschaft ausgespielt.

Hier der damals aktuelle Stand:

Sachsen Anhalt: keine Meisterschaft
Thüringen: keine Meisterschaft
Sachsen: keine Meisterschaft
Mecklenburg: Meisterschaftsspiele
Brandenburg: Meisterschaftsspiele

In der Saison 1947/48 wird mit einer Stadtliga Dresden mit den besten neun Mannschaften aus dem Dresdner Raum der Fußball langsam wieder an die Normalität des Alltags herangeführt. Auf „höherer" Ebene findet am 12./13. Dezember in Stuttgart ein Treffen der Verbandsfunktionäre aus dem „Bizonalen Fußballausschuß" statt. Es war bereits das 2. Treffen, bereits sieben Monate vorher in Essen hatten der „Fachausschuß Fußball" die Interessen des damals noch verbotenen DFB mit der Unterstützung der amerikanischen und britischen Besatzungsmächte in vielen Punkten erreicht, während die Vertreter der französischen Zone und der Beauftragte des Aliiertenrates von Berlin wenigstens zuhörten, unterband die sowjetische Zone solche Normalisierungsbestrebungen. Auch in Stuttgart war kein Vertreter der sowjetischen Zone bei diesem wichtigen Termin für den Fußball in Ostdeutschland vertreten! Hier wurden die Weichen für den Fußball in Westdeutschland und Ostdeutschland entscheidend gestellt. Während in Westdeutschland die drei deutschen Westzonen die Direktive des Alliierten Kontrollrates über die Auflösung (Liquidierung) aller faschistischen Einrichtungen und Organisationen, die zunächst auch das Verbot aller bestehenden deutschen Sportvereine einschloß, korrigierten, geschah in der sowjetisch besetzten Zone diesbezüglich nichts. Im Gegenteil. Man sah von sowjetischer Seite keinen Handlungsbedarf, zumal die Kollektiv-Doktrin bei den Stadtkommandanten vorherrschte. Während also in Westdeutschland Klubs wie Schalke 04 oder der 1. FC Nürnberg ihren alten Namen bekamen, wurden in Ostdeutschland die Vereine mit Namen wie Turbine, Torpedo oder Einheit ihrer alten Traditionsnamen beraubt.

Ein folgenschwerer Fehler wie sich in den Jahren noch herausstellen sollte. Die Dresdner konnten sich mit Tabak Dresden, Sachsenverlag oder später Rotation Dresden einfach nicht anfreunden, während der Dresdner Sport-Club noch der letzte Verein war, der die „Viktoria", die Trophäe der Deutschen Fußball Meisterschaft errungen hatte, und dessen Name auch nach dem II. Weltkrieg in aller (Fußballer) Munde war. Nun mußten der DSC-Nachfolger SG Friedrichstadt sich mit Cotta, Striesen oder Mickten auseinander setzen. Wen wundert es, daß die Mannen um Helmut Schön teilweise nur des „Spielens" willen die Fußballschuhe anzogen, zu stark waren noch die Erinnerungen an die großen Spiele gegen Schalke 04 oder Hannover 96. So überraschte es nicht, daß sich Mickten vor der SG Friedrichstadt den Stadtmeistertitel 1948 sicherte. Hier die Abschlußtabelle:

Saison 1947/48	
Stadtliga Dresden	
1. SG Dresden Mickten	16
2. SG Friedrichstadt Dresden	16
3. Dresden Cotta	16
4. SG Hainsberg	16
5. SG Radebeul Ost	16
6. Freital Ost	16
7. SG Dresden Striesen	16
8. VfB Gittersee	16
9. SG Radeberg	16

1947/48 wird in der sowjetischen Besatzungszone die 1. Ostzonen-Meisterschaft ausgetragen. Die beiden aus den Vorrundenspielen qualifizierten zwei Mannschaften der fünf Länder Mecklenburg, Brandenburg, Sachsen, Sachsen-Anhalt und Thüringen spielten den Meister im K.o.-System aus.

1947/48
Meister von Mecklenburg: SG Schwerin
1947/48
Vizemeister Mecklenburg: SG Wismar Süd
1947/48
Meister von Brandenburg: SG Babelsberg
1947/48
Vizemeister Brandenburg: SG Cottbus Ost
1947/48
Meister von Sachsen-Anhalt: Qualifikationsturnier
1947/48
Meister von Thüringen: Qualifikationsturnier
1947/48
Meister von Sachsen: Qualifikationsturnier

Da in Sachsen, Sachsen-Anhalt und Thüringen im Gegensatz zu den anderen Ländern noch keine Landesmeisterschaft ausgetragen wurde, trafen die Meister im K.o.-System aufeinander.

Sachsen-Anhalt: Qualifikationsturnier
SG Freiimfelde Halle - SG Köthen Süd 5:2
Sportsfreunde Burg - SG Bernburg 3:0
SG Freiimfelde Halle - Sportfreunde Burg ./.
Finale nicht ausgespielt!
(SG Freiimfelde Halle und Sportfreunde Burg für die 1. Ostzonenmeisterschaft qualifiziert).

Thüringen: Qualifikationsturnier
SG Erfurt West - Ernst Abbé Jena 2:1
SG Wurzbach - SG Sömmerda 1:2
SG Weimar Ost - SG Meiningen 2:1
SG Suhl - SG Altenburg Nord 2:0
Halbfinale
SG Sömmerda - SG Erfurt West 2:0
SG Weimar Ost - SG Suhl 4:2
Finale
SG Weimar Ost und SG Sömmerda ./.

Finale nicht ausgespielt! (SG Weimar Ost und SG Sömmerda für 1. Ostzonen-Meisterschaft qualifiziert).

Das Land Sachsen war in Fußballkreise und Bezirke eingeteilt. Ausgehend davon trafen die Mannschaften der sieben Fußballkreise Sachsens zur Ermittlung der beiden Teilnehmer Sachsens an der 1. Ostzonenmeisterschaft aufeinander:

Sachsen Qualifikationsturnier
Viertelfinale:
SG Chemnitz West - SG Dresden Mickten 3:1
SG Friedrichstadt Dresden - SG Zittau 4:3
SG Planitz - SG Wurzen 2:1
SG Meerane - SG Gohlis Nord Leipzig 1:0

Halbfinale
SG Meerane - SG Friedrichstadt 3:1
SG Chemnitz West - SG Planitz 0:3

Finale
SG Meerane - SG Planitz ./.
Das Finale fand nicht statt (SG Planitz und SG Meerane für 1. Ostzonenmeisterschaft qualifiziert)

Die Spiele zur 1. Ostzonen-Meisterschaft
Startberechtigt waren jeweils zwei Vertreter der Länder von Mecklenburg, Brandenburg, Sachsen-Anhalt, Thüringen und Sachsen. Der Meister und Vizemeister aus Mecklenburg und Brandenburg war sofort qualifiziert die übrigen drei Halbfinalisten aus Sachsen-Anhalt, Thüringen und Sachsen mußten noch eine Qualifikationsrunde zum Viertelfinale bestreiten.

Die Halbfinalisten von Sachsen:
SG Planitz und SG Meerane
Die Halbfinalisten von Thüringen:
SG Sömmerda und SG Weimar Ost
Die Halbfinalisten von Sachsen Anhalt:
SG Freiimfelde Halle und Sportfreunde Burg
Der Meister von Mecklenburg:
SG Schwerin und Vizemeister SG Wismar Süd
Der Meister von Brandenburg:
SG Babelsberg und Vizemeister SG Cottbus Ost

Qualifikationsrunde:
SG Sömmerda - Sportfreunde Burg 0:1
SG Meerane - SG Babelsberg 3:1

Viertelfinale
SG Meerane - Sportfreunde Burg 2:1
SG Schwerin - SG Planitz 1:3
SG Cottbus Ost - SG Weimar Ost 0:1
SG Freiimfelde Halle - SG Wismar Süd 3:1

Halbfinale
SG Meerane - SG Freiimfelde Halle 2:5
SG Planitz - SG Weimar Ost 5:0

Finale
SG Planitz - SG Freiimfelde Halle 1:0

Damit war die SG Planitz Deutscher Ostzonen-Meister 1948 und hatte die Berechtigung an den 1. Deutschen Meisterschaften teilzunehmen.
Die Spiele zur Deutschen Meisterschaft

Erstmals wurde nach dem Zweiten Weltkrieg wieder eine Deutsche Meisterschaft ausgespielt. Teilnahmeberechtigt waren der Meister der sowjetischen Zone, SG Planitz. Der Meister der amerikanischen Zone, 1. FC Nürnberg und der Meister Berlins mit dem Sonderstatus der Alliierten, SG Oberschöneweide, sowie die Meister der britischen und französischen Zone. Diese Teilnehmer wurden in einer Zonen-Meisterschaft ermittelt:

Zonen-Meisterschaft
Britische Zone
Hamborn 07 - Hamburger SV 0:1
FC St. Pauli - STV Horst Emscher 3:1
Sportfreunde Katernberg Essen -
TSV Braunschweig 1:2
Werder Bremen - Borussia Dortmund 2:3 n.V.
Zwischenrunde
Hamburger SV - TSV Braunschweig 3:2
FC St. Pauli - Borussia Dortmund 2:2 und 1:0
Endspiel
Hamburger SV - FC St. Pauli 6:1

Somit wurde drei Jahre nach dem Zusammenbruch des Dritten Reiches und Aufhören des sportlichen Wettstreits, erstmals 1948 wieder die Deutschen Meisterschaften durchgeführt. Der 1. FC Nürnberg hatte im Süden, der Hamburger SV im Norden, Borussia Dortmund im Westen, der 1. FC Kaiserslautern im Südwesten SG Union 06 Oberschöneweide in Berlin und die SG Planitz in der sowjetischen Zone den Meistertitel errungen. So erfolgte auf Vorschlag des 1. FC Nürnberg und mit Genehmigung aller vier Alliierten die erste Ausspielung einer deutschen Meisterschaft nach dem Zweiten Weltkrieg im K.o.-System unter Obhut des „Fachausschusses Fußball" - eines Vorläufer des DFB - die erste Deutsche Meisterschaft wieder statt.

Der Club im Wandel der Zeit

Neubeginn

Der Dresdner Sport-Club
1946 bis 1950 - Neubeginn in Schutt und Asche

100 Jahre DSC

Abb. unten: Das Gelände des Ostrageheges von den gröbsten Trümmern beräumt
Abb. rechts: Begegnung zwischen SG Friedrichstadt und Zwickau

Neubeginn

Ausgerechnet den Meister aus der Ostzone, die SG Planitz, sollte es am 18. Juli 1948 nach Nürnberg zum Schlagerspiel in der Vorrunde führen, doch obwohl sich die Planitzer mit dem Ex-DSC Spieler Schubert und Lenk von der SG Hainsdorf für das Match verstärkt, konnten die diplomatischen Bemühungen die Politik nicht erschüttern. Laut Besatzungsstatut bedurfte es in allen vier Zonen (amerikanischen, sowjetischen, britischen und französischen) der Zustimmung der jeweiligen Besatzungsmacht, damit der jeweilig sportlich ermittelte Zonenvertreter auch an der Deutschen Meisterschaft teilnehmen durfte.

Die sowjetische Seite gab die Zustimmung jedoch nicht, so daß die SG Planitz nicht nach Nürnberg reisen durfte. Teilnahmeberechtigt war jedoch der Sieger aus Berlin, die SG Union Oberschöneweide, die aufgrund des Sonderstatuses von Berlin mit Zustimmung des Kontrollrates an den Spielen teilnehmen durfte! Welche Tragik für den ostzonalen Fußballsport, hätten damals die treibenden Funktionäre beim Fachausschuß Fußball in Westdeutschland und dem aufkommendem Deutschen Fußballbund gesehen, welchen entscheidenden Punkt im sowjetischen Mosaik der territorialem Immunität der Sowjetzone hier vollzogen wurde, hätten sie dagegen gesteuert. Statt dessen ließen sie die damaligen Machthaber gewähren. Da die drei westlichen Besatzungszonen je zwei Vertreter für die Endrunden benennen konnten, traten 1860 München als Vizemeister der Oberliga Süd und Spielvereinigung TuS Neuendorf als zweiter Sieger der französischen Besatzungszone hinzu. Der FC St. Pauli qualifizierte sich durch seine Finalteilnahme als zweiter Vertreter der britischen Zone.

Damit kam es zu folgenden Spielen:

Vorrunde:
1. FC Nürnberg - SG Planitz ./. (Spiel fand nicht statt, Planitz erhielt keine Ausreise)*
1. FC Kaiserslautern - TSV 1860 München 5:1
Hamburger SV - TuS Neuendorf 1:2
St. Pauli - Union 06 Oberschöneweide 7:0

Zwischenrunde
1. FC Nürnberg - FC St. Pauli 3:2 n.V.
2. FC Kaiserslautern - TuS Neuendorf 5:1

Finale
1. FC Nürnberg - 1. FC Kaiserslautern 2:1
Damit wurde der 1. FC Nürnberg erster Deutscher Fußballmeister nach dem 2. Weltkrieg.

*Wenn man bedenkt, daß die SG Planitz in der Vorrunde auf den 1. FC Nürnberg rein spielerisch und taktisch getroffen wäre, hätte man auf Grund der Spielstärke der Zwickauer durchaus mit einer ausgeglichenen Paarung rechnen können. Um zu verstehen, was damals im Frühjahr 1948 passierte, hat der Autor in aufwendigen Recherchen den Wortlaut der Alliierten Bedingungen, die erstmals veröffentlicht werden, herausgefunden.

In der Verwaltung der Fußball Verbandsfunktionäre steuerten die leitenden Männer um Dr. Peco Bauwens zielbewußt auf die Wiedergründung des Deutschen Fußballbundes hin. Die Namensgebung „Deutscher Fußball-Ausschuß" (DFA) unter Duldung der Alliierten ließen das Ziel deutlich erkennen. Die Besatzungsmächte achteten aber mit Argusaugen darüber, daß der DFA sich bei der Ausdehnung seines Spielverkehrs nicht international „expandiere" und die Durchführung der Rundenspiele um die Deutsche Fußball-Meisterschaft, die nach fast vierteljährlichen Bemühen und langwierigen Verhandlungen mit den drei westlichen Besatzungsbehörden endlich genehmigt wurden, „nicht den Zweck haben dürfe, eine interzonal gefestigte Organisation zu schaffen". So die westlichen Statements, von der sowjetischen Seite gab es dazu keine Stellungnahme. Major Kurekistan, zuständiger 1. Kommandant für die sowjetisch besetzte Zone und über die Vorgänge von Westseite informiert, sprach mit einem Kommandanten von Stalin, aber dieser sagte aus Unkenntnis später ab.

In den Bedingungen der Alliierten für die Genehmigung der Deutschen Fußball Meisterschaft 1948 hieß es unter anderem:

Vertrag

§ a.   In den Veröffentlichungen über diese Kämpfe muß klar ersichtlich sein, daß es sich hier um eine Serie von Ausscheidungskämpfen zur Ermittlung des Deutschen Fußballmeisters handelt und nicht um Kämpfe einer interzonalen Liga oder ähnlichen Organisationen.

§ b.   Die Teilnahme der Mannschaften aus anderen Zonen kann nur mit Genehmigung der zuständigen Militärregierung erfolgen.

§ c.   Genaue Einzelheiten über die beabsichtigten Spiele, d.h. Datum Art, Zeit und Mannschaften müssen der jeweiligen Alliierten-Dienststelle gemeldet und einer Abschrift an diese Stelle mitgeteilt werden.

§ d.   Da es sich nicht um eine interzonale

Neubeginn

Fußballorganisation oder ähnliche handelt, bestehen keine Bedenken.

§ e Um die Angelegenheit zu vereinfachen, ist es streng befürwortet, daß alle Personen, die für die Austragung eines solchen Spieles aufgestellt sind, mit dem örtlichen Sportoffizier, oder wenn ein solcher nicht in diesem Bezirk vorhanden ist, mit dem Kommandeur des Ortes mit einer Abschrift dieses Briefes mit Stempel als Ausweis, Verbindung aufnehmen.

Gezeichnet die Alliierten der westlichen Zone

Hier liegt wohl auch der Grund dafür, weshalb die SG Planitz am 18. Juli 1948 nicht aus der sowjetischen Zone ausreisen durfte, hier hatten die westlichen Verbandsfunktionäre die russische Seite wohl unterschätzt, ein nicht wieder gutzumachender Fehler, der über die sportliche Entwicklung aus dem Westen und Osten Deutschland unterschiedliche Interpretationen zuläßt!

Saison 1948/49

Der Sport hatte sich zu Beginn der Saison 1948/49 in der sowjetischen Besatzungszone weiter normalisiert. Auch ein Verdienst der FDJ, die sich immer mehr für einen Meisterschaftswettbewerb auf höherer Ebene einsetzte. Mit der „Meisterschaft der deutschen Ostzone" wurde erstmals in allen Ländern eine Meisterschaft ausgespielt. Zudem wurde um den Landespokal (FDGB-Pokal) von den neugeschaffenen Betriebssportgemeinschaften in einer zentralen Runde gespielt.

Hier der damalige Stand der Meisterschaften:

Sachsen Anhalt: Meister SG Freiimfelde Halle
Thüringen: Meister Fortuna Erfurt
Sachsen: Meister SG Friedrichstadt Dresden
Mecklenburg: Meister SG Schwerin
Brandenburg: Meister SG Babelsberg

In der Saison 1948/49 wird in Dresden erneut nur auf Bezirksebene in je zwei Staffeln mit zehn Mannschaften eine Meisterschaft ausgespielt! Auf der nationalen Ebene spielten sich jedoch elementare Veränderungen ab. Veränderungen, die den ostzonalen Fußball vollends ins Abseits trieben. Als im Frühjahr 1948 die Sowjets dem „Deutschen Sportausschuß" unter Führung des kommunistischen Jugendverbandes FDJ die gesamte Organisation des Sports in die Hände gaben und diese die Organisation des Sports übernahmen und endlich die Aufhebung der Kreisgebundenheit erreichten, schien die neue „Freiheit" wie geschaffen dafür mit neuen Strukturen, wie Betriebsmannschaften die Kollektividee zu forcieren. Ein für den ostzonalen Fußball folgenschwerer und nicht wieder gut zumachender Fehler der damaligen Alliierten auf Westseite!" In Dresden spielte man in den Staffeln davon unberührt. Die SG Friedrichstadt dominierte in der Folge immer mehr. Auch „Kanonen-Richard", wie der 42jährige Richard Hofmann liebevoll genannt wird, schnürt für den DSC-Nachfolger wieder die Fußballstiefel. Zu Beginn der Saison spielt die Dresdner Fußballegende bei der SG Hainsberg, doch am 14. November 1948 beim 23:0 der SG Friedrichstadt gegen Lommatzsch trifft der „Bomber" unter dem Jubel der Fans viermal ins Schwarze. Hier die Abschlußtabellen der beiden Staffeln.

Saison 1948/49

Bezirk Dresden · Staffel I

1.	SG Friedrichstadt Dresden	18
2.	SG Dresden Striesen	18
3.	Dresden Laubegast	18
4.	Coschütz	18
5.	Dresden Löbtau	18
6.	Lommatzsch	18
7.	Cossebaude	18
8.	SG Hainsberg	18
9.	SG Radeberg	18
10.	Freital Ost	18

Wegen Punktgleichheit Entscheidungsspiel:
SG Friedrichstadt Dresden - SG Dresden Striesen 7:1
Endspiel um die Dresdner Stadt-Meisterschaft
SG Friedrichstadt Dresden - SG Dresden Mickten 2:2 n.V.
Wiederholungsspiel
SG Friedrichstadt Dresden - SG Dresden Mickten 3:1

Bezirk Dresden · Staffel II

1.	Dresden Mickten	18
2.	Keramik Meißen	18
3.	SG Dresden Cotta	18
4.	TSG Zittau	18
5.	SG Ottendorf	18
6.	Seidnitz	18
7.	Niedersedlitz	18
8.	Gittersee	18
9.	SG Kamenz	18
10.	Loschwitz	18

Wegen Punktgleichheit Entscheidungsspiel:
SG Dresden Mickten - SG Meißen 3:1

Endspiel um die Dresdner Stadt-Meisterschaft

09. April 1949
Zuschauer: 8.000 Ort: Heinz Steyer Stadion
SG Friedrichstadt Dresden - SG Dresden Mickten 2:2 n.V.

Wiederholungsspiel

13. April 1949
Zuschauer: 15.000 Heinz Steyer Stadion
SG Friedrichstadt Dresden - SG Dresden Mickten 3:1

Aufstellung: o. Friedrichstadt, u. Mickten

Torschützen:

0:1 (10.) Vogel, 1:1 (25.) Hofmann,
2:1 (42.) Haupt, 3:1 (85.) Werner.

Erstmals wurde in dieser Saison in allen Ländern der „Ostzone" eine Meisterschaft ausgespielt. In Sachsen wurde der Meister in mehreren Gruppenspielen ermittelt.

Qualifikationsspiele

SG Friedrichstadt Dresden - SG Dresden Striesen 7:1

Mickten Dresden - SG Meißen 3:1

1. Finale 09. April 1949

SG Friedrichstadt Dresden - Mickten Dresden 2:2 n.V.

2. Finale 19. April 1949

SG Friedrichstadt Dresden - Mickten Dresden 3:1

Neubeginn

Nostalgie: SG Dresden Friedrichstadt, nach dem Kriege ein Aushängeschild der von Leid geprüften Stadt Dresden

Endrunde
SG Planitz - SG Meerane 1:2
Industrie Leipzig - SG Zittau 2:1
SG Zittau - SG Planitz 1:1
SG Meerane - SG Friedrichstadt Dresden 5:3
SG Planitz - Industrie Leipzig 1:2
SG Zittau - SG Friedrichstadt Dresden 0:5
Industrie Leipzig - SG Meerane 2:0
SG Friedrichstadt Dresden - SG Planitz 2:0
SG Friedrichstadt Dresden - Industrie Leipzig 3:2
SG Meerane - SG Zittau 1:0

Abschlußtabelle Endrunde			
1. SG Friedrichstadt Dresden	4	06:02	13:07
2. Industrie Leipzig	4	06:02	08:05
3. SG Meerane	4	06:02	08:06
4. SG Planitz	4	01:07	03:07
5. SG Zittau	4	01:07	02:09

Sachsen - Meisterrunde
SG Friedrichstadt Dresden - SG Meerane 3:2
Industrie Leipzig - SG Friedrichstadt Dresden 0:1
SG Meerane - Industrie Leipzig 3:2

Abschlußtabelle			
1. SG Friedrichstadt Dresden	2	04:00	04:02
2. Industrie Leipzig	2	02:02	05:05
3. SG Meerane	2	00:04	02:04

Die Spiele zur 2. Ostzonen-Meisterschaft 1949

Der große Favorit für die Meisterschaft war das Team von der SG Friedrichstadt Dresden. Die Verantwortlichen der Ostzone, die von den Sowjets dem „Deutschen Sportausschuß" unter Führung des kommunistischen Jugendverbandes FDJ die gesamte Organisation des Sports übernahmen und in die Hände gaben, war jedoch der bürgerliche Sportclub SG Friedrichstadt ein Dorn im Auge. Die Erfolge ließen die damaligen Machthaber der Ostzone nicht ruhen. Lange überlegten die „Schreibtischtäter", wie man den in sportlicher und politischer Kritik stehenden Dresdner Renommierclub in der Ostzonen-Meisterschaft schaden könnte. Es wurde immer mehr der Anschein in den Medien erweckt, beim SG Friedrichstadt spielten „bezahlte" Spieler, zumal Helmut Schön und Herbert Pohl mit ihren offenen „Gedanken" und Meinungen bei den Funktionären der Ostzone zusehends aneckten. Obwohl es in der Ausspielung der Ostzonen-Meisterschaft als festgelegt galt, daß die Clubs auf neutralem Ort die Viertelfinale durchführten, wurde die Partie zwischen dem Meister Sachsen Anhalts, ZSG Union Halle, und der SG Friedrichstadt Dresden in Halle gespielt! Eine klare Provokation für die Dresdner, die zwar unter Protest spielten, aber von Anfang an unter dem Druck von außen schon im Vorfeld der Begegnung zu kämpfen haben. Besonders skandalös zusätzlich, daß die ZSG Union Halle mit vier Spielern, die noch kein Punktspiel für die Hallenser mit dem Segen der Sportführung auflief. 30.000 Zuschauer verwandelten das proppenvolle Hallenser Kurt-Wabbel-Stadion in einen Hexenkessel. Man merkte deutlich, an der alternden Mannschaft Dresdens sollte ein Exempel statuiert werden. Und es wurde ein Skandalspiel! Eine gewisse Mitschuld trug der (Un)parteiische Referee Theo Gartner aus Mühlhausen, der die SG Friedrichstadt bei einigen Entscheidungen deutlich benachteiligte und Herbert Pohl mitten, als die Dresdner auf den Ausgleich drängten, wegen Foulspiel kurz vor dem Ende der Partie vom Platz stellte!

Ironie des Schicksals, daß im Dresdner Steyer-Stadion acht Tage später die Spieler um Otto

Neubeginn

Knefler, Herbert Rappsilber und Otto Werkmeister den Titel für die ZSG Union Halle mit einem 4:3 Erfolg gegen Fortuna Erfurt holen.

Die Spiele zur 2. Ostzonen-Meisterschaft
Ausscheidungsspiele
Franz Mehring Marga - SG Schwerin 2:0
SG Altenburg Nord - Eintracht Stendal 3:4
Viertelfinale
ZSG Union Halle - SG Friedrichstadt Dresden 2:1
SG Meerane - SG Babelsberg 3:2
Eintracht Stendal - Franz Mehring Marga 4:0
Fortuna Erfurt - SG Wismar Süd 10:0
Halbfinale
ZSG Union Halle - Eintracht Stendal 3:0
Fortuna Erfurt - SG Meerane 4:3 n. V.
Finale im Heinz Steyer-Stadion Dresden
Zuschauer: 50.000
ZSG Union Halle - Fortuna Erfurt 4:3
Damit wird die ZSG Union Halle Ostzonen-Meister 1949.

Saison 1949/50

In der Saison 1949/50 kam es nach der Normalisierung des Sportbetriebes auch im Osten zu einer obersten Klasse. Während im Westen die Oberligen ihre fünf Meister ermittelten, wurde im Osten die Meisterschaft in der „Zonenliga" später DS-Liga ermittelt. Die Aufteilung war umstritten und führte schon damals zu einer Verschlechterung des Spielniveaus.

Mit der Gründung der DDR am 07. Oktober 1949 beginnt der Fußball auch im Osten Deutschlands den Weg zur Normalität. Deutschland ist damit sportlich endgültig in zwei Staaten geteilt. Beide „Deutschlands" ermitteln ihre eigenen Landesmeister und Pokalsieger. Die erste Landesmeisterschaft nennt sich anfangs DS-Liga (Demokratische Sportbewegung der DDR) und wird später als DDR-Meisterschaft populärer.

Trotz der Widerstände innerhalb der Sportführung der DDR gilt die SG Friedrichstadt als Favorit für die 1. Meisterschaft in Ligaform. Gleich in der ersten Partie mußte Märkische Volksstimme Babelsberg eine 2:12 Schlappe hinnehmen. Hohe Ergebnisse sind bei den Dresdnern an der Tagesordnung, so wird Franz Mehring Marga mit 8:0 und Anker Wismar mit 11:0

in die Schranken verwiesen. Viele Fußball-Fans fragen sich zu dieser Zeit, wer kann die Dresdner noch stoppen! Zwar schafft es die SG Meerane, mit einem 2:1 beide Punkte aus Dresden zu entführen, aber mit einem glatten 4:0 gegen den FDGB-Pokalsieger Waggonfabrik Dessau sichert sich die SG Friedrichstadt Dresden den Titel des Herbstmeisters. Die Dresdner besaßen bei ihrem Publikum und der Fußball-Bevölkerung sehr viel Sympathie. Bei den Heimspielen pilgerten in der Saison durchschnittlich 28.000 Zuschauer ins Hans-Steyer-Stadion. Mit einer Silvestergala wurde 1949 die DDR-Flutlichtpremiere im Hans Steyer Stadion gefeiert. Gegner der SG Friedrichstadt war eine DDR-Auswahl, die vom Berliner Kurt Vorkauf gecoacht wurde. Riesenjubel, als der 43(!) jährige Richard Hofmann im gleißenden Flutlicht eingewechselt wurde. Die Tausenden auf den Rängen feierten einen der besten Fußballer aller Zeiten bei seinem rauschenden Abschied. Fast Nebensache das Ergebnis, das die Dresdner mit 2:0 für sich entscheiden.

In der Punktrunde kommt es dagegen zu Beginn der Rückrunde zu einem Schock für die Schön-Truppe, ihr einarmiger Leistungsträger und Garant vieler Spiele, Herbert Pohl, hatte wenige Stunden vorher die DDR in einer Blitzaktion nach Westdeutschland (Wuppertal) verlassen. Vor 40.000 Zuschauern leisten sich die verunsicherten Dresdner ein 0:0 gegen Fortuna Erfurt, Punktverluste gegen Babelsberg (1:1) und vor allen Dingen in Marga (0:4) und Altenburg (0:2) bringen die Dresdner von der Bahn der Souveränität. Hinzu kommt, daß ihr Spielertrainer und DDR-Auswahltrainer Helmut Schön mit angeblicher Insulin-Suche in Hamburg die Alliierten auch die Sowjetischen düpiert. Der in der Ostzone hochangesehene Schön verhandelt mit St. Pauli und dem Hamburger SV über seine Zeit nach Dresden. Im Februar nahm er nicht an den Spielen der Dresdner teil, da er bei Sepp Herberger in Köln an der Sporthochschule zu einem Trainerlehrgang weilte.

So wird wohl auch die Frage beantwortet, weshalb diese Klassemannschaft nicht Meister der 1. DS-Liga wurde. Die Dresdner hatten als „bürgerlicher Verein" einfach von diesem Dreifrontenkampf die Schnauze voll. Auf der einen Seite den sportlichen Gegner und die Sparte in „Schwarz" sowie

die Sparte der Demokratischen Sportbewegung der DDR, für die nur eine Betriebssportgemeinschaft Meister der DS-Liga Meister werden durfte. Als hätte es ein Regisseur nicht besser planen können: Am 16. April 1950, dem letzten Spieltag, treffen die Friedrichstädter im mit 60.000 Zuschauern völlig überfüllten Heinz-Steyer Stadion auf die punktgleichen Akteure von Horch Zwickau! Was keiner der 60.000 Zuschauer im Stadion wußte, als die Dresdner Spieler auf den Rasen liefen, daß der Verein nach der Partie aufgelöst wurde. Egal welches Ergebnis erzielt wurde. Welch ein Skandal und welche Belastung für die Mannen um Helmut Schön. Eine zwielichtige Rolle spielte auch der Schiedsrichter Willi Schmidt aus Schönebeck, der die Dresdner auch aus neutraler Sicht benachteiligte.

Meisterschaft Sachsen 1949/50
Aufstellung: o. Friedrichstadt, u. Zwickau

26. Spieltag DS-Liga Zuschauer: 60.000
SG Friedrichstadt Dresden - Horch Zwickau
1:5 (1:3)

Schiedsrichter: Schmidt (Schönebeck)
Tore: 1:0 Lehmann (3.), 1:1 Satrapa (9.),
1:2 Heinze (24.), 1:3 Meier (43.),
1:4 Lehmann (48.), 1:5 Heinze (67.)

Neubeginn

Mit der unter dubiosen Umständen 1:5 verlorenen Partie des inoffiziellen DSC-Nachfolgers SG Friedrichstadt Dresden gegen Horch Zwickau am 16. April 1950 begann eine der wohl spektakulärsten Protestaktionen der Dresdner Fußballgemeinde gegen die damaligen Machtinhaber der sowjetisch besetzten Zone. Obwohl das Spiel mit fast 60.000 Zuschauern im Ostragehege (Heinz-Steyer-Stadion) eine einmalige Demonstration für den Fußball in Dresden war, fand fast unbemerkt hinter den Kulissen Stunden vor der Partie eine zermürbende und menschenverachtende Kampagne gegen die Top-Spieler der SG Friedrichstadt statt. Vor allen Dingen Helmut Schön mußte in diesen Stunden vor dem Spiel um die Sachsen-Meisterschaft 1950 erkennen, daß das Spiel um das runde Leder nicht mehr im Vordergrund stand. Längst hatten die Strategen um den Staatssicherheitsdienst beschlossen, den von den Massen ungeliebten Volkspolizei-Club in Dresden zu favorisieren.

Helmut Schön erklärte einmal in einem Interview: „Wir wußten, daß nach dem Spiel die Sportgemeinschaft Friedrichstadt aufgelöst wird, wir sollten auf die Betriebssportgemeinschaften aufgeteilt werden, die damaligen Machthaber wollten unbedingt eine Meistermannschaft aus einem Betriebssportclub."

Ausgehend von dieser Prämisse schlossen sich die Männer in Schwarz verständlich dieser Linie an. Ohne den klaren Sieg der Horch-Elf zu schmälern, in dieser Partie bot der Schönebecker Referee „Piccolo" Willi Schmidt von der sportlichen Fairneß her eine indiskutable Leistung und benachteiligte die Friedrichstädter nicht unerheblich. Diese Zusammenhänge, die den 60.000 Zuschauern nicht bekannt waren, hatten wohl erheblichen Anteil an der unerwartet hohen Niederlage des Favoriten. Vor den Augen der Politprominenz wie Heinz Horn, Leiter des Deutschen Sportausschusses, Walter Ulbricht als stellvertretender Ministerpräsident, und dem damaligen sächsischen Regierungschef Max Seydewitz spielte sich ein (Schau)spiel ab, wie es die noch junge DDR noch nicht erlebt hatte.
Zwar ging die SG Friedrichstadt durch Kurt Lehmann in der 3. Minute mit 1:0 in Führung, die jedoch durch Heinz Satrapa fünf Minuten später egalisiert wurde. Herbert Heinze (24.) und Siegfried Meier (43.) bauten den Vorsprung für die Zwickauer vor der Pause auf 3:1 aus. Als dem Dresdner Karl Lehmann vier Minuten nach dem Seitenwechsel ein unglückliches Eigentor unterlief, war die Partie gelaufen. Herbert Heinzes zweiter Treffer in der 67. Minute hatte nur noch statistischen Wert. Parallel dazu nahm die Hektik auf dem Feld zu. Heinz Satrapa traf nach einem Fallrückzieher den heranstürmenden Kurt Jungnickel am Kopf, Tumulte auf den Rängen, als der verletzte Dresdner auf der Bahre an die Außenlinie getragen wurde. Mit dem Abpfiff gab es für die SG-Fans kein Halten mehr. Die Zuschauer stürmten den Platz, bevölkerten den Rasen, es kam zum Handgemenge, besonders hart traf es den Zwickauer Helmut Schubert, der mit Schlägen und Fausthieben traktiert wurde. Nur mit Hilfe berittener Polizei wurde ein schmaler Gang zur Kabine geschaffen. Erst nach Stunden konnten die Zwickauer ihren Bus besteigen. Noch Tage danach gab es für die Sportfreunde Dresdens kein anderes Thema.
Am grünen Tisch reagierten die Offiziellen der Sparte Fußball des DS mit dem erwartenden Urteil: „ Die Sportgemeinschaft Friedrichstadt wird wegen der Vorkommnisse im Endspiel gegen Horch Zwickau mit einer Platzsperre von sechs Monaten belegt, da die Zuschauer in provokativer Weise den Spielverlauf zu stören versuchten und es zu Tätlichkeiten gegen Zwickauer Spieler gekommen wäre. Der Spieler Helmut Schön wird mit einer einjährigen Sperre belegt."

Plötzlich hatte Dresden über Nacht keine Mannschaft mehr, denn fast die gesamte Dresdner Elf verließ in den nächsten Tagen die Stadt an der Elbe nach Berlin zu Hertha BSC und Wacker 04 Berlin und dem Wuppertaler SV. In einer Nacht und Nebelaktion heuerten 12 Friedrichstadt-Spieler um ihren Mentor Helmut Schön bei Hertha BSC an, um ihr Mißfallen gegenüber den Oberen in der DDR nachhaltig zu demonstrieren. Zur Hertha wechselten Kurt Birkner, Hans Kreische, Max Kreische, Rolf Drognitz, Kurt Jungnickel, Gottfried Hövermann, Karl Kunstmann, Horst Seifert, Horst Ullrich und Helmut Schön. Kurt Lehmann und Joachim Haupt heuerten bei Wacker 04 Berlin an, während Herbert Pohl, Walter Werner und Henry Kessler sich dem Wuppertaler SV anschlossen. Gerhard Köhna spielte in der Saison 1950/51 noch für Tabak Dresden, ehe er sich nach einem Gastspiel bei Bayern Hof Tennis Borussia in Berlin anschloß. Nur der angehende Student Henry Steinbach blieb vorerst als einziger noch in Dresden! Welch ein Aderlaß für den Dresdner Fußball. Quo vadis hieß es in Dresden im Sommer 1950! Alte Dresdner Fußballtraditionen werden von „linientreuen" Schreibern verunglimpft, der Dresdner Sport-Club als „Feudalclub" der Nazis diffamiert und in die Sympathieecke für die damaligen Machthabern nachgesagt. Welch eine Ohrfeige für so untadelige Sportsleute wie Richard Hofmann, Helmut Schön oder Willibald Kreß, die mit ihren sportlichen Leistungen den Ruf Dresdens als Fußballhochburg mitbegründeten.

Wie sollte es mit dem stolzen Fußball in Dresden weitergehen, diese Frage stellten sich viele Dresdner Fußballfreunde im Sommer des Jahres 1950. Hier nochmals die Abschlußtabelle der 1. DS-Meisterschafts-Ligaspiele.

Abschlußtabelle 1949/50
Zonenliga DS-Liga

1.	Horch Zwickau	26	69:27	41:11
2.	SG Friedrichstadt Dresden	26	87:29	39:13
3.	Waggonfabrik Dessau	26	67:36	37:15
4.	Fortuna Erfurt	26	58:30	35:17
5.	ZSG Union Halle	26	56:38	31:21
6.	Franz Mehring Marga	26	49:48	31:21
7.	Märk.Volksst. Babelsberg	26	42:66	24:28
8.	ZSG Industrie Leipzig	26	38:45	22:30
9.	SG Meerane	26	38:56	21:31
10.	Eintracht Stendal	26	31:45	19:33
11.	BSG Gera-Süd	26	34:54	19:33
12.	SG Altenburg-Nord	26	34:50	17:35
13.	Anker Wismar	26	35:60	17:35
14.	Vorwärts Schwerin	26	30:84	11:41

Absteiger: SG Friedrichstadt Dresden (aufgelöst), Vorwärts Schwerin, Anker Wismar.

Parallel zu den Spielen in der DS-Oberliga wurde in der Landesliga Sachsen Saison 1949/50 eine wichtige Entscheidung für den Dresdner Fußballsport vollzogen. Still und heimlich hatte sich Mickten Dresden angeführt von Felix Vogel während der Saison zu einem Meisterteam entwickelt. Auf der nächsten Seite deshalb die beiden Abschlußtabellen der Landesliga Ost und West.

Neubeginn

Saison 1949/50
Landesliga Staffel Ost

1.	Mickten Dresden	20	62:33	29:11
2.	SG Chemnitz Nord*1	20	56:21	29:11
3.	ZSG Meißen*2	20	39:27	25:15
4.	SG Cotta Dresden	20	32:24	24:16
5.	ZSG Zittau	20	35:59	21:19
6.	SG Chemnitz-West*3	20	38:43	20:20
7.	Nagema Dresden	20	29:31	19:21
8.	SG Löbau	20	35:49	18:22
9.	Stahlwerk Riesa	20	27:34	16:24
10.	SG Kamenz	20	25:49	10:30
11.	SG Hoyerswerda	20	31:59	09:31

*1 In Nagema Chemnitz umbenannt
*2 In VBB Tabak Dresden umbenannt
*3 In FEWA Chemnitz umbenannt

Entscheidungsspiel um Staffelsieg
Mickten Dresden - FEWA Chemnitz 1:0

Saison 1949/50
Landesliga Staffel West

1.	SG Lauter	22	62:33	33:11
2.	Pneumatik Aue*1	22	52:34	32:12
3.	SG Probsth. Leipzig	22	53:25	29:15
4.	SG Wurzen	22	45:27	28:16
5.	SG Plauen Süd*2	22	46:23	25:19
6.	SG Planitz	22	29:28	22:22
7.	Glückauf Markranstädt	22	60:25	19:25
8.	SG Hartha	22	38:37	18:26
9.	Konsum Chemnitz	22	37:58	18:26
10.	SG Markkleeberg	22	43:67	17:27
11.	SG Cainsdorf	22	23:44	17:27
12.	SG Leutzsch Leipzig	22	24:73	06:38

*1 In Freiheit Wismut Aue umbenannt
*2 In Zellstoff Plauen umbenannt

Endspiel: Mickten Dresden - SG Lauter 1:0
SG Lauter - Mickten Dresden 2:1
Drittes Entscheidungsspiel
Mickten Dresden - SG Lauter 3:2

Die zweithöchste Spielklasse in der DDR waren in der Saison 1949/50 die Landesligisten. Es gab fünf Landesligen der Länder Sachsen, Thüringen, Sachsen-Anhalt, Mecklenburg und Brandenburg. Während es in Brandenburg nur eine Liga gab, waren die anderen Länder in zwei Staffeln unterteilt. Zwischen den jeweils beiden Staffelsiegern wurden Endspiele um die Meisterschaft ausgetragen. Die Meister von Länder Sachsen, Thüringen, Sachsen-Anhalt, Mecklenburg und Brandenburg waren berechtigt in einer Qualifikation die im Liga-System ausgeführt wurde die Aufsteiger in die DDR-(DS)-Oberliga zu ermitteln. Dabei stiegen von den fünf Landesmeistern die ersten drei in der Tabelle in die DS-Oberliga auf!

Die Spiele von Mickten Dresden um den Aufstieg in die DDR-DS-Oberliga Saison 1950/51

Mickten Dresden* - KWU Weimar 5:1
*In Aufstiegsspielen in Sachsenverlag umbenannt
KWU Weimar - SG Sachsenverlag 1:1
Mickten Dresden - EHW Thale* 3:1
*In Aufstiegsspielen in Stahl Thale umbenannt
Stahl Thale - SG Sachsenverlag Dresden 5:2
SG Sachsenverlag - ZSG Großräschen 4:1
ZSG Großräschen - SG Sachsenverlag 1:1
SG Sachsenverlag - Vorwärts Wismar 4:2
Vorwärts Wismar - SG Sachsenverlag 1:1

Die Abschlußtabelle der Aufstiegsspiele:

1.	BSG Sachsenverlag	8	21:13	11:05
2.	KWU Weimar	8	20:18	10:06
3.	Stahl Thale	8	23:14	09:07
4.	ZSG Großräschen	8	16:15	07:09
5.	Vorwärts Wismar	8	08:28	03:10

Damit stiegen die BSG Sachsenverlag Dresden, KWU Weimar und EHW Thale für die Saison 1950/51 in die 1. DS-Oberliga der DDR auf! Zusätzlich qualifizierten sich Union Oberschöneweide, VfB Pankow, SG Lichtenberg 47 und Volkspolizei Dresden, die von „Oben" (für die SG Friedrichstadt Dresden) gesetzt wurden.

Der Club im Wandel der Zeit

100 Jahre DSC

Saison 1950/51

Auflösung SG Friedrichstadt Skandal der Nachkriegszeit!

Abb. S. 118 oben: Städtespiel Dresden-Leipzig 5:1 mit Pohl und Kreisch im Jahre 1948
Abb. S. 118 unten: Friedrichstädter Spieler gehörten bis 1949 immer zu regionalen Auswahlmannschaften wie hier Lehmann, Haupt, Kreisch (hier geehrt für sein 75. Repräsentativspiel) und ganz rechts Schön.
Abb. S. 119 li. oben: Spiel Friedrichstadt gegen Horch Zwickau
Abb. S. 119 re. oben: April 1950 vor einem Oberligaspiel: v.l.n.r. Pohl, Lehmann, Werner, Haupt, Köhna, Kreische, Drognitz, Birkner, Kessler, Hövermann, Kreisch
Abb. S. 119 unten: Der SC Einheit 1958 nach FDGB-Pokalsieg über Lok Leipzig (2:1 n.V.) in Cottbus

Dresden über Nacht ohne Mannschaft!

Mit der Auflösung der SG Friedrichstadt nach dem Skandalspiel gegen Horch Zwickau am 17. April 1950 drohte, nach allen Vorzeichen, ein sehr kritisches Jahr für den Fußballsport in Dresden zu werden. Plötzlich gab es im Sommer 1950 über Nacht und für viele Dresdner in Unkenntnis darüber, wie die Hintergründe waren, keine Meistermannschaft mehr. Der DSC-Nachfolgeverein SG Friedrichstadt, der sich in die Herzen der Fans gespielt hatte, wurde vom Regime einfach ins Abseits gestellt! Wie sollte es mit dem Fußball in Dresden weitergehen? Diese Frage stellten sich viele Dresdner Fußballfreunde im Sommer 1950. Nun, die damaligen Machthaber die sich dem Betriebssport zunehmend verschrieben hatten, machten sich kurzerhand die Gelegenheit zu nutze, aus Mickten Dresden, die sich als Staffelsieger Ost in der Landesliga in den Aufstiegsspielen zur DS-Oberliga befanden die „Betriebssportgemeinschaft Sachsenverlag" zu küren. Und tatsächlich die Mickener schafften bei den Qualifikationsspielen für die höchste Spielklasse die DS-Oberliga die Sensation! Mit einem 1:1 bei der SG Großräschen, erkämpften sich die Dresdner mit 11:5 Punkten den ersten Tabellenplatz. Obwohl sich die Betriebssportgemeinschaft Sachsenverlag den Aufstieg erkämpft hatten, wurden die Mickener zu Beginn der Saison 1950/51 in Rotation Dresden umbenannt!

Dresden hatte neben dem ungeliebten „Volkspolizei Club" VP Dresden plötzlich wieder eine neue Mannschaft an alter Wirkungsstätte, eben Rotation Dresden, wie sich die „Neuen" Dresdner jetzt nannten. Als Aufsteiger hatten es die Sachsen im Elitefeld nicht einfach und belegten auf Grund des besseren Torverhältnisses punktgleich mit Motor Gera Platz 12. Ansonsten war die 2. Saison der DS-Liga sehr turbulent. Mitten in der Saison 1951/52 verließen die DDR-Auswahlspieler Heinz Senftleben, Heinz Wozniakowsi und Winfried Herz Turbine Erfurt und schlossen sich Eintracht Braunschweig an. Die Hoffnung, daß der DDR-Fußball nach dem Verlust von der SG Friedrichstadt Dresden mit Turbine Erfurt wieder eine international erstklassige Vereins-Elf herausbringt, war mit dem Weggang der Spieler zu einem schweren Unterfangen geworden. Trotz dieser Dezimierung wurden die Schützlinge von Trainer Hans Carl punktgleich mit Chemie Leipzig Staffelsieger. Infolge von Punktgleichheit war ein Entscheidungsspiel notwendig, das die Leipziger mit 2:0 für sich entschieden.

Abb oben: 1951 - Rotation Dresden - Dynamo Dresden, 1:0, Torschütze Heinzmann, v.l. - Jochmann, Petersohn sen., Werner Clemens, Schiedrichter Gerhard Schulz, Prenzel, Nicklich, Vogel, Rudi Clemens, Heinzmann, Ritter, Berner, Hoegg. Dynamo vorn: Möbius, Schröder, Appel Der heute spielende Rico Clemens ist der Enkel von Rudi Clemens.

Der Meister von 1951, Chemie Leipzig, besaß nicht die Eleganz, technische Perfektion und Offensivkraft der Thüringer, war jedoch äußerst kampf- und konditionsstark und hatte eine sattelfeste Abwehr. Mit einem überragenden 21jährigen Günter Busch im Tor, der sich größter Popularität erfreute. In der Verteidigung überragte der 38jährige Walter Rose, der auch ein Länderspiel für Deutschland bestritt. Rose bildete mit dem nahezu gleichaltrigen „Bremse" Werner Brembach, der einst wie seine Teamkollegen Sommer und Steuer bei Saxonia Böhlitz-Ehrenberg begann, ein Abwehrbollwerk. Da blieb für den Ex-Zeitzer Fritz Gödicke meist nur die Ersatzbank. Der 31jährige Gödicke schien zudem als Oberliga-Spieler, Propagandist der sozialistischen Sportbewegung und als Leiter der Sparte Fußball des DS in einer Person maßlos überfordert zu sein.

Chemie Leipzig mit den wenigsten Gegentreffern der Liga

Die Mittelfeld-Achse mit Horst Scherbaum - Werner Eilitz - Gerhard Polland verkörperte mit enormer Einsatzbereitschaft den Leipziger Stil, war ihren Kontrahenten athletisch überlegen. Kapitän der Leipziger Chemie-Elf war der kleine, untersetzte Buchdrucker Heinz Fröhlich, der mit technischen Mitteln den Erfolg suchte. Mit dem 30jährigen Rechtsaußen Rolf Sommer besaß Leipzig einen spielstarken Außen und Elferspezialisten.

Für die Leipziger Chemie-Elf sprach, daß sie die wenigsten Gegentreffer hinnehmen mußte und die fünf nächstplazierten Vereine alle auf des Gegners Platz bezwang. Der Meister war das erfolgreichste Team auf fremden Terrain. Als einziger Verein der Oberliga blieb VfB Pankow auswärts ohne Sieg und zudem ohne jeglichen Punktgewinn. Die Berliner stellten damit einen absoluten negativen Rekord auf. Auf heimischen Gelände blieb kein Verein ungeschlagen. Zwickau war weiterhin für alle Kontrahenten ein heißes Pflaster, meist gingen die Gäste von der Alfred-Baumann-Kampfbahn in Planitz (Zwickau) leer aus.

Ein Zeichen der Erfolglosigkeit war das enorm große Spieleraufgebot der beiden Tabellenletzten SC Lichtenberg 47 und VfB Pankow. 27 Spielsperren waren eine enorm hohe Zahl. Acht davon gingen allerdings auf das Konto des Titelverteidigers Motor Zwickau. Anlaß dazu war am 10. Dezember 1950 das Match Chemie Leipzig - Motor Zwickau 2:2. Nachdem Schiedsrichter Kastner (Dahlewitz) das Spiel bereits aus den Händen geglitten war, vollzog sich nach dem Schlußpfiff die Eskalation. Aufgrund der Vorfälle im Georg-Schwarz-Sportpark wurden wegen „schädigenden Verhaltens gegenüber der Demokratischen Sportbewegung" sofort acht (!) Zwickauer

Spieler gesperrt. Einen Freispruch erhielten lediglich Joachim Otto, Günter Schneider und „Hanno" Breitenstein.

Sportlich abgestiegen waren die vier Letztplazierten Union Oberschöneweide, Turbine Weimar, SC Lichtenberg 47 und VfB Pankow. Doch um diese „Absteiger" kam es zu einem Skandal ohne Beispiel. Laut Satzung war es beschlossen, daß vier Absteiger mit zwei Aufsteigern aus den Staffeln der 1.DS-Liga ersetzt würden, was einer Reduzierung auf 16 Vereine für die Saison 1951/52 entsprochen hätte, doch vom grünen Tisch wurde alles anders entscheiden. Der VfB Pankow als Klub im Regierungsviertel hatte einen Anspruch auf einen Oberligaplatz!

Die Mannschaft von der SG Union Oberschöneweide als zweiter Berliner Verein mit Sonderrechten ausgestattet, sollte zusammen mit Pankow in der 1. Liga bleiben. So traf es den Aufsteiger KWU (Turbine) Weimar und den SC Lichtenberg 47. Um das Maß voll zu machen, wurde neben den beiden Staffelsiegern der DS-Liga (Zentra Wismut Aue und Anker Wismar) die 1. Liga mit der Armee-Mannschaft Vorwärts Leipzig, kurzerhand auf 19 Mannschaften aufgestockt. Damit wurden die sportlichen Interessen in den Hintergrund gedrückt und für Millionen Fans in der DDR wurden die Spiele um Meisterschaft und Abstieg zu einer Farce

für den Fußballsport, eine Tatsache, die von den Machthabern in der DDR offensichtlich auch in den folgenden Jahren enorm unterschätzt wurde.

Die Abschlußtabelle der Saison 1950/51: DDR Oberliga			
1. Turbine Erfurt	34	80:37	50:18
2. Chemie Leipzig	34	66:33	50:18
3. Motor Zwickau(M)	34	72:35	43:25
4. Aktivist Brieske-Ost	34	87:79	43:25
5. VP Dresden (N)	34	75:40	43:25
6. Turbine Halle	34	73:50	40:28
7. Rotation Babelsberg	34	95:78	39:29
8. EHW Thale (N)*1	34	82:65	39:29
9. Motor Dessau	34	67:61	34:34
10. Fortschritt Meerane	34	65:71	32:36
11. ZSG Altenburg	34	46:60	31:37
12. Sachsenverlag Dresden(N)*2	34	64:61	30:38
13. Mechanik Gera	34	59:63	30:38
14. Lokomotive Stendal	34	73:73	29:39
15. Union Oberschöneweide (N)	34	49:72	26:42
16. KWU Weimar (N)*3	34	45:71	26:42
17. SC Lichtenberg (N)	34	49:96	20:48
18. VFB Pankow (N)	34	29:131	07:61
*1 In Stahl Thale umbenannt			
*2 In Rotation Dresden umbenannt			
*3 In Turbine Weimar umbenannt			

1950/51

Saison 1951/52

Erster Saisontitel für Turbine Halle
Volkspolizei und Rotation Dresden sorgten für einige Schlagzeilen

Die mit Abstand größte Zuschauer-Resonanz in den heimischen Stadien hatten die mitteldeutschen Vereine von Rotation Dresden, Chemie Leipzig und Turbine Halle. Dabei stand der Nachfolgeverein der SG Friedrichstadt der Aufsteiger Rotation Dresden in der Gunst der Zuschauer höher als die Volkspolizei-Elf, die noch von den 40.000 im großen Ortsderby am 21. Oktober 1951 im Heinz Steyer-Stadion profitierte. Dabei setzte sich überraschend vor der gesamten Politprominenz durch das frühe Tor von Vogel der SC Rotation mit 1:0 durch. Doch die Dresdner Volkspolizisten, obwohl 1950 ohne sportliche Qualifikation in die Oberliga eingereiht, hatten sich zu einem skandalfreien, leistungsorientierten Verein entwickelt, der sich aufgrund seiner stilvollen Spielweise nach und nach die Sympathien des sachverständigen Dresdner Publikums erwarb. Mit dem Vizetitel vier Punkte hinter dem Meister Turbine Halle ein verdienter Lohn der Spieler von Volkspolizei Trainer Rolf Kukowitsch der am 15. Oktober 1951 Fritz Sack ablöste. Beim Ortsrivalen Rotation Dresden setzte man dagegen auf Kontinuität und vertraute auf die gute Trainerarbeit von Kurt Hallmann, der die Mannschaft die gesamte Saison betreute. Nur drei Punkte schlechter als der Vizemeister Volkspolizei Dresden belegte der SC Rotation einen ausgezeichneten 4. Platz im Elitefeld des DDR-Fußballs.

Mit Turbine Halle gewann das beständigste Oberligateam vorzeitig und souverän den Meistertitel. Die Hallenser besaßen in Mittelstürmer Wolfgang Stops einen gefürchteten Torjäger und in Routinier Otto Werkmeister und Keeper Heinz Kegel zuverlässige Abwehrspieler, sowie in Mittelstürmer Wolfgang Stops einen gefürchteten Torjäger. Mit Otto Knefler, Heinz Schleif, Erich Haase, Walter Schmidt und Herbert Rappsilber überragende Mittelfeldakteure. Gerade um Herbert Rappsilber, den glänzenden Mittelfeldtechniker gab es „Ungereimtheiten " zwischen der DDR-Sportführung und dem Hallenser. Turbine Halle und Rotation Dresden brachten es auf jeweils 10 Auswärts-Siege! Das Meister-Team von der Saale blieb als einziger Oberliga-Verein zudem zu Hause ungeschlagen. Dabei taten sich die Spieler aus Halle anfangs sehr schwer, denn in den ersten sechs Heimspielen reichte es fünf mal nur zu einem Remis. Meister Turbine Halle verfügte über ein großes und starkes Team und löste in der Landeshauptstadt von Sachsen-Anhalt eine große Zuschauer-Resonanz aus. Es keimten Hoffnungen auf, die sich mit Friedrichstadt Dresden und Turbine Erfurt erfüllt hatten.

Doch dann kam der schwere Disput mit der DDR-Größe Manfred Ewald bei einer Reise durch die Tschechoslowakei, auf der die Hallenser Meisterspieler ihre erste Lektion der Entmündigung durch den Staatsapparat der DDR erhielten. Weitere Alleingänge in der umstrittenen Art von DDR-Sportführer Manfred Ewald sollten noch folgen.

Besonders auffallend die große Auswärtsschwäche von Aktivist Brieske-Ost und die Auswärtsstärke von Motor Dessau. Die Briesker waren neben Volkspolizei Dresden und Wismut Aue jener Verein, der mit dem geringsten Spieleraufgebot (jeweils 19 Akteure) in den 36 Punktspielen auskam.

Die DS-Oberliga - Saison 1951/52 hatte verhältnismäßig eine hohe Zahl von Platzverweisen. Insgesamt 28 Feldverweise sprachen die Schiedsrichter aus. Eine europäische Spitzenleistung im negativen Sinne! Aktivist Brieske-Ost (4), Einheit Pankow (4), Fortschritt Meerane (3) und Stahl Thale (3) fielen dabei besonders negativ auf. Zwei Spieler erwiesen sich als besonders undiszipliniert und sahen zweimal „Rot": Max König (Einheit Pankow) und Erich Eschke (Motor Dessau), letzterer sogar innerhalb von knapp 30 Tagen. Bester Torschütze der Saison mit 27 Toren wurde überraschend der Leipziger Rudolf Krause, obwohl er ganz und gar nicht der Prototyp eines Torjägers war. Sein Spiel war durch gutes technisches Rüstzeug, Eleganz, taktisches Spielvermögen und Vielseitigkeit geprägt. Er war ein spielender Innenstürmer mit gutem Torinstinkt. Der Stürmer von Chemie Leipzig verwies den Torjäger und Routinier Kurt Weißenfels von Lokomotive Stendal auf Platz zwei. Der Schützenkönig aus der vorangegangenen Saison, Johannes Schöne von Rotation Babelsberg, kam auf Platz drei. Der Newcomer Gerhard Hänsicke von Volkspolizei Dresden und noch 1950/51 Schützenkönig der DS-Liga, Staffel Nord landete vor dem sächsischen Oldtimer unter den Torjägern, den Meeraner Wolfram Starke, auf Platz vier. Bester Torschütze von Rotation war Horst Heinsmann mit 13 Toren, während Felix Vogel von Rotation Dresden mit vier Treffern beim 9:0 Kantersieg gegen Gera der Rekordschütze dieser Saison war. Eine tolle Leistung vollbrachte der Dresdner Ersatzkeeper Heinz Hartmann, der fünfmal das Gehäuse der Volkspolizisten hütete ohne einen Gegentreffer hinnehmen zu müssen. Der Pechvogel der Saison kam vom Ortsrivalen Rotation aus dem Paul-Gruner-Stadion. Mittelstürmer Horst Heinsmann hatte in den ersten 14 Punktspielen bereit 13 Tore erzielt, ehe er schwer verletzt wurde. Sein Comeback mißlang!

Eine große Pleite war dagegen die Zuschauer-Resonanz, die Einheit Pankow unter den Berliner Fans fand. Das Team aus dem Ost-Berliner Regierungsviertel war wahrhaftig eine gebeutelte Elf. Nur geringe Zuschauerzahlen und auswärts hohe Niederlagen machten den Spielern schwer zu schaffen. Die beste Auswärts-Resonanz fand noch immer Motor Zwickau. Wo auch immer die Westsachsen auftauchten, war Zündstoff vorhanden, da sie mit ihrer ganz auf Sachlichkeit abgestimmten Spielweise, aber auch zuweilen überharten Gangart die Zuschauer der Gastgeber schnell in Rage brachten. Das schlechteste Publikum besaß Motor Gera, das in der Saison 1951/52 drei (!) Platzsperren ausgesprochen bekam. Daß die Geraer dennoch den Klassenerhalt schafften, war schon eine imponierende Leistung.

Motor Wismar mußte infolge Vereisung der Wismarer Sportplätze in den Wintermonaten drei Punktspiele nach Rostock verlegen. Dabei gingen drei Punkte verloren. Doch auch sie hätten die Ostseestädter nicht vor dem Abstieg gerettet. Absteigen mußte auch Stahl Alten-

burg, denen am Saisonende die Luft ausging - trotz Einsatzes junger Spieler. Bitter der Abstieg der einstigen Fußball-Hochburg Meerane. Fortschritt Meerane gelang in der Schlußphase der Meisterschaft noch ein erstaunlicher Siegeszug, dann aber mußten viele Akteure ihrem Alter Tribut zollen. In der Endabrechung fehlten vier Punkte zum rettenden 15. Platz.
Der Berliner Verein Einheit Pankow stand wie erwartet bereits vorzeitig als Absteiger fest. Die fußballerische Leistungen waren einfach zu bieder. Die Spieler aus dem Regierungsviertel stellten eine Belastung für die Oberliga dar und wurden von vielen Vereinen nicht für voll genommen. Welch eine Ironie für die Sparte Fußball des Deutschen Sportausschusses der DDR, daß Einheit Pankow wie 1950/51 Tabellenletzter wurde und zudem eine Fülle negativer Rekorde aufstellte. Oberschöneweide erwies sich abermals als das leistungsstärkste Ostberliner Team. Die Ostberliner und 1948 Teilnehmer an den Deutschen Meisterschaften hatten sich unmittelbar nach Kriegsende diese Vormachtstellung im sowjetischen Sektor Berlins erkämpft. Mit dem abermaligen Verbot des traditionsreichen Vereinsnamen „Union" war jedoch in der Wuhlheide ein weiterer Zuschauerverlust zu registrieren. Trotz der Bevorzugung der Berliner Vereine zeigte sich in der DS-Oberliga im Sommer 1952 ein deutliches Süd-Nord-Gefälle.

Schließlich drehte sich in der Oberliga-Saison 1951/52 das Trainerkarussell schnell weiter. 16 (!) Trainerwechsel in der Saison! Dabei sind die krankheitsbedingten Interims-Lösungen nicht einmal berücksichtigt. In der Regel war das Ausbleiben von Erfolgen (Punkten) für die Vereine der Anlaß, den Trainer vor die Tür zu setzen. Fußball-Dresden konnte wieder stolz sein, hatten doch ihre beiden Vereine in der Oberliga Platz zwei und vier belegt. Eine noch bessere Plazierung hatten jene Volkspolizei-Funktionäre verspielt, als sie für ihr Team öffentlich erklären ließen, Landesmeister werden zu wollen. Dadurch waren bei Direktvergleichen andere Teams besonders motiviert, die Dresdner selbst fanden mehr Stolpersteine und verloren schließlich vorübergehend sogar ihren Rhythmus. Das kostete viele Punkte, die am Ende fehlten. Die Dresdner Volkspolizisten

hatten im Ex-Leipziger Heinz Klemm einen glänzenden Keeper und mit ihrem kraftvollen und kopfballstarken Kapitän Herbert Schoen einen imposanten Abwehrspieler. Das Prunkstück aber war ihr Angriff mit den guten Technikern Günter Schröter und Rudolf Möbius, dem Torjäger Gerhard Hänsicke und mit einem klassischen Flügelmann Johannes Matzen.

Der Top-Star in der Saison 1951/52 war der 30jährige Torwart von Rotation Dresden Fritz Ritter, der auch in der DDR-Auswahl zum Einsatz kam. Der Dresdner Schlußmann blieb neben dem inzwischen nach Braunschweig abgewanderten Erfurter Keeper Heinz Senftleben auch am längsten ohne Gegentreffer. Seine Teamkollegen Felix Vogel und Werner Jochmann machten mit je vier Toren in einem Match ebenfalls von sich reden. Vor allem Jochmanns Leistung war erstaunlich, da er eigentlich Verteidiger war. Und schließlich sorgte noch ein weiterer Dresdner für Furore. Der kleine, leichtfüßige Günther Wirth (Tabak Dresden) war wegen seines Studiums nach Berlin gewechselt und hatte sich Oberschöneweide angeschlossen. In seinem 13. Spiel für die „Wuhlheider" am 20. April 1952 erzielte er gleich fünf Treffer, diese innerhalb von 20 Minuten. Der DDR-Meister von 1952 Turbine Halle hatte sich zu einer homogenen und mit taktischen Geschick klug aufspielenden Team entwickelt, aus dem sich bereits deutliche Konturen von Klassemerkmalen abzeichneten. Mit großem Geschick und Können fügte Halles Trainer Freddy Schulz die passenden Spieler zueinander. Dabei kam ihm zugute, daß er über Spieler wie Herbert Rappsilber, Otto Werkmeister, Erich Haase, Horst Blüher und Gerhard Kulitze verfügte, die auf vielen Positionen einsetzbar waren. Der Meister Turbine Halle verfügte über ein großes und starkes Team und löste in der Landeshauptstadt von Sachsen-Anhalt eine große Zuschauer-Resonanz aus

Abb. Seite 121: Die Mannschaft vom Sachsenverlag Dresden der Junglinga u.a. mit Horst Heinzmann und Peter Lorenz, Stadion Eisenberger Str.

DDR-Oberliga Saison 1951/52

Abschlußtabelle

1.	Turbine Halle	36	80:42	53:19
2.	VP Dresden	36	79:53	49:23
3.	Chemie Leipzig (M)	36	90:53	47:25
4.	Rotation Dresden	36	73:44	46:26
5.	Motor Zwickau	36	71:50	45:27
6.	Rotation Babelsberg	36	75:58	42:30
7.	Wismut Aue(N)	36	75:62	40:32
8.	Turbine Erfurt	36	58:47	39:33
9.	Aktivist Brieske-Ost	36	72:74	38:34
10.	Lokomotive Stendal	36	70:69	37:35
11.	Motor Oberschöneweide	36	53:66	35:37
12.	Motor Dessau	36	67:69	34:38
13.	Stahl Thale	36	52:59	31:41
14.	Motor Gera	36	56:72	31:41
15.	KVP Vorwärts Leipzig(N)	36	57:60	30:42
16.	Fortschritt Meerane	36	66:89	26:46
17.	Motor Wismar(N)	36	55:77	24:48
18.	Stahl Altenburg	36	46:95	21:51
19.	Einheit Pankow(N)	36	38:94	16:56

Saison 1952/53

Fußball in Dresden ist wieder die erste Adresse. Meister Volkspolizei Dresden und Rotation sorgen für Furore

Die Saison 1952/53 war eine der erfolgreichsten in der Geschichte des DSC-Nachfolgers Rotation Dresden. Der Dresdner Fußball gehörte zu den Ausnahmeerscheinungen der Saison 1952/53. Neben dem Meisterteam Volkspolizei Dresden, die wegen Punktgleichheit (38:26) mit Wismut Aue ein Entscheidungsspiel im Walter-Ulbricht-Stadion in Berlin hatten und sich vor 40.000 Zuschauern mit 3:2 n.V. durchsetzen, sorgte in fast noch stärkerem Maße der Ortsrivale Rotation dafür.
Während der Volkspolizei-Club am 13. April 1953 in Dynamo Dresden umgewandelt wird und sich neben Dynamo Berlin zu einem Lieblingsclub von Erich Mielke entwickelt, sind die Dresdner „Zeitungsleute" ausgehend vom ehemaligen BSG Sachsenverlag ein permanent belebendes Element der Liga. Nach einem 1:7 Punktestart kündigten sie ihrem Trainer Kurt Hallmann selbst, und schon lief es besser. Dabei blieben die Dresdner sechs Wochen ohne Trainer. Dann kam Trainer „Rudi" Berthold und krempelte die Mannschaft völlig

1952/53

um. Die Paukenschläge von Rotation Dresden nahmen kein Ende mehr. Begonnen hatte der Sturmlauf an die oberen Tabellenplätze bereits am 26. Oktober 1952, als Auswahltorhüter Fritz Ritter seinem Jenaer Kollegen Rolf Jahn einen Elfmeterball in die Maschen setzte.

Der SC Rotation Dresden kommt wegen des 4-2-4 Systems unter Druck der DDR-Sportführung

Es war das erste Mal in der Geschichte der DDR-Oberliga, daß ein Torhüter zum Elfmeter anlief. Rotation Dresden verbuchte mit 9:2 auch den höchsten Sieg der Oberliga-Saison. An diesem 22. Februar 1953 egalisierte der Dresdner Harry Arlt die DDR-Rekordmarke, indem er 6 mal den Geraer Torwart allein überwand. Zu den beiden Dresdner Ortsderbys zwischen Rotation und Dynamo waren insgesamt 80.000 Zuschauer gekommen. Ausgerechnet nach der 0:2 Niederlage im Derby gegen Volkspolizei Dresden begann der Siegeszug des SC Rotation. Trainer „Rudi" Berthold hatte sein Team auf ein 4-2-4-System umgestellt, indem er den Abwehrspieler Christoph Albig als Halblinken nominell aufstellte, aber quasi als Vorstopper spielen ließ. Während Rotation Dresden in den letzten sieben Spielen souverän auf 14:0 Punkte kam, wurde das Team von außen wegen seiner Spielweise kritisiert. Als „Dank" mußte aber dafür Trainer „Rudi" Berthold zu Saisonende 1952/53 seinen Hut nehmen! Die Rotation Erfolgskette war noch länger. Rotation stellte mit ihrem 26jährigen Mittelstürmer Harry Arlt den Torschützenkönig der Saison (26 Treffer) und spielte einen begeisternden Angriffsfußball, obwohl nominell mit einem Stürmer weniger besetzt.

Den Verantwortlichen der DDR war diese neue Spielweise noch unbekannt, weswegen der Rotation-Trainer auch von den Medien attackiert wurde. Mit seinem Team steigerte sich auch der 33jährige Torwart Fritz Ritter nach einer kurzen Formkrise wieder zu einer bestechenden Leistung, letztlich blieb er sogar 420 Minuten ohne Gegentreffer. Rotation Dresden hatte die zweitbeste Auswärtsbilanz und bei seinen Heimspielen im Schnitt sogar noch mehr Zuschauer mehr als Meister Volkspolizei Dresden.

Ansonsten gehörte die Saison für die übrigen Teams zur wohl spektakulärsten in der Geschichte des DDR-Fußballs überhaupt und soll deshalb ausführlich dargestellt werden. Durch Unsportlichkeiten geriet die Saison fast aus den Bahnen. Sensationen und Begeisterung der Fans reihten sich in einer Fülle aneinander, daß es schwer fällt, die wichtigsten Ereignisse wiederzugeben. Deshalb sei das Fazit der Saison 1952/53 in Analogie zu den Vereinen wiedergegeben. Im Sommer 1952 mußte Motor Gera nach Harry Frey mit Georg Buschner, Harry Heiner, Gerhard, Friemel, Edgar Klotz und Max Wollenschläger einen enormen Substanzverlust hinnehmen. Obwohl Karl-Heinz Marx und Kurt Langethal aus Thale nach Thüringen zurückgekehrt waren, stand Gera vor einer schwer lösbaren Aufgabe. Motor Gera gewann in allen 17 Auswärtsspielen lediglich einen Punkt, mußte zudem bei Rotation Dresden die Rekordniederlage (2:9) hinnehmen und stand folgerichtig vorzeitig als Absteiger fest. Der Aufsteiger Motor Jena hatte dagegen im Sommer 1952 eine beträchtliche Blutauffrischung erhalten. Zu den Neuzugängen gehörten die Ex-Geraer Harry Heiner, und Georg Buschner, außerdem Siegfried Woitzat und Karl Schnieke. Jena begann ebenfalls die Saison mit 0:10 Punkten, hatte zwei Feldverweise zu beklagen, blieb in über vierhundert Spielminuten ohne Torerfolg und trennte sich auch bald von seinem Trainer. Für ihn sprang der 42jährige Verteidiger Bernhard Schipphorst ein.

So dauerte für Jena die Oberligazeit nur einen Sommer. Motor Oberschöneweide hatte die Zugänge von Martin Zöller, Willi Ginzel (beide Pankow), Karl Kullich (SG Lichtenberg 47) und später noch die Rückkehr von Heinz Lehniger aus den Berliner Westsektoren zu vermelden. Doch Spieler gerieten gegen Jahresende 1952 in eine arge Krise und hatten dabei eine 1:15-Punkte-Serie. Die Oberschöneweider, mit nur einem einzigen Spieler von überdurchschnittlichen Format: Günther Wirth, der es als Linksaußen auf 12 Tore brachte. Daß sie am Ende absteigen mußten, war durch ihre großen Heimschwäche bedingt.

Rotation Babelsberg hatte im Sommer 1952 versucht, seine Spielerabgänge durch Zugänge vom Ortsrivalen VP Potsdam (Rolf Kuhle, Werner Zschernagk) zu kompensieren. Doch die Zeitungsleute spielten eine unglückliche Saison. Ihr Starstürmer „Hanne" Schöne erlitt einen Schlüsselbeinbruch und fiel mehrere Wochen aus. Neben Verletzungen kamen vier (!) Feldverweise hinzu. Auch blieb der erhoffte Zuschauerzuwachs aus, es blieb bei 8.000 Besuchern pro Spiel. Zu allem Überfluß geriet die Tietz-Elf bei Motor Dessau gar 1:8 unter die Räder. Lokomotive Stendal versteckte sich in keiner Phase der Saison, auch nach einem 3:9-Punktestart nicht. Dazu besaßen die Altmärker in Oswald Pfau einen glänzenden Psychologen und Trainer sowie eine eingespielte Abwehr mit Karl-Heinz Dehn, Karl Köhler, Kurt Henning, Hans Kovermann und Kurt Brüggemann. Und im Angriff stand mit Kurt Weißenfels ein Topstar unter den Torjägern des DDR-Fußballs. Auch ohne die entsprechenden Nebenleute wurde er mit 24 Treffern zweitbester Torschütze der Oberliga. Weißenfels stand am Regiepult, und mit seinen Kanonenschüssen bei Freistößen hatte er oft spektakuläre Auftritte.

Der Titelverteidiger Turbine Halle mit seinen Topstars Otto Werkmeister, Herbert Rappsilber, Otto Knefler und Erich Haase ging wohl allzu sorglos in die Saison. Als die Jungnationalspieler Achim Speth und Günther Imhof hinzukamen, war für sie gar kein Platz im Team. Ihre Leistungen reichten vorerst nicht für einen Stammplatz. Otto Knefler erwies sich zudem abermals als Elfmeterkönig (zusammen mit dem Leipziger Walter Rose) des DDR-Fußballs. Sechsmal trat er zur Ausführung an, und sechsmal traf er ins Netz. Doch bei den Hallensern war zwischen der Heim- und Auswärtsbilanz ein Unterschied wie Tag und Nacht. Im Kurt-Wabbel-Stadion (über 21.000 Besucher pro Spiel) erwies sich Turbine als sehr heimstark, auswärts war man aber ein Schatten seiner selbst. So geriet der Titelverteidiger sogar noch in Abstiegsnöte.

Aktivist Brieske-Ost bestritt die ersten 11 Spiele außerordentlich erfolgreich und zudem nur mit 12 (!) Spielern. Die Lausitzer hatten eine sehr dünne Spielerdecke und mußten ihren Regisseur Horst Franke sogar oft Außenläufer spielen lassen, um den nötigen Spielaufbau zu garantieren. Doch Brieske-Ost bekam allmählich Sorgen, hatte oft wenig Zuschauer-Rückhalt und mußte sieben Elfmeter in Kauf nehmen. Doch fünf Akteure waren in allen Spielen

Felix Vogel und Harry Arlt von Rotation Dresden im Heinz-Steyer-Stadion

dabei, und schließlich verlieh der von Aktivist Staßfurt gekommene Keeper Hans Jünemann der Elf wieder Selbstvertrauen. Der Aufsteiger Empor Lauter verfügte über kein den Anforderungen des Verbandes entsprechendes Stadion und bestritt deshalb viele Heimspiele in der „Kampfbahn des Friedens" in Schwarzenberg. Durch ihre offensive Spielweise gerieten sie während der gesamten Saison niemals in Schwierigkeiten, obgleich ihre Stammelf ein sehr hohes Durchschnittsalter aufwies. Die Lauterer sorgten für spektakuläre Resultate wie das 5:5 bei Chemie Leipzig und beim 5:3-Erfolg gegen den schier übermächtigen Rivalen und späteren Vizemeister Wismut Aue.

Beim Altmeister Motor Zwickau war in der Saison 1952/53 mehr hinter den Kulissen als auf dem Spielfeld los. Dabei hatte es für die Westsachsen glänzend begonnen, doch dann sperrten sie Heinz Satrapa selbst, der in den ersten acht Spielen bereits 6 Tore erzielt hatte. Vereins- und Verbandsfunktionäre überwarfen sich mit dem Spieler in aller Öffentlichkeit. Satrapa wechselte noch während der Saison nach Aue, das später in SC Wismut Karl-Marx-Stadt umbenannt wurde, ohne jedoch die Spielberechtigung zu erhalten. Trotz des 26jährigen „Dauerbrenners" Erhard Bauer verblaßte die Zwickauer Spielweise allmählich, man verlor Kredit bei den Zuschauern und es begannen wenig erfolgreichere Zeiten. Erst als die beiden, lange verletzten Oldtimer „Hanno" Breitenstein und „Helm" Schubert in der Rückrunde wieder ins Team kamen, erhielten die Zwickauer wieder Aufwind und belegten am Schluß noch überraschend den 3. Platz.

Stahl Thale hatte ein halbes Jahr nach seinem Superidol Werner Oberländer vier weitere Leistungsträger (Rudolf Wlassny, Willy Gropp, Karl-Heinz Marx und Kurt Langethal) verloren. Der Abstieg wurde den Harzern vorausgesagt. Doch die Mannen um Mannschaftskapitän und Elfmeterspezialist Helmut Feuerberg und den glänzend aufgelegten Torhüter Heinz Bernhardt schlugen sich nicht nur redlich, sondern erreichten sogar eine sensationelle Auswärtsbilanz (10 Spiele ohne Niederlage!). Die Harzer Fans honorierten dies jedoch leider nicht, Thale hatte von allen Oberliga-Vereinen die wenigsten Besucher bei den Heimspielen aufzuweisen.

Turbine Erfurt bot eine ziemlich fade Saison. Es begann mit Torhüterschwierigkeiten, so daß Stürmer Wolfgang Nitsche in den ersten Punktspielen wieder zwischen die Pfosten mußte. Dann suchte Trainer Hans Carl lange nach der geeigneten Formation und hatte am Saisonende zumindest eine ideale Läuferreihe

1952/53

mit Jochen Müller, Helmut Nordhaus und dem aus Gotha gekommenen Georg Rosbigalle gefunden. Auch kristallisierte sich mit Heinz Grünbeck ein prächtiger Schlußmann heraus. Doch den Erfurtern stand ein treues und verständnisvolles Publikum (mehr als 18.500 pro Match) zur Seite. Motor Dessau legte zunächst im September 1952 einen Raketenstart hin, das Team spielte wie aus einem Guß. Die Dessauer traten in den ersten acht Spielen stets mit derselben Elf an. Zunächst wurden sie zu Beginn der neuen Saison zum Superteam des DDR-Fußballs apostrophiert. Die elf Spieler und der vom SV Werder Bremen zurückgekehrte Rolf Theile bestritten allein die ganze Hinrunde! Dessau hatte nach 13 Spielen sage und schreibe 25:1 Punkte und wurde zum Kassenmagneten. Der Angriff des Tabellenführers war zu diesem Zeitpunkt das „Paradepferd". Doch vereinsinterne Querelen und die aufkommende „Regimementalität" und Uneinigkeiten im Team machten den Höhenflug der Dessauer zunichte.

Chemie Leipzig galt von vielen als der Topfavorit der Saison 1952/53. Eine Fülle erstklassiger Spieler schien der beste Garant dafür zu sein. Außerdem war der Auswahl-Verteidiger Werner Eilitz von Vorwärts Leipzig zurückgekehrt. Die Chemie-Elf begann auch entsprechend (7 Spiele ohne Niederlage). Während Chemie mit 11:3 Punkten begann, hatte die Elf Vorwärts Leipzig einen umgekehrten Beginn (4:14 Punkte). Schon zu dieser Zeit wurde mit einer systematischen Zersetzung der Leipziger Chemie-Elf begonnen. In Horst Scherbaum hatte man das erste Opfer gefunden, der unmittelbar nach Studienende als Sportlehrer im Oktober 1952 nach Gohlis wechseln mußte. Manfred Ewald hatte ihn regelrecht erpreßt und vor die Alternative gestellt, entweder zu Vorwärts zu wechseln oder ein Spielverbot auf Lebenszeit in der DDR zu erhalten. Ein Beispiel, mit welch stalinistischen Methoden die Berliner Sportführung ihre Sportler bearbeitete.

Zudem mißfiel einigen Machthabern, daß Chemie Leipzig in den ersten vier Heimspielen im Durchschnitt 20.000 Zuschauer, Vorwärts dagegen nur 7.000 vorweisen konnte. Es wurde immer kräftiger daran gearbeitet, soviel wie möglich Chemie-Spieler zu Vorwärts zu „delegieren". Unruhe kam in die Mannschaft und Chemie verlor fünf aufeinanderfolgende Spiele. Am 23. Dezember 1952 war der Skandal perfekt. Sieben (!) weiter Chemie-Spieler „erklärten" den Übertritt zu Vorwärts, das eine Woche zuvor noch das Ortsderby gegen Chemie 0:1 verloren hatten. Die Chemie-Elf mit Walter Rose, Günter Busch, Gerhard Polland und Walter Stieglitz, fuhr voller Zorn nach Magdeburg und gewann dort sein „Heimspiel" gegen Motor Jena sensationell 6:0. Diese Trotzreaktion ließ den Zuschauer in Leipzig aufhorchen. Leipzig bestritt vom Februar bis April 1953 sechs Heimspiele vor nahezu 40.000 (!) Zuschauern pro Spiel. Mehr faßte das Bruno-Plache-Stadion in Probstheida nicht, in das man wegen des großen Andranges ausgewichen war. Der 40jährige deutsche Ex-Nationalspieler Walter Rose wurde dabei zum großen Rückhalt der Mannschaft. Die Messestadt stand geschlossen hinter der Chemie-Elf, die sich souverän vor dem von den Machthabern der DDR geplanten Abstieg rettete. Vorwärts Leipzig, das auch am 1. Februar 1953 vor 30.000 Besuchern das zweite Ortsderby der laufenden Saison gegen Chemie (1:2) verlor, hatte in der Folgezeit bei den Leipzigern alle Chancen verspielt. Urplötzlich waren die Rollen vertauscht. Nicht Chemie Leipzig, sondern Vorwärts Leipzig spielte gegen den Abstieg. Die Sektion Fußball der DDR und die Sportvereinigung Vorwärts hatten die „Schlacht" gegen die Leipziger Bevölkerung verloren. So wurde

Vorwärts Leipzig noch vor Saisonende von Leipzig nach Berlin transferiert. Von heute auf morgen einfach in eine andere Stadt. Man hoffte, dem Abstieg entgehen zu können und Berlin davor zu bewahren, in der Saison 1953/54 ohne Oberliga-Verein zu sein.

Doch der Trick mißlang, Vorwärts stieg ab und nicht nur in Leipzig rieben sich die Fußballfreunde verwundert die Augen. Am 24. Mai 1953 war es in Aue beim Spiel der Wismut-Elf gegen Vorwärts Leipzig/Berlin (2:2) zu Tumulten gekommen, worauf Aue eine Platzsperre bekam und zusätzlich dieses Spiel wiederholt werden sollte. Dadurch verschaffte man Volkspolizei Dresden einen Vorteil, da Aue nun in Babelsberg antreten mußte, und gleichzeitig ergab sich noch eine theoretische Möglichkeit, Vorwärts vor dem Abstieg zu retten. Doch diese Manipulation wurde überall erkannt, und es gab eine Flut von Protesten. So wurde von einer Rechtskommission die vorgesehene Spielwiederholung in Cottbus annulliert. Wismut Aue war am Ende mit Volkspolizei Dresden punktgleich.

Die Spieler von Wismut Aue haben die Meisterschaft „nach Außen" durch Querelen selbst verspielt. Zwei Platzsperren und ein Feldverweis ihres Mittelstürmers Willy Tröger waren einfach zu viel. Hinzu kam das Pech, daß Aue nach 18 Spieltagen seinen fabelhaften und eminent torgefährlichen Linksaußen Friedhold Schüller durch einen Beinbruch verlor. Da half

Abb. S. 126: Rotation Dresden u.a. mit Kurt Hoegg, Fritz Ritter (Torwart) Christoph Alwig und Werner Jochmann (v.l.)

Abb. : 127: Hans Kreische von der SG Friedrichstadt, im Vordergrund Torwächter Klantz von Motor Dessau bei Faustabwehr

Saison 1953/54

Rotation Dresden geht dem Mittelmaß entgegen. Unnötige Punktverluste gegen Absteiger bescherten den 7. Platz

Unnötige Punktverluste gegen schwächere Mannschaften brachten Rotation trotz guter Saisonleistungen in der Endabrechnung nur den 7. Platz. Besonders schwerwiegend die Punktverluste gegen die Absteiger! Gegen Thale gab es eine schmerzliche 3:4 Heimniederlage, ebenso holt der Vorletzte Motor Dessau mit einem 2:2 Remis bei den Schützlingen von Paul Döhring einen Punkt. Mit fünf Unentschieden und drei Niederlagen war keine bessere Plazierung für die Dresdner möglich. Balsam auf die Wunden war der 3:0-Heimsieg gegen Dynamo Dresden im 11. Derby! Bezeichnend, daß Felix Vogel mit 9 Toren in der Torschützenliste nur Rang 19 belegte. Die Torjägerkrone teilten sich Heinz Satrapa und Siegfried Vollrath mit 21 Toren, auf Rang drei folgte Peter Fischer von Fortschritt Meerane.

auch nicht mehr, daß sich Aue als die auswärtsstärkere Vertretung erwies. Der neue Meister Volkspolizei Dresden war ausgeglichener besetzt, besaß mit Heinz Klemm und Horst Kiesewetter die besseren Torleute, auch die geschlossenere Abwehr und in „Moppel" Schröter den überragenden Einzelkönner. Unter der sicheren Obhut von Trainer Paul Döring waren neun Spieler in 30 und mehr Punktspielen dabei. Die Volkspolizisten spielten keinen berauschenden Fußball, aber mit ihrer konstanten Besetzung, ruhigen Spielweise, der „Neutralität des Staatsorgans" und der Vereinsumwelt, waren sie am Ende nicht unverdient Tabellenerster. Schließlich darf nicht unerwähnt bleiben, daß es in der Saison 1952/53 insgesamt 22 vorzeitige Trainerwechsel in der Oberliga, dazu noch ein halbes Dutzend in der 1. Liga gab. Nur Zwickau, Erfurt, Brieske und Babelsberg waren bei diesem Trainerkarussell unbeteiligt geblieben. Dabei war am 5. August 1952 beschlossen worden, daß alle „Anstellungen und Kündigungen der Trainer bei der DDR Oberliga- und DDR-Liga-Gemeinschaften der Zustimmung der Sektion Fußball bedürfen".

Diese Leute hatten es fast fertiggebracht, eine Spitzenmannschaft (Chemie Leipzig war 1951 DDR-Meister!) sportlich zu schwächen, um den Versuch zu starten, eine schlechte (Vorwärts Leipzig, auch Kasernierte Volkspolizei (KVP) genannt) zu stärken. Daß dies bis heute ungestraft blieb, ist fast nicht zu verstehen, es widersprach jeder Fußballogik und erfolgte gegen den Willen der großen und breiten Anhängerschaft im Ostteil Deutschlands.

Saison 1952/53 DDR-Oberliga
Abschlußtabelle

1.	VP Dresden*1	32	51:53	38:26
2.	Wismut Aue	32	57:48	38:26
3.	Motor Zwickau	32	54:43	37:27
4.	Rotation Dresden	32	65:55	36:28
5.	Stahl Thale	32	45:47	36:28
6.	Motor Dessau	32	66:55	35:29
7.	Turbine Erfurt	32	51:44	34:30
8.	Chemie Leipzig	32	55:51	34:30
9.	Aktivist Brieske-Ost	32	55:22	34:30
10.	Empor Lauter (N)	32	58:61	33:31
11.	Lokomotive Stendal	32	56:54	32:32
12.	Rotation Babelsberg	32	58:59	32:32
13.	Turbine Halle (M)	32	51:44	31:33
14.	KVP Vorwärts Leipzig	32	49:56	30:34
15.	Motor Oberschöneweide	32	47:50	27:37
16.	Motor Jena(N)	32	35:62	22:42
17.	Motor Gera	32	32:71	15:49

*1 während der Saison am 13.04.53 in Dynamo Dresden umgenannt.
Entscheidungsspiel am 05.Juli 1953 um die Meisterschaft:
Dynamo Dresden - Wismut Aue 3:2 n-V.

Saison 1953/54 DDR-Oberliga
Abschlußtabelle

1.	Turbine Erfurt	28	58:36	39:17
2.	Chemie Leipzig	28	51:37	35:21
3.	Dynamo Dresden (M)	28	54:44	34:22
4.	Wismut Aue	28	59:42	33:23
5.	Rotation Babelsberg	28	58:43	32:24
6.	Aktivist Brieske-Ost	28	48:43	30:26
7.	Rotation Dresden	28	46:39	28:28
8.	Turbine Halle	28	30:30	28:28
9.	Empor Lauter	28	40:38	27:29
10.	Fortschritt Meerane (N)	28	46:46	25:31
11.	Motor Zwickau	28	39:56	25:31
12.	Einheit Ost Leipzig (N)	28	43:57	23:33
13.	Lokomotive Stendal	28	38:51	23:33
14.	Motor Dessau	28	38:55	23:33
15.	Stahl Thale	28	28:59	15:41

1954/55

Rudi Clemens und Christoph Albig von Rotation Dresden

Saison 1954/55

Ende Oktober 1954 wird mit einer gewaltsamen Clubbildung aus Rotation Dresden der „Sportclub Einheit Dresden"

Rotation Dresden erzielte unmittelbar nach der Clubbildung in den Sport-Club Einheit 4:8 Punkte und fiel durch drei Feldverweise, die jeweils erst nach dem Schlußpfiff erfolgten, durch eine große Heim-Auswärts-Diskrepanz auf. Die Dresdner erzielten zwar die meisten Treffer, mußten aber auch die zweithöchste Zahl an Gegentreffern hinnehmen. Die innere Ruhe kam auch dadurch zum Ausdruck, daß vier (!) verschiedene Trainer die Dresdner in dieser Saison betreuten. Dem ersten Trainer Paul Döring hatte die Sektion Fußball der DDR im November 1954 gar die Trainer-Lizenz entzogen. Offensichtlich suchte man einen Hauptschuldigen. Ganz sicher, darüber waren sich die Insider im Umfeld der „Rotationsleute" einig, wurde Altmeister Fritz Ritter zu früh aus dem Dresdner Tor genommen.
Mit gravierenden Veränderungen in den Organisationen des DDR-Fußballs wartete die Saison 1954/55 auf. Diese Saison stand ganz im Zeichen epochemachender Umwälzungen im DDR-Fußball, die durch die gewaltsamen und angeordneten Clubbildungen für jedermann sichtbar wurden. Diese von der DDR-Sportführung diktierten und angeordneten neuen Klubformen (Sportzentren) erfolgten in der Regel gegen den Willen der Spieler und Vereine. Was die Zuschauer auf den Rängen und die Fußballinteressenten im Lande dachten, interessierte die damaligen Machthaber nicht. Zu tief saß der Schock, daß der „Intimfeind" Westdeutschland mit der Weltmeisterschaft 1954 neue Reputation und der Fußball in Deutschland auch im Osten zusätzlichen Auftrieb erhielt. Konzentration der Kräfte hieß das Losungswort vom damaligen Macher und DDR-Sportchef Manfred Ewald.

Die Bevölkerung in der DDR hatte dafür kein Verständnis. Eine verständliche Haltung, denn seit dem Ende der Naziherrschaft waren erst neun Jahren vergangen. Die Sportführung der DDR glaubte ihrerseits, durch diese Maßnahmen zur sprunghaften Leistungssteigerung und damit höherer Spielqualität im Fußballsport zu gelangen. In der DDR-Oberliga 1954/55 wurden neun der 14 Vereine während der Saison 1954/55 in Sportclubs umfunktioniert. Besonders hart traf es den Tabellenneunten Empor Lauter, der per Dekret im November 1954 nach Rostock zum dortigen neuen Club SC Empor Rostock stieß! Sowie den Meister der letzten Saison Wismut Aue, der in die Bezirksstadt zum neuen Sport Club Wismut Karl-Marx-Stadt delegiert wurde. Nicht selten wurden die Spieler dabei von heute auf morgen ohne ihre Zustimmung einem anderen Betrieb angeschlossen. Demoralisierend wirkten die Clubbildungen auf die Spieler der restlichen fünf Oberliga-Vereine sowie auf die Vereine unter der Oberliga folgenden Spielklassen.

Die DDR-Oberligisten konnten sich zu jeder Zeit aus ihnen nehmen, was sie wollten. Und nur wenige Spieler widerstanden auf die Dauer letztendlich dem „Druck" und den „Verlockungen", zumal der Lebensstandard für den Durchschnittsbürger sehr bescheiden war. Die Nichtclubs waren diesem Treiben nahezu schutzlos ausgesetzt. All diese Maßnahmen und Umfeldänderungen führten dazu, daß die Spieler ohne innere Begeisterung, mit einer gewissen Passivität zum Training gingen und auf das Spielfeld aufliefen. Extreme Leistungsschwankungen, häufige Änderungen der Teamaufstellungen und gelegentliche Revolten der Spieler waren zwangsläufige Folgen. All das waren keine Voraussetzungen für Leistungssteigerungen. Im Gegenteil. Die Saison 1954/55 war von einer Instabilität geprägt und die gebotenen Leistungen sogar schwächer als in den vorangegangenen Spieljahren. Es gab kaum einen Oberliga-Spieler, der während der gesamten Saison durchgehend gute Leistungen aufzuweisen hatte.

Am besten mit all diesen Ereignissen wurden noch die Erfurter fertig, die stets mit einer konstanten Hintermannschaft spielten und auch die Mehrzahl der besten Spieler in ihren Reihen hatte. So blieben die Blumenstädter mit Abstand am längsten ungeschlagen und auch ohne Gegentor. Das vom großartigen Kapitän Helmut Nordhaus geführte Meisterteam verteidigte schließlich hochverdient seinen Titel. Die Erfurter, die auswärts die größte Zuschauer-Resonanz auslösten, machten es sich am Ende aber noch selbst schwer, als im vorletzten Spiel gegen Zwickau vier Minuten vor dem Abpfiff beim Stande von 1:2 ihr Linksverteidiger Gerhard Franke einen Elfmeterball nicht zu verwandeln vermochte und damit die Meisterschaft bis zum letzten Spieltag offen ließ. Der eigentliche Topfavorit für die Meisterschaft war Wismut Aue gewesen. Doch das Team der Wölfe, Tröger, Satrapa, Bauer etc. wurde besonders strapaziert. Zunächst gab es bei der neuen Klubschaffung die gleichen Erscheinungen wie anderswo, doch zusätzlich sollte die Mannschaft in die Bezirksstadt Karl-Marx-Stadt verlegt werden.

In Aue gab es aktiven Widerstand gegen die neue Clubbildung - Erst die Zusage von Walter Ulbricht bringt Ruhe

Doch da gab es noch die große Anzahl der Kumpels in und um Aue, die ihre Lieblinge nicht preisgeben wollten. Als der Druck von „oben" größer wurde, erzeugten sie Gegendruck. Tausende von Kumpels in und um Aue drohten mit einem Streik, falls ihre Mannschaft verlegt wird und forderten sogar eine verbindliche Zusage, daß das Wismut Aue-Team in Aue bleiben darf. Und die Bergwerksleute erhielten diese - von keinem Geringeren als Walter Ulbricht.
Um die Blamage der DDR-Sportführung nach außen nicht allzusehr sichtbar werden zu lassen, ließ man dann Wismut Aue für einige Jahre unter dem Namen SC Wismut Karl-Marx-Stadt spielen, obwohl dieses Team nichts, aber auch gar nichts mit dem früheren Chemnitz zu tun hatte. Diese psychische Belastung forderte bei den Akteuren auch ihren Tribut, der sich vor allem in einer großen Diskrepanz zwischen Heimstärke und Auswärts-

schwäche bemerkbar machte. Das Pokalfinale bestritt Wismut Karl-Marx-Stadt ohne ihre beiden schwer verletzten Stürmerstars Heinz Satrapa und Siegfried Tröger.

Hinter dem Kanonier vom Dienst Willy Tröger (SC Wismut Karl-Marx-Stadt), der 22mal ins Schwarze traf, belegte der Torschützenkönig von der Saison 1951/52 Harry Arlt vom SC Einheit Dresden mit 17 Toren den zweiten Platz vor Siegfried Vollrath (Turbine Erfurt) und Heinz Satrapa (SC Wismut Karl-Marx-Stadt), die je 16 Oberligatore erzielten.

Motor Zwickau hatte einen miserablen Start (0:8 Punkte). Dann aber fing sich die Elf nach und nach, die in Rechtsaußen Meinhold ihren besten und erfolgreichsten Spieler in dieser Saison hatte. Die Zwickauer profitierten aber auch von der Zwangsumsiedlung vom Empor Lauter nach Rostock. Drei Spieler Johannes Friedrich, Rudolf Hertzsch und Walter Espig weigerten sich, mit an die Ostseeküste zu ziehen, sie verstärkten in der Rückrunde die Zwickauer.

Schließlich kehrte Horst Oettler vom VfL Osnabrück zurück, ohne jedoch Bäume herauszureißen. Die Brieskaer kamen wie eh und je mit wenig Spielern aus und waren froh, als zum Jahreswechsel 1954/55 ihr großes Talent Heinz Lemanczyk von der DHfK aus Leipzig zurückkehrte, nachdem schon im Oktober 1954 der Zwickauer Gruner hinzugekommen war.

Der Saisonhöhepunkt war jedoch das Erreichen des Pokalhalbfinales sowie der Rekordsieg im Viertelfinale (9:0 gegen SC Fortschritt Weißenfels). Dynamo Dresden, das 1950 aufgrund seiner technisch-spielerischen Art als SG Friedrichstadt-Ersatz in der sächsischen Metropole relativ schnell Fuß gefaßt hatte und sich in Elbflorenz schnell viele Sympathien erwarb, hatte auch in der Saison 1954/55 einen Bombenstart (8:0 Punkte) und wieder eine stattliche Heimkulisse. Doch mit der neuen Klubschaffung des SC Dynamo und der Umsiedlung der Mannschaft nach Berlin begann das große Dilemma! Die Mannschaft verlor allmählich ihre Form und geriet im Januar 1955, als Hans Kreische, Gerhard Hänsicke, Rudolf Möbius und Günter Usemann längere Zeit ausfielen,

völlig aus den Fugen. 0:10 Punkte in den Winterwochen stellten einen traurigen Rekord dar. Doch es kam noch ein anderer Effekt hinzu, denn der gebildete SC Dynamo Berlin war quasi die Betriebsmannschaft für „Innere Angelegenheiten" („Stasi") geworden.

Das Zuschauerinteresse an der DDR-Oberliga geht immer mehr zurück!

Welch ein großer taktischer Fehler wurde hier von der Sportführung der DDR begangen. Die Auswirkungen wurden sofort sichtbar. Die Dynamo-Elf hatte in Berlin im Durchschnitt weniger als 8.000 Zuschauer, in Dresden waren es 19.000 und mehr! Und auch auswärts sank die Zugkraft sofort um ein Drittel. Die allein auf den Leistungsabfall zurückzuführen zu wollen, wäre zu einseitig, denn andere Vereine wie Leipzig und Halle hatten trotz katastrophaler Leistungsabfälle unvermindert hohe Zuschauerzahlen, die eben auch traditionsbedingt sind. Ein Aspekt mutet heute fast sensationell an: der SC Dynamo Berlin erhielt in der Saison 1954/55 keinen (!) Elfmeter zugesprochen. Damals hatte Gerhard Schulz, selbst der beste Referee im Lande, seine Schiedsrichtergarde noch ziemlich fest im Griff. Der andere Berliner ZSK Vorwärts, ebenfalls kein echter Berliner Verein, brachte nicht die gewünschten Erfolge, obgleich der frühere Erfurter Keeper Heinz Grünbeck und nach seiner Begnadigung auch der Dessauer Ex-Nationalspieler „Holdi" Welzel im Herbst 1954 noch hinzugekommen waren.
Es begann zu gären, zumal die Vorwärts-Elf in Leipzig trainierte. Im Januar war der Tumult perfekt, die Spieler machten sich gegenseitig Mut und ließen ihren Unmut schließlich freien Lauf. Das Ergebnis war deutlich sichtbar. 14 (!!) Spieler des Oberliga-Teams ZSK Vorwärts verließen gegen den Willen der DDR-Sportführung geschlossen Berlin und schlossen sich wieder der in Leipzig zurückgebildeten Vorwärts-Elf an, die auf kuriose Art und Weise für die DHfK in der Liga weiterspielte. Eine mutige Haltung all dieser Akteure, die höchsten Respekt erfordert. Nur Eilitz, Reichelt, Mitzschke und Marotzke waren beim ZSK Vorwärts Berlin geblieben, der sich nun von Motor Oberschöneweide und vielen anderen

1955

DDR-Vereinen bediente, wie er es für nötig hielt. So waren für diesen Berliner Club in der Saison 1954/55 insgesamt 33 Spieler zum Einsatz gekommen. Natürlich nahm auch ein neuer Trainer den Taktstock in die Hand. Mit dem Ungarn Janos Gyarmati hatte man sich dabei ebenfalls glänzend bedient. Empor Lauter, der kleine erzgebirgische Ort bei Aue, war nach 8 Spieltagen Tabellenführer der Oberliga. Ein vorbildliches Vereinsklima sowie der Zugang der Bialas-Brüder hatte dieses Wunder Lauter vollends perfekt werden lassen. Doch am 1. November 1954 wurde die Elf nach Rostock von „Oben" nach der Ostsee delegiert, der Fußball und seine sportlichen Belange mit „Füßen" getreten. Hier die Abschlußtabelle der Liga:

Stahl Riesa

DDR-Oberliga Saison 1954/55
Abschlußtabelle

1.	Turbine Erfurt	26	58:25	34:18
2.	Wismut Aue	26	62:38	33:19
3.	Einheit Ost Leipzig	26	56:46	30:22
4.	Rotation Dresden	26	64:55	29:21
5.	Motor Zwickau	26	51:49	28:24
6.	Aktivist Brieske-Ost	26	37:44	27:25
7.	Dynamo Dresden	26	50:50	26:26
8.	ZSK Vorwärts Berlin	26	43:46	26:26
9.	Empor Lauter	26	29:33	26:26
10.	Chemie Karl-Marx-Stadt	26	34:43	25:27
11.	SC Lokomotive Leipzig	26	33:38	24:28
12.	Rotation Babelsberg	26	36:36	23:29
13.	Turbine Halle	26	27:50	20:32
14.	Fortschritt Meerane	26	31:58	13:39

Saison 1955

Für den neuen starken Club SC Einheit Dresden wurde die Übergangsrunde nur zu einer Pflichtübung. Um den Spielrhythmus dem sowjetischen System der Spielzeiten anzugleichen mußte diese „Übergangsrunde" durchgeführt werden. Während fast in ganz Europa nach dem Ligensystem August bis nächstes Jahr Mai gespielt wird, entschied man sich in der DDR für das Spielsystem nach dem Kalenderjahr! Eine weitere Isolierung des DDR-Fußball an das westeuropäische Format wurde vorgenommen

In einer einfachen Runde ohne Rückspiel und ohne Aufstieg- oder Abstieg wurde gespielt. Nur knapp entging damit der SC Einheit Dresden dem Abstieg! Nur durch das bessere Torverhältnis retteten sich die Dresdner in die neue Saison, eine Saison in der Höhen und Tiefen für die Sachsen ständig wechselte!

Der SC Einheit Dresden zeigte sich schwach wie selten, verlor von seinen sieben Heimspielen gleich sechs! Viele Teams wirkten dabei lustlos, so wundert es nicht, daß mit dem SC Wismut Karl Marx-Stadt, SC Empor Rostock und SC Dynamo Berlin am Ende das Spitzentrio bildeten.

Die anderen Mannschaften hatten einfach keine Lust, dieser Farce noch den erforderlichen sportlichen Inhalt zu geben. So wundert es nicht, daß Rotation Leipzig, SC Einheit Dresden und SC Aktivist Brieske Senftenberg den Schluß der Tabelle zieren. Die Torschützenliste führte der Babelsberger Klaus Selignow mit 12 Toren vor Günter Schröter, SC Dynamo Berlin, mit 11 Toren und Willy Tröger vom Erstplazierten SC Wismut Karl-Marx-Stadt mit 9 Toren. Motor Zwickau erzielte die meisten Tore wurde aber wegen der Abwehrschwäche nur Vierter. Viele der Sportfunktionäre um Ewald Koch hatten erwartet, daß die Spieler, ohne nervliche Belastungen sorgenfrei und sportlich ambitioniert aufspielen würden, doch offensichtlich standen in den neuen Klubs ganz andere Belange für das mangelnde Selbstvertrauen der Spieler im Vordergrund. Gründe, die auch den Dresdner Fußball bei Einheit Dresden immer mehr in den Hintergrund bringen sollten. Hier die Abschlußtabelle.

DDR-Oberliga Saison 1955
(Übergangsrunde) Abschlußtabelle:

1.	SC Wismut Karl-Marx-Stadt	13	30:13	20:06
2.	SC Empor Rostock	13	25:13	19:07
3.	SC Dynamo Berlin	13	35:12	18:08
4.	Motor Zwickau	13	36:21	17:09
5.	Rotation Babelsberg	13	29:24	15:11
6.	SC Lokomotive Leipzig	13	21:17	14:12
7.	SC Turbine Erfurt	13	16:18	13:13
8.	SC Fortschritt Weißenfels	13	19:20	13:13
9.	Lokomotive Stendal	13	16:31	11:15
10.	Z ASK Vorwärts Berlin	13	26:28	10:16
11.	SC Rotation Leipzig	13	16:27	10:16
12.	SC Einheit Dresden	13	21:24	08:18
13.	SC Aktivist Brieske-Senftenberg	13	17:33	08:18
14.	Chemie Karl-Marx-Stadt	13	16:42	06:20

Saison 1956

Dresden hat mit dem SC Einheit nur noch einen Club in der Oberliga Dynamo Dresden nur noch in der 2. DDR-Liga Staffel Süd.

Mit der Änderung der Spielzeit synchron zum Kalenderjahr sowie die Anwendung des Substraktionsverfahrens beim Torverhältnis isolierte sich der DDR-Verband zusehends von den Bestrebungen der anderen Vereine in Westeuropa. Offiziell gab man als eine der Kriterien für die Umstellung der Spielzeit, die Bodenverhältnisse während der Wintermonate in Deutschland-Ost an. Doch im Vordergrund der SED-Sportideologen stand eindeutig die Angleichung an das sowjetische Spielsystem.

1956/1957

Saison 1957

Der SC Einheit Dresden zeigt an der alten Stätte „Heinz-Steyer-Stadion" eine wechselhafte Saison

Die Staatsführung der DDR hatte für diese Saison als oberstes Ziel die Teilnahme der DDR-Nationalmannschaft an der Fußball-Weltmeisterschaft 1958 in Schweden gemacht. Alle Spiele der DDR-Oberliga, die vom März bis November stattfanden, mußten sich dieser Prämisse unterordnen. Erstmals in der Geschichte des DDR-Fußballs wurde mit einem Länderspiel die Saison eröffnet. Dabei unterlag Luxemburg im Walter-Ulbricht-Stadion in Berlin mit 0:3 Toren.

Ansonsten gab es in der Saison nichts Neues. Zu dominierend trumpfte der Titelverteidiger SC Wismut Karl-Marx Stadt auf. Mit nur einer Heimniederlage (3:4) ausgerechnet gegen Aufsteiger SC Chemie Halle-Leuna leistete sich der Meister nur einen unbedeutenden Ausrutscher. Diese beiden Punkte bewahrten die Hallenser vor dem Abstieg, wie sich später noch herausstellen sollte. Die Überlegenheit der Elf aus dem Erzgebirge lag vor allen Dingen in der taktischen und technischen Umsetzung innerhalb der einzelnen Mannschaftsteile. Trotz der Heimniederlage zeigte sich der SC Wismut acht Tage später unbeeindruckt. Beim hartnäckigsten Verfolger ASK Vorwärts Berlin legten die Spieler um Kapitän Erhard Bauer mit einem 1:0 Erfolg in der Höhle des Löwen den Grundstein zum 2. Titelgewinn. Anders dagegen Dresdens Vertreter SC Einheit. Zuhause wurde eine bessere Plazierung verspielt. Vier Heimniederlagen sprechen eine deutliche Sprache, so daß am Ende nur aufgrund guter Auswärtsleistungen der 8. Platz heraussprang. Die Mannen um Trainer Johannes Siegert stellten sich mit wechselnden Leistungen über die gesamte Saison vor. Die Unbeständigkeit war das Beständigste an den Dresdnern. Bedingt durch die Leistungsschwankungen gab man sicher geglaubte Punkte, zu Hause gegen SC Rotation Leipzig (0:1), SC Fortschritt Weißenfels (1:2) und SC Turbine Erfurt (1:3) doch noch an die Gastmannschaft ab. Nochmals zum Einsatz kam der 37jährige Klassetorwart des DSC, nachdem der etatmäßige Keeper

Um den Fußball der DDR auch international aufzuwerten entschloß man sich durch gravierende Umwälzungen und vom Regime angeordnete Clubbildungen eine Leistungssteigerung zu „diktieren". Diese von der DDR-Sportführung gewollten Umstrukturierungen in den Sportklubs erfolgten in der Regel wider den Willen der Spieler und der Vereinsführung.

Vor allen Dingen Dynamo Dresden wurde mit der neuen Situation nicht fertig. Trainieren an der Elbe, spielen an der Spree - mit diesem Rhythmus kamen Möbius, Matzen und Kreische nicht zurecht. Der Meister von 1953 ist zwei Jahre später nur noch drittklassig. Das war auch der Grund, weshalb die DDR-Sportführung beschließt, daß der SC Einheit und Dynamo die Stadien tauschen. Dynamo spielt im Rudolf-Harbig Stadion während der SC Einheit ins traditionsreiche Heinz-Steyer-Stadion im Ostragehege wechselt.

Während der SC Einheit in der DDR-Oberliga auf einem achtbaren 5. Platz landet, trifft es die von Verfehlungen, Intrigen und den kaum noch zumutbaren „Zwangsspielerabstellungen" für den SC Dynamo Berlin gebeutelten Volkspolizisten unter dem „Dynamo" Symbol spielenden Dresdner in dieser Saison hart. Weil Joachim Vogel unberechtigt bei Spielen in der 2. DDR-Liga-Staffel Süd mitspielte, wurden dem Stasi-Club neun Punkte am „grünen Tisch" aberkannt. Folge davon: Der SG Dynamo Dresden stieg als Vorletzter in die Bezirksliga Dresden ab!

Wer hatte damals von den Verantwortlichen geahnt, daß die „Umlegung" des Teams von Dresden nach Berlin fast zu einem Generalstreik der Arbeiter im Stahlwerk Freital geführt hätte? Den Beschluß vom Juli 1954 und die Schaffung von Fußball Clubs und willkürlich festgelegten Fußballzentren sollten den DDR-Fußball attraktiver machen.

DDR-Oberliga Saison 1956
Abschlußtabelle:

1.	SC Wismut Karl-Marx-Stadt (M)	26	53:21	38:14
2.	SC Aktivist Brieske-Senftenberg	26	34:15	36:16
3.	SC Lokomotive Leipzig	26	45:22	34:18
4.	Lokomotive Stendal (N)	26	55:54	28:24
5.	SC Einheit Dresden	26	50:46	26:26
6.	ASK Vorwärts Berlin	26	41:41	26:26
7.	Rotation Babelsberg	26	41:53	26:26
8.	SC Rotation Leipzig	26	35:41	24:28
9.	SC Motor Karl-Marx-Stadt	26	25:50	23:29
10.	SC Fortschritt Weißenfels (N)	26	36:38	22:30
11.	Motor Zwickau	26	47:52	22:30
12.	SC Turbine Erfurt	26	36:38	21:31
13.	SC Dynamo Berlin	26	39:48	20:32
14.	SC Empor Rostock	26	31:49	18:34

Absteiger: SC Empor Rostock, SC Dynamo Berlin
Aufsteiger: SC Motor Jena, SC Chemie Halle-Leuna

1957

Wolfgang Großstück wegen einer Tätlichkeit gegen einen Spieler des SC Rotation Babelsberg mit einer vierwöchigen Sperre belegt wurde. Erfreulich war die Entwicklung der jüngeren Spieler beim SC Einheit Dresden. So rückten Wolfgang Großstück, Manfred Hansen und Wolfgang Pfeifer in den Blickpunkt auch für die Auswahlmannschaft der DDR. Überraschend das gute Abschneiden von Aufsteiger SC Motor Jena. Die Thüringer verloren zwar zu Hause alle Spiele gegen das Spitzentrio SC Wismut, Vorwärts Berlin und Rotation Leipzig, trotzdem hatten die Spieler um Kapitän Karl Oehler eine erfolgreiche Saison. Mit Horst Kirch (9 Tore) und Roland Ducke (7 Tore) hatten sie auch die entsprechenden Torjäger. Die Überraschungsmannschaft in dieser Saison war jedoch der SC Rotation Leipzig! Zu Beginn der Saison 1957 hatten die Experten die Messestädter nicht auf der Rechnung! Doch fast hätten die Spieler von Trainer Johannes Studener die Vizemeisterschaft geschafft, doch ein 0:0 von Vorwärts Berlin brachte die Leipziger um den verdienten Lohn. So fand in der Messestadt ein Wechsel statt. Nicht Lokomotive Leipzig wurde zum Liebling, sondern die Spieler von Rotation! Das bewiesen auch die Zuschauerzahlen. Über 150.000 Zuschauer wollten die Spiele des SC Rotation in Leipzig sehen. Nur Halle (250.000) und SC Einheit Dresden (195.000) hatten mehr Zuschauer.

Tristesse dagegen bei Lokomotive Stendal. Im Vorjahr als Aufsteiger noch den 4. Platz erreicht, versagten die Nerven der Spieler um Kapitän Karl Köhler des öfteren. Am Ende fehlten bei Punktgleichheit mit Aufsteiger SC Chemie Halle Leuna sieben Tore zum rettenden 12. Tabellenplatz. Der Abstiegskampf hatte für die letzten sechs Mannschaften in der Schlußphase eine eigene Brisanz. Schon längere Zeit war die Situation für den Tabellenletzten SC Motor Karl-Marx-Stadt ausweglos. Nur drei Siege in 26 Spielen sprachen eine deutliche Sprache, ebenso die 62 Gegentreffer, die der unbeliebte Club kassieren mußte! Der Abstieg war nur die Quittung für die DDR-Sportfunktionäre, die mit politischem Druck den Klub bildeten.

Ein Jahr davor wurde der Abstieg noch am grünen Tisch mit Tricks und Kniffen von „Oben" vermieden. In dieser Saison kamen jedoch die innermannschaftlichen Probleme zwischen ehemaligen Chemie Karl-Marx Stadt Akteuren und Spielern aus dem Bezirk, die sich im 30(!) köpfigen Kaderstamm rekrutierten, voll zur Wirkung. Keine leichte Aufgabe für Trainer Walter Fritsch, der auch am 23. Spieltag das Handtuch warf und von einem Spieler-Triumpherat um Horst Riedel, Willy Holzmüller und Peter Fischer abgelöst wurde. Schadenfreude bei den Fußball-Fans, daß das Experiment von „Oben" gescheitert war. Erst in der Saison 1956 der Abstieg von Empor Rostock und nun die Schmach mit Motor Karl-Marx Stadt sowie nur der Vizetitel für ASK Vorwärts Berlin. Die DDR-Sportführung mußte bei den damaligen Machthabern zum Rapport, zumal auch die DDR-Auswahl bei den Qualifikationsspielen zu WM in Schweden die Qualifikation gegen die Tschechoslowakei verpaßte! 110.000 Zuschauer in Leipzig wurden Zeuge bei der 1:4 Niederlage am 27. Oktober 1957.

DDR-Oberliga Saison 1957
Abschlußtabelle:

1.	SC Wismut Karl-Marx-Stadt(M)	26	49:28	36:16
2.	ZASK Vorwärts Berlin	26	45:22	33:19
3.	SC Rotation Leipzig	26	40:29	32:20
4.	SC Motor Jena(N)	26	41:29	28:24
5.	SC Aktivist Brieske-Senftenberg	26	33:26	28:24
6.	SC Turbine Erfurt	26	37:33	27:25
7.	SC Lokomotive Leipzig	26	36:32	26:26
8.	SC Einheit Dresden	26	40:44	25:27
9.	SC Fortschritt Weißenfels	26	38:38	23:29
10.	Motor Zwickau	26	35:43	23:29
11.	Rotation Babelsberg	26	29:44	23:29
12.	SC Chemie Halle-Leuna(N)	26	42:51	22:30
13.	Lokomotive Stendal	26	28:43	22:30
14.	SC Motor Karl-Marx-Stadt	26	31:62	16:36

Absteiger: SC Karl Marx Stadt, Lokomotive Stendal
Aufsteiger: SC Dynamo Berlin, SC Empor Rostock

Saison 1958

Die Punktspiele fanden auch im Spieljahr 1958 zwischen dem ersten Märzsonntag und dem letzten Novembersonntag statt. Beim SC Einheit Dresden ging mit der Verpflichtung von Johannes Siegert ein neuer Ruck durch die Mannschaft. Nach dem miserablen Saisonstart mit 3:9 Punkten verjüngte der engagierte Coach seine Truppe, und der Erfolg ließ nicht lange auf sich warten. Der überragende Torwart Wolfgang Großstück, der ein Garant für die Erfolge des SC Einheit Dresden wurde, sowie der beiden Torjäger Felix Vogel und Gottfried Matthes, die je acht Tore erzielten, waren die Matchwinner im Team der Sachsen.

Mit einem tollen Zwischenspurt erkämpfte sich die Mannschaft mit einem 3:1 in Berlin(!), einen überraschenden Erfolg und schaffte am Ende der Saison einen 5. Platz. Noch größer die Erfolge in den Spielen um den FDGB-Pokal. So schalteten die Sachsen im Halbfinale den späteren Meister ASK Vorwärts Berlin aus. Im Finale wurde der SC Lokomotive Leipzig im Cottbusser Max Reimann Stadion mit 4:2 bezwungen. Der SC Einheit Dresden hatte den Pokal gewonnen und damit den größten Erfolg in der noch jungen Vereinsgeschichte. Hätte es schon damals den Europapokal der Pokalsieger gegeben (er wurde in der Saison 1960/61 eingeführt) die Dresdner hätten auch international mitgemischt! Stattdessen sollte in der nächsten Saison der „Absturz" kommen und sich die Dresdner nur knapp vor dem Abstieg retten.

Mit großen Erwartungen nahmen die meisten der 14 Oberliga-Mannschaften den Kampf auf. Vor allem sollte mehr Wert auf den „moderneren Fußball" gelegt werden, der nicht nur kämpferisch orientiert war, sondern die spielerischen Momente mehr in den Vordergrund stellen sollte. Die Ergebnisse in der Vergangenheit hatten gezeigt, daß mit der meist praktizierten Kick and Rush-Methode nichts mehr im Fußball Europas zu gewinnen war. Auch der Weiterentwicklung jüngerer Spieler wollte man vielerorts mehr Aufmerksamkeit schenken. Nach Abschluß der Saison konnte man feststellen, daß die Spiele schneller wurden, daß man offensiver spielte, aber daß der große Durchbruch noch immer auf sich warten ließ. Nur mit den Leistungen der drei Mannschaften ZASK Vorwärts Berlin, SC Motor Jena und SC Wismut Karl-Marx-Stadt konnte man zufrieden sein. Nachdem die Armee-Fußballer von Vorwärts Berlin im letzten Jahr vergebens versucht hatten, die erfolgreiche Titelverteidigung der Wismut-Kumpel aus dem Erzgebirge zu stoppen, gelang ihnen diesmal der Titelgewinn.

Der SC Einheit Dresden mit Hansen, Müller, Arlt, Prenzel, Reinicke, Nicklisch, Pfeiffer, Albig, Knappe, Großstück und Jochmann (v.l.)

Sie zeigten die ausgeglichensten Leistungen, waren athletisch am besten austrainiert und in technischer Hinsicht den anderen Teams überlegen. Trainer Kurt Fritzsche ersetzte das übertriebene Querpaßspiel durch ein steileres Flügelspiel, bei dem die individuellen Fähigkeiten von Vogt und Assmy besser genutzt werden konnten. Obwohl die „Rot-Gelben" überzeugend Meister wurden, darf nicht außer acht gelassen werden, daß viele Funktionärsentscheidungen und die erhebliche Staatsunterstützung großen Anteil an diesem Erfolg 1958 hatten.

Deshalb ein Blick zurück in die Vereinsgeschichte des ASK Vorwärts Berlin. Da die Volkspolizei in der DDR schon eine Mannschaft in Dresden hatte (Dynamo Dresden), mußte auch die kasernierte Volkspolizei (KVP), der Vorläufer der Nationalen Volksarmee, eine Mannschaft haben. 1951 wurde sie in Leipzig aus der Taufe gehoben. Den Auftrag erhielt dazu Richard Steimer, Schwiegersohn des 1. Präsidenten der DDR, Wilhelm Pieck,. Mit vielen Versprechungen wurden Spieler in die Elf des KVP Vorwärts Leipzig gelockt, einige Spieler wurden auch politisch überzeugt, hier zu spielen.

Zwei Jahre spielte man in Leipzig, dann wurde die Elf an die Spree „versetzt", da in Sachen Oberligafußball in Berlin nicht viel los war und sie in Leipzig alle Sympathien durch ihre Funktionäre und die „Kaminspiele" verspielt hatte. Konkret sah das aber so aus, daß man zu den „Heimspielen" in einem Expreßwagen nach Berlin reiste Diese Anordnung kam vom stellvertretender Verkehrsminister Steimer(!). Zunächst waren für ein oder zwei Jahre auch echte Leipziger dabei, wie Rudolf Krause, Rainer Baumann oder Horst Scherbaum, die aber bald das Vorwärts-Trikot im Disput für immer auszogen. Ein zweiter Schachzug war, über die DHfK (Deutsche Hochschule für Körperkultur) an die vielen talentierte jungen Fußballer zu kommen, die in Leipzig studierten. Dieses DHfK-Gerippe verstärkte man nun durch einige echte Berliner, wie Karl-Heinz Spickenagel und Horst Assmy (aus Pankow), Lothar Meyer Günther Wirth. Die vielen Berlinfahrten gingen ans Geld, und so wurde die Elf 1955 nach Strausberg verlegt (35 km von Berlin entfernt) und spielte unter dem Namen ZSK (später ASK/ZASK) Vorwärts Berlin. Über Jahre wurde diese junge Mannschaft geformt. Auch der spätere Auswahltrainer der DDR, der Ungar Janos Gyarmati, trainierte die Elf. Dank ihrer guten Spielanlage fand die Elf immer mehr Anklang und eroberte sich steigende Zuschauerzahlen.

1958 war man nun in den Funktionärskreisen endlich zufrieden, der 1.Titel wurde gewonnen. Am 16. Spieltag sicherten sich die Männer um Wirth die Tabellenspitze. Der neue Heimrekord mit 13 Heimsiegen und 36:6 Toren bildete die Grundlage dafür, daß die Führung nicht wieder abgegeben werden mußte. Mit dem 4:0 am 24. Spieltag gegen den Tabellenzweiten, SC Motor Jena wurde die Meisterschaft vorzeitig gesichert. Wenn man vom Meister sprach, dann meinte man nicht nur die Routiniers, wie Spickenagel, Unger, Meyer

1958

oder Wirth, sondern auch die Jüngeren, wie Kalinke oder Krampe. Trainer Fritzsche konnte sich auf seine Abwehr verlassen. Im Mittelfeld war Lothar Meyer der Kopf der Mannschaft, der Linksaußen Wirth mit entsprechenden Vorlagen bediente und in der Sturmmitte wartete stets Vogt. Aus der Mannschaft verabschiedet wurde am Saisonende Werner Eilitz, der seit 1952 an der Entwicklung dieser Elf großen Anteil hatte und insgesamt 102 Oberligaspiele für die „Rot-Gelben" absolvierte

Der Tabellenzweite SC Motor Jena gehörte zu den angenehmen Überraschungen der Saison. Die junge Elf meldete über lange Zeit sogar Titelansprüche an. Nur im ersten Heimspiel gegen SC Dynamo Berlin (1:2) ging man nicht als Sieger vom Platz. Auch Helmut Müller, dem Torschützenkönig der Oberligasaison mit 17 Toren, war es nicht gelungen, die sichere Abwehr zu überwinden. Georg Buschner, der die Elf nach Beendigung der ersten Serie übernommen hatte, ließ sich nicht von seinem Weg abbringen. Als neuer Trainer nach Heinz Pönert legte er viel Wert auf eine gute athletische Fitneß seiner Spieler. Dieser entwicklungsfähigen Mannschaft gelang jedoch nicht alles, denn den Talenten fehlte es noch an Routine, aber es war erkennbar, daß hier eine gute Mannschaft heranwächst. Zu ihren ersten Oberligaeinsätzen kamen in der Saison Hilmar Ahnert, Dieter Lange und Heinz Marx. Alle drei Spieler sollten noch viele Jahre in Jena das Geschehen mitbestimmen. Viel Freude bereitete auch die Spielweise von Hans-Joachim Otto. Am Saisonende wurde Karl Schnieke, mit 39 Jahren dienstältester Oberligaspieler in der Saison, verabschiedet.

Auch dem SC Wismut Karl-Marx-Stadt zollte man in dieser Saison nochmals viel Lob, auch wenn er seinen Vorjahrestitel nicht verteidigen konnte und am Ende nur der 4. Tabellenplatz erreicht wurde. Trotzdem konnte die Mannschaft im Europapokal-Wettbewerb der Meister überzeugen.

Unvergessen das 4:0 im dritten und entscheidenden Spiel gegen Petrolul Ploesti in Kiew. Mit dem Ausschalten des schwedischen Meisters IFK Göteborg zog man ins Viertelfinale gegen den Schweizer Meister Young Boys Bern, wo man erst im Entscheidungsspiel mit 1:2 in Amsterdam unterlag! Verständlich, daß es den Chemnitzern in den Meisterschaftsspielen öfters an Kraft fehlte, die Reisestrapazen im Europapokal zeigten ihre Auswirkungen. Nur ein Auswärtssieg (3:1) beim neuen Meister Turbine Erfurt waren zuwenig, um den dritten Titel in Serie zu erkämpfen.

Zufrieden mit dem dritten Platz war das Team von Aktivist Brieske Senftenberg. Die Elf aus der Lausitz, die seit Jahren in der DDR-Oberliga mitspielte, erreichte damit nach 1956, als die Mannschaft Vizemeister wurde, die zweitbeste Plazierung in den Saisonstatistiken. Ein toller Erfolg für Trainer Hermann Fischer, der mit Gerhard Marquardt (10 Tore) und Heinz Lemanczyk (9 Tore) eines der besten Torjägerduos stellte.

Im Abstiegsfeld, das sich aus dem abgeschlagenen Tabellenletzten Rotation Babelsberg, und dem Trio Erfurt, Weißenfels und Halle rekrutierte, hatten am Ende die Hallenser das bittere Los des Abstiegs getroffen. Obwohl am letzten Spieltag die Hallenser in Dresden gewannen (2:1), schafften sie es nicht mehr, da Weißenfels gesiegt hatte und auch die Erfurter in Leipzig den einen sichernden Punkt gewannen. So hatten alle drei Vertretungen 22 Punkte, aber das Torverhältnis entschied gegen Halle. Hatte man sich im Vorjahr noch am allerletzten Spieltag retten können, so reichte es diesmal nicht. Pech für die Hallenser, daß der nichtverwandelte Strafstoß von Fettke (Leipzig) gegen Erfurt auch ihr Schicksal besiegelte. Der Rückrundenstart der Hallenser war mit erheblichen Anpassungsproblemen verbunden (2:6 Punkte, 4:12 Tore). Waren es im ersten Spiel unter dem neuen Klubnamen gegen Einheit Dresden (1:0) drei Spieler (Landmann, Kleine, G. Hoffmann), so verschob sich immer stärker dieses Verhältnis zugunsten der Spieler aus der 1. DDR-Liga. Eine radikale Mannschaftsumstellung gab es nach der herben 0:5 Niederlage in Babelsberg. Doch selbst diese Maßnahme konnte den Abstieg nicht mehr abwenden, der für Saalestadt mit seinen 300.000 Einwohnern, darunter viele Fußballanhänger, erhebliche Auswirkungen hatte. Für die Sportgewaltigen in Ostberlin war es eine herbe Schlappe, wieder war eines ihrer „Retortenkinder" in die Binsen gegangen. Landauf, landab wurde gelächelt, auch wenn es für die betroffenen Spieler selbst bitter war.

Abschließend noch zum Absteiger Rotation Babelsberg. Für die Männer um Trainer Helmut Jacob war es ein Abstieg aus der Oberliga für immer. Für die junge Mannschaft konnte nur der Klassenerhalt das Ziel sein. Es gelang nicht, weil man als einzige Mannschaft eine negative Heimbilanz hatte (12:14 Punkte) und auch auswärts nur zwei Punkte schaffte (2:1-Sieg in Halle). Die Babelsberger waren ständig auf der Suche nach Verstärkungen, setzten auch 28 Spieler im Verlauf der Saison ein, aber der Erfolg war stets nur sehr kurzzeitig. Immer größer wurde der Abstand, obwohl zu Hause einige Achtungserfolge (6:1 gegen Erfurt, 5:0 gegen Halle) gelangen. So war das 1:1 am letzten Spieltag gegen den SC Dynamo Berlin das letzte Oberligatreffen. Johannes Schöne trug die meisten Oberligaspiele (214) für seinen Klub zwischen 1950 und 1958 aus. Seine 112 Tore sollten ihm einen vorderen Platz in der ewigen Oberliga-Torschützenliste der DDR sichern.

DDR-Oberliga Saison 1958
Abschlußtabelle:

1. ASK Vorwärts Berlin	26	44:25	39:13
2. SC Motor Jena	26	49:24	35:17
3. SC Aktivist Brieske-Senftenberg	26	46:26	33:19
4. SC Wismut Karl-Marx-Stadt(M)	26	36:26	29:23
5. SC Einheit Dresden	26	29:27	29:23
6. SC Dynamo Berlin (N)	26	37:34	26:26
7. Empor Rostock(N)	26	33:31	26:26
8. SC Motor Zwickau	26	36:39	27:25
9. SC Lokomotive Leipzig	26	36:30	24:28
10. SC Rotation Leipzig	26	42:52	24:28
11. SC Turbine Erfurt	26	27:45	18:34
12. SC Fortschritt Weißenfels	26	19:32	17:35
13. SC Chemie Halle Leun	26	30:50	22:30
14. Rotation Babelsberg	26	32:65	14:38

Absteiger: Rotation Babelsberg, SC Chemie Halle Leuna
Aufsteiger: Chemie Zeitz, Lokomotive Stendal

SC Einheit Dresden gegen Vorwärts Berlin mit Hansen, Losert und Großstück

1959

Saison 1959

Späte Entscheidung um den Titel und im Abstieg

Die Meisterschaftsrunde 1959 war spannend wie lange nicht. Obwohl es wieder zahlreiche Pausen im Spielplan gab, sorgten die knappen Punktabstände an der Tabellenspitze und der Kampf um den Abstieg für das notwendige Interesse am Oberligageschehen. Zwei Spieltage vor Abschluß der Meisterschaftsserie (24. Spieltag) ergaben sich folgende Konstellationen im Kampf um Meisterschaft und Abstieg. Mit 34:12 Punkten führte der SC Wismut Karl-Marx-Stadt, einen Punkt vor dem Vorjahresmeister ASK Vorwärts Berlin. In der Abstiegsfrage kam es zu einem Dreikampf zwischen Lokomotive Stendal, SC Einheit Dresden (beide 15:31 Punkte) und dem mit einem Punkt schlechter plazierten Tabellenletzten SC Turbine Erfurt. Wobei die letzten beiden Spieltage mit Paarungen wie Stendal gegen Einheit Dresden, oder Erfurt gegen ASK Vorwärts für Spannung bis in die letzten Sekunden der Meisterschaft sorgten.

Mit dem SC Wismut Karl-Marx-Stadt und dem ASK Vorwärts Berlin hatten sich in den letzten Jahren in der Oberliga zwei Spitzenmannschaften herauskristallisiert. 1958 entschieden die Armee-Fußballer aus Berlin den Zweikampf für sich. Natürlich wollten die Spieler um Berlins Trainer Kurt Fritzsche, nach Erfurt und Aue auch zum zweiten Male hintereinander den Titel erringen und damit das Double schaffen. Doch auch die Wismut-Elf wollte es noch einmal wissen, waren doch mit den Routiniers Bringfried Müller, Karl und Siegfried Wolf sowie Willy Träger immer noch die gleichen an Bord. Erfolgreich hatte man den Verjüngungsprozeß beim SC Wismut weiterführen können.

Eingebaut ins bewährte Mannschaftsgefüge wurden so talentierte Spieler wie Dieter Erler von Wismut Gera, er verstarb kürzlich, oder Horst Eberlein (Wismut Zschopau). So lieferten sich der ASK Vorwärts und der SC Wismut über die gesamte Saison einen erbitterten Zweikampf um den Titel. Der SC Wismut Karl-Marx-Stadt spielte gleichbleibend gut, und das sollte die Grundlage für den dritten Titelgewinn sein.

Nach Abschluß der ersten Halbserie hatte man vier Punkte Vorsprung (SC Wismut 21:5, ASK Vorwärts 17:9). Auch wenn dieser Vorsprung zeitweise wieder verloren ging, so waren es doch am Ende genau diese vier Punkte, die man den Berlinern voraus war und damit deren erfolgreiche Titelverteidigung verhindert werden konnte.

Wichtige Siege für die Erzgebirgler waren dabei 2:1 Erfolge in Brieske-Ost und zu Hause im direkten Vergleich das 2:1 gegen die Berliner. Nicht nur in diesen Spielen boten Manfred Kaiser und Siegfried Wolf eine überragende Läuferpartie. Gegen die Kampfkraft und den Einsatzwillen aller Wismut-Spieler hatten die Armee-Fußballer keine Chance. Der Titelverteidiger spielte in diesem Jahr, dagegen sehr wechselhaft. Nach dem 2:0 im Auftaktspiel gegen Weißenfels schafften die Vorwärts-Spieler in den nächsten vier (!) Spielen jeweils nur ein 0:0 und blieben damit 419 Minuten ohne Tor. Noch nie gab es bei den Vorwärts-Spielern eine so lange „Ladehemmung". Mit diesen Aus-

1959

setzern konnte man nicht Meister werden, ganz zu schweigen davon, daß man viele Zuschauer verlor. Zwischen dem 13. und 23. Spieltag blieb der Titelverteidiger jedoch ungeschlagen und kämpfte sich wieder heran. So konnten beide Teams vor dem letzten Spieltag noch Meister werden. Der SC Wismut führte mit 37:13 Punkten und 42:25 Toren die Tabelle an, vor dem ASK Vorwärts Berlin der mit 35:15 Punkten und 47:21 Toren auf Platz zwei folgte.

Die Berliner mußten nach Erfurt, Wismut spielte in Leipzig gegen den SC Lokomotive. Das Spiel endete mit einem 2:0 - Erfolg für die Wismut Elf. Dieter Erler und Siegfried Wolf waren die beiden Torschützen, die damit den dritten Meistertitel sicherten. Bis zum 1:0 war das Spiel sehr verkrampft, denn durch das bessere Torverhältnis der Berliner durften die Spieler um Kapitän Müller nicht verlieren. Als jedoch aus Erfurt das 2:0 für die Thüringer gemeldet wurde, war alles entschieden und Wismut spielte von diesem Zeitpunkt an sicher auf.

Viel Zeit zum Feiern blieb nicht, denn noch wartete eine Woche später das Pokalfinale auf die Top-Truppe aus dem Erzgebirge. Die Chance, als erste Mannschaft in der DDR, beide Wettbewerbe gewinnen zu können, war für den SC Wismut sehr groß. Doch Finalist Dynamo Berlin nutzte die spielerische Erschöpfung und den Kräfteverschleiß in der Mannschaft des SC Wismut aus und siegte im Wiederholungsspiel des Pokal-Endspieles (das 1. Finale endete mit 0:0), knapp mit 3:2 Toren.

So fand der Gewinn der Meisterschaft überall großen Beifall, denn das Team war nicht nur im Erzgebirge beliebt. Vor allen Dingen hatte man auch in dieser Saison in den Europapokalspielen prächtig aufgetrumpft, mit dem Vordringen ins Viertelfinale des Europapokals der Landesmeister, wo man dem Schweizer Meister Young Boys erst im dritten Spiel in der Entscheidung im Amsterdamer Stadion mit 1:2 unterlag, hatten sich die Wismut-Spieler in die Herzen aller DDR-Fußballfans gespielt.

Die Spieler des Vizemeisters ASK Vorwärts Berlin sorgten in dieser Saison neben den Meisterschaftsspielen für einigen Wirbel innerhalb der Mannschaft und des Umfeldes. Nach der schwachen Vorrunde, in der die Mannschaft ins Mittelfeld abzurutschen drohte, wurden in einer Krisensitzung die mangelnde kämpferische Einstellung einiger Vorwärts-Spieler kritisiert. Als Verantwortlichen fand man in Trainer Kurt Fritsche den Sündenbock. Er wurde Anfang August 1959 durch Harald Seeger abgelöst. Mit ihm gelang in der Rückrunde auch eine spielerische Steigerung, wenngleich die Remis gegen Absteiger Lok Stendal und das 0:0 gegen SC Einheit Dresden in der Endabrechnung gegenüber dem späteren Meister SC Wismut Karl Marx-Stadt wohl den Ausschlag gaben. Einen großen Auftritt hatte der Armee-Klub im Spiel um den Einzug ins Achtelfinale des Europapokals der Landesmeister, wo man den englischen Meister Wolverhampton Wanderes vor über 60.000 Zuschauern im Walter-Ulbricht-Stadion verdient mit 2:1 bezwang und in London erst nach großem Spiel unglücklich mit einer 0:2 Niederlage aus dem Europapokal ausschied.

Der SC Einheit Dresden dagegen hatte nach seinem Pokalerfolg in der vorigen Saison den Zenit seines Könnens längst überschritten und mußte bis zum Schlußpfiff dieser Saison um den Klassenerhalt bangen. Mit im Kampf um den Klassenerhalt der frühere Meister SC Turbine Erfurt und Aufsteiger Lokomotive Stendal, die sich mit dem SC Einheit Dresden ein spannendes Abstiegsszenario lieferten. Beim SC Einheit Dresden lief von Beginn an überhaupt nichts, es gab Stimmungen und Strömungen gegen Trainer Johannes Siegert, und am 5. August wurde der von Gottfried Eisler abgelöst. Trotzdem mußten die Sachsen bis zum 20. Spieltag warten, bis man beim 1:0 im direkten Vergleich gegen den Abstiegskonkurrenten Turbine Erfurt vor 28.000 Zuschauern den ersten (!) Sieg verbuchen konnte. Nun war beim SC Einheit Dresden der Knoten geplatzt, man schöpfte um das Heinz-Steyer-Stadion wieder Hoffnung, daß der Abstieg doch noch zu vermeiden wäre. Mit einem 2:0 Sieg gegen Rotation Leipzig und dem 2:2 gegen Chemie Zeitz kam es am vorletzten Spieltag zum Shutdown mit dem Neuling Lokomotive Stendal. Erneut zeigten 26.000 Zuschauer eine große Resonanz für den Dresdner Fußball! Bis in die Haarspitzen motiviert spielten die Mannen um Kapitän Wolfgang Pfeifer, von der ersten Minute an auf. Dem hatte Stendal nichts entgegenzusetzen und so siegten die Dresdner, wenn auch knapp, aber verdient mit 2:1! Die Dramatik in den Spielen um den Abstieg war am letzten Spieltag nicht mehr zu überbieten: der SC Einheit beim Fünften SC Motor Jena,

Turbine Erfurt gegen Vorjahresmeister ASK Vorwärts Berlin und Lokomotive Stendal gegen Aktivist Brieske Senftenberg waren die Paarungen im Abstiegskampf. Durchhalteparolen bei allen drei Klubs kennzeichneten die Situation während der Woche. Besonders in Dresden war von Trainer Eisler viel Überzeugungsarbeit notwendig. Schließlich gab es in den letzten beiden Spieljahren, jeweils mit 2:5 und 1:6, klare Niederlagen für die Dresdner gegen Jena. Doch diesmal zeigten sich die Spieler des SC Einheit auf die Minute topfit und sicherten sich dank des überragenden Schlußmanns Wolfgang Großstück und dem „goldenen Tor" von Gottfried Matthes in der 49. Minute per Kopf mit dem 1:0 Sieg den Klassenerhalt. Ein Punkt besser plaziert als Erfurt mit 18:34 Punkten belegte der SC Einheit den 12. Rang. Letzter wurde Lokomotive Stendal trotz des 1:0 Erfolges über Brieske Senftenberg und mußte den bitteren Weg des Abstiegs gehen. Ebenso Turbine Erfurt, der zwar Vorjahresmeister ASK Vorwärts Berlin mit 2:0 schlagen, aber als Vorletzter ebenfalls absteigen mußte!

Daß es zwischen Abstieg und oberem Tabellendrittel keine gravierenden Unterschiede gab, dokumentiert die Abschlußtabelle, wo zwischen dem Sechsten SC Fortschritt Weißenfels und dem Elften SC Rotation Leipzig nur fünf Punkte lagen. Vier Mannschaften, SC Aktivist Brieske Senftenberg, Motor Zwickau, SC Lokomotive Leipzig und Chemie Zeitz, waren mit 24:28 Zählern sogar punktgleich. Eine alles in allem der interessantesten Saisons für die Fußball-Fans in der DDR und mit einem glücklichen Ausgang aus Dresdner Sicht.

DDR-Oberliga Saison 1959
Abschlußtabelle:

1.	SC Wismut Karl-Marx-Stadt	26	44:25	39:13
2.	ASK Vorwärts Berlin(M)	26	49:24	35:17
3.	SC Dynamo Berlin	26	46:26	33:19
4.	SC Empor Rostock	26	36:26	29:23
5.	SC Motor Jena	26	29:27	29:23
6.	SC Fortschritt Weißenfels	26	36:39	27:25
7.	SC Aktivist Brieske-Senftenberg	26	36:30	24:28
8.	Motor Zwickau	26	30:32	24:28
9.	SC Lokomotive Leipzig	26	28:36	24:28
10.	Chemie Zeitz(N)	26	42:52	24:28
11.	SC Rotation Leipzig	26	31:40	22:30
12.	SC Einheit Dresden	26	23:42	19:33
13.	SC Turbine Erfurt	26	27:45	18:34
14.	Lokomotive Stendal(N)	26	19:32	17:35

Absteiger: Lokomotive Stendal, SC Turbine Halle
Aufsteiger: SC Chemie Halle, SC Aufbau Magdeburg

Saison 1960

Der SC Einheit Dresden kämpfte bis zur letzten Partie um den Klassenerhalt

Die Saison 1960, in der die Meisterschaft zum fünften, aber auch damit zum letzten Male während eines Kalenderjahres ausgetragen wurde, begann erneut im März und wurde erst im November beendet. Zahlreiche Hoffnungen verbanden sich mit dieser Saison. Die Verantwortlichen im Fußballverband der DDR erwarteten insgesamt einen Schritt nach vorn. Die Attraktivität und eine stärker auf Angriff orientiertere Spielweise sollten auch ein größeres Zuschauerinteresse wecken. Für den SC Einheit Dresden war diese Saison eine Zittersaison, denn bis zum letzten Spieltag mußte um den Klassenerhalt gekämpft werden. Erst mit einem 2:2 beim SC Fortschritt Weißenfels sicherte sich der SC Einheit den rettenden Punkt und damit Platz zwölf in der Endabrechung. Mit dem SC Fortschritt Weißenfels verabschiedete sich als Tabellenletzter die schwächste Mannschaft aus der DDR-Oberliga. Ohne doppelten Punktgewinn und mit acht Unentschieden war Trainer Gerhard Gläser und seine Spieler nicht in der Lage, die Klasse zu halten. Um den drittletzten Tabellenplatz und damit das „rettende Ufer" gab es bis zum Schluß der Saison einen „Dreikampf" zwischen dem SC Rotation Leipzig, dem Neuling Chemie Halle und dem SC Einheit Dresden.

Die Dresdner brachten sich mit einer miserablen Heimbilanz selbst um eine bessere Plazierung. Hier sprach das negative Torverhältnis von 30:51 Toren eine deutliche Sprache. Immer mehr zeigte sich, daß der „Aderlaß" zu Beginn der letzten Saison ihre Laufbahn beendeten, und die drei Großen des SC Einheit Harry Alt, Heiner Nicklisch und Werner Prenzel nicht wieder gutzumachende Lücken im Team hinterließen. Dies waren wohl die gravierendsten Gründe für den sportlichen Rückgang im Team. Immerhin spielten einige der Leistungsträger schon seit 1946 in verschiedenen Dresdner Teams, teils als SG Friedrichstadt, dann Sachsenverlag oder bei der SG Mickten. Trotzdem bewies die Mannschaft Moral und sicherte sich mit einem 2:2 am letzten Spieltag, beim schon vor dem Spiel feststehenden Absteiger SC Fortschritt Weißenfels, den zwölften Rang und damit den Klassenerhalt. Bester Torschütze des SC Einheit in dieser Saison war Felix Vogel mit sechs Treffern.

Die Meisterschaft 1960 stand ganz im Zeichen der Armeefußballer aus Berlin. Der ASK Vorwärts Berlin wurden durch seine konzentrierte Spielweise mit neun Punkten Vorsprung und 41:11 Punkten Meister. Eine lange Erfolgsserie des SC Dynamo Berlin sicherte dem ewigen Berliner Rivalen mit 32:20 Punkten den Vizemeistertitel. Besonders reizvoll die Ausgeglichenheit zwischen Platz 3 und 13, sie lieferte den Spannungsgehalt dieser Saison, in der im Schnitt pro Spiel über 10.000 Zuschauer die Stadiontore passierten.

Die Meisterfeier durch den ASK Vorwärts Berlin fand zum zweiten Male in Rot-Gelb statt. Nach 1958, als eine makellose Heimbilanz (26:0 Punkte) die Grundlage für den ersten Titelgewinn der Vorwärts-Elf war, sicherte diesmal die Beständigkeit den Armeefußballern den Titel. Man spielte über die ganze Saison sehr beständig und baute den Vorsprung auf neun Punkte aus. Vor allem im Schlußspurt überzeugte die spielerische Sicherheit. Mit nur 11 Minuspunkten demonstrierten die „Rot-Gelben" ihre taktische Reife, die auch in den Auswärtsspielen deutlich wurde (9 Siege, 20:6 Auswärtspunkte).

DDR-Oberliga Saison 1960
Abschlußtabelle:

1.	ASK Vorwärts Berlin	26	73:28	41:11
2.	SC Dynamo Berlin	26	44:27	32:20
3.	SC Lok Leipzig	26	37:31	32:20
4.	Motor Zwickau	26	37:33	31:21
5.	SC Wismut Karl-Marx-Stadt (M)	26	40:32	30:22
6.	SC Empor Rostock	26	46:36	29:23
7.	SC Aufbau Magdeburg (N)	26	47:59	27:25
8.	SC Motor Jena	26	55:43	24:28
9.	SC Aktivist Brieske Senftenberg	26	35:59	24:28
10.	SC Rotation Leipzig	26	39:39	23:29
11.	SC Chemie Halle(N)	26	37:42	22:30
12.	SC Einheit Dresden	26	30:51	21:31
13.	Chemie Zeitz	26	43:61	20:32
14.	SC Fortschritt Weißenfels	26	27:69	08:44

Absteiger: SC Fortschritt Weißenfels, Chemie Zeitz
Aufsteiger: SC Turbine Erfurt, Lokomotive Stendal

61/62/63

Saison 1961/62

Der SC Einheit Dresden steigt als Vorletzter der DDR-Liga in die Staffel-Süd ab

Mit der Änderung der Spielzeit nun wieder auf den Herbst-Frühjahrsrhythmus zu Beginn der Saison 1961/62 wollte die DDR sich dem Weststandard anschließen, eine seit Jahren geforderte und wichtige Voraussetzung, um auch in den Messe- und Europapokalspielen der UEFA besser mitzuspielen. Für die Sportfreunde in Dresden, seit Jahren eine „Fußballhochburg", war der Abstieg des SC Einheit Dresden vorprogrammiert, aber auch vermeidbar. Zu Beginn der Saison stößt Klaus Sammer zum SC Einheit Dresden, doch auch er konnte den schon seit Jahren erkennbaren spielerischen Substanzverlust nicht aufhalten. Am Ende fehlte ein Punkt zum Klassenerhalt, gegenüber dem auf Platz 12 besser plazierten SC Aktivist Senftenberg.

Zusammen mit dem „Aufsteiger" Lok Stendal müssen die Dresdner als Absteiger in die Staffel Süd. Entscheidende Punkte, die letztlich wohl den Ausschlag für den Abstieg gaben, wurden gegen Lok Stendal und Aufbau Magdeburg abgegeben. Jeweils 1:1 trennte man sich in Dresden. Auch gegen die Mannschaften im Mittelfeld wie Lok Leipzig büßte man beim 2:2 wichtige Punkte ein. Trotzdem hat die Einheit-Truppe Achtungserfolge vorzuzeigen. So schlägt man den späteren Meister und Titelverteidiger ASK Vorwärts Berlin vor 35.000 Zuschauern im Heinz-Steyer-Stadion mit 1:0, auch der SC Dynamo Berlin hatte bei seiner 1:3 Niederlage in Dresden keine Chance. Doch trotzdem bleibt unter dem Strich festzuhalten: die magere Ausbeute von 14 Heimpunkten war zu wenig, um die Klasse zu sichern.

Meister wird wie im Vorjahr der ASK Vorwärts Berlin (50:28) mit drei Punkten Vorsprung vor dem SC Empor Rostock, der sich vor dem SC Dynamo Berlin (45:33) die Vizemeisterschaft sichert. Mit 23 Treffern heimst sich der Rostocker Arthur Bialas die Torjägerkrone vor dem Erfurter Seifert ein. Doch Dresden sollte in der Saison 1962/63 wieder ein Team in der DDR-Liga haben. Parallel zum Abstieg des SC Einheit sicherte sich die SG Dynamo Dresden mit der Meisterschaft vor SC Motor Karl-Marx Stadt den Aufstieg! Für den Fußball in Dresden ein erneutes Kapitel für sich!

SC Einheit u.a. mit Pfeiffer, Großstück, Zange und Walter

DDR-Oberliga Saison 1961/62
Abschlußtabelle:

1.	ASK Vorwärts Berlin (M)	39	69:49	50:28
2.	SC Empor Rostock	39	70:43	47:31
3.	SC Dynamo Berlin	39	72:64	45:33
4.	SC Motor Jena	39	77:60	43:35
5.	Motor Zwickau	39	59:66	41:37
6.	SC Lok Leipzig	39	67:57	40:38
7.	SC Wismut Karl-Marx-Stadt	39	60:48	38:38
8.	SC Rotation Leipzig	39	57:57	38:40
9.	SC Aufbau Magdeburg	39	59:63	37:41
10.	SC Turbine Erfurt (N)	39	66:69	35:43
11.	SC Chemie Halle	39	53:66	34:44
12.	Aktivist Brieske Senftenberg	39	45:53	33:45
13.	SC Einheit Dresden	39	48:73	32:46
14.	Lok Stendal (N)	39	49:83	31:47

Absteiger: Lok Stendal, SC Einheit Dresden
Aufsteiger: Dynamo Dresden, SC Motor Karl-Marx-Stadt

Saison 1962/63

SC Einheit Dresden spielt in der 2. Liga. Dynamo Dresden steigt in der Oberliga erst auf und dann wieder ab!

Die Machthaber in der DDR machten ihren Einfluß in der Sparte Fußball weiter zum Thema Nummer eins. Um dem Fußball der DDR auch international aufzuwerten, entschloß man sich durch gravierende Umwälzungen und „von oben" angeordnete Clubbildungen eine Leistungssteigerung zu „diktieren".

Diese von der DDR-Sportführung durchgeführte Umstrukturierungen in den Sportklubs erfolgten in der Regel wieder den Willen der Spieler und der Vereinsführung.

Die Zuschauer auf den Rängen und die Fußballenthusiasten im Lande dachten nicht anders, denn alle hatten den von Anordnungen und diktatorischen Maßnahmen gebeutelten Fußball fast über! Daran änderte auch die Saison 1962/63 nichts!

Die Umstände und die Machtintrigen machten den Fußball in Dresden dagegen zu einem Scherbenhaufen. Der SC Einheit dümpelte jahrelang in der Mittelklassigkeit der DDR-Oberliga und stieg in der Saison 1961/62 in die DDR-2. Liga Staffel Süd ab! Obwohl talentierte Spieler zum SC Einheit Dresden stoßen, reicht es für den SC Einheit in der Saison 1962/63 nicht zum Wiederaufstieg. Nur Platz drei in der Endabrechung der 2. Liga Staffel Süd, fünf Punkte hinter den Staffelsieger Motor Steinach und dem Zweiten Wismut Gera, der auch noch zwei Punkte vor den Sachsen liegt.

Und somit scheiterten die Aufstiegspläne der ehrgeizigen Dresdner einmal mehr!

Leichtfertige Punktverluste (kommt das einem nicht bekannt vor?) Bringen die Einheit Spieler um den Lohn des Staffelsieges. Schwer wiegen die Niederlagen beim Tabellenzwölften SC Aktivist Karl-Marx Zwickau und der doppelte Punktverlust gegen den späteren Meister Motor Steinach, dem man zu Hause mit 1:2 unterliegt.

Hier die Abschlußtabelle der 2. DDR-Staffel Süd:

2. DDR-Liga Saison 1962/63 Abschlußtabelle:			
1. SC Motor Steinach	26	55:30	39:13
2. Wismut Gera	26	39:19	36:16
3. SC Einheit Dresden	26	47:28	34:18
4. Motor Weimar	26	42:31	31:21
5. Vorwärts Leipzig	26	43:30	30:22
6. Dynamo Eisleben	26	41:35	29:23
7. Fortschritt Weißenfels	26	46:38	28:24
8. Motor West Karl-Marx-Stadt	26	42:45	26:26
9. Chemie Zeitz	26	40:41	24:28
10. Motor Zeitz	26	28:46	21:31
11. Chemie Wolfen	26	32:57	21:31
12. SC Aktivist Karl-Marx Zwickau	26	34:46	18:34
13. Motor Nordhausen-West	26	34:49	15:37
14. Motor Eisenach	26	26:54	12:40
Absteiger: Motor Nordhausen-West			
Aufsteiger: Stahl Lippendorf, Zugang Dynamo Dresden			

Dynamo Dresden schaffte dagegen mit dem Abstieg des SC Einheit Dresden, nach der Meisterschaft (60:18) in den Spielen der unterklassigen DDR-Liga den Sprung in die DDR-Oberliga! Doch mit der Dynamo-Glückseligkeit ist es schnell vorbei. Die eklatante Auswärtsschwäche wird den Dynamo-Spielern in der Oberliga zum Verhängnis. Nur sieben Tore auf den Gastplätzen, ohne einen einzigen Auswärtssieg und gerade mal drei Auswärtserfolge. Schnell ist es mit der Erstklassigkeit schon nach dem 25. Spieltag fast vorbei. Der Klassenerhalt hängt nur noch am seidenen Faden. Im letzten Heimspiel gegen Mitbewerber SC Motor Karl Marx-Stadt hofft man den Abstieg zu vermeiden. Eberhard Vogel macht mit seinem Treffer zum 1:0 für die Chemnitzer, den Dresdner Hoffnungen einen Strich durch die Rechnung. Zwar gelingt Bernd Hoffmann noch der Ausgleich. Der Abstieg für den SC Dynamo Dresden ist nur noch durch einen Auswärtserfolg beim ASK Vorwärts Berlin am letzten Spieltag vermeidbar. Dort gingen die Dresdner zwar mit 2:0 in Führung, doch erneut führten Unsicherheiten in der Abwehr nur zu einem 3:3. Damit war der Abstieg für Dynamo Dresden im Jahr des Aufstiegs endgültig perfekt. Mit insgesamt nur acht Siegen war die Klasse nicht zu halten und so steigen die Petzold-Schützlinge als Tabellenvorletzter in der Saison 1962/63 wieder ab. Dresdens beide Liga-Mannschaften sind in Mittelmäßigkeit der 2. Liga abgerutscht. Wie sollte es in der Saison 1963/64 weitergehen? Das beschäftigte zahlreiche Fußball-Fans in und um Dresden.

Hier die Abschlußtabelle der DDR-Oberliga:

DDR-Oberliga Saison 1962/63 Abschlußtabelle:			
1. SC Motor Jena	26	49:22	39:13
2. SC Empor Rostock	26	42:34	33:19
3. ASK Vorwärts Berlin (M)	26	41:34	31:21
4. SC Wismut Karl-Marx-Stadt	26	43:42	28:24
5. SC Lok Leipzig	26	38:35	27:25
6. SC Chemie Halle	26	38:40	25:27
7. Motor Zwickau	26	38:41	25:27
8. SC Turbine Erfurt	26	45:45	24:28
9. SC Rotation Leipzig	26	29:35	24:28
10. SC Dynamo Berlin	26	37:32	23:29
11. SC Aufbau Magdeburg	26	44:46	23:29
12. SC Motor Karl-Marx-Stadt (N)	26	39:44	23:29
13. Dynamo Dresden (N)	26	36:45	22:30
14. Aktivist Brieske Senftenberg	26	22:56	17:35
Absteiger: Aktivist Brieske Senftenberg, Dynamo Dresden			
Aufsteiger: Motor Steinach, Lok Stendal			

Saison 1963/64

In der Saison 1963/64 finden die Spiele in der DDR-Oberliga erstmals nach dem Kriege ohne Mannschaften aus Dresden statt. Meister in der DDR Oberliga wird „Überraschungsmeister" Chemie Leipzig vor dem SC Empor Rostock. Die Reorganisation des Leipziger Fußballs führt zu einer einmaligen Konstellation. „Von oben" angeordnet werden die vermeintlich besten Fußballer aus Leipzig und Umgebung im neugegründeten SC Leipzig konzentriert. Die auf dem Papier „schwächeren" Spielern aus den Mannschaften SC Rotation und SC Lokomotive Leipzig, kehren unter dem Vereinsnamen „Chemie" Leipzig nach Leipzig-Leutzsch zurück. Und ausgerechnet diese „aussortierten" Spieler wurden unter den Augen der DDR-Offiziellen neuer DDR-Meister. Welch ein Faustschlag und die sportliche Antwort auf die damaligen Machthaber! Die Dresdner Mannschaften Dynamo und Einheit müssen sich dagegen in der 2. Liga dem Alltag gegen Stahl Lippendorf und Chemie Wolfen stellen. Der erklärte Favorit Dynamo Dresden erwischt den besseren Start und setzt sich nach dem 4. Spieltag an die Spitze der Tabelle. Die Überlegenheit der Dynamo-Spieler hielt auch bis zum letzten Spieltag an. Sieht man einmal von der 0:1 Niederlage des SC Dynamo gegen den SC Einheit Dresden im traditionellen Derby vor über 30.000 Zuschauern einmal ab. Vor allen Dingen die Auswärtsstärke der Dynamo Spieler (23 Auswärtspunkte) gegenüber 11 Punkten des SC Einheit zeigen die Unterschiede deutlich. So wird Dynamo Dresden mit 49:11 Punkten Meister vor dem „Lokalrivalen" SC Einheit, der mit 13 Punkten Rückstand den zweiten Tabellenplatz belegt. Die Zuschauer strömten trotz des Abstiegs ihrer beiden Mannschaften auch weiterhin. So kamen zum Lokalderby gegen Dynamo 32.000 Zuschauer und gegen Motor Bautzen und Vorwärts Leipzig kommen je 8.000 Zuschauer ins Heinz-Steyer Stadion. Im Großen Garten sehen fast 20.000 Zuschauer den 2:0 Erfolg des SC Dynamo über die SC Einheit. Erfolgreichster Torschütze des SC Einheit Dresden ist Klaus Engels der in 30 Spielen 16 Treffer erzielt. Hier die Abschlußtabelle der 2. DDR Liga Staffel Süd:

DDR-Liga Staffel-Süd Saison 1963/64 Abschlußtabelle:			
1. Dynamo Dresden	30	57:14	49:11
2. SC Einheit Dresden	30	49:35	36:24
3. Wismut Gera	30	43:43	35:25
4. Dynamo Eisleben	30	41:30	32:28
5. Motor Weimar	30	47:41	32:28
6. Fortschritt Weißenfels	30	47:46	32:28
7. Stahl Riesa	30	28:30	31:29
8. SC Aktivist Karl-Marx Zwickau	30	41:43	29:31
9. Motor Bautzen	30	35:58	29:31
10. Motor West Karl-Marx-Stadt	30	27:31	28:32
11. Vorwärts Leipzig	30	37:36	27:33
12. Motor Eisenach	30	42:45	27:33
13. Chemie Zeitz	30	29:39	25:35
14. Stahl Eisleben	30	22:42	24:36
15. Stahl Lippendorf	30	32:42	23:37
16. Chemie Wolfen	30	25:47	19:41
Aufsteiger in die DDR-Oberliga: Dynamo Dresden			
Absteiger: Chemie Wolfen			

Saison 1964/65

Gravierende Veränderungen im DDR-Fußball machen auch in Dresden den Fußball zur Farce

In der letzten Saison, vor gravierenden Veränderungen im DDR-Fußball, wollte der SC Einheit Dresden nochmal den Sprung in die Erstklassigkeit versuchen. Mit drei neuen Spielern, Müller (Dresden Loschwitz), Thomale (Aufbau Meißen) und Witschas (Lok Zittau) sollte die Meisterschaft angestrebt werden. Doch die „Einheit" zerbröckelte von Spieltag zu Spieltag. Selbst Klaus Sammer oder Klaus Engels, der 11 Tore erzielt, können an der „Mittelmäßigkeit" des SC Einheit nichts ändern. Auch wurde hinter den „Kulissen" eine weitere Konzentration auf die SG Dynamo Dresden vorbereitet, so wunderte es nicht, daß am Schluß der Saison dem SC Einheit Dresden zum Staffelsieger Turbine Erfurt zehn Punkte fehlten. Wen wunderte es noch, daß mit Klaus Sammer und Klaus Engels zwei herausragende Spieler zur SG Dynamo Dresden wechselten, daß sich der SC Einheit nach langem „Gerangel" statt Lok Dresden dann wenigstens Fußball-Sportverein (FSV) Lok Dresden nennen durfte. Man wollte mit diesem Schritt der Sportart Nummer eins bessere Randbedingungen geben. Die Fußballer wurden aus dem SC Einheit Dresden ausgegliedert. Die Talfahrt in der Linie der ehemaligen Fußball-Vereine des Dresdner Sport Clubs sollte weiter gehen. Längst hatte von der DDR-Führung und einigen Volkseigenen Betrieben gesponserte SC Dynamo Dresden die Vorherrschaft in Dresden übernommen. Dies wird auch daran deutlich, daß in den vorangegangenen Jahren über 40(!) SC Einheit und FSV Lok Spieler zur SG Dynamo Dresden wechselten.

DDR-Liga Staffel-Süd · Saison 1964/65 Abschlußtabelle:
(siehe Superstatistik ab Seite 248)

Saison 1965/66

SC Einheit Dresden spielt unter neuen Namen als FSV Lok Dresden in der 2. DDR-Liga, Staffel Süd!

Zu Beginn der Saison 1965/66 steht der Dresdner Fußball wieder einmal, wie schon in den vergangenen Jahren vor dem nichts. Der große Fußball findet ohne die Dresdner Clubs statt! In der DDR wird „zentral" die Gründung von Clubs beschlossen, die nur noch Fußball spielen. Zu Beginn der Saison 1965/66 wird der Sport Club Einheit Dresden einmal mehr umbenannt. Hatte man schon in der Saison 1964/65 aus dem SC Motor Karl-Marx-Stadt und dem SC Wismut Karl-Marx-Stadt den SC Karl Marx-Stadt und Wismut Aue gemacht, in Leipzig die besten Spieler des SC Lok Leipzig und der SC Rotation Leipzig zum SC Leipzig vereint und im Zuge der „Gleichschaltung" im DDR-Sport die Namen von gleich 11 Klubs geändert.

So wurden in Berlin aus dem TSC Berlin der 1. FC Union Berlin und aus dem Serienmeister ASK Vorwärts Berlin der FC Vorwärts Berlin. Neben dem SC Einheit Dresden, der zum FSV Lok Dresden umbenannt wurde, erhielt der Sport Club Leipzig den neuen Namen 1. FC Lok Leipzig. In Leipzig verstanden die Fans die Fußballwelt schon längst nicht mehr. Zu viele Jahre wurden die Entscheidungen am grünen Tisch gemacht, das sportliche Spiel wurde zu einer Farce degradiert. Die restlichen Clubs wurden wie folgt umbenannt: SC Motor Jena in FC Carl Zeiss Jena; SC Empor Rostock in FC Hansa Rostock; SC Dynamo Berlin in Berliner FC Dynamo; SC Chemie Halle in Hallescher FC Chemie; SC Turbine Erfurt in FC Rot-Weiß Erfurt und der SC Aufbau Magdeburg in den 1. FC Magdeburg.

Mit der Gründung des 1. FC Magdeburg wachsen diese Fußball-Clubs in der DDR rasant. Auch in Dresden liegen die „Pläne" für einen „1. FC Dresden" in der Schublade. Ähnlich dem Leipziger Vorbild sollten die besten Spieler von Dynamo und dem SC Einheit eine schlagkräftige Mannschaft bilden. Das Projekt „Fusion" wird aber in der damaligen Öffentlichkeit niemals offenbar.

Einer der großen Keeper vom SC Einheit: Wolfgang Großstück

Waren es die bekannten „Dresdner Machtkämpfe" hinter den Kulissen? Hatte Stasi-Boß Mielke sein Veto eingelegt? Bekannt war, daß es Mielke ablehnte, einen bürgerlichen Club in Dresden zu unterstützen. Zumal ein 1. FC Dresden auch leicht mit dem von ihm gehaßten Dresdner Sport-Club in Verbindung gebracht werden konnte. Oder war es der „Schock" der Verantwortlichen der DDR-Sportführung, daß ein Jahr zuvor nach einer „Reorganisation des Leipziger Fußballs" nicht der SC Lok Leipzig den Titel holte sondern die Spieler des „Restes von Leipzig" unter Chemie Leipzig überraschend Meister wurden? Oder setzte sich doch Mielke durch, der sich eine Nichtbeachtung seiner „Dynamos" nicht nehmen lassen wollte?

Nun die Antwort kam am 6. Januar 1966 aus Berlin. An diesem Tag wird nach harten Auseinandersetzungen und Querelen mit den DFV-Funktionären aus dem geplanten Lok Dresden noch als „Zugeständnis" der Fußballsportverein (FSV) Lokomotive Dresden als Nachfolger der Fußballsektion beim SC Einheit. Zwar sind nun die Fußballer unter sich, doch dieser Schnitt der DDR-Fußballoberen führt absofort zu einem Niedergang des Fußballs der „Bürgerlichen" Linie des Dresdner Sportclubs. Dem FSV Lok Dresden werden zwar von der Reichsbahn Zugeständnisse gemacht, aber die finanziellen Zuwendungen stellen gerade den Spielbetrieb sicher!

In der DDR-Liga, Staffel-Süd, belegte der FSV Lok Dresden trotz guter Heimbilanz (21:9) einen enttäuschenden 12. Platz, nur einen Punkt getrennt vom Absteiger Chemie Buna Schkopau, der mit 25 Punkten zusammen mit Motor WAMA Görlitz und Fortschritt Weißenfels den Gang in die tiefere Klasse antritt. Als FSV Lok Dresden geht es in die Saison 1965/66. Dynamo Dresden kommt in dieser Saison nur auf den 10. Platz, trotz des ersten Auftritts von Klaus Sammer. Am letzten Spieltag machen die Dresdner mit einem 5:3 gegen Neuling Neubrandenburg alles klar, die Saison war für den letzten Dresdner Oberligisten gerettet. Der FSV Lok Dresden dümpelte in den Niederungen der Mittelmäßigkeit, während die SG Dynamo Dresden in der folgenden Saison zu neuen Höhen kommen sollte. Doch des einen Leid des anderen Freud. Wie ein Witz: parallel zu dem Niedergang des Fußball beim FSV Lok Dresden, entwickelte sich der SC Einheit Dresden mit seinen 19 Sektionen zu einer Schmiede für Olympiasieger und Weltmeister!

Für den FSV Lok Dresden ist diese als „Reichsbahner" abgestempelte Fußballsaison, der endgültige Abschied vom Duell mit der SG Dynamo Dresden. Die Spieler finden die gesamte Saison keine Bindung und wirken nicht als homogenes Team. Gerade Fünf Punkte werden auf fremden Plätzen geholt, wobei beim Tabellenletzten, Fortschritt Weißenfels, der einzige doppelte Punktgewinn gelingt. So rettet sich der FSV Lok Dresden um nur einen Punkt vor dem Abstieg. Der Weg nach unten ist für die Spieler des FSV Lok Dresden und die Männer im „Hintergrund" vorprogrammiert.

DDR-LigaStaffel-Süd · Saison 1965/66 Abschlußtabelle:
(siehe Superstatistik ab Seite 248)

Saison 1966/67

Nur leicht kann sich der FSV Lok Dresden in dieser Saison verbessern. Dank einer guten Heimbilanz mit 23:7 Punkten gelang dem FSV Lok Dresden eine Verbesserung um drei Plätze in der Endabrechung. Doch längst ist die SG Dynamo Dresden in der Oberliga zu einer festen Größe geworden. Was man zunächst nur am grünen Tisch plante, wurde Realität. Die Zuschauer nahmen die Mannschaft von „Dynamo" an. Das Dynamo-Stadion wird in der Saison 1965/66 zum Anziehungspunkt der vielen Fans, sogar aus der Oberlausitz.
Gegen den 1. FC Magdeburg und 1. FC Lok Leipzig passieren über 30.000 Zuschauer die Stadiontore. Hier die Abschlußtabelle:

DDR-Liga Staffel-Süd · Saison 1966/67 Abschlußtabelle:
(siehe Superstatistik ab Seite 248)

Abb. S. 143: Der FSV Lok Dresden u.a. mit Weinreich, Döschner, Fischer, Pavel und Kiesling

Saison 1967/68

Mit einem ausgeglichenen Punktekonto von 30:30 belegt der FSV Lok Dresden in dieser Saison den siebten Platz. Erstmals passieren wieder mehr Zuschauer die Stadiontore des FSV Lok Dresden, den größten Zuspruch hatte die Partie gegen Stahl Riesa, das vor knapp 10.000 Zuschauern mit einer knappen 1:2 Niederlage gegen den späteren Meister und Aufsteiger in die Oberliga endet. Eklatant jedoch, nach wie vor die Auswärtsschwäche des FSV Lok Dresden. Ganze sieben Punkte werden auf des Gegners Platz geholt. Bittere Stunden auch für Lokalrivalen Dynamo Dresden. In der letzten Partie der Saison kommt es zum Endspiel zwischen der SG Dynamo und Chemie Leipzig. Fast 30.000 Zuschauer wollen Dresden den Verbleib in der Oberliga „erzittern". Doch ein 1:1 zu Hause bedeutete den Abstieg aus der Oberliga. Die nächsten Wochen in Dresden waren geprägt von Kämpfen und Intrigen hinter den Kulissen. Viele Dynamo-Spieler haben Angebote von Sachsenring Zwickau, Stahl Eisenhüttenstadt und anderen Oberliga-Clubs, die mit Sonderzuteilungen und Wohnungen locken. Wieder einmal wie so oft steht der Dresdner Fußball am Wendepunkt. Die klare Frage nach der Nummer eins für die Saison 1968/69 mußte geklärt werden, denn beide Mannschaften spielten nun wieder in einer Liga! Die Abschlußtabelle:

DDR-Liga Staffel-Süd · Saison 1967/68
(siehe Superstatistik ab Seite 248)

Saison 1968/69

Die Wochen vor Saisonbeginn waren geprägt von hektischer Betriebsamkeit hinter den Kulissen. Stasi und DDR-Sportführung hatten wieder eine harte Nuß zu knacken. Zunächst mußten die Funktionäre klären, wer die Nummer eins in Dresden werden sollte. Die Entscheidung war natürlich rasch gefällt. Dynamo Dresden mit Erich Mielke an der Spitze setzte sich gegen seinen Oberst (!) Heinz Gasch durch. Der wiederum erreichte wenigstens, daß sich das Ministerium für Verkehrswesen einverstanden erklärt, neben dem 1. FC Lok Leipzig auch noch den FSV Lok Dresden durch die Reichsbahn zu unterstützen. Dresdens Parteichef Werner Krolikowski ist diese von Erich Mielke vorgeschlagene Lösung akzeptabel. Das bekommt auch der Abteilungsleiter des FSV Lok Dresden Herbert Haufe in einem vertrauten „Gespräch" von der Partei und der Bezirksleitung mitgeteilt. Längst ging es nicht mehr um das sportliche Ringen miteinander. Nein, jetzt sollte mit aller Macht und den notwendigen Mitteln Dynamo Dresden für den Wiederaufstieg in die Oberliga fit gemacht werden. In einem Beschluß der SED-Bezirksleitung, die Anfang August 1968 veröffentlicht wird heißt es: „ Als territoriales Leistungszentrum im Fußballsport des Bezirkes Dresden wird die SG Dynamo Dresden entwickelt. Da der Fußballsport im Dresdner Bezirk eine große Massenwirksamkeit besitzt, ist ein neuer Konzentrationspunkt zu schaffen, der die politischen, sportlichen und materiellen Voraussetzungen aufweist, damit im Spieljahr 1968/69 der Aufstieg in die Oberliga erreicht wird und sich in kürzester Zeit ein „Oberligakollektiv" mit internationalen Spitzenniveau entwickelt."

Mit dieser Doktrin im Rücken mußten die Unparteiischen auch als „Männer in Schwarz" verschrien, des öfteren bei zweifelhaften Entscheidungen für die „rote" Farbe entscheiden - sprich Elfmeter oder Freistöße, zugunsten der nun in von „Oben" angeordneten „Schwarz-Gelb" spielenden Dynamo Mannschaft. Auch auf den Geschäftsstellen der Dresdner Fußball-Clubs gab es ein Stühlerücken. Die ehemaligen FSV Lok-Geschäftsführer Wolfgang Hänel und Hans Seidel übernehmen die Arbeit auf der Dynamo-Geschäftsstelle, auch FSV Lok Stürmer Eduard Geyer, dem heutigen Trainer von Energie Cottbus, hält es nicht länger bei den schmalen Kassen des FSV Lok Dresden. Er heuert am 10. August 1968, wenige Tage vor dem Start, bei Dynamo Dresden an.

Der FSV Lok Dresden kann aber auch diesen Abgang verkraften und ertrotzt sich im Lokalderby vor 24.000 Zuschauern ein achtbares 1:1 im Heinz-Steyer-Stadion. Uneinholbar mit einer makellosen Heimbilanz von 33:1 Punkten holt sich die SG Dynamo Dresden mit neun Punkten Vorsprung die Meisterschaft und damit den Aufstieg. Die Massen strömten wie in den früheren Jahren ins Dynamo-Stadion. Fast 150.000 Zuschauer passierten in dieser Aufstiegssaison die Stadiontore. Die Drahtzieher im Hintergrund der „Macht" konnten sich die Hände reiben, denn der noch im August 1968 in weiter Ferne stehende Aufstieg für die SG Dynamo Dresden war geschafft, die Trennung vom Lokalrivalen FSV Lok Dresden nun endgültig vollzogen. Die Abschlußtabelle:

DDR-Liga Staffel-Süd · Saison 1968/69
(siehe Superstatistik ab Seite 248)

Saison 1969/70

Ausgehend von den Ereignissen vor dieser Saison 1969/70 in Dresden ist es keine Überraschung, daß der FSV Lok Dresden mit dem Abstieg zu tun hatte. Bis zum letzten Spieltag mußte gezittert werden, bis der Klassenerhalt endgültig feststand. Nur einen Punkt rettete die Mannschaft des FSV Lok Dresden vor dem Abstieg. Gut, daß schon in den Wochen zuvor, mit den Auswärtserfolgen in Steinach (2:1) und Eisenach (3:2) der Grundstein für den knappen Klassenerhalt gelegt wurde. Großes Manko dieser Saison: Die Attraktivität der Liga läßt immer mehr zu wünschen übrig, zumal die spielerische Qualität der Mannschaften deutlich nachläßt. Eine Folge davon, die Zuschauerzahlen gehen in den folgenden Jahren immer mehr zurück. Die Abschlußtabelle:

DDR-LigaStaffel-Süd ·Saison 1969/70
(siehe Superstatistik ab Seite 248)

Saison 1970/71

Der FSV Lok Dresden dümpelt nur noch im Mittelfeld herum und kann die Qualifikation für die Neugliederung in der nächsten Saison nicht schaffen. Als Tabellensiebter müssen die Dresdner in einer der fünf neuen Staffeln mit 12 Mannschaften spielen. Der FSV Lok Dresden spielt in der Staffel D, in der fast nur sächsische Mannschaften vertreten sind. Die Abschlußtabelle:

DDR-LigaStaffel-Süd · Saison 1970/71
(siehe Superstatistik ab Seite 248)

71/72...

Neubeginn in der Saison 1971/72 bringt weitere Verschlechterung - 1978 zwar Meister, doch der Abstieg in Raten geht für den FSV Lok Dresden auch in den Staffeln weiter

Zu Beginn der Saison 1972 wird mit der Einführung der Staffeln das Spielniveau in der DDR-Liga weiter gesenkt. In fünf Staffeln zu je 12 Mannschaften sollte die Liga interessanter werden. Doch das Gegenteil war der Fall! Die allenfalls „bessere" Sachsenliga verlor schnell ihren Reiz und damit auch das Interesse für den Zuschauer. Nur noch knapp 500 Zuschauer verloren sich bei den Spielen des FSV Lok Dresden, zumal die von der Volkspolizei und dem Staat geförderte SG Dynamo Dresden in der 1. Liga die Massen immer mehr in den Bann zog.

Der Weg in die Bedeutungslosigkeit für den Nachfolgeverein des Dresdner Sport-Club, der noch vor 30 Jahren den DFB-Pokalsieg feierte, war vorgezeichnet, auch wenn man in der Meisterschaft 1971/72 nur um einen Punkt schlechter als der Staffelsieger Motor Werdau beim FSV Lok Dresden den Vize-Titel feierte. Doch schon in der Saison 1972/73 muß man vor den vorhandenen „Vorherrschaften" der SG Dynamo Dresden kapitulieren. Während es für den FSV Lok Dresden in der Staffel D nur zu einem 4. Platz reichte, wird Dynamo Meister in der Oberliga und vertritt Dresden auch auf dem europäischen Parkett.

Höhepunkt für Dresden das zweite Doppel (Meisterschaft und Pokal) für Dynamo Dresden in der Saison 1976/77. Walter Fritzsche als Trainer hatte eine tolle Truppe formiert, verständlich, daß die Zuschauerzahlen für den FSV Lok Dresden immer mehr sinken. Zumal auch die Unterstützung von staatlicher Seite immer mehr abnimmt, eine dem sportlichen Abschneiden wichtige verständliche Feststellung für die damalige Zeit.

Trotzdem gelingt unter der Trainerschaft von Harry Arlt dem FSV Lok Dresden 1977/78 in der Staffel D die Meisterschaft mit 34:10 Punkten. Wobei der Vorsprung auf Energie Cottbus drei Punkte beträgt. Durch die Erfolge erhöhen sich auch wieder die Zuschauerzahlen für Dresdner. Beim FSV Lok Dresden werden zaghafte „Aufstiegsträume" gemacht. In den Aufstiegsspielen zur Saison 1978/79 spielt man in einer Gruppe mit Stahl Riesa, FC Hansa Rostock, Chemie Leipzig und Vorwärts Brandenburg um die beiden Aufstiegsplätze. Von Anfang an standen dabei die Spiele des FSV Lok unter keinem guten Stern. Zum Auftakt gab es gegen den späteren Aufsteiger Stahl Riesa eine 0:4 Niederlage, auch gegen Hansa Rostock gab es in der Hansestadt ein 0:2, so daß die Dresdner nach zwei Spieltagen mit 0:4 Punkten einen miserablen Start in dieser Aufstiegsrunde hinlegten. Nachdem es auch zu Hause gegen Hansa Rostock eine 0:2 Niederlage gab, waren die Aufstiegsträume rasch geplatzt. Abgeschlagen mit 3:13 Punkten und den meisten Gegentreffern belegte der FSV Lok Dresden den letzten Platz!

In der nächsten Saison 1980 näherte sich der FSV Lok bedrohlich den Regionen des Abstieges. Hier die Stationen: 1979/80 Platz acht; 1980/81 Platz neun; Erst in der Saison 1981/82 gab es mit dem 4. Platz ein leichtes Zwischenhoch, dem jedoch in der nächsten Saison der Abstiegskampf folgte. In dieser Saison 1982/83 belegte der FSV Lok Dresden den neunten Platz, trotzdem sollte es die letzte Saison in der Staffel D gewesen sein. Ab der Saison 1984/85 spielte man in der DDR wieder in zwei Staffeln mit je 18 Mannschaften. Der FSV

Lok Dresden schaffte in der Meisterschaftssaison 1983/84 nur den achten Platz, da jedoch nur die ersten sieben Mannschaften für die neue Staffel B qualifiziert waren, mußte der FSV Lok Dresden in der Saison 1984/85 in die Bezirksliga absteigen!

Dem jahrelange Ringen um die Zugehörigkeit in die Liga mußte man nach 25 Jahren nun Tribut zollen! Während die 2. Mannschaft der SG Dynamo Dresden in der DDR-Liga Staffel B spielte, hießen für den FSV Lok Dresden die Gegner nun Empor Tabak Dresden, Empor Dresden-Löbtau oder Stahl Freital. Der Abstieg in Raten der Nachfolgervereine des Dresdner Sport Clubs hatte seine unterste Stufe erreicht!

DDR-LigaStaffel-D · Saison 1971/72
DDR-LigaStaffel-D · Saison 1972/73
DDR-LigaStaffel-D · Saison 1973/74
DDR-LigaStaffel-D · Saison 1974/75
DDR-LigaStaffel-D · Saison 1975/76
DDR-LigaStaffel-D · Saison 1976/77
DDR-LigaStaffel-D · Saison 1977/78
DDR-LigaStaffel-D · Saison 1978/79
DDR-LigaStaffel-D · Saison 1979/80
DDR-LigaStaffel-D · Saison 1980/81
DDR-LigaStaffel-D · Saison 1981/82
DDR-LigaStaffel-D · Saison 1982/83
DDR-LigaStaffel-D · Saison 1983/84
(siehe Superstatistik ab Seite 248)

Die Spiele in der Bezirksliga als FSV Lok Dresden sind von 1984 bis 1990 der negative Höhepunkt für den Nachfolgeverein des DSC

Nachdem es in der Saison 1983/84 nur zu einem achten Tabellenplatz reichte und es eine erneute Umstrukturierung im Fußball gab, konnte nur ein Platz unter den ersten Sieben den Verbleib in der Landesliga sichern. Folglich mußte der FSV Lok Dresden zu Beginn der Saison 1984/85 in die Bezirksliga Dresden absteigen. Ein weiterer negativer Höhepunkt in der langen Vereinsgeschichte des DSC und seiner zahlreichen Nachfolgevereine.

Die Drittklassigkeit der Mannschaft machten die Spiele der FSV Lok Dresden nur zu einem „Schattendasein" neben der SG Dynamo Dresden. Die „Gelb-Schwarzen" wurden in dieser Saison mit sechs Punkten Rückstand auf Abonnementmeister Berliner FC Dynamo Vizemeister in der DDR-Oberliga. Im Sog der sogar im europäischen Wettbewerb spielenden SG Dynamo Dresden hat der FSV Lok Dresden keine Chance mehr, alle aufkommenden guten Spieler betrachteten die Spiele beim FSV Lok nur als Durchgangsstation.
Dem FSV Lok Dresden drehten immer mehr Zuschauer den Rücken zu, und so war es nicht verwunderlich, daß am Ende der Saison 1984/85 nur ein sechster Tabellenplatz hinter dem Lokalrivalen Empor Tabak Dresden heraussprang.

Überhaupt zeigte sich, daß die Leistungen auch in den nächsten Jahren keine Steigerung erfuhr, zumal die „Mittel" für den FSV Lok immer spärlicher flossen. In der Saison 1986/87 erreicht man die Vizemeisterschaft mit drei Punkten hinter Meister TSG Gröditz. In der Saison 1985/86 belegte man einen beachtlichen 3. Rang Rückstand. In der letzten Saison vor der Wende 1988/89 wurde der FSV Lok Dresden in der Abschlußtabelle nur Fünfter.

84/85/86…

Abb. oben: Der FSV Lok Dresden 1984/85
Abb. unten: stehend v.l.: FSV Lok Dresden mit Böttcher, Haufe (Präsident), Matthes, Lichtenberger, Hartung, Seidel, Ganzera, Hänsel, Prusse, Arlt (Trainer), Ritter (Mannschaftsleiter) und Mannschaftsarzt Dr. Schitzelt
sitzend: v.l.: Grundey, Höfer, Straßburger, Güldner, Findeisen, Meyer, Oehmichen, Meise, Horn, Schleicher

In der Saison 1989/90 rutschte man gar auf den 10. Tabellenplatz ab, symbolisch eingekeilt von Fortschritt Kirschau und Fortschritt Bischofswerda II.

Die Zeiten für den FSV Lok Dresden waren gezählt, zumal im April 1990 sich Männer um Lothar Müller scharten, die den Traditionsclub Dresdner Sport-Club 1898 wieder in die Sportannalen zurückführen wollten. In der Saison 1990/91 spielt der Dresdner Sport-Club in der Bezirksliga Dresden und wird mit dem tollen Torverhältnis von 100:23 und 53:7 Punkten ungeschlagen Meister!

Bezirksliga Dresden · Saison 1984/85
Bezirksliga Dresden · Saison 1985/86
Bezirksliga Dresden · Saison 1986/87
Bezirksliga Dresden · Saison 1987/88
Bezirksliga Dresden · Saison 1988/89
DDR-Liga · Bezirksliga · Saison 1989/90
(siehe Superstatistik ab Seite 248)

Der Club im Wandel der Zeit

100 Jahre DSC

Der Dresdner Sport-Club
19 Sektionen schließen sich in 12 Jahren dem SC Einheit an

Der SC Einheit wird in den Sportarten Radsport, Wassersport, Kraftsport und Turnen zum Zentralklub mit Olympiasiegern und Weltmeistern am laufenden Band

Mit der Konzentration der einzelnen Sportarten vornehmlich aus ehemaligen Betriebssportgemeinschaften wurden die einzelnen Sektionen des SC Einheit Dresden aufgestockt. Diese erneute Anordnung vom „grünen Tisch", machte die Sportler zu Marionetten. In einem Kommunique des Sportverbandes der DDR vom August 1954 hieß es: „Um eine bessere Konzentration und Erhöhung der Leistungen unserer besten Sportler zu erreichen, wird die zentrale Leitung beauftragt, sofort die Bildung von Sportclubs in Berlin und Dresden anzustreben". Im Dezember 1954 erfolgte beim Sportclub Einheit Dresden die Gründung der einzelnen Sektionen.

Die Tischtennismädchen kamen von „Einheit Ring" und die Handball-Frauen von „Einheit Süd", andere Leistungssportler kamen von „Motor", „Lok" und „Rotation". Zunächst wurden 13 Sportarten beim SC Einheit Dresden ausgeübt: Fechten, Fußball, Handball-Frauen, Kegeln, Kunstschwimmen, Leichtathletik, Rudern, Schach, Sportschwimmen, Tischtennis-Frauen, Turnen, Wasserball und Wasserspringen. 1959 kam, hervorgehend aus dem Stützpunkt Meißen, das Gewichtheben hinzu, und auch die Bergsteiger frönten ihrer Sportart ab 1961 beim SC Einheit. Ab dem Februar 1960 kam der Kanurennsport hinzu. Zum 1. Juli 1960 wurde die Sektion Eishockey eingegliedert, im Frühjahr 1962 folgte das Eiskunstlaufen und 1970 eine der erfolgreichsten Sparten, nämlich die Sektion Eisschnelllauf.

Der berühmte „Vierer ohne":
von links: Frank Forberger, Dieter Schubert, Frank Rühle, Dieter Grahn

100 Jahre DSC

Geballter Medaillenglanz beim Kaffee: Karin Enke-Kania-Richter (Mitte) mit ihren Team-Kolleginnen Andrea Ehrig) links und Gabi Schönbrunn-Zange während der Spiele in Sarajevo.

Damit hatte der SC Einheit Dresden mit 19 Sportarten eine Größenordnung erreicht, die den Klub zu einem der größten Leistungs-Sportclubs der DDR machten.

Im Rudern wurde 1972 das Dresdner Ruderzentrum gegründet. Initiatoren waren Günther Mauckisch, der später die Recken des SC Einheit trainierte und nach der Wende noch ein Jahr DSC-Präsident war. Sowie Dr. Hans Eckstein, der auch zum Erfolgstrainer avancierte und seit 1991 Verbandscoach Österreichs wurde. Dreißig ehemalige Ruderer besuchten ihn Mitte Mai 1998 in Wien, um mit ihm seinen 60. Geburtstag zu feiern. Im Jahr 2000 läuft sein Vertrag aus. Schon vier Jahre nach der Gründung versenkte der legendäre Dresdner Vierer mit Grahn, Schubert, Rühle und Vorberger die gesamte Olympia-Konkurrenz, holte Gold. Und bei den Boykott-Spielen 1980 in Moskau wiederholten Ulrich und Walter Dießner, Gottfried Döhn sowie Dieter Wendsich den Olympia-Triumph. Dresden/Leipzig hatte sich inzwischen neben Potsdam und Berlin zur Ruder-Hochburg entwickelt. „In den 80er-Jahren gab es keine Nation, die mehr Medaillen gescheffelt hat als die DDR", erinnert sich die Dresdnerin Kerstin Förster (32), die, wie ihr Mann Olaf, 1988 in Seoul Olympiasieger wurde und noch drei WM-Titel hamsterte. Damit sind die Försters das erfolgreichste Ruder-Ehepaar der Welt. Bei der letzten getrennten WM 1990 in Tasmanien schlugen die Dresdner Ruderrecken nochmal zu. Mario Grüssel und Stefan Schulz saßen im siegreichen DDR-Vierer mit Steuermann. Olaf Förster und Thomas Greiner holten mit dem Vierer ohne Steuermann Bronze. Und im DDR-Achter, der auf Rang 3 landete, saßen Heike Winkler und Annegret Strauch, die nach der Wende ins Bundesleistungszentrum Saarbrücken wechselten. Auf Grund ihrer hervorragenden sportlichen Leistungen wurden viele Sportler des SC Einheit Dresden ausgezeichnet. Noch heute ist die Eisschnellläuferin Karin Enke-Kania mit drei Goldmedaillen bei drei olympschen Spielen die erfolgreichste Sportlerin. 1976 steigen Eisschnellläuferinnen aus sächsischen Clubs in die Wettbewerbe ein. Andrea Ehrig eröffnete unter ihrem Mädchennamen Mitscherlich mit Silber über 3000 m eine einmalige Erfolgsreihe, die erst 1992 ein (vorläufiges) Ende fand. Mit ihr erkämpften bei den folgenden Spielen Karin Enke-Kania, Christa Rothenburger-Luding und Gabi Schönbrunn-Zange aus Dresden insgesamt 6 x Gold, 10 x Silber und 6 x Bronze. Karin Enke-Kania ist noch heute in der Liste der erfolgreichsten Sportlerinnen bei Olympischen Spielen zu finden, und Christa Luding erreichte 1988 als erste Sportlerin Medaillen sowohl bei Winter- als auch bei Sommerspielen (Silber im Bahnradsport). Doch nicht nur im Eisschnelllauf, gab es olympisches Gold. So waren im Kunstspringen (Ingrid Krämer), Schwimmen (Ulrike Richter), Kanu und Rudern gleich ein Dutzend Medaillen für die Sportler des SC Einheit Dresden bei olympischen Spielen und Welt- und Europameisterschaften reserviert.

Alle Plazierungen von Sportlern des SC Einheit Dresden bei Olympischen Spielen
(Bei der Plazierung der Teilnehmer wurden nur die Plätze bis Rang 11 berücksichtigt)

Olympische Spiele

Von 1956 - 1964 Gesamtdeutsche Mannschaft
Das NOK, der DDR 1951 gegründet, wurde 1955 vom IOC anerkannt. Der Start der Sportler erfolgte bis 1964 in einer gemeinsamen Mannschaft zwischen der BRD und der DDR. Zur Olympiade 1968 in Mexiko gab es zwei Mannschaften

Olympia

Der Club im Wandel der Zeit

100 Jahre DSC

Der Dresdner Sport-Club
Die Plazierung von Sportlern des DSC bei Olympischen Spielen

Olympia

1960 Rom — *Männer*
Schwimmen — 4x200 m Freistil-Staffel
7. Platz — Frank Wiegand
SC Einheit

Frauen
Wasserspringen — Kunstspringen
Gold — Ingrid Krämer
SC Einheit
Wasserspringen — Turmspringen
Gold — Ingrid Krämer
SC Einheit

1964 Tokio — *Männer*
Gewichtheben — Dreikampf
8. Platz — Karl Arnold
SC Einheit / BSG Zittau
Gewichtheben — Schwergewicht
11. Platz — Manfred Rieger
SC Einheit / BSG Zittau

Frauen
Wasserspringen — Kunstspringen
Gold — Ingrid Krämer
SC Einheit
Wasserspringen — Turmspringen
Silber — Ingrid Krämer
SC Einheit

1968 Mexiko — *Männer*
Rudern — Vierer ohne
Gold — Forberger, Rühle, Grahn, Schubert
Rudern — Vierer mit
Silber — Kremtz, Göhler, Jacob, Gelpke, Semetzky
Turmspringen — Kunstspringen
6. Platz — Lothar Mathes
Gewichtheben — Mittelgewicht
6. Platz — Werner Dietrich
Gewichtheben — Leichtschwergewicht
5. Platz — Karl Arnold
Gewichtheben — Schwergewicht
4. Platz — Manfred Rieger

1972 München — *Männer*
Weitsprung — 7,96 Meter
6. Platz — Max Klaus
Rudern — Vierer ohne
Gold — Froberger, Rühle, Grahn, Schubert
Schwimmen — 100 m Rücken
7. Platz — Jürgen Krüger
Schwimmen — 200 m Rücken
6. Platz — Lothar Noack
Gewichtheben — Superschwergewicht
5. Platz — Manfred Rieger
Wasserspringen — Turmspringen
4. Platz — Lothar Matthes

Frauen
4 x 100 Meter — 42,95 sec
Silber — Evelin Kaufer
DDR-Staffel
Schwimmen — 100 m Rücken
7. Platz — Christine Herbst
Schwimmen — 200 m Rücken
5. Platz — Christine Herbst
Schwimmen — 400 m Freistil
Bronze — Gudrun Wegner
Schwimmen — 800 m Freistil
5. Platz — Gudrun Wegner
Schwimmen — 4x100 m Lagen
Silber — Gudrun Wegner
DDR-Staffel
Wasserspringen — Turmspringen
6. Platz — Sylvia Fiedler

Kanu — Einer Kajak 500 m
5. Platz — Bettina Müller

1976 Innsbruck — *Frauen*
Eisschnellauf — 1500 Meter
10. Platz — Andrea Mitscherlich
Eisschnellauf — 1500 Meter
7. Platz — Ines Bautzmann
Eisschnellauf — 3000 Meter
5. Platz — Ines Bautzmann
Eisschnellauf — 3000 Meter
Silber — Andrea Mitscherlich

1976 Montreal — *Männer*
Rudern — Vierer mit Steuermann
Silber — U. Dießner, Kunze, W. Dießner, Schulz, Thomas
Rudern — Achter
Gold — Gottfrid Döhn, Dieter Wendisch
Wasserspringen — Turmspringen
11. Platz — Frank Taubert
Gewichtheben — Mittelgewicht
Bronze — Peter Wenzel
Gewichtheben — Mittelschwergewicht
5. Platz — Peter Petzold

Frauen
Schwimmen — 100 m Rücken
Gold — Ulrike Richter
Schwimmen — 100 m Rücken
Silber — Birgit Treiber
Schwimmen — 100 m Brust
8. Platz — Carla Linke
Schwimmen — 200 m Rücken
Gold — Ulrike Richter
Schwimmen — 200 m Rücken
Silber — Birgit Treiber
Schwimmen — 200 m Brust

100 Jahre DSC

5. Platz	Karla Linke	Gewichtheben	Schwergewicht	**1984 Sarajevo**	*Frauen*
Schwimmen	400 m Lagen	4.Platz	Michael Henning	Eisschnellauf	500 Meter
4. Platz	Birgit Treiber	Rudern	Vierer mit Steuermann	Gold	Christa Rothenburger-Luding
Schwimmen	4x100 m Lagen	Gold	U. Dießner, Döhn, W.	Eisschnellauf	500 Meter
Gold	Ulrike Richter		Dießner, Wendisch, Gregor	Silber	Karin Enke-Kania
	DDR-Staffel	Wasserspringen	Kunstspringen	Eisschnellauf	500 Meter
Rudern	Einer	9. Platz	Frank Taubert	5. Platz	Skadi Walther
Gold	Christine Scheiblich			Eisschnellauf	1000 Meter
Rudern	Vierer mit Steuermann		*Frauen*	Gold	Karin Enke-Kania
Gold	Metze, Schwede, Lohs,	4 x 400 Meter	3:20,35 min.	Eisschnellauf	1000 Meter
	Kurth, Heß	Silber	Gabriele Löwe	Silber	Andrea Schöne
			DDR-Staffel	Eisschnellauf	1000 Meter
1980 Lake Placid	*Männer*	400 Meter	51,33 sec.	5. Platz	Christa Rothenburger-Luding
Eiskunstlauf	Paare	6. Platz	Gabriele Löwe	Eisschnellauf	1500 Meter
3. Platz	Manuela Mager,	Speerwurf	66,54 Meter	Gold	Karin Enke-Kania
	Uwe Bewersdorf	4. Platz	Ute Richter	Eisschnellauf	1500 Meter
Eiskunstlauf	Herren	Fünfkampf	4698 Punkte	Silber	Andrea Schöne
11. Platz	Hermann Schulz	4. Platz	Ramona Neubert	Eisschnellauf	3000 Meter
		Fechten	Einzel Florett	Gold	Andrea Schöne
	Frauen	9. Platz	Mandy Nicklaus	Eisschnellauf	3000 Meter
Eisschnellauf	500 Meter	Fechten	Mannschaft Florett	Silber	Karin Enke-Kania
Gold	Karin Enke	8. Platz	Mandy Nicklaus		
Eisschnellauf	1000 Meter	Kanu	Kajak Zweier	**1984 Los Angeles keine Teilnahme!**	
4. Platz	Karin Enke	Gold	Carsta Kühn	**Olympiaboykott der DDR**	
Eisschnellauf	1500 Meter	Rudern	Doppelvierer		
6. Platz	Andrea Mitscherlich	Gold	Sybille Reinhardt	**1988 Calgary**	*Frauen*
Eisschnellauf	3000 Meter	Rudern	Achter	Eisschnellauf	500 Meter
6. Platz	Andrea Mitscherlich	Gold	Gabriele Lohs, Karin Metze	Silber	Christa Rothenburger-Luding
		Schwimmen	100 m Rücken	Eisschnellauf	500 Meter
1980 Moskau	*Männer*	Gold	Rica Reinsch	Bronze	Karin Enke-Kania
800 Meter	1:46,81 min.	Schwimmen	200 m Rücken	Eisschnellauf	1000 Meter
5. Platz	Andreas Busse	Gold	Rica Reinsch	Gold	Christa Rothenburger-Luding
1500 Meter	3:40,17 min.	Schwimmen	200 m Rücken	Eisschnellauf	1000 Meter
4.Platz	Andreas Busse	Bronze	Birgit Treiber	Silber	Karin Enke-Kania
10000 Meter	28:05,53 min.	Schwimmen	200 m Brust	Eisschnellauf	1500 Meter
4. Platz	Jörg Peter	7. Platz	Bettina Löbel	Silber	Karin Enke-Kania
Fechten	Mannschaft Florett	Schwimmen	4x100 m Lagen	Eisschnellauf	1500 Meter
4. Platz	Klaus Haertter,	Gold	Rica Reinsch	Bronze	Andrea Ehrig
	Siegmar Gutzeit		DDR-Staffel	Eisschnellauf	3000 Meter

Olympia

Der Club im Wandel der Zeit

100 Jahre DSC

Der Dresdner Sport-Club
Die Institution in Dresden

Alle 19...

Silber	Andrea Ehrig	
Eisschnellauf	3000 Meter	
4. Platz	Karin Enke-Kania	
Eisschnellauf	5000 Meter	
Silber	Andrea Ehrig	

1988 Seoul *Männer*

3000 m Hindernis		
10. Platz	Hagen Melzer	
Hammerwurf		
12. Platz	Gunther Rodehau	
Fechten	Florett Einzel	
6. Platz	Udo Wagner	
Rudern	Vierer Ohne	
Gold	Olaf Förster, Thomas Greiner	
Schwimmen	200 m Rücken	
5. Platz	Dirk Richter	
Schwimmen	4 x 100 m Freistil	
Bronze	Dirk Richter	
Wasserspringen	Turmspringen	
5. Platz	Jan Hempel	

Frauen

Rudern	Doppelvierer	
Gold	Kerstin Förster	
Rudern	Achter	
Gold	Anngret Strauch, Beatrix Schroer	
Turnen	Mehrkampf Mannschaft	
Bronze	Martina Jentzsch	

Mit der „Wende" 1990 wurden die Abteilungen des SC Einheit Dresden in den Dresdner Sport-Club integriert

Mit der „Wende" 1990 mußte der Verwaltungsapparat und die Sektionen, die nun zu Abteilungen im Dresdner Sport-Club 1898 e.V. wurden, abgespeckt werden. Der Dresdner Sport-Club konstituierte sich am 30. April 1990 unter der Federführung des damaligen 1. Vorsitzenden Günther Maukisch. Zunächst wurden 10 Abteilungen (Fechten, Fußball, Gewichtheben, Kanu, Leichtathletik, Radsport, Schwimmen, Turnen, Volleyball und Wasserspringen gegründet. Durch den Anschluß der Abteilung Schach im Sommer 1992 an den Dresdner Sport-Club hat der Dresdner Sport-Club im Jubiläumsjahr 1998 2.724 Mitglieder und ist damit der viertgrößte in Sachsen und der zweitgrößte Dresdner Sportverein. Im einzelnen haben die Abteilungen folgende Mitgliederzahlen:

Fechten	:	216 Mitglieder
Fußball	:	530 Mitglieder
Gewichtheben	:	18 Mitglieder
Kanu	:	146 Mitglieder
Leichtathletik	:	297 Mitglieder
Radsport	:	64 Mitglieder
Schach	:	135 Mitglieder
Schwimmen	:	667 Mitglieder
Turnen	:	257 Mitglieder
Volleyball	:	164 Mitglieder
Wasserspringen	:	230 Mitglieder

Im Dresdner Sport-Club sind im Jubiläumsjahr drei Bundesstützpunkte, fünf Landesstützpunkte und fünf Talentstützpunkte integriert. Die erfolgreichsten Sportler des DSC sind zur Zeit: Leichtathletik – Heike Meißner, Wasserspringen – Jan Hempel, Michael Kühne, Heiko Meyer; Radsport - Jens Wettengel, Rene Obst;

100 Jahre DSC

Alle 19...

Schach - Wolfgang Uhlmann, Gundula Hainatz. Die besten Nachwuchssportler beim DSC sind: Schwimmen - Sebastian Halgasch; Leichtathletik - Claudia Jung; Kathleen Kirst; David Wagner und Thomas Goller. Schach - Jens Uwe Maiwald; Wasserspringen. - Annet Gamm; Volleyball - Jungnationalspielerinnen Kerstin Tzscherlich und Yvonne Zymara. Derzeit spielt die 1. Damenvolleyballmannschaft des DSC 1898 e.V. in der 1. Bundesliga Damen. Die Turnerinnen turnen in der 1. Bundesliga Damen. Ebenso spielt die 1. Herrenmannschaft Schach und die 1. Damenmannschaft in der 1. Bundesliga. In der 2. Bundesliga startet die Schwimmabteilung. Die Fußballabteilung erkämpft sich ihre Punkte in der Amateur Oberliga-Nordost-Süd.

v.l. Andreas Gregor, Thomas Greiner und Ullrich Dießner

Andrea Ehrig

Karin Enke

Udo Wagner

Carsta Kühn und Ramona Walter Martina Jentsch
Simone Koch Grit Neugebauer

Ramona Walter　Annett Lißker-Menath

Ramona Neubert-Raulf　Axel Rauschenbach

Der Club im Wandel der Zeit

100 Jahre DSC

Große Fecht-Tradition

Udo Wagner holte 1988 Olympia-Silber

Abteilungsleiterin Fechten: Hannelore Szlapka

In der Zeit nach den Befreiungskriegen 1813 und nach dem Ende der napoleonischen Herrschaft entwickelte sich das Bürgertum in Deutschland. Die Ideen, Gedanken und Vorschläge Friedrich Ludwig Jahns und Karl Friedrich Friesens zu einer gesunden Lebensweise durch regelmäßiges Turnen und Sporttreiben faßte Fuß in den Köpfen der Bürger. Um die Mitte des 19. Jahrhunderts formierten sich immer mehr Turn- und Sportvereine in den deutschen Städten und Gemeinden und wurden bald zu einem geschätzten Hort der turnerischen Betätigung und „fröhlichen Gemeinsamkeit".

So wurde in Dresden 1844 der „Allgemeine Turnverein" (ATV) und 1861 der „Turnverein Neu- und Antonstadt" (TV N.u.A.) gegründet. Seit Ende des 30 jährigen Krieges war in Deutschland das Fechten ausschließlich Vorrecht des Adels und der Studenten. Als sich die studentischen Raufhändel mit tödlichen Ausgang häuften, wurde 1840 an den Universitäten der Gebrauch des Degens verboten. Zivilpersonen war das Führen von Blankwaffen nicht gestattet. Nach der bürgerlichen Revolution von 1848 wurde innerhalb der Mitgliederschaft der Wunsch geäußert, innerhalb des Vereins auch das Fechten zu pflegen. Hinzu kam, daß im 19. Jahrhundert die italienische Fechtschule einen Aufstieg erreichte und deren einstige Schüler Schiavoni, Gazzerra, Tagliabo und Sestini als Lehrmeister für das moderne Florett- und Säbelfechten in Deutschland tätig wurden. Gegen Ende des 18. Jahrhunderts entwickelten die Franzosen Baudry und Renaud das moderne Degenfechten.

Die Entwicklung des Fechtens in Dresden ist eng mit der Turnerschaft in Dresden verknüpft

Es gilt als historisch belegt, daß am 6. Februar 1861 der frühere Meister der sächsischen Armee, Ernst Wilhelm Staberoth, Mitglied im Turnverein- Neu- und Antonstadt eine erste 15-Mann Fechtriege in Dresden gründete. Es wurde zunächst mit Florett und ab 1864 auch mit Säbel gefochten. Damals wurde noch das Fechten neben dem Turnen absolviert, die Fechtriege hatte noch keine eigene Organisationsform.

Mit Fechtlehrgängen und Werbeveranstaltungen wurde der Fechtsport in Dresden immer populärer

Etwa um 1885 ließ der Turnrat des Turnverein-Neu- und Antonstadt hintereinander mehrere Fechtlehrgänge mit dem Zweck abhalten, einen Stamm guter Fechter zu gewinnen, um dann innerhalb des Vereins in enger Anbindung an die Turnerschaft eine Pflege- und Spielstätte zu bekommen. Nach Bildung einer neuen Fechtriege im Januar 1886 erfolgte am 31.10. 1887 die Gründung einer Fechterschaft im Turnverein Neu- und Antonstadt Dresden. Die fechterische Ausbildung übernahm Georg Staberoh, der Sohn des Fechtaltmeisters Ernst Wilhelm Staberoth. Die Staberohs spielten im Dresdner Fechtsport eine große Rolle, so wurde Diplom-Fechtmeister Herbert Staberoh Fechtlehrer im Turnverein Neu- und Antonstadt 1916 und führt die „ungarische Fechtweise" ins Ausbildungsprogramm des Vereins ein.

In den neunziger Jahren bis zum Ersten Weltkrieg und danach entwickelte sich der Fechtsport in Dresden in zunehmender Weise, so daß sich eine Vielzahl von Fecht-Abteilungen in den Turnvereinen einrichteten oder sich eigenständige Fechtabteilungen bildeten. Ohne Anspruch auf Vollständigkeit seien hier die Namen der vielen Dresdner Fechtklubs von damals genannt: Der Allgemeine Turnverein Dresden, die Turngemeinde Dresden, Dresdner Turnverein 1887, der Dresdner Turnlehrerverein, der Dresdner Fechtverein, der Dresdner Fechtklub, die Deutsche Fechterschaft Dresden, der Dresdner Reserve Offizier Fecht-Club.

Beim Dresdner Sportclub 1898 wurde damals der Fechtsport noch nicht ausgeübt. Diese Vielzahl von Vereinen, ähnlich der im Fußball, führte in Dresden zur Einführung gemeinsamer zwangloser Fechtabende und zahlreicher Wettkampftreffen. Auch der 1899 gegründete „Verein für Vaterländische Festspiele", an dem sich federführend die Fechter beteiligten trug zur Popularisierung und Verbreitung des Fechtsports in Dresden bei. Diese positive Entwicklung vollzog sich in Dresden und Sachsens Großstädten Leipzig und Chemnitz und führte schließlich 1909 zur Gründung des sächsischen Turnerfechtverbandes. 1912 schlossen sich alle deutschen Fechtvereine zum Deutschen Turnerfechtverband zusammen.

Aus der „Waffenbrüderschaft" entwickelte sich der Fechtsport mit stetigem Trend nach oben

Die Pflege fechterischer Traditionen setzte sich nach dem Ende des Ersten Weltkrieges zunehmend wieder fort. Vor allen unter der dem Titel „Waffenbrüderschaft" fanden die Fechter bei verschieden Werbeveranstaltungen neue Mitglieder. Es konnten sogar zunehmend „Damenriegen" gebildet werden. Nach dem 30. Januar 1933 sah sich der Fechtsport der Vereinnahmung durch die Nationalsozialisten gegenüber. Schon 1934 stellte die gleichgestell-

100 Jahre DSC

te Presse über die „Friesenkämpfer" (Mehrkampf für Fechter mit Laufen, Schwimmen, Schießen und Fechten) fest, daß „der Wehrsport in den Fechtvereinen eine gute Pflegestätte gefunden hat". Die Vereinnahmung ging dabei soweit, daß die Fechter unter „HJ Bann 100" Wettkämpfe durchführten. Die Dresdner Fechter feierten ihre Erfolge vornehmlich auf Kreis- und Bezirksturnieren, dem Deutschen Turnfest oder auf Meisterschaften. Ein Höhepunkt für die Deutschen Fechtfreunde waren die Deutschen Meisterschaften in der Einzeldisziplin vom 18. September bis zum 1. Oktober 1942 in den Sälen des Dresdner Gewerbehauses auf der Ostra-Allee 13. Als einziger Sachse startete in den „Waffen" Degen und Florett der Dresdner Günter Keßler. Er sollte nach dem Krieg im Dresdner Fechtsport noch eine bedeutsame Rolle spielen.

Der Fechtsport war bis 1951 in der sowjetischen Besatzungszone verboten

Nach dem Zweiten Weltkrieg wird der Fechtsport im Osten Deutschlands durch die sowjetische Militäradministration zunächst nicht zugelassen. Erst im Mai 1951 kam es in Berlin zur Gründung der „Sektion Fechten der DDR", nachdem der Fechtsport wieder in das Programm des Deutschen Sportausschusses der DDR aufgenommen wurde. Eine Woche danach fand im Gebäude des damaligen Landessportausschusses Sachsen die Gründung der Sektion Fechten des Landes Sachsens statt, der am 6. Juni 1951 die Bildung der Sektion Fechten des Kreises Dresden (Kreisfachausschuß) folgte. Eng verbunden mit dieser Neu-Etablierung des Fechtens in Sachsen und Dresden sind die Namen der Dresdner Sportfreunde Georg Haaser, Curt Günther und Günter Keßler, der schon 1942 in Dresden an den Deutschen Meisterschaften erfolgreich teilnahm.

Am 6. Juli 1951 war es dann soweit, die erste Dresdner Fechtsektion wurde bei der Betriebssportgemeinschaft (BSG) Motor Dresden-Ost mit Zeiss Ikon als Patenbetrieb gegründet. Nach Aufrufen in der Presse meldeten sich in den nächsten Wochen 321 Mitglieder in der neuen Sektion BSG Dresden-Ost an, viele Sportfreunde trafen sich wieder und tauschten Erinnerungen an den Fechtsport in der dreißiger Jahren aus.

Mit Unterstützung des Patenbetriebes gelang es, den einzigen noch in Dresden „lebenden" Fechtmeister Josef Melichar ausfindig zu machen. Er konnte zur Aus-, Weiter- und Fortbildung der zahlreichen Fechter und Fechterinnen bei der BSG Dresden-Ost erheblich beitragen. Durch den großen Zulauf und die ständig steigende Zahl der Mitglieder der Sektion Fechten ergaben sich zunehmend räumliche Schwierigkeiten, und ein Fechtlehrer konnte den Trainings- und Zeitaufwand nicht mehr gewährleisten.

So gründeten die Gebrüder Gaumnitz zusammen mit den Sportfreunden Gierth, Meier und Winkler am 1. August 1952 die Sektion Fechten bei der BSG Lokomotive Dresden, der wenig später eine weitere Fechtsektion durch den Sportsfreund Förster, Sektion an der Technischen Hochschule Dresden folgte. Mit der Gründung weiterer Fechtsektionen bei der BSG Empor Dresden-Löbtau und der BSG Kunst Dresden ging es mit dem Fechtsport in Dresden weiter aufwärts und der bald einsetzende DDR-Wettkampfbetrieb brachte für Dresden große Erfolge:

1952 • DDR-Einzelmeisterschaft:
Meister im Degen Günther Keßler
(BSG Motor Dresden-Ost)
Meister im Damenflorett
Annemarie Wilberg
(BSG Motor Dresden-Ost)

1952 • 12 Städteturnier in Warnemünde:
1. Platz für die BSG Motor Dresden-Ost

1952 • DDR-Mannschaftsmeisterschaft:
Meister im Damenflorett:
BSG Motor Dresden-Ost
(Annemarie Wilberg, Dr. Hildgund Klitzsch, Ilse Heide, Ruth Degener)

1953 • DDR-Einzelmeisterschaft:
Meister im Degen: Günther Keßler
Meister im Damenflorett: Annemarie Wilberg
(BSG Motor Dresden-Ost)

Diese Erfolgsbilanz der Fechter der BSG Motor Dresden-Ost zeigt, daß die Fechter, die bereits vor dem Krieg aktiv waren, während der (von „oben" verordneten) Zwangspause ihre gute Form wahren konnten und dazu beitrugen, den Ruf Dresdens als „Fechthochburg" wieder in die Schlagzeilen zu rücken.

Wieder ist es eine Anordnung aus den Machtzentralen, die zu einem Schlag ins Gesicht für die Sportler wird. Gemäß eines Beschlusses der DDR-Sportführung. „Um eine bessere Konzentration und Erhöhung der Leistungen unserer besten Sportler zu erreichen" wird 1954 in der DDR mit der Bildung von Sportclubs begonnen. Im Dezember 1954 erfolgte beim Sportclub Einheit Dresden die Gründung der Sektion Fechten. Zu seinem

Fechten

Der Club im Wandel der Zeit

100 Jahre DSC

Große Fecht-Tradition

Dresdner Musketiere

Fechten

Fechttradition: Vaterländische Festspiele im Juli 1909, Dresden-Elbwiesen, Florettwettkampf (Originalaufnahme als Postkarte gestaltet)

ersten Trainer beruft der SC Einheit Dresden den langjährigen Degenmeister Günther Keßler. Ihm zur Seite standen der aus Frankenberg/Sa. stammende Fechtlehrer Karl Kerstenhahn.

Begonnen wurde mit den Waffen Degen, Säbel und Florett für die Männer und dem Damenflorett. Die erste bescheidene Trainingsstätte war eine Schulturnhalle auf der Rosa-Menzer-Straße in Striesen. 1966 zog die Sektion Fechten in ihr heute noch bestehendes Domizil in der Pieschener Allee 1. Dort in der Halle, unmittelbar vor dem alten Freiluft-Eisstadion sollte die alte Dresdner Fechttradition wieder neu aufleben. Trotz der verbesserten Bedingungen blieben die räumlichen Trainingsmöglichkeiten begrenzt und es mußte auch auf andere Sportstätten zurückgegriffen werden.

Die Musketiere von Elbflorenz sorgen für nationale und Internationale Erfolge

1961 stellte der SC Einheit Dresden mit Günther Engelhardt den ersten DDR-Meister im Herrenflorett. Günther Engelhardt ist im Dresdner Sport vorbelastet, schon sein Vater Rudolf Engelhardt kreuzte in den Jahren vor dem Krieg in Dresden die Klingen erfolgreich. Obwohl es für den SC Einheit Dresden in nationalem Rahmen Erfolge in allen Waffendisziplinen gab, erfolgte aufgrund begrenzter Trainingsmöglichkeiten 1966 eine Spezialisierung auf die Waffen Florett und Degen. Ab 1981 sogar nur noch im Florett. Für den bis 1966 als Cheftrainer fungierenden Günther Keßler, übernahm Peter Proske im Sommer 1966 die Cheftrainerfunktion. Unter seiner Leitung wurde der SC Einheit Dresden von 1972 bis 1980 in ununterbrochener Reihenfolge im Herrenflorett DDR-Mannschaftsmeister. Ausgehend von den Erfolgen wurde Peter Proske bis 1980 in die Funktion als Nationaltrainer der Herrenflorett-Mannschaft der DDR berufen.

In den folgenden Jahren entwickelte sich der SC Einheit zu den erfolgreichsten und leistungsstärksten Florettclubs in der DDR. Im Damenflorett waren für Mandy Dick Niklaus Finalplazierungen bei Weltranglistenturnieren an der Tagesordnung, herausragend ihre Bronzemedaille im Damenflorett bei den Weltmeisterschaften. Leider wechselte sie aus familiären Gründen zum SC Dynamo Berlin

Klaus Haertter war mehrfacher Olympiateilnehmer und erreichte 1980 mit dem Dresdner Sigmar Gutzeit den 4. Platz in der Herrenflorett-Mannschaft der DDR bei den olympischen Spielen in Moskau. Ein weiterer erfolgreicher Fechter war Udo Wagner: 1983 5. Platz bei den Junioren-Weltmeisterschaften, sowie 1988 das Erreichen der Silbermedaille in der Herrenflorett-Einzelwertung bei den Olympischen Spielen in Seoul.

Viele bewährte und leistungsstarke Fechterinnen und Fechter des SC Einheit Dresden wurden nach Absolvierung einer Sportlehrerausbildung an der Deutschen Hochschule für Körperkultur in Leipzig Trainer in ihrem alten Klub und setzten ihre Erfahrungen und ihr Können bei der Ausbildung der nachwachsenden Fechtgeneration ein. Stellvertretend für die zahlreichen Fechter seien hier genannt: Regina Schneider, Christine Gendrich, Bernd Morawka und Klaus Haertter.

Um sich seinen speziellen Trainingsaufgaben besser widmen zu können und von Verwaltungsaufgaben befreit zu sein, trat Peter Proske als Cheftrainer zurück und übergab diese Funktion an Rainer Schönemann. 1976 übernahm Günter Kleiser dieses nicht leichte Amt des Abteilungsleiters bis zur Wende 1989.

Nach der Wiedervereinigung vollzog sich im Osten Deutschlands auch im Fechtsport ein grundlegender Wandel. 1990 trat die ehemalige Fechtsektion des SC Einheit Dresden in den

100 Jahre DSC

wieder gegründeten traditionsreichen Dresdner Sport-Club ein. Erster Abteilungsleiter Fechten beim DSC wurde der ehemalige Mitarbeiter des Sportamtes Dresden, Klaus Bobiek. Nach dem Beitritt des Deutschen Fechtverbandes der DDR zum Deutschen Fechter erhält die Abteilung des DSC für eine Übergangszeit zunächst den Status eines Bundes-Leistungzentrums. Ihr Trainer und Leiter wird Peter Proske. Im April 1991 trat die Fechtsektion der BSG Lokomotive Dresden ebenfalls dem DSC bei und wurde in die Fechtabteilung des Dresdner Sport-Clubs integriert.

Am Anfang 1990 war es nicht einfach, viele Trainer kehrten den Rücken

Der Anfang war schwer und äußerst kompliziert. Kaputte Strukturen im Sport- und Verwaltungsapparat, leere Kassen und noch nicht vorhandene Sponsoren führten dazu, daß nach und nach die erfolgreichste Sportler und auch Trainer ihr Glück im Westen Deutschlands suchten. Der Status eines Bundes-Leistungszentrums konnte ab 1992 nicht mehr gehalten werden. Das bedeutete einen enormen Verlust an Bundesfördermitteln. In der Folgezeit verloren viele Trainer beim DSC ihre feste Anstellung. Trotzdem kämpften die wenig übrig geblieben Aktiven um das Fortbestehen ihrer Abteilung.
Peter Proske, ein erfolgreicher Fechttrainer hatte keine andere Wahl und folgte dem Ruf der Fechterhochburg von Emil Beck in Tauberbischofsheim. So blieben letztendlich nur noch zwei Trainer für den Fechtsport beim DSC übrig: Regina Schneider, Bernd Morawka. Sportliche Unterstützung erfuhren diese beiden Trainer der Fechtabteilung durch Christine Gendrich, einer Sportlehrerin am Sport-Gymnasium in Dresden.

Umdenken in den Köpfen aller Sportler, Trainer und Abteilungsleitung war von nun angesagt. Die Arbeit wurde verlagert vom ehemaligen Hochleistungsbereich der DDR-Zeit auf eine stabile Nachwuchsarbeit im Schüler-, Jugend- und Juniorenbereich. Der Status eines Landes-Leistungsstützpunktes und Talentezentrums konnte erreicht und über die Jahre stabil gehalten werden. Der Bestand an offiziell bestätigten Landeskadern bewegte sich seit dieser Zeit immer zwischen 20 und 30 jungen Sportlerinnen und Sportlern. So wurde der DSC 1898 wieder zu einem der erfolgreichsten sächsischen Fechtvereine. Dies wird auch dokumentiert durch das gute Abschneiden unserer Fechter bei Pokal- und Meisterschaftswettkämpfen.

1993 • Deutsche-Mannschaftsmeisterschaft
Jugend A: 2. Platz im Damenflorett
Dresdner Sport-Club
1994 • Aufgrund hervorragender Leistungen:
Bundeskader der Junioren im Degen
Holger Seeliger Dresdner Sport-Club
1995 • Deutsche-Mannschaftsmeisterschaft
Jugend A: 2. Platz im Damenflorett
Dresdner Sport-Club
Deutsche-Mannschaftsmeisterschaft Junioren:
8. Platz im Damendegen Kristin Redanz,
Dresdner Sport-Club
Länderpokal Mannschaftsmeisterschaft Jugend B
3. Platz im Damenflorett
Dresdner Sport-Club

3. Platz der Damenflorett-Mannschaft beim Jugendländerpokal; Zwei 3. Plätze bei den deutschen Einzel Meisterschaften der Jugend B im Damenflorett, durch Kathrin Schulze.

2. Platz bei den Deutschen Einzel Meister der Junioren Holger Seliger; 8. Platz deutsche Einzel Meisterschaft der Junioren Degen Kristin Redanz.

1996 • Gewinn des SZ-Wanderpokals in Görlitz durch die A-Jugend-Mannschaft des Dresdner Sport-Clubs bei 250 Teilnehmern mit 24 startenden Mannschaften aus Polen, Tschechien, Lettland und deutschen Mannschaften.

1997 • Verteidigung des SZ Wanderpokal vom Vorjahr Länderpokal Jugend B
1. Platz Damendegen
Kathrin Schulz Dresdner Sport-Club
2. Platz Herrendegen
Mario Böttcher und Mike Hoffmann

Unsere Nachwuchsfechter erzielten darüber hinaus viele Titel und Plazierungen im Landesverband Sachsen. Leider mußte 1995 Klaus Bobiek aus persönlichen Gründen die Leitung der Abteilung abgeben. Für eine kurze Amtszeit sprang Dr. Olaf Vahrenhold ein. Am 21. März 1995 wurde die Sportfreundin Hannelies Szlapka zur Abteilungsleiterin gewählt. Erfreulich auch, daß nach über dreißig Jahren die Renovierung unserer Festhalle und der Einbau vom Metallbahnen in den Fußboden durchgeführt wurde. Komplettiert wurde die Planke mit einer neuen Trefferanlage, was den gesamten Sportbetrieb bei den Wettkämpfen einfacher darstellt.

Der Zuspruch im Nachwuchs bringt der Abteilung einen Migliederboom

Das Verhältnis der Nachwuchs-Leistungssportler zu Aktiven und Freizeitsportlern gestaltete sich im Laufe der Jahre zu einem harmonischen

Fechten

Der Club im Wandel der Zeit

100 Jahre DSC

Fechten

Große Fecht-Tradition
Nachwuchs gefragt!

12-Städte-Turnier in Warnemünde Juli 1952 Siegermannschaft Motor Dresden-Ost (v.l.n.r.): Hans Gaumnitz, Ilse Heide, Curt Günther, Hans Hofmann, Hilmar Winkler, Annemarie Wilberg, Ruth Degener, Heinz Gierth, Günter Exner, Günter Keßler und Rudolf Räder

Für- und Miteinander. Viele junge und ältere Sportler finden wieder den Weg zum Training in die Fechthalle, nachdem sie aus den verschiedensten Gründen für kurz oder lang einmal dem Fechtsport den Rücken gekehrt hatten. Für die Senioren erschlossen sich nunmehr viele wettkämpferische Betätigungsmöglichkeiten. So konnten die Fechter des DSC bei den Meisterschaften der Senioren oder anderen Wettbewerben mit guten Erfolgen aufwarten.

1994 • Deutsche Senioren-Einzelmeisterschaften
Meister im Herrenflorett
Klaus Haertter, DSC
3. Platz im Damenflorett
Regina Schneider, DSC
1995 • Deutsche Senioren-Einzelmeisterschaften
2. Platz im Herrenflorett
Klaus Haertter, DSC
4. Platz im Damenflorett
Regina Schneider, DSC

1995 • Senioren-Europameisterschaften
Europameister Herrenflorett
Klaus Haertter, DSC
1995 • Deutschland-Pokal
1. Platz im Herrenflorett
Jens Gussek, Falk Müller, Uwe Rölke, DSC
3. Platz im Damenflorett
Ute Klarius, Madeleine Klinke, Kristin Redanz, DSC

100 Jahre DSC

vorn: Bernd Moravka, rechts: Trainerin Regina Schneider mit ihren jugendlichen Florettschülern

Fechten

Möglichkeit des Miteinanders innerhalb der Fecht-Abteilung. Neu hinzugekommen ist in der Fechtabteilung die Frauengymnastik-Gruppe unter der Leitung vom Christa Proske, der Gattin unseres ehemaligen Trainer Peter Proske. Mit einer kleinen Tae Kwando-Gemeinschaft hat in die Fecht-Abteilung des DSC eine neue Sparte eine Heimstatt gefunden. Deshalb gilt für die Fechter des DSC die Maxime, daß technische Perfektion gepaart, mit ausgeprägtem taktischem Können, Merkmale sind, die wir auch in Zukunft als Fechtabteilung in Dresden bewahren werden. Wir blicken mit gesundem Optimismus in diese Zukunft.

1997 • Deutsche Senioren-Mannschaftsmeisterschaften
2. Platz im Herrenflorett
Klaus Haertter, Bernd Morawka,
Dr. Peter Potrawke, Dr. Manfred Dreßler.
3. Platz im Damenflorett
Regina Schneider, Eva Knorr, Gisela Schreier.

1997 • Europameisterschaft Senioren
2. Platz im Herrenflorett
Klaus Haertter, DSC
9. Platz in Damenflorett
Regina Schneider.

Viele ehrenamtliche Arbeit war und ist notwendig, um eine stabile Funktion der gesamten Abteilung Fechten im Dresdner Sportclub 1898 e.V. zu gewährleisten. Die Eltern unseres Nachwuchses unterstützten durch Fahrten mit ihrem Pkw die Teilnahme an Wettkämpfen. Sechs junge Nachwuchssportler absolvierten mit Erfolg einen Lehrgang zur Erreichung der C-Trainer- und Kampfrichter-Lizenz.
Bewährte Trainer, wie Klaus Haertter und Rainer Schönemann, leisten nebenberuflich wertvolle Hilfestellung beim Nachwuchstraining.

Zur Tradition wurden im Laufe der Zeit „die Schnupperkurse" im Fechten in den Frühjahr- und Herbstferien. Mit den beliebten Nachwuchs-Trainingslagern in den Sommer- und Wintermonaten findet sich immer wieder eine

Der Club im Wandel der Zeit

100 Jahre DSC

Gewichtheben

Peter Wenzel
Der Überflieger bei den DSC-Gewichthebern

Abteilungsleiter Gewichtheben: Günter Pasikowski

Das Gewichtheben hat im sächsischen Raum eine gute und große Tradition. Beim DSC treffen sich nach der Neugründung 1990 viele Heber und Heberinnen, die noch unter dem SC Einheit an die „Hantel" gingen und heute einfach aus „Fun" dem Gewichtheben nachgehen. Mit einer Fitneß-Abteilung versucht man in der Abteilung auch den nicht so auf die „Kilos" reflektierenden Sportlern und Sportlerinnen die Möglichkeit zu geben, ihre Fitneß zu überprüfen.

Dabei war das Gewichtheben in den 60er und 70er Jahren bei den Dresdnern sehr populär. Davon zeugen Weltmeister- und Olympiateilnahmen von Karl Arnold oder den beiden „Peter" Petzold und Wenzel. Hier die einzelnen Plazierungen der Gewichtheber des SC Einheit:

1973 • Vize-Weltmeister durch Peter Wenzel im Zweikampf, 3. Platz Weltmeisterschaft durch Peter Petzold im Zweikampf

1974 • Vize-Europameister durch Peter Wenzel im Zweikampf, 3. Platz Weltmeisterschaft durch Peter Petzold im Zweikampf

1975 • Weltmeister durch Peter Wenzel im Zweikampf, 3. Platz Weltmeisterschaft durch Peter Petzold im Zweikampf

1976 • Bronzemedaille Olympische Spiele durch Peter Wenzel im Zweikampf.

1977 • Vize-Weltmeister durch Peter Wenzel im Zweikampf, Vize-Europameister durch Peter Wenzel im Zweikampf

1978 • 3. Platz Weltmeisterschaft durch Peter Wenzel im Zweikampf

1979 • 3. Platz Weltmeisterschaft durch Peter Wenzel im Zweikampf

1980 • Vize-Europameister durch Michael Henning im Zweikampf

1984 • Vize-Europameister durch Frank Mavius im Zweikampf, 3. Platz Europameisterschaft durch Rene Wyßuwa im Zweikampf

Zu Beginn des „Einheits-Gewichthebens" stand die Überbrückung von Trainingszentren in Meißen und Dresden sowie in Zittau. Trainernamen wie der Meißener Karl Breuer und der Zittauer Heinz Kahl lassen jeden Kenner der Gewichtheberszene mit der Zunge schnalzen. Diese beiden Trainerlegenden waren es, die bei Europa- und Weltmeisterschaften sowie olympischen Spielen den Gewichthebersport der DDR zu Höchstleistungen brachten. Unvergessen die Sportler von damals: Werner Dittrich, Karl Arnold und Manfred Rieger. Karl Breuer entdeckte auch die späteren Weltmeister Peter Wenzel und Peter Petzold.

1982 wurden die Leistungszentren in Meißen und Dresden auf den SC Einheit konzentriert

Ab 1973 wurden die sportlichen Aktivitäten im Leistungszentrum in Meißen konzentriert, ab 1982 wurde in der kleinen Spezialhalle im Dresdner Ostragehege die Wettkämpfe und Trainingseinheiten durchgeführt. Daraus hervorgingen in dieser Zeit die Junioren-Weltmeister: Rene Wyßuwa und 1984 Dieter Raßmus.

Mit der „Wende" wurde es um den Gewichthebersport ruhiger. Der heutige Abteilungsleiter Günter Pasikowski sieht seine Aufgabe darin, die Tradition des Gewichthebens aufrecht zu erhalten. Der besondere Wert der „Hebensübung" besteht in der Entwicklung von Körperkraft in Verbindung mit Geschicklichkeit und Gewandtheit. Kinder und Jugendliche die das Gewichtheben üben wollen, können sich an die Geschäftsstelle des Dresdner Sport-Club 1898 e.V. wenden, von dort erfahren sie die Trainingszeiten und mögliche Wettkampftermine.

100 Jahre DSC

Erfolge der Gewichtheber waren bei Olympiaden, Welt- und Europameisterschaften an der Tagesordnung.

Gewichtheben

Der Club im Wandel der Zeit

100 Jahre DSC

Kanu

Wahnsinn !

Kanutin Carla Kühn fischte 7mal WM-Gold

Abteilungsleiter Kanu:
Klaus Metzler

Die bekannteste und gleichzeitig älteste Wettkampfdisziplin dieser überaus naturverbundenen Sportart ist der Kanu-Rennsport. Doch auch Wildwasser, Kanu-Wandern, der Slalom und das Kanu-Polo gehören heute zu den Disziplinen des modernen Kanusports. Beim Kanu-Rennsport wird wie beim Rudern auf stehenden Gewässern auf neun nebeneinander liegenden, abgesteckten Bahnen auf die Distanz über verschiedene Streckenlängen gepaddelt. Man spricht dabei von der „Sprintdistanz" über 200 Meter, der „Mittelstrecke" über 500 und 1.000 Meter und der „Langstrecke" von 2.000 bis 10.000 Metern. Olympische Disziplinen sind die Strecken über 500 und 1.000 Meter. Man kämpft hierbei in Canadier und Kajaks die im Einer, Zweier und Vierer gepaddelt werden. Die Unterschiede zwischen dem Canadier und Kajak bestehen darin, daß man das Kajak mit einem Doppelpaddel durch sitzende Athleten fortbewegt, während im Canadier die Boote mittels Stechpaddel durch kniende Athleten den Anschub bekommen.

Olympische Rennen gibt es seit 1936, als es in Berlin zum ersten Mal um olympisches Gold ging. Zwei Jahre später wurden die ersten Weltmeisterschaften durchgeführt. Deutsche Meisterschaften in der Kanu-Rennsportdisziplin gibt es seit 1919.

Kanusport - in Dresden eine große Tradition

Im DSC hat der Kanusport ebenfalls eine lange Tradition. Nach der Gründung im Jahr 1960 beim damaligen SC Einheit Dresden hat sich diese Abteilung zu einer der erfolgreichsten im gesamten Sportclub entwickelt.
1973 übernahmen die Kanuten ihr neues Domizil das „Wasserfahrsportzentrum am Blauen Wunder". Obwohl in der Elbestadt keine Regattastrecke zur Verfügung stand und die Aktiven auf dem Elbwasser trainierten, kennt man die Dresdner Kanuten, wo auch immer die Sportler aus Sachsen auftraten. Dafür sorgten schon in frühester Zeit solche Kanu-Asse wie Siegfried Roßberg, Bettina Müller, Roland Graupner und Eduard Augustin. Sie alle brachten es von 1963 bis 1985 zu Europa- und Weltmeisterehren am laufenden Band. Großen Anteil daran hatte der damalige Trainer Bernd Metzler, der heutige Abteilungsleiter der Kanu-Abteilung im DSC, und der damalige Trainer und jetzige Bundestrainer Ralf Zeidler.

Eine herausragende Persönlichkeit und gleichzeitig Aushängeschild der Abteilung ist die Weltmeister- und Olympiasiegerin im Kanu Carsta Kühn. Die siebenfache Weltmeisterin, krönte 1980 ihre große Karriere mit dem Olympiasieg in Moskau im K II über 500 Meter. Die Dresdnerin hat sich dabei im Kanusport ebenso einen klangvollen Namen gemacht wie die vielfache Welt- und Olympiasiegerin Birgit Fischer aus Potsdam. Deshalb hier nochmals die tolle Bilanz der Jahre 1961 bis 1990:

1961 • Europameister durch Siegfried Roßberg im K IV über 1.000 Meter.
1963 • Weltmeister durch Siegfried Roßberg im K IV über 1.000 Meter.
1969 • Europameister durch Eduard Augustin im K IV über 1.000 Meter.
1975 • Weltmeister durch Bettina Müller im K IV über 500 Meter.
1977 • Vize-Weltmeister durch Sabine Pochert im K IV über 500 Meter.
1978 • Weltmeister durch Carsta Kühn im K- IV über 500 Meter.
1978 • Weltmeister durch Roland Graupner im K IV über 500 Meter.
1979 • Weltmeister durch Roland Graupner im K IV über 500 Meter.
1980 • Olympiasieger durch Carsta Kühn im K II über 500 Meter.
1981 • Weltmeister durch Carsta Kühn im K II über 500 Meter.
1983 • Doppel-Weltmeister durch Carsta Kühn im K II und K IV über 500 Meter.
1983 • Weltmeister durch Ramona Walther im K IV über 500 Meter.
1987 • 3. Platz bei den Junioren-Weltmeisterschaften durch Uwe Metzler im K IV über 500 Meter.
1990 • DDR-Meister bei den DDR-Meisterschaften als Dresdner SC im K IV über 1.000 Meter.

Heute nach der „Neugründung" der Abteilung Kanu am 19. April 1990 beim Dresdner Sport-Club liegen die Hoffnungen auf weitere olympischen Erfolge hauptsächlich bei den Junioren. Mit Wettkämpfen oder Regatten in Leipzig, Halle, Werder, Brandenburg, Saaldorf (Thüringen), Hof, Essen, Duisburg, Köln, Kassel, Hamburg und München bieten wir den Spitzensportlern ein breites Angebot an Hochleistungssport. Zwischen dem „Blauen Wunder" und den Loschwitzer Elbhängen gibt es seit über 20 Jahren ein Dorado für „Paddelbegeisterte" des Breiten- und natürlich auch die des Spitzensports.

Die Trainingsstätte befindet sich 300 m vom Schillerplatz elbaufwärts. Wasserwanderer, die von Schmilka oder Tschechien kommen wissen, daß zur „Oehmestraße" ein beliebter Anlaufpunkt für die „Wasserwanderer" ist. Breitensport wird in der Kanu-Abteilung des Dresdner

100 Jahre DSC

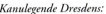

Kanulegende Dresdens:
Carsta Kühn zusammen mit ihren Kindern
Abb. unten: *Geselligkeit und Tradition spielen bei der Kanuabteilung auch für den Nachwuchs eine große Rolle*

Sport-Club seit Jahren groß geschrieben. So ist die Beteiligung am Dresdner Elbhangfest mit dem Drachenboot ein „Muß" für die Kanuten des DSC. In einem Fitneß-Raum ist Gymnastik oder spezielles Training ebenso möglich wie Volleyball oder Krafttraining. Trotzdem hat der Kanurennsport für unseren Nachwuchs Priorität. Die Kinder trainieren unter Anleitung von ehemaligen Spitzensportlern und Meistermachern. Sie vermitteln Ihnen in praktischer Anleitung, Tricks und Kniffe zu beherrschen und in der Wasserpraxis unter Anleitung unseres Kindertrainers Bernd Spieler, so umzusetzen, daß aus ihnen Talente werden.

Talentförderung und der Breitensport sind die Maxime der Kanu-Abteilung

Diese geschulten Talente werden dann weitertrainiert und gefördert vom mehrfachen Weltmeister Roland Graupner, der sie für die Aufnahme in die Kaderkreise des Deutschen Kanuverbandes oder für die Berufung in die Auswahlmannschaft fit macht. Ralf Zeidler, der aktuelle Bundestrainer der Frauen-Nationalmannschaft und ehemaliger Trainer von Carsta Kühn kümmert sich um die älteren Junioren und Senioren. Leider verließen uns in den letzten Jahren wegen mangelnder sportlicher Perspektiven und knapper Finanzen der eine oder andere Spitzensportler oder Sportlerin.

Trotzdem geben wir nicht auf, denn auch wir hoffen noch in den kommenden Jahren in der Kanu-Abteilung des DSC das eine oder andere Talent zu formen. Die bisherigen Leistungen unserer Kanuten berechtigen zu Hoffnungen und lassen noch einige sportliche Überraschungen durchaus erwarten So belegten die Dresdner Kanuten im Kajak (K) und im Canadier (C) die folgenden Plazierungen in den letzten Jahren:

1991 • Vize-Weltmeister der Junioren durch Mirko Göhler im K II über 1000 Meter und im K IV über 500 Meter.
1993 • Weltmeister der Junioren durch Sven Lehnert im K IV über 1000 Meter und im K II über 500 Meter.
1994 • Weltcupsieg durch Michaela Böhm im K IV über 500 Meter. 2. Platz für Peter Hörnig im C II über 1000 Meter
1997 • 5. + 6. Platz bei der Junioren-Weltmeisterschaft durch Patrik Dunkel im C II über 500 Meter und 1000 Meter.

Die Junioren stehen also stets ganz vorn in den Medaillenbereichen - eine durchaus zukunftsweisende Tendenz für den Kanusport in Dresden, gerade im Hinblick auf das 100jährige Bestehen des Großvereins Dresdner Sport-Club 1898 e.V.

Der Club im Wandel der Zeit

100 Jahre DSC

Leichtathletik

Harbigs Weltrekord
...über 800 m - damit wurde er zur Legende

Abteilungsleiter Leichtathletik: Achim Jäkel

Die Leichtathletik erfuhr beim Dresdner Sport-Club und auch in Deutschland der 20er Jahre einen rasanten Aufschwung. Durch populäre Staffelläufe und Städtevergleichskämpfe sowie durch die Ausweitung in den Spezialdisziplinen wurden die Athleten des Dresdner Sport-Clubs vor allen Dingen in den 30er Jahren weltbekannt und halfen mit, den Namen „Dresden" populärer zu machen. Hans Beger, bekannter DSC-Leichtathlet, hat in der Zeitschrift „Leichtathlet" in der Ausgabe 52/1965 sein Einfühlungsvermögen und seine Betrachtungen dokumentiert. Diese wollen wir so, wie die Zeilen damals veröffentlicht wurden, wiedergeben:

Luise Krüger gewann 1936 bei den olympischen Spielen in Berlin die Silbermedaille

„Lies", wie sie von Freunden genannt wird, war nicht nur wegen Ihrer Silbermedaille im Speerwurf eine vorbildliche Leichtathletin. Schon mit neun Jahren konnte sie an diesem Sport gefallen finden und mit 16 Jahren wurde sie vom Arbeiter Sportverein Briesnitz-Cotta zur Arbeiter-Olympiade 1931 nach Budapest geschickt, wo Sie mit dem 37,33 m Speerwurf Siegerin wurde.

Doch schon 1933 schien ihre hoffnungsvoll begonnene Karriere zu Ende zu sein. Ihr Verein ASV Briesnitz-Cotta wurde 1933, wie alle Arbeiter Vereine, verboten und damit kam zunächst einmal für die ehrgeizige Sportlerin das sportliche Aus. Erst 1934 also ein Jahr später erinnerte man sich beim Dresdner Sport-Club an die Leichtathletin aus Briesnitz. Im gleichen Jahr wie Rudolf Harbig „entdeckte" man sie wieder. Der Verein verschaffte der arbeitslosen Luise Krüger über einen Sponsor eine Arbeitsstelle als Verkäuferin an einem Schokoladenstand und brachte sie unter die Fittiche von Harbigs Erfolgstrainer Woldemar Gerschler. Dort traf sie auf zahlreiche Sportlerinnen, mit denen sie nicht nur das gemeinsame Training verband, sondern auch eine Freundschaft für's Leben daraus entstand. Noch im gleichen Jahr holte sie bei den deutschen Meisterschaften in Nürnberg mit 43,48 m ihren ersten Titel im Speerwurf.

Danach war Sie die „ewige Zweite" im deutschen Frauen-Speerwerfen. Bei den Olympischen Spielen 1936 in Berlin war es ihre Freundin Tilly Fleischer, die ihr mit 45,18 m die Goldmedaille wegschnappte und Luise Krüger mit 43,29 m auf den Silber-Platz verwies. Und das obwohl Sie im Vorfeld der olympischen Spiele von Berlin mit 45,27 m einen neuen deutschen Rekord im Speerwurf aufstellte, den sie 1939 beim Dresdner Sportfest sogar auf 46,27 m verbesserte. In den folgenden Jahren entdeckte sie ihre Hingabe für den Mehrkampf und holte sich 1941 in Erfurt sowie 1942 in Berlin den Titel im Fünfkampf.

Nach dem Krieg, als das „Wurfverbot" wieder aufgehoben war, nahm sie ihren Speer noch einmal zur Hand. Sowohl im Speerwerfen als auch im Fünfkampf wurde Sie 1948 und 1949 Ostzonen-Meister. Ab 1950 spielte sie Hockey bei Lok Dresden, danach Faustball und bei der Sportvereinigung Rotation Mitte Dresden Handball. Als fast 50jährige entdeckte sie die Liebe zum Tennis und absolvierte auf dem Court einen ausgiebigen Tenniskurs. Auch im beruflichen Leben bewies sie Zielstrebigkeit: Abitur im Abendstudium, Sportlehrer-Diplom in einem externen Studium und ab 1952 war sie als Sportlehrerin an der TH/TU Dresden tätig. Hunderten von Studenten übertrug sie ihre Liebe zum Sport, diese Eigenschaften und Tugenden prägten das Persönlichkeitsbild der Dresdnerin. Heute geht die ehemalige Leistungssportlerin mit den wirtschaftlichen Tendenzen des Leistungssports nicht so konform. Trotzdem blieb Luise Krüger eine der erfolgreichsten Leichtathletinnen des Dresdner Sport-Clubs, ebenso wie Käthe Kraus, die mit ihrem „Staffelunglück" 1936 bei den Olympischen Spielen in Berlin als Dresdnerin Leichtathletikgeschichte geschrieben hat.

Käthe Kraus - Dresdens Sprinterin
Mit der Goldmedaille vor den Augen fiel der Staffelstab

Der Schrei an jenem Sonntag 1936 klingt Gerda Schiemann immer noch in den Ohren. 100.000 Zuschauer im Berliner Olympiastadion hatte es vor Entsetzen von den Sitzen gerissen. Die deutsche Staffel war auf dem Weg zum Olympiagold, der Vorsprung schien uneinholbar. Da passierte es: Schlußläuferin Ilse Dörffeldt konnte den Stab nicht fassen, er fiel auf die Aschenbahn. Der Traum vom Olympiagold, der sich dann für die USA erfüllte, platzte für Deutschland in Sekundenbruchteilen. Tränen flossen, die Enttäuschung war grenzenlos. Die beste deutsche Sprinterin stand nach 100 m Bronze (11,9 Sek.) in der Staffel vor ihrem größten Triumph, da kam der Blackout. Dabei hatte die Dresdnerin, in ihrer Stammposition Nummer zwei laufend, mit dazu beigetragen, daß das Deutsche Quartett mit einem Riesenvorsprung in die Kurve ging. Viele Jahre ging dieses Malheur mit der Dresdnerin einher, viele hielten die Dresdnerin verantwortlich für Staffelpech zu sein, dies traf Käthe Kraus hart und sie war viele Jahre untröstlich. Welch starken Charakter die i

100 Jahre DSC

Leichtathletik

Perfekte Laufstudie von Rudolf Harbig

Kamenz geborene Käthe Kraus auszeichnete, wird deutlich, daß Sie ihre Leichtathletikentdeckerin Gerda Schiemann, die nach einem Diphtherieleiden die Beine gelähmt hatte, mit Rehabilitationsmaßnahmen wieder fit machen wollte, sprach für die Dankbarkeit die Käthe Kraus gegenüber ihrer Mentorin Gerda Schiemann empfand. 1947 verließ Käthe Kraus Dresden und lebte bescheiden im pfälzischen Landau. Nach ihrem Tod wurde die Urne 1970 nach Dresden überführt, die Beisetzung war mit einigen Komplikationen verbunden, so daß die Urne zweimal den Weg nach Dresden antrat. Heute liegt Käthe Kraus, als Katharina, auf dem gleichen Friedhof nur einen Kreuzweg entfernt von Dresdens unvergessener Motorsportlegende Ulli Melkus.

Rudolf Harbig und der Dresdner Sport-Club - eine Leichtathletik-Legende

Kein anderer Dresdner hat dem Sport der Elbestadt zu ähnlichem Ruhm verholfen wie dieser in seinem Lauf-Stil unnachahmliche Leichtathlet. Gerade im Dynamo-Stadion, der ehemaligen Illgen-Kampf Bahn, lief Rudolf Harbig 1941 einen seiner spektakulären Weltrekorde über 1000 Meter. Harbigs Bestzeiten sind Legion. Legendär sein Lauf über 800 Meter, mit dem er am 15. Juli 1939 in Mailand den starken Italiener Mario Lanzi schlug und mit 1:46,6 Minuten eine neue Bestmarke aufstellte, die über 15 Jahr lang Bestand hatte. Zwei Monate später legte er die vierhundert Meter in Frankfurt am Main in 46,0 Sekunden zurück, schnellen als jemals ein Konkurrent damals gelaufen war. 232 Mal ging Harbig in den nur neun Jahren seiner Laufbahn an den Start. Dabei errang er 201 Siege, 19 zweite Plätze und sechs Dritte.

Leichtathletik

Außer seinen Weltrekorden stellte Harbig 16 deutsche Bestzeiten auf. Leider fiel Dresdens berühmtester Sportler, wie so viele, als Fallschirmjäger-Feldwebel 1943 bei den Kämpfen an der Ostfront.

Harbigs Ruhm ist eng mit dem Namen Woldemar Gerschler verknüpft. Der ehemalige Sportprofessor an der Freiburger Universität entdeckte den Handballspieler Harbig für den Mittelstrecken-Lauf. Gerschler, der Erfinder der Intervall-Methode im Training und von 1933 bis 1937 Hauptsportlehrer beim Dresdner Sport-Club war, nahm Harbig auch persönlich unter seine Fittiche. Der gebürtige Meißener, Jahrgang 1904, sprach später „von einer tiefen Freundschaft" zu Harbig. Der Läufer, der durch eine bittere Kindheit gegangen war, fühlte sich in der Familie Gerschler geborgen.

Seine Mutter, die er innig verehrte, mußte als Wäscherin und Köchin das Existenz-Minimum sichern. Denn der Vater hatte seine Probleme mit dem Alkohol und fiel lange Zeit als Ernährer für die Familie aus. So bot sich Woldemar Gerschler förmlich als Vater-Leitbild an. Und das motivierte den fröhlichen, geradezu übermütigen Harbig in seinem Trainingseifer. Weiter stimulierte die Absicht seinen Fleiß, seiner Mutter alles zu bieten, worauf sie lange Zeit verzichten mußte. Zum Beispiel machte es sich Harbig zur Gewohnheit, Einladungen nur anzunehmen, wenn er seine Mutter mitbringen durfte. Als der gelernte Tischler sein großes Talent erkennen ließ, brauchte er nicht länger der schweren Arbeit „Wagenräder zu fertigen" nachzugehen. Die Stadt Dresden verschaffte ihm eine Anstellung als „Gasmann". Später wurde er im Gaswerk als kaufmännischer Angestellter übernommen. Die letzten Jahre seines Lebens startete er für die Braunschweiger Eintracht, da er das Training in der Nähe Braunschweigs suchte, wo er als Soldat stationiert war.

Gerschler aber hat sich nicht nur im Zusammenhang mit Harbig hervorgetan. Er betreute, unter anderem mit Erfolg, als Trainer Luise Krüger - die Silbermedaillen-Gewinnerin von Berlin im Speerwerfen, oder auch Käthe Kraus, mehrfache deutsche Meisterin über 100 Meter und 200 Meter und spätere Fünfkampf-Siegerin (Sie starb fast erblindet in den siebziger Jahren im pfälzischen Landau.)

Die Damen des Dresdner Sport-Clubs wurden einige Male deutscher Mannschaftsmeister. Gerschler, der 1937 zum Chef-Trainer der deutschen Leichtathletik avancierte und 1943 nach Dresden zurückkehrte, hat, was meist vergessen wird, auch mit den berühmten Fußballspielern des Dresdner Sport-Clubs rauschende Erfolge errungen. Lange Jahre sorgte er dafür, daß die Fußballer mit guter Kondition auf den Rasen kamen. Beim Berliner Endspiel 1944, das der DSC gegen den Luftwaffensportverein Hamburg mit 4:0 gewann, hieß der Fußballlehrer auf der Bank, Gerschler.

Harbig und der DSC-diese beiden Begriffe stehen für die alte Sportstadt Dresden unvergessen: Der populäre Staffellauf entlang dem Großen Garten August des Starken, oder von Berichten mancher sportlichen Großtat des ältesten Leichtathletikklubs Dresdens, der „Dresdensia".

Nach dem Kriege als sich das Leben wieder zu normalisieren begann, hatte sich 1947 unter dem alten DSCer Hans Beger nochmals ein Zusammenschluß der Leichtathleten in der „Sport-Gemeinschaft Friedrichstadt" spontan gebildet, sogar mit dem alten schwarz-roten Brustring des DSC, doch war auch dieser „SG" zwangsläufig ein kurzes Dasein beschieden, da die bürgerlichen Vereine in der Sowjetzone durch betriebseigene Kollektive abgelöst werden sollten.

Immer mehr Leichtathleten und Fußballer setzten sich in den Westen ab und suchten dort ihre sportliche Bleibe. Zwar bildete sich in Heidelberg ein neuer „DSC", doch mußte man bald einsehen, daß auch dieser ehrenwerte Versuch keine Zukunft hatte.

Käthe Kraus beim Zieleinlauf

Mit jungem Nachwuchs soll die Leichtathletik des DSC weiter nach vorne kommen

Neben den jungen Spitzensportlern wie Jochen Lindau und Erhard Kynast, die sich im Westen eine neue Existenz aufgebaut hatten, ist vor allem Dingen auch Ekkehard Kamps zu nennen, der den sächsischen Jugendrekord von Hilmar Dressler über 1500 Meter auf die Rekordzeit von unter 4 Minuten trieb. Was er auch mit der Deutschen Jugend-Meisterschaft über 800 Meter eindrucksvoll dokumentierte.

Natürlich waren auch nicht wenige der DSC Sportler - aus welchen Gründen auch immer - in ihrer alten Heimat Dresden geblieben sind. Denken wir an Luise Krüger, die den Kontakt zu ihren Westfreunden nie verloren hatte, oder an den Mittelstreckler Alois Schönfelder, den späteren Generalmusikdirektor, der als Dirigent im In- und Ausland hohes Ansehen genoß.

Vergessen wir aber auch nicht so profilierte Männer wie Arno Neumann, oder den Sportlehrer Walter Richter, die ihrer Überzeugung wegen, viele Jahre im Gefängnis verbringen mußten.

Der Dresdner Sport-Club hat und wird in der Leichtathletik weiter für Schlagzeilen sorgen. Ob und in welcher Form sich die hohe sportliche Reputation des Traditionsclubs nach der Wende wieder beleben läßt, bleibt abzuwarten. Vielleicht bildet sich ein ganz neues Selbstverständnis beim Dresdner Sport-Club, das nur nach vorn gerichtet ist, was auch nicht schlecht wäre, möglicherweise sogar noch besser, als nur auf das Vergangene und Unwiderbringliche zu schielen.

Hagen Melzer einer der erfolgreichsten Leichtathleten des Dresdner Sport-Clubs

„Ohne die Unterstützung meiner Frau hätte ich wohl schon lange mit dem Leistungssport aufhören müssen". Worte von Hagen Melzer beim Abschied am 19. August 1993, als Dank für die jahrelange Unterstützung seiner Frau, die ihm den steilen Aufstieg, im Leistungssport mit ihrer Harmonie erst ermöglichte.

Die Weltmeisterschaft im eigenen Lande 1993 in Stuttgart, das sollte eigentlich der Schlußpunkt einer erfolgreichen Sportlerkarriere werden. In Stuttgart sollte ein erfolgreicher Abschluß seines facettenreichen Lebensabschnittes für die Leichtathletik, die ihn geprägt hatte, mit der Teilnahme am 3000 m Hindernislauf gekrönt werden. Doch ein mißglückter Jahresauftakt beim Leichtathletikmeeting in Jena zwang den Dresdner Leichtathletik nur diese einzige Entscheidung ab - Schluß mit dem Leistungssport! Doch ganz so schnell konnte sich Hagen Melzer von der Leichtathletik nicht trennen und bestritt nach dem Rücktritt beim Columbus Day 1994, zusammen mit den Dresdnern dem Sportdezernenten Jürgen Löffler, Claus Lippmann vom Stadtparlament, Dr. Steffen Müller, Dietmar Hörnig und Christine Boden (alle Stadtverwaltung Dresden) einen Marathonlauf. Columbus, Hauptstadt des US-Bundesstaates Ohio und Partnerstadt Dresdens, erlebte einen glänzend aufgelegten Hagen Melzer, der die 42,8 km lange Strecke mit dem 40. Platz und in einer Zeit von 2:33 Std. zurücklegte. Erneut zeigte der Dresdner, aus welchen Holz er geschnitzt ist und nicht zu Unrecht zu den erfolgreichsten sächsischen Leichtathleten der letzten beiden Jahrzehnte gehörte.

Noch heute kommt der inzwischen fast 40jährige Ausnahmeathlet ins Schwärmen, wenn er an seine fast 20jährige Leichtathletikkarriere zurückdenkt: „Es war eine wunderbare Zeit, ich habe schöne Stunden erlebt, die Welt kennengelernt, ich bin in den Stadien von vier Kontinenten an den Start gegangen. Der Sport hat mich geprägt und mich für weiteres Leben geformt. Wenn auch Rückschläge nicht ausblieben so habe ich viel gelernt, auch die Rückschläge in der Karriere gemeinsam mit meinen Trainer zu überwinden und mich im Leben durchzusetzen", so Hagen Melzer wenige Tage nach seinem Rücktritt von der Aktivenzeit. Jetzt steht für den erfolgreichen Leichtathleten des SC Einheit Dresden und später beim Dresdner Sport-Club zunächst einmal die Familie im Vordergrund und er muß sich ein berufliches Standbein schaffen.

Geboren am 15. Juni 1959 in Bautzen und dort aufgewachsen, legte er nach Abschluß der 10. Klasse in der Kinder- und Jugendsportschule (KJS) in der damaligen DDR in Dresden, eine Lehre als Maschinen- und Anlagenmonteur erfolgreich ab und beendete genauso erfolgreich sein Studium zum Ingenieur für Kfz-Technik. Als 12jähriger begann er seine sportliche Laufbahn unter der Anleitung von Trainer Manfred Loose und Wolfgang Schumacher, bei ihnen bekam er eine vielseitige Grundausbildung in der Leichtathletik. Als 14jähriger kam er unter die Fittiche von Jiri Korn, der seine enormen läuferischen Fähigkeiten erkannte und ihn langsam aber zielstrebig an den Leistungssport heranführte.

Die ersten Erfolge stellten sich auch bald ein, so unter anderem ein Bezirksrekord über die 15 Kilometer Strecke 1975 in 50:34,2 min. Die Bezirksbestenliste führte er damals von der 1.500 m Distanz bis zur 15 km Strecke an. Dann erste Erfolge bei den DDR Meisterschaften 1976 mit einem 4. Platz über 5.000 Meter und ein sechster über 3.000 Meter ließen denn Dresdner Langstreckler in den Blickpunkt rücken. Mit Beginn der Saison 1977 kommt er in die erfahrenen Hände von Günter Büttner, der ihn als Trainer bis 1984 betreute und die Grundlagen für seine nationalen und internationale Erfolge legte. Titelträger bei den DDR-Meisterschaften, die erfolgreichen Teilnahmen an der Junioren-WM, am Europacup und die Teilnahme an der ersten Weltmeisterschaft 1983 in Turin, die leider mit einem enttäuschenden Abschneiden verbunden waren, kennzeichneten die Höhepunkte von Hagen Melzers junger Karriere.

Mit dem Wechsel zu Trainer Wolfgang Grafe, der ihn in den folgenden Jahren erfolgreich betreute, werden den sympathischen Leichtathleten auf den Höhepunkt seiner steilen Sportlerkarriere führen. 1986 Europameister in Stuttgart, dann bei den Weltmeisterschaften in Rom 1987, wurde er Vizeweltmeister mit dem heute noch gültigen Deutschen Rekord von 8:10,32 min. über die 3.000m-Hindernis.

Rückblick! 1986 bei den Europameisterschaften in Stuttgart schlug seine bis dahin größte Stunde. Sieg über den Italiener und oftmaligen Widersacher Francesco Panetta im legendären 3.000 m Hindernislauf im Stuttgarter Neckarstadion. „Der Leichtathlet" beschrieb den Verlauf des EM-Finals wie folgt: „In einem dramatischen Rennen, bei dem der Italiener Francesco Pannetta teilweise bis zu 40 Metern Distanz zwischen sich und Melzer legte, holte der Dresdner in einem unglaublichen Finish die Goldmedaille. Hagen Melzer anschließend: „Patriz Ilg, so dachte ich mir, wird als Titelverteidiger schon etwas unternehmen. Außerdem forderte das begeisternd mitgehende Publikum von ihrem Landsmann Entschlossenheit. Also sagte ich mir, behalte die Nerven, schone dich für den Spurt. Als wir auf Panetta am letzten Wassergraben aufgeschlossen hatten, blitzte bei mir der Gedanken auf, hier kannst du auch gewinnen!" Mit den Gedanken an das unsägliche Mißgeschick von Frank Baumgärtel, der nach einem Sturz am letzten Hindernis die Bronzemedaille beim gleichen Lauf in Montreal bei den Olympischen Spielen 1976 verpaßte,

Leichtathletik

ging Hagen Melzer an das 28. Hindernis. Hagen Melzer kam gut über dieses für den DDR-Sport seit 1976 ominöse Hindernis und holte in 8:16,65 min Gold für das DDR-Team. Ein Tag nach dem sensationellen Lauf von Stuttgart, erklärte er in der Pressekonferenz auf die Frage, wie oft er das gestrige Finale noch im Traum gelaufen ist: „Im Traum nicht, denn ich konnte vor Aufregung die ganze Nacht nicht schlafen, habe höchstens zwei Stunden vor mich hin gedöst. Aber gerannt bin ich die 3.000 m Hindernis in Gedanken mehr als ein dutzendmal und noch jetzt habe ich Mühe zu begreifen, daß ich Europmeister bin".

Schon ein Jahr später kam der zweite Höhepunkt in der Sportlerkarriere von Hagen Melzer. Die Leichtathletik Weltmeisterschaften 1987 in Rom. Doch diesmal waren die Karten anders gemischt worden. Nach den Trainingsleistungen und den Einschätzungen der Experten war der Italiener Francesco Pannetta nicht der erklärte Favorit für die 3.000 m Hindernis. Doch der quirlige Italiener drehte den Spieß um und holte sich unter dem begeisterten Jubel der Zuschauern in Rom die Goldmedaille. Der überglückliche Panetta nach dem Lauf über Hagen Melzer im Zielrund: „Natürlich wußte ich, daß die Konkurrenz groß ist. Auch Hagen Melzer, ein echtes Talent konnte mir Paroli bieten. Es war wie ein Kartenspiel, wer die besten Trümpfe hat wird gewinnen".

Und so gewann „Fantastico", wie ihn seine Landsleute liebevoll nannten, mit einer gehörigen Wut im Bauch über seine verpatzte Goldmedaille im 10.000 m Lauf, in phantastischen 8:08,57 min vor Hagen Melzer, der mit 8:10,32 min einen neuen DDR-Rekord aufstellte und Vize-Weltmeister wurde. Neben dem Novum, daß Hagen Melzer dabei seinen einzigen DDR-Rekord aufstellte, kann sich der Dresdner noch heute Deutscher Rekordhalter nennen, denn sein in Rom aufgestellter Rekord ist immer noch die Rekordmarke des Deutschen Leichtathletikverbandes (DLV).

Danach ließ es der Dresdner langsamer angehen, zumal ihn Verletzungen und das Überschreiten des Zenits signalisierten, daß es besser ist, sich auf die Familie und Beruf zu konzen-

trieren. Trotzdem bleibt unter dem Strich eine glänzende Karriere! Mit 39 Berufungen - nur Thomas Munkelt, hat neun Berufungen mehr - in die DDR-Nationalmannschaft von 1978 bis 1990, die Teilnahme an 21 Länderkämpfen (17 für die DDR und vier für den DLV) und Deutscher Rekordhalter über 3.000 m Hindernis, machen den Dresdner zum erfolgreichsten Athleten in der Leichtathletikgeschichte der Nachkriegszeit des Dresdner Sport-Clubs, dort wo Rudolf Harbig vor dem Krieg bereits in die Phalanx der Weltbesten in der Leichtathletik einbrach.

Thomas Goller ist im 400-Meter-Hürdenlauf eine große Hoffnung

Als Leichtathletiktalent des DSC hegt Thomas Goller große Pläne. Der 400-Meter-Hürdenläufer gilt als großes Talent. Vor knapp 10 Jah-

Abb. links: Die Dresdner Lauflegende Rudolf Harbig (re. im Bild)

Originalbildunterschrift von 1936: Drei fröhliche deutsche Mädel beim Labetrunk im Stadion: (von links) die Speerwerferinnen Fleischer, Krüger und Eberhardt, Erste, Zweite und Sechste im Speerwerfen der Frauen.

Originalbildunterschrift von 1936: Stolz und frohen Mutes verlassen die deutschen Läuferinnen Albus, Kraus, Dollinger und Dörffeldt den Schauplatz ihres großen Erfolges - im Vorlauf der Frauenstaffel.

ren versuchte er sich erstmals im Hürdenlauf und fand Interesse daran. Sein gute Lauftechnik und das Können, verbunden mit viel Mühe und Trainingsfleiß verhalfen ihm später dazu, die Sportschule besuchen zu dürfen und sich dort hauptsächlich auf die Leichtathletik zu konzentrieren.

Das harte Training wurde belohnt - Thomas Goller ist mehrfacher Deutscher Juniorenmeister in der Staffel und Deutscher Juniorenmeister in der 400-Meter-Einzeldisziplin. Aber auch bei ihm waren die Wettkämpfe geprägt von Verletzungen und damit verbundenen Ausfallzeiten. Nach seinem Aufstieg in die Männerklasse steht für Ihn vor allem die Qualifikation zu den Olympischen Spielen 2000 in Sydney im Vordergrund.

John Vincent Duncker vom BC Mittweida erster sächsischer Leichtathlet beim DSC lief er um Meisterschaften

Der erste Olympionike in der Leichtathletik Sachsens, der eine Medaille gewann, war John Vincent Duncker vom BC Mittweida. Wie Phönix aus der Asche tauchte er auf, um drei Jahre später genauso spurlos wieder zu verschwinden. John Vincent Duncker laut Ausweis am 9. November 1911 in Südafrika geboren und Student am Technikum in Mittweida und von 1905 bis 1906 für den BC Mittweida startend, dann ab 1907 für den Dresdner Sport-Club auf den Bahnen aktiv. Der „Skandal-Leichtathlet" war der erste sächsische Aktive, der an Olympischen Spielen teilnahm. Es waren die Spiele 1906 in Athen, nämlich genau die Spiele, die für den Fortbestand der olympischen Idee überhaupt wichtig waren.

Das Olympische Komitee (IOC) hatte 1901 gegen den Willen von Pierre de Coubertin beschlossen, alle zwei Jahre im Wechsel in Athen und anderen internationalen Städten Spiele durchzuführen. Nach den Problemen in Paris und St. Louis, waren die Spiele 1906 in Athen wie 1896 ein großer Erfolg. Erstmals gab es den Einmarsch der Nationen und fast durchweg Gold-, Silber- und Bronzemedaillen. Die nächsten Olympische Spiele, die laut IOC-Reglement 1910 und 1914 in Athen stattfinden sollten, fielen dem Ersten Weltkrieg zum

Leichtathletik

Leichtathletik

Opfer, so daß die Spiele von 1906 als „Zwischenspiele" in die olympische Geschichte eingingen. 1908 traf man sich gegen den Widerstand von Coubertin in London, wo man eigens ein „Multifunktionales" Stadion baute. Mit eigener Radrennbahn, einem Schwimmbad vor der Tribüne und absenkbarem (!) Sprungturm galt dieses Stadion lange Zeit als der spektakulärste Stadionbau der Welt. Die Athleten liefen beim Einmarsch der beteiligten Nationen noch in ihren eigenen Kleidung ein.

Vincent Duncker wurde einer der erfolgreichsten deutschen 110-Meter Hürdensprinter

Er war einer der erfolgreichsten Sprinter und Hürdenläufer in Deutschland. 1904 machte er beim Internationalen Sportfest im Sportpark Berlin-Friedenau zum ersten Mal auf sich aufmerksam, belegte über 110-Meter-Hürden den 2. Platz. Als Höhepunkt gewann er 1905 souverän das sogenannte „Kronprinzen-Meeting" in Berlin über die 110-Meter-Hürden. Bei den deutschen Meisterschaften 1905 wurde er überlegen neuer Deutscher Meister über die Hürdendistanz und verbesserte am 6. August 1905 den acht Jahre alten deutschen Rekord über 100 m auf 10,8 Sekunden, der erst 1911 von Richard Rau auf 10,6 Sekunden verbessert werden sollte. Höhepunkt war jedoch die Teilnahme 1906 bei den olympischen zwischen Spielen in Athen. Dort war er einer der sechs ausgewählten Athleten, die von der Deutschen Sportbehörde für Athletik (DSBfA) die Startberechtigung bekamen, „weil Sie die Reise nach Athen selbst bezahlten". 1906 nahmen insgesamt 296 Aktive aus 19 Nationen in Athen teil. Für Deutschland holte Hermann Müller über 3000 m Gehen eine Silbermedaille, während sich Vincent Duncker im 110-Meter-Hürdenlauf die Bronzemedaille erlief.

Die Tage von Athen 1906 wurden zu einem Festival für Vincent Duncker

Zunächst begann die Wettkampfserie für Duncker am 25. April 1906 mit einem 800-Meter-Lauf, bei dem er im dritten Vorlauf wegen Leistenschmerzen aufgab. Heute geht man davon aus, daß er das wohl so wollte, denn noch am gleichen Tag fanden die 100-Meter-Vorläufe statt und hier erhoffte sich Duncker bessere Chancen. Im achten Vorlauf belegte er mit dem Briten H. Healey in 12,2 sec. zeitgleich den 2. Platz. Im Zwischenlauf hatte er keine Chance und schied aus. Doch John Vincent Duncker gab nicht auf und hoffte beim am 27. April 1906 stattfindenden 400-Meter-Hürdenlauf seine Chance endlich zu wahren. Seine Rechnung schien auch aufzugehen, denn im 2. Vorlauf über die 400-Meter-Hürden belegte er hinter dem Amerikaner J. Pilgrim mit 55,2 sec. den 2. Platz. Leider kam für ihn

Abb. links: Die deutsche 4 x 400 m Staffel nach ihrem schönen Erfolg, den die Läufer v. Stülpnagel, Voigt, Harbig und Hamann erzielten.

Rudolf Harbig zum Gedächtnis am 28. 5. 1944 Lauf rund um den Großen Garten in Dresden

Taktisch klug läuft Harbig, der wohl zeitweise auf den fünten Platz zurückfällt, aber nach einem unerhörten Endspurt in 1.58,2 Sekunden die 800 m sicher gewinnt.

Leichtathletik

Leichtathletik

dann im Zwischenlauf das Aus. Doch so leicht wollte sich Duncker nicht geschlagen gegeben. Zwei Tage später am 29. April 1906 stand er erwartungsvoll am Start für seine Paradedisziplin 110-m-Hürdenlauf. Mit einem 2. Platz sicherte er sich den Hoffnungslauf, den er als Sieger beendete. Im abschließenden Endlauf über die 110-Meter-Hürden erkämpfte er die erste Medaille für die deutschen Athleten. Hier nochmals der Zieleinlauf von Athen 1906:
1. R. G. Leavitt (USA) 16,2 sec; 2. H. Healey (GB) 16,2 sec; 3. Vincent Dunker 16,3 sec;
Zufrieden über seine erstklassigen Leistungen bei den Spielen in Athen bereitete sich der Student wieder auf die strapaziöse Rückreise nach Sachsen vor. Seine ganze Planung galt nun den in Hannover stattfindenden Deutschen Meisterschaften. Erneut sorgte Vincent Dunker bei diesen Titelkämpfen mit drei Meistertiteln für einen Paukenschlag. In den Disziplinen über 100-Meter in 11,2 sec; 400-Meter in 56,4 sec und seiner Paradedisziplin 100-Meter Hürdenlauf in 19,8 sec holte sich der für den Dresdner Sport-Club startende Dunker die Titel und war damit einer der erfolgreichsten Athleten der damaligen Meisterschaft!

Seine Rückkehr kam so wie er damals in Sachsen auftauchte

So wie er für den Dresdner Sport-Club auftauchte, so schnell verschwand er wieder aus dem Blickfeld und nutzte die deutschen Meisterschaften 1907 in Breslau zu seinem letzten Auftritt. Drei Meistertitel holte sich der Südafrikaner, ehe er wieder untertauchte. Dieses Husarenstück unter den Augen der Funktionäre des DSBfA sorgte für viele Jahre als Gesprächsstoff, zumal seine Name auch danach, wieder in den Wettkampfprotokollen für Südafrika startend auftauchte. Doch lassen wir dazu Hans Borowik einen exzellenten Kenner der Deutschen Leichtathleten vor dem ersten Weltkrieg erklären. „Der Sendbote Südafrikas hieß Vincent Duncker und da er der deutschen Sprache mächtig war, geschah sein Auftreten so geschickt, daß niemand wußte, mit wem er es eigentlich zu tun hatte. Das wußten auch damals nicht die oberste Deutsche Sportbehörde, die von dem bekannten Berliner Architekten Georg Demmler, geleitet wurde.

Niemand hegte damals den Verdacht, daß er als Ausländer sich kurzerhand „eindeutsche". Im Jahr 1906 hatte ihn die deutsche Sportbehörde in dem Glauben, das er Deutscher wäre, der Olympischen Expedition für Athen eingegliedert. Bei seiner Rückkehr nach Deutschland wurde er gebührend gefeiert und im folgenden Jahr konnte man seinen Namen in den Wettkampfberichten lesen. Erst als Demmler nach zehnjähriger Regentschaft vom damals 28jährigen Carl Diem abgelöst wurde, sickerte immer mehr durch, daß Vincent Duncker nicht „Reichsdeutscher", sondern als „Südafrikaner" am Start war.

Was lag nun näher als ihm wegen Irreführung einen Prozeß zu machen. Aber sowohl Demmler als auch sein Nachfolger Diem winkten ab und lächelten klug über das Verhalten eines Mannes, der sie jahrelang hinsichtlich seiner Nationalität in die Irre geführt hatte. Die Zeit heilt Wunden dachten sich die Funktionäre und so kehrte Vincent Dunker dahin zurück, wo er herkam, nämlich nach Südafrika, ohne von seiner Flucht aus Sachsen ein Wort an die Öffentlichkeit kommen zu lassen. Nach neuesten Erkenntnissen kann man wohl davon ausgehen, daß er doch die Deutsche Staatsbürgerschaft besaß.

Leichtathletik beim Dresdner Sport-Club
Alle Plazierungen bei Olympischen Spielen, Welt- und Europameisterschaften und Deutsche Meisterschaften

Olympische Spiele

1936 Berlin — *Männer*
4 x 400 Meter Staffel	3:11,80 min. Rudolf Harbig	Bronze
10000 Meter Max Gebhardt	31:29,06 min. SV Allianz Dresden	7. Platz

Frauen
100 Meter Käthe Krauß	11,9 sec. Dresdner SC	Bronze
Speerwurf Luise Krüger	43,29 Meter Dresdner SC	Silber

Von 1956 - 1964 Gesamtdeutsche Mannschaft

1956 Melbourne

1960 Rom — *Männer*
Weitsprung Fritz Köppen	7,37m SC Einheit	Plazierung

1964 Tokio

1968 Mexiko

1972 München — *Männer*
Weitsprung Max Klauß	7,96 Meter SC Einheit	6. Platz

Frauen
4 x 100 Meter Evelin Kaufer	42,95 sec DDR-Staffel	Silber

1976 Montreal — *Männer*
Gewichtheben Peter Wenzel	327,5 SC Einheit	Bronze

1980 Moskau — *Männer*
800 Meter Andreas Busse	1:46,81 min. SC Einheit	5. Platz
1500 Meter Andreas Busse	3:40,17 min. SC Einheit	4. Platz
10000 Meter Jörg Peter	28:05,53 min. SC Einheit	4. Platz

Frauen
4 x 400 Meter Gabriele Löwe	3:20,35 min. DDR-Staffel	Silber
400 Meter Gabriele Löwe	51,33 sec. SCE	6. Platz
Speerwurf Ute Richter	66,54 Meter SCE	4. Platz
Fünfkampf Ramona Neubert	4698 Punkte SCE	4. Platz

1984 Los Angeles
Olympiaboykott der DDR

1988 Seoul

1992 Barcelona

1996 Atlanta

Weltmeisterschaften

1983 Helsinki
Männer
1500 Meter	3:40,17 min.	7. Platz
Andreas Busse	DDR - SC Einheit	
Hammerwurf	77,08 Meter	5. Platz
Gunther Rodehau	DDR - SC Einheit	

Frauen
400 m-Hürden	54,76 sec.	5. Platz
Petra Krug	DDR - SC Einheit	
Siebenkampf	6714 Punkte	Weltmeister
Ramona Neubert	DDR - SC Einheit	

1987 Rom
Männer
3000 m Hindernis	8:10,32 min.	Vize-Meister
Hagen Melzer	DDR - SC Einheit	

Frauen
Siebenkampf	6296 Punkte	6. Platz
M. Reichelt-Weser	DDR - SC Einheit	

1991 Tokio / 1993 Stuttgart
1995 Göteborg / 1997 Athen

Europameisterschaften

1938 Paris
Männer
800 Meter	1:50,60 min.	Europameister
Rudolf Harbig	Dresdner SC	
4 x 400 Meter	3:13,06 min.	Europameister
Rudolf Harbig	Staffel	

Frauen
100 Meter	12,0 sec.	2. Platz
Käthe Krauß	Dresdner SC	
200 Meter	24,4 sec.	2. Platz
Käthe Krauß	Dresdner SC	
4 x 100 Meter	46,8 sec.	Europameister
Käthe Krauß	Staffel	
Speerwurf	42,49 Meter	3. Platz
Luise Krüger	Dresdner SC	

1958 Stockholm

1966 Budapest
Frauen
Fünfkampf	4645 Punkte	6. Platz
Gerda Mittenzwei	SC Einheit	

1969 Athen
Männer
Weitsprung	8,00 Meter	6. Platz
Max Klauß	SC Einheit	

Frauen
Weitsprung	6,19 Meter	8. Platz
Max Klauß	SC Einheit	

1971 Helsinki
Männer
400 Meter	46,9 sec.	8. Platz
Klaus Hauke	SC Einheit	
Weitsprung	7,92 Meter	Europameister
Max Klauß	SC Einheit	

1974 Rom
Männer
Weitsprung	7,73 Meter	7. Platz
Max Klauß	SC Einheit	

Frauen
400 Meter	51,24 sec.	5. Platz
Angelika Handt	SC Einheit	
4x 400 Meter	3:25,20 min.	Europameister
Angelika Handt	DDR - Staffel	

1978 Prag
Männer
800 Meter	1:47,10 min.	6. Platz
Andreas Busse	SC Einheit	
4 x 400 Meter	3:04,40 min.	5. Platz
Andreas Busse	Staffel	

Frauen
Speerwurf	62,04 Meter	4. Platz
Ute Richter	SC Einheit	
Fünfkampf	4380 Punkte	6. Platz
Ramona Neubert	SC Einheit	

1982 Athen
Männer
3000 m Hindernis	8:21,33 min.	8. Platz
Hagen Melzer	SC Einheit	

Frauen
Speerwurf	66,22 Meter	5. Platz
Ute Richter	SC Einheit	
Siebenkampf	6622 Pkt.	Europameister
Ramona Neubert	SC Einheit	

1986 Stuttgart
Männer
3000 m Hindernis	8:16,35 min	Europameister
Hagen Melzer	SC Einheit	
Hammerwurf	79,90 Meter	4. Platz
Gunther Rodehau	SC Einheit	

1990 Split
Männer
3000 m Hindernis	8:22,48 min.	7. Platz
Hagen Melzer	SC Einheit	
Hammerwurf	77,84 Meter	4. Platz
Gunther Rodehau	DDR - SC Einheit	

Frauen
1500 Meter	4:08,67 sec.	2. Platz
Ellen Kießling	SC Einheit	

1994 Helsinki / 1998 Budapest

Deutsche Meisterschaften (Bahn)

1907 Breslau
100 Meter	11,00 sec.	Meister
Vincent Duncker	Dresdner SC	
400 Meter	56,00 sec.	Meister
Vincent Duncker	Dresdner SC	
110-m-Hürden	16,00 sec.	Meister
Vincent Duncker	Dresdner SC	

1932 Berlin
200 Meter	25,80 sec.	Meister
Käthe Krauß	Dresdner SC	
4 x 100 Meter	50,40 sec.	Meister
Staffel DSC Schmiedel, Krauß, Grande Stryk		

1933 Weimar
100 Meter	12,00 sec.	Meister
Käthe Krauß	Dresdner SC	

1934 Nürnberg
100 Meter	12,00 sec.	Meister
Käthe Krauß	Dresdner SC	
200 Meter	24,60 sec.	Meister
Käthe Krauß	Dresdner SC	

1935 Berlin
100 Meter	12,00 sec.	Meister
Käthe Krauß	Dresdner SC	
DDM-Mehrkampf	413,25 Punkte	Meister
Käthe Krauß	DSC-Mannschaft	

1936 Berlin
Männer
800 Meter	1:54,10 min.	Meister
Rudolf Harbig	Dresdner SC	

Frauen
100 Meter	12,00 sec.	Meister
Käthe Krauß	Dresdner SC	

1936 Nürnberg
Frauen
4 x 100 Meter	49,00 sec.	Meister
Staffel DSC Toobe, Krauß, Krüger, Weber		

1937 Berlin
Männer
800 Meter	1:50,09 min.	Meister
Rudolf Harbig	Dresdner SC	

Frauen
100 Meter	12,00 sec.	Meister
Käthe Krauß	Dresdner SC	
Weitsprung	5,96 Meter	Meister
Käthe Krauß	Dresdner SC	

Leichtathletik

Leichtathletik

Fünfkampf/Frankfurt	352 Punkte	Meister
Käthe Krauß	Dresdner SC	

1938 Breslau
Männer
800 Meter	1:52,80 min.	Meister
Rudolf Harbig	Dresdner SC	

Frauen
100 Meter	12,20 sec.	Meister
Käthe Krauß	Dresdner SC	
200 Meter	24,70 sec.	Meister
Käthe Krauß	Dresdner SC	

1939 Berlin
Männer
800 Meter	1:49,40 min.	Meister
Rudolf Harbig	Dresdner SC	

1940 Berlin
Männer
800 Meter	1:51,60 min.	Meister
Rudolf Harbig	Dresdner SC	

1941 Berlin
Männer
800 Meter	1:54,00 min.	Meister
Rudolf Harbig	Dresdner SC	

Frauen in Erfurt
Fünfkampf	352 Punkte	Meister
Luise Krüger	Dresdner SC	

1942 Berlin
Frauen
Fünfkampf	352 Punkte	Meister
Luise Krüger	Dresdner SC	

DDR-Meisterschaften

1959 Leipzig
Männer
Weitsprung	5,96 Meter	Meister
Fritz Köppen	SC Einheit	

1966 Jena
Frauen
Fünfkampf	4727 Punkte	Meister
Luise Krüger	SC Einheit	

1967 Halle
Männer
Kugelstoß	18,98 Meter	Meister
Dieter Prollius	SC Einheit	
Zehnkampf	7986 Punkte	Meister
Max Klauß	SC Einheit	

1969 Berlin
Frauen
Weitsprung	6,40 Meter	Meister
Kristina Hauer	SC Einheit	

1971 Leipzig
Männer
400 Meter	46,20 min.	Meister
Klaus Hauke	SC Einheit	
Weitsprung	8,00 Meter	Meister
Max Klauß	SC Einheit	

1972 Erfurt
Männer
Weitsprung	8,12 Meter	Meister
Max Klauß	SC Einheit	

Frauen
100 Meter	11,20 min.	Meister
Evelin Kaufer	SC Einheit	
4 x 100 Meter	45,50 sec.	Meister
Staffel SC E. Schließer, Handt, Kohl, Liebsch		
Weitsprung	6,51 Meter	Meister
Angelika Liebsch	SC Einheit	

1973 Dresden
Männer
5000 Meter	13:36,00 min.	Meister
Wilfried Scholz	SC Einheit	
Weitsprung	8,12 Meter	Meister
Max Klauß	SC Einheit	

1974 Leipzig
Männer
Weitsprung	7,88 Meter	Meister
Max Klaus	SC Einheit	

1975 Erfurt
Männer
10000 Meter	28:42,80 min.	Meister
Lutz Obschonka	SC Einheit	

1976 Chemnitz
Männer
5000 Meter	13:49,80 min.	Meister
Jörg Peter	SC Einheit	
10000 Meter	28:39,20 min.	Meister
Lutz Obschonka	SC Einheit	

1977 Dresden
Männer
5000 Meter	13:28,30 min.	Meister
Jörg Peter	SC Einheit	
10000 Meter	28:71,10 min.	Meister
Jörg Peter	SC Einheit	

1978 Leipzig
Männer
5000 Meter	13:26,96 min.	Meister
Jörg Peter	SC Einheit	
10000 Meter	28:57,23 min.	Meister
Karl-Heinz Leiteritz	SC Einheit	

1979 Chemnitz
Frauen
400 Meter	50,70 min.	Meister
Gabriele Kotte	SC Einheit	

Abb. S. 176: v.l.n.r. Jörg Peter, Frank Fritsche, Hagen Melzer beim Crosslauf
Abb. S. 177: Heike Meißner mit eindrucksvoller Antrittsstudie

Leichtathletik

1988 Rostock — *Männer*
3000 m Hindernis — 8:25,29 sec. — Meister
Hagen Melzer — SC Einheit

1989 Neubrandenburg
Männer
3000 m Hindernis — 8:25,29 sec. — Meister
Hagen Melzer — SC Einheit
10000 Meter — 8:25,29 sec. — Meister
Hagen Melzer — SC Einheit
Frauen
1500 Meter — 3:37,38 sec. — Meister
Ellen Kießling — SC Einheit

1990 Dresden — *Männer*
Hammerwurf — 77,96 Meter — Meister
Gunther Rodehau — SC Einheit
Frauen
400-m-Hürden — 57,06 sec. — Meister
Heike Meißner — SC Einheit
1500 Meter — 4:07,93 sec. — Meister
Ellen Kießling — SC Einheit

1991 Hannover — *Männer*
3000 m Hindernis — 8:34,51 sec. — Meister
Hagen Melzer — Dresdner SC
Frauen
1500 Meter — 4:16,75 sec. — Meister
Ellen Kießling — Dresdner SC
400-m-Hürden — 55,16 sec. — Meister
Heike Meißner — Dresdner SC

1992 München — *Frauen*
1500 Meter — 4:14,89 sec. — Meister
Ellen Kießling — Dresdner SC
400-m-Hürden — 55,09 sec. — Meister
Heike Meißner — Dresdner SC

1994 Erfurt — *Frauen*
400-m-Hürden — 55,09 sec. — Meister
Heike Meißner — Dresdner SC

1995 Bremen — *Frauen*
400-m-Hürden — 55,09 sec. — Meister
Heike Meißner — Dresdner SC

1980 Cottbus — *Männer*
3000 m Hindernis — 8:34,10 sec. — Meister
Hagen Melzer — SC Einheit
5000 Meter — 13:41,48 min. — Meister
Jörg Peter — SC Einheit
Frauen
4 x 100 Meter — 46,58 sec. — Meister
Staffel SC E. Priebisch, Niemtschke, Schäfer, Heinrich

1981 Jena — *Frauen*
Fünfkampf — 6621 Punkte — Meister
Ramona Neubert — SC Einheit

1982 Dresden — *Männer*
Stabhochsprung — 5,20 Meter — Meister
Steffen Giebe — SC Einheit
Frauen
Weitsprung — 6,80 Meter — Meister
Ramona Neubert — SC Einheit
Speerwurf — 64,42 Meter — Meister
Ute Richter — SC Einheit

1983 Chemnitz — *Männer*
1500 Meter — 3:37,38 sec. — Meister
Andreas Busse — SC Einheit
3000 m Hindernis — 8:25,29 sec. — Meister
Hagen Melzer — SC Einheit

1984 Erfurt — *Männer*
1500 Meter — 3:37,38 sec. — Meister
Andreas Busse — SC Einheit

1985 Leipzig — *Männer*
3000 m Hindernis — 8:25,29 sec. — Meister
Hagen Melzer — SC Einheit
Marathon — 2:12:32 Std. — Meister
Jörg Peter — SC Einheit

1986 Jena — *Männer*
1500 Meter — 3:37,38 sec. — Meister
Andreas Busse — SC Einheit
3000 m Hindernis — 8:25,29 sec. — Meister
Hagen Melzer — SC Einheit
Hammerwurf — 80,16 Meter — Meister
Gunther Rodehau — SC Einheit

1987 Potsdam — *Männer*
3000 m Hindernis — 8:25,29 sec. — Meister
Hagen Melzer — SC Einheit

Leichtathletik

Einheit Sportler im Mehrkampf - im „Goldenen Oval" Spitze!

Das fachkundige Dresdner Leichtathletikpublikum ist Klasse! Am liebsten sah es in den früheren Jahren natürlich Erfolge von Dresdner Sportlern. Leichtathletik ist für Dresden fast wie Fußball. Die Fachleute darunter unterscheiden in dieser Sportart vier Disziplinen: Sprung-Mehrkampf, Sprint-Hürden, Wurf-Stoß und Lauf. In jeder dieser Sportarten konnten die Sportler des SC Einheit Dresden Erfolge nachweisen. Der Sprung und der Mehrkampf hatte schon seit Jahren in Dresden Tradition. Mit dem Weitsprung fing es an. Fritz Köppen erkämpfte sich 1959 mit 7,37 m den ersten DDR-Meistertitel für den SC Einheit Dresden. 1960 startete er in Rom bei den Olympischen Spielen. In den Folgejahren zählten Angelika Liebsch und Kristina Albertus-Hauer zu den beständigsten Weitspringerinnen der DDR. Weitsprung war jahrelang die „Schokoladendisziplin" der Mehrkämpfer des SC Einheit. Die Reihe der erfolgreichen Mehrkämpfer- und Mehrkämpferinnen wurde eröffnet durch Gerda Uhlemann-Mittenzwei in den 60er Jahren. Für Aufsehen sorgte 1967 Max Klauß im Zehnkampf. Mit seinem Junioren-Weltrekord von 7.986 Zählern kam er dicht an die damals international bedeutsame 8.000-Punkte-Marke heran. Auch als Weitspringer gelangen ihm achtbare Erfolge. Bei seinem dritten EM-Start wurde er 1971 Europameister in Helsinki und ein Jahr später Olympiasechster.

Den größten Erfolg für die Leichtathleten des SC Einheit holte Ramona Neubert. Sie erkämpfte bei den 1. Leichtathletik-Weltmeisterschaften den Siebenkampftitel. Damit krönte sie eine schon lange Erfolgsserie: Europameisterin 1982, dreifache Siegerin mit der Mehrkampf-Europacupmannschaft der DDR, Olympiavierte 1980, und viermal verbesserte sie den Weltrekord im Siebenkampf. Die symphatische Athletin wurde auch dreimal als populärste Sportlerin des Bezirkes Dresden gewählt. Ihre Weitsprungbestweite: 6,90 Meter. In der Disziplin Sprint-Hürden gewannen zwei Dresdner Frauen als Staffelläuferinnen Olympische Silbermedaillen: 1972 Evelyn Kaufer (4 x 100 m) und 1980 Gabriele Löwe-Kotte (4 x 400 m). Gabi Löwe war auch 1979 Weltcupsiegerin mit der Staffel über 800 m. Bei den Europameisterschaften 1974 holte Angelika Handt über 4 x 400 m in der Staffel den Titel. Viele mitreißende Rennen zeigten die Dresdner Läufer bei DDR-Meisterschaften und internationalen Höhepunkten. Jörg Peter wurde 1977 Europacupsieger und Weltcupzweiter über 10.000 m, Olympiasechster in Moskau. Als Marathonläufer markierte er in der 84er Saison die Jahresweltbestzeit. Erfolgreichster Dresdner Mittelstreckler neben dem unvergessenen Rudolf Harbig, ist Andreas Busse das Hindernis-As Hagen Melzer.

Sie setzten die Läufererfolge der 60er und 70er Jahre fort, wo Libertus Stamer, Günter Köhler, Wilfried Scholz, Lutz Obschonka und Karl-Heinz Leiteritz packende Rennen liefen. Auch in den Wurf- und Stoßdisziplinen hatten SC Einheit-Sportler Erfolge aufzuweisen. Ute Richter wurde in Moskau 1980 Olympiavierte im Speerwurf. In den 60er Jahren gehörte Dieter Prollius mit seiner Bestweite von 20,24 m im Kugelstoßen zu den besten DDR-Athleten, ebenso wie Hammerwerfer Gunter Rodehau, der als Erster über die 80-Meter-Marke kam.

Abb. links: Heike Meißner vor der schönen Kulisse der Semperoper

Abb. rechts: Thomas Goller, eins der großen Nachwuchstalente des Dresdner Sport-Clubs

Ein Dresdner Original!

Sachsenkind Friedlinde, Dresdner Comedy-Original, erzählt von ihrem Besuch bei den DSC-Schwimmern: "Da kam mir einer entgegengeschwommen mit einer ganz dicken Backe." "Onkel, hast Du Zahnschmerzen?", fragte ich ihn. Er antwortete: "Nee, gestern hat mir einer meine Seife geklaut, das passiert mir nicht noch mal."

Sachsenkind Friedlinde, Dresdner Comedy-Original, beim Fotografen: "Können Sie jedes Bild bis zur natürlichen Größe vergrößern?" Er antwortet: "Ja". "Gut, ich hätte da eine Aufnahme vom Fußballstadion des DSC...!"

Sachsenkind Friedlinde

IIT INTERNATIONAL INFORMATION TRADING GMBH
CULTURE COMEDY
Wehlener Straße 46 · 01279 Dresden
Tel. 03 51 · 2 12 09 10 / Fax 2 12 09 15

INTERNATIONAL NETWORK

BUSINESS SPORTS & CULTURE

International Information Trading GmbH

Wehlener Str. 46
01279 Dresden
Tel. 03 51 · 2 12 09 10
Fax 03 51 · 2 12 09 15

Der Club im Wandel der Zeit

100 Jahre DSC

Radsport

Jens Wettengel
Das Aushängeschild der DSC-Radsportler

Abteilungsleiter Radsport: Dirk Röwert

Nach der Wiedervereinigung vollzog sich im Osten Deutschlands auch im Radport ein grundlegender Wandel. Als neue Abteilung des Dresdner Sport-Clubs 1898 e.V. wurden zur Gründungsversammlung am 09. Juni 1990 die Sportarten Fußball, Radsport und Volleyball aufgenommen. Bei der ersten stattfindenden Abteilungsversammlung „Radsport" im DSC am 14. Juni 1990, nahmen von den ehemaligen Radsport-Vereinen Dresdens Dynamo Dresden-Nord, Aufbau Dresden-Ost, Transformatoren- und Röntgenwerk Übigau und Einheit Radebeul die Vereinsmitglieder teil. Zum 1. Abteilungsvorsitzenden wählten die 28 anwesenden Mitglieder Dr. Roland Müller. Dies war die Signalwirkung für den Radsport in Dresden und sein in den nächsten Jahren stetiger Aufwärtstrend. Nun gehörte es für die Trainer der Vergangenheit an, daß sie wie bisher ihre Sportler und Sportlerinnen an die Radsport- Leistungszentren in der DDR abgeben mußten. Nun konnten die Radsportler ihre Chancen nutzen, um die gesteckten Ziele beharrlich zu erreichen.

In der Abteilung Radsport des Dresdner Sport-Club 1898 e.V. trainieren derzeit rund 50 begeisterte Sportler und Sportlerinnen der verschiedensten Altersklasse. Neben dem bekannten Radrennsport auf der Bahn und Straße wird in folgenden Disziplinen trainiert: Querfeldeinfahren, Mountainbike-Rennen und Radtourenfahrt. Geeignete Übungsplätze wie die Radrennbahn Heidenau gewährleisten ein fachgerechtes Training mit optimaler Basis. Jährlich finden in Heidenau 2 bis 3 Radtourenfernfahrten, drei internationale Steherrennen, sowie Mountainbike- und Querfeldein-Wettkämpfe statt. Mit finanzieller Hilfe der Stadtverwaltung Heidenau gelang es, die Trainings- und Wettkampfmöglichkeiten für die Radsportler des DSC zu optimieren.

Das Aushängeschild der Abteilung ist ohne Zweifel der 24jährige Jens Wettengel, der schon als Kind die Friedensfahrt verfolgte und seinem Idol Olaf Ludwig dort die Daumen drückte. Somit war der Weg zum Radsport eigentlich vorprogrammiert. Zunächst, nach einem Abstecher zum Eiskunstlaufen, entschied er sich mit neun Jahren, doch wettkampfmäßig in die Pedalen zu treten.

Sein größter Erfolg war der Gewinn der DDR-Meisterschaft im Querfeldeinfahren in der Altersklasse 14 bis 15. So um die 50 Wettkämpfe bestreitet der Rad-Allrounder pro Jahr, wobei er in den letzten Jahren auch das Steherrennen mit seinem Schrittmacher Wilfried Kluge für sich entdeckt hat. „Wir fahren mit 80, 90 Sachen auf dem Sachsenring, das macht Spaß". Nur zu den Wettkämpfen bildet er zusammen mit seinem Schrittmacher Wilfried Kluge ein eingespieltes Team. Das Training findet ohne den Mann am Gaspedal statt. Rund 700 Kilometer in der Woche trainiert der Computerexperte und investiert dabei viel Zeit. Einen eigenen Trainer braucht er dazu nicht. „ Ich habe genug Ehrgeiz, brauche keinen Antrieb von außen, wenngleich für die organisatorischen Ausgaben er sich gerne von Manfred Deckert unterstützen läßt. Mit seiner akribischen Vorbereitung auf Verfassung und Beschaffenheit der Rennbahnen - er hat alles auf Computer aufgezeichnet - weiß er genau, mit welcher Übersetzung er fahren muß und kann sich bestens darauf einstellen.

Der 22jährige Andreas Seelig, ist das As der Dresdner im Duathlon, einer Sportart die sich zusammensetzt aus 10 km Lauf, 40 km Radfahren und nochmals 5 km laufen. Dafür trainiert er 60 bis 80 km die Woche für seine Lauftechnik und 400 bis 500 km Radfahren. Ein Pensum, daß der Modell-

athlet aus Coswig nur durch großzügige Unterstützung eines Sponsors bewältigen kann. „Zu 80 Prozent trainiere ich allein, aber in der Gruppe macht es mehr Spaß", erzählt der Einzelhandelskaufmann. Mit seinen Trainern Frank Brückner und Manfred Deckert arbeitete er sich einen individuellen Trainingsplan aus. Seine Plazierungen lassen erwarten, daß man weiter von dem „Duathloniten" spricht.

100 Jahre DSC

Jens Wettengel mit Schrittmacher Wilfried Kluge

Mit Tempo zur nächsten Etappe - Meisterschaft für den Nachwuchs im Visier.

Mit dem Nachwuchstalent des Dresdner Sport-Club Steven Krüger (20) der sein Hobby schon seit der 3. Klasse dem Radfahren widmet, hofft die Abteilungsleitung, das Radfahren weiter zu popularisieren. Durch intensives Training, seiner Trainer Manfred Deckert und Gollhardt konnte er schon erste Erfolge verbuchen. So wurde er 1994 Deutscher Jugendmeister auf der Olympia-Radrennbahn in München. Aber auch andere Nachwuchsfahrer des DSC sorgten in der Vergangenheit für Erfolge.

1993 • Süddeutscher Jugendmeister durch: Rene Obst
1994 • Deutscher Jugendmeister im Punktefahren auf der Bahn: Steven Krüger
1995 • Deutsche Juniorenmeisterin im 500 m Bahn-Zeitfahren: Ulrike Weichelt
Rene Obst: Teilnehmer an der Junioren-Weltmeisterschaft 1995 in der Schweiz

Hinzu kamen in den letzten Jahren noch mehrere Landestitel auf der Straße, Bahn, dem Mountainbike- und Querfeldeinrennen.

Neben dem täglichen Training, daß mit bis zu sechs Stunden zu Buche schlägt, absolvierte er seine in wenigen Wochen zu Ende gehende Ausbildung zum Kraftfahrzeugmechaniker. Leider verliefen die Deutschen Meisterschaften 1996 nicht so zu seinen Gunsten. In dem von Klasse-Nachwuchsfahrern bestückten Feld, belegte er trotz guter Leistungen nur den 20. Platz. Sein Ziel sind eindeutig die Olympischen Spiele im Jahre 2.000 in Sydney.

Anders sieht es dagegen beim Nachwuchsneuling, dem 16jährigen Heiko Nenner aus, der seit 1996 in der Abteilung Radsport des Dresdner Sport-Club mit der Mannschaft trainiert. Er nennt als seine die Ziele: „Eine vordere Plazierung bei den Deutschen Meisterschaften". Natürlich profitiert der Youngster noch von den Tips und Ratschlägen seiner Mannschaftskameraden und natürlich von den Trainingseinheiten unter der fachkundigen Leitung seiner „Ziehväter" Jürgen Gollhardt und Manfred Deckert. Sie haben auf ihren Schützling ein besonderes Auge geworfen und wollen das Talent, das als Ziel seiner Ausbildung die Werbegrafik nennt, behutsam aufbauen. So pendelt er zwischen Training, Schule, seinen CD's und Videocassetten mit dem Ziel, seinem Vorbild „Jan Ullrich" der ja auch schon in Dresden Radsportluft schnupperte, nachzueifern.

Andere Ziele verfolgen dagegen die Sportler der Radtourenfahrt (RTF) die als Breitensportdisziplin vom Bund Deutscher Radfahrer durchgeführt wird. Während der RTF-Tour können sich die Fahrer und Fahrerinnen an Hinweistafeln und Richtungspfeilen orientieren. Unterwegs treffen sie auf mehrere Kontroll- und Verpflegungstellen, dort werden dann kostenlos Obst und Getränke den Aktiven gereicht. Mit dem Abstempeln der Kontrollkarten, die mit der Startnummer und einer Streckenkarte verbunden sind, bekommen die RTF-Radtouren einen offiziellen Status. Bei diesen Veranstaltungen werden auf Zeitnahmen oder Zieleinläufe verzichtet, denn das Ziel besteht darin die vorgegebene Strecke durchzustehen und somit seine Ausdauerfähigkeit unter Beweis zu stellen. Die Sportart erfreut sich bei der Radsport-Abteilung des Dresdner Sport-Clubs immer größerer Beliebtheit und hat stetigen Zulauf, was auch die Steigerung von 28 Mitglieder bei der Gründung auf heute fast 80 Mitglieder deutlich beweist. Die Abteilung Radsport beim DSC hofft, das auch weit über den Tag des 100jährigen Bestehens des Dresdner-Sport-Clubs hinaus, die Radfahrer weiter kräftig in die Pedale treten.

Radsport

Der Club im Wandel der Zeit

100 Jahre DSC

Schach-Hochburg Dresden
Frauen und Männer in der 1. Bundesliga

Abteilungsleiter Schach: Hans Bodach

Bis zu seiner Auflösung im Jahre 1945 war der am 13. Mai 1876 gegründete Dresdner Schachbund der Schachpendant zum Dresdner Sport-Club. Erster Vorsitzender des Dresdner Schachbundes war Paul Schellenberg, ihm folgte 1879 der Landschaftsmaler Oskar Schütz, der mit großem Geschick den Dresdner Schachbund zum größten deutschen Schachverein um die Jahrhundertwende entwickelte.

Das bedeutendste Ereignis, das der Dresdner Schachbund organisierte, war 1892 der VII. Kongreß des Deutschen Schachbundes im Dresdner Gewerbehaus. Das erste bedeutende Meisterturnier in Dresden wurde am 17. Juli 1892 im Saal der Philharmonie des Dresdner Gewerbehauses eröffnet. Mit anderthalb Punkten Vorsprung gewann der damals 30jährige Dr. Siegbert Tarrascht aus Nürnberg vor den Meistern Markovetz aus Budapest und Proges aus Prag. Zum Titelgewinn gab es für die Sieger einen Tausendmarkschein der vom Deutschen Schachbund gestiftet wurde. Danach dauerte es fast 50 Jahre, bis mit dem Ende des Zweiten Weltkrieges die Traditionslinie des Dresdner Schachbundes 1945 abschließt. Bis zum Jahre 1955 hatten der Dresdner Sport-Club und seine verschiedenen Nachfolgervereine keine Verbindung zum Schach.

Ende April 1955 wurde die Sektion Schach des SC Einheit Dresden gegründet. Der 55jährige Arno Otto aus Magdeburg wurde beim SC Einheit als Trainer angestellt und warb, gegen den Widerstand der übrigen Dresdner Vereine, deren beste Spieler zum Aufbau einer starken Mannschaft für den SC Einheit Dresden ab. Von Bau Union Dresden (später Aufbau-Dresden-Mitte) Wolfgang Uhlmann, Helmut Jüttler und Bernhard Dorawa von Motor Dresden Ost (heute SV Dresden-Striesen), Rudolf Keller von Rotation Dresden, Dieter Bertholdt und Manfred Kahn. Die Gründe für seinen Wechsel zum SC Einheit Dresden, lagen bei der damaligen Situation auf der Hand. Manfred Kahn ehemaliger Spieler des SC Einheit Dresden, erinnert sich: „Eine wesentliche Motivation der Spieler zum SC Einheit Dresden zu wechseln, war die Tatsache, daß wir Spieler zusätzliche Lebensmittelkarten bekamen und das war in dieser schlechten Zeit gar nicht so übel."

Das erste Spiellokal für die Sektion Schach war das Puschkinhaus (Haus der Deutsch-Sowjetischen Freundschaft) am Puschkin-Platz. Später zog man in das Gelände am Heinz-Steyer-Stadion, in die Nebenräume der Tischtennishalle, bis zur Auflösung des SC Einheit Dresden. Als Leiter der Sektion Schach fungierten in dieser Zeit Hans Richter und Karl Ginella. Das Training fand trotz der Förderung vom DTSB generell außerhalb der Arbeitszeit statt.

Spielerische Verstärkung erhielt der SC Einheit durch Dr. Ludwig Hermann, der leider 1985 79jährig verstarb, und durch seine Frau Edith Keller Hermann, die als 76jährige heute in Berlin lebt. Beide trafen sich bei den ersten Meisterschaften in der sowjetischen Besatzungszone am Schachbrett. Eine überraschende Niederlage von Dr. Ludwig Hermann gegen Edith Keller kostete dem damaligen Chirurgen die Meisterschaft, die sich der Berliner Berthold Koch sicherte. Wohl ausgehend von der Niederlage revanchierte sich Dr. Hermann und ehelichte 1951 Edith Keller. Sie war die Schwester des bekannten Schachspieler Rudolf Keller. Der einzige Höhepunkt ihrer Laufbahn war der November 1955, als sie beim Kandatenturnier um die Schachweltmeisterschaft der Damen einen ausgezeichneten dritten Platz belegte.

Die neugegründete Sektion Schach beim SC Einheit Dresden mußte damals mit ihrer Mannschaft nicht wie üblich in der untersten Spielklasse beginnen, sondern wurde auf Grund der Förderung des Schachsports in der DDR für die höchste Schachliga, die 1955 geschaffen wurde, einfach „gesetzt". Eine klare sportliche Benachteiligung für die übrigen Dresdner Schachvereine. Während also der SC Einheit in der Sonderliga spielte und dort den dritten Platz belegte, durften die Vereine Rotation Dresden und Aufbau Dresden-Mitte nur in der Oberliga spielen. Den Aufschwung des DDR-Schachs in den 50er und 60er Jahren und den damit verbundenen Konzentrationsprozeß der Spieler, bekamen beide Vereine in der Folgezeit deutlich spüren. Der sportliche Abstieg von Rotation Dresden begann 1962, der von Aufbau Dresden mitte des Jahres 1969. Danach waren beide Vereine nicht mal mehr in der 3. Schachliga vertreten. Beide Vereine existieren heute nicht mehr. Rotation Dresden hatte sich zum Ende der 80er Jahre aufgelöst. Die Schachspieler von Aufbau Dresden-Mitte wechselten 1988 zunächst zur Flugzeugwerft Dresden und schlossen sich, bedingt durch die weiter zurückgehenden Mitgliederzahlen, dem Dresdner Schachclub 80 im Jahre 1990 an.

100 Jahre DSC

Schach

Bereits 1956 ist der SC Einheit Dresden auch international erstklassig

Für einen ersten Paukenschlag auf internationalem Parkett sorgte der SC Einheit Dresden 1956 in der Besetzung Wolfgang Uhlmann, Dr. Ludwig Hermann, Rudolf Keller, Dieter Bertholdt und Ersatzspieler Jochen Mannsfeld mit dem zweiten Platz im Mitropa-Cup hinter Gastgeber Partisan Belgrad. Nachdem der SC Einheit in der 1. Pokal Mannschafts-Meisterschaft der DDR in Elsterberg unter Wert geschlagen wurde und nur den dritten Platz hinter dem Pokalsieger SC Wissenschaft belegte, glänzten die Dresdner Schachspieler in der Meisterschaft mit den Titeln 1957 und 1958, sowie dem Vizetitel 1959 hinter Meister DAW Berlin.

Die Erfolge mit der Mannschaft wurden jedoch durch den kometenhaften Aufstieg von Wolfgang Uhlmann in den Schatten gestellt, der in den Einzelwettbewerben sowohl auf nationalem wie auf internationalem Parkett brillierte. Nach seinem ersten Sieg beim Traditionsturnier im englischen Seebad Hastings, wurde ihm ein Jahr später in Luxemburg, der „Großmeistertitel" verliehen. Im gleichen Jahr gewann Uhlmann souverän das internationale Schachturnier in Kienbaum und die DDR-Meisterschaft in Schkopau. Beim stark besetzten internationalem Dresdner Schachturnier im November 1959 spielten mit Wolfgang Uhlmann und Dieter Bertholdt zwei Spieler vom SC Einheit Dresden, unter großen Anteil der Zuschauer, auf den heimischen 64 Feldern groß auf.

Nach zwei vierten Plätzen 1960 und 1961 gewann der SC Einheit Dresden 1962 zum dritten Mal den DDR- Meistertitel. Nach dem zweiten Platz 1963 und einem dritten Platz 1964, verabschiedete sich der SC Einheit Dresden von der Spitze im DDR-Schach. Der Wechsel von Dr. Ludwig Hermann und von Edith Keller Hermann nach Berlin fand 1965 mit einem 6. Platz in der DDR-Meisterschaft seinen Niederschlag, denn die Nachwuchsspieler, wie Gerhard Schmidt, konnten die entstandene Lücke verständlicherweise nicht sofort schließen. Arno Otto der mit 66 Jahren an einem schweren Leiden starb, blieb bis zu seinem 65. Geburtstag hauptamtlicher Trainer des SC Einheit. Danach blieb diese hauptamtlicher Stelle zunächst unbesetzt.

Aus dem Mitgliederverzeichnis vom Februar 1965 geht hervor, daß sich die Schach Sektion des SC Einheit Dresden in zehn Jahren zur Spitze (1955 rekrutiert aus Dresdner Vereinen) entwickelt hatte, die immerhin 46 Mitglieder umfaßte. Die vielfältigen Städtepartnerschaften und freundschaftlichen Beziehungen Dresdens nutzen die Schachspieler des SC Einheit Dresden zu zahlreichen Vergleichskämpfen, so gewannen die Sachsen 1962 ein Vierstädteturnier in Breslau.

Bei den Damen trat die Hallenserin Waltraud Nowarra, die bereits unter ihrem Mädchennamen Schamateit 1958, 1961 und 1962 den DDR-Meistertitel gewann, in die Fußstapfen von Edith Keller-Hermann. Dem ließ die internationale Meisterin 1963, 1967, 1968 und 1969 weitere vier Titel folgen. Den sportlichen Höhepunkt ihrer Laufbahn erlebte Waltraud Nowarra 1966 in Varna mit dem Sieg im Zonenturnier, einer ersten Stufe zur Qualifikation für die Schach-Weltmeisterschaft. Trotzdem stand das Damen-Schach beim SC Einheit Dresden im Schatten eines einzelnen Herren.

Die großen internationalen Erfolge von Wolfgang Uhlmann, der in den sechziger Jahren zu den Top Ten der Weltrangliste gehörte und es als einer der wenigen vermochte, in die Phalanx der Großmeister aus der Sowjetunion einzudringen, führte sogar zu einer Personifizierung des Schachs in Dresden, die bis zur Gegenwart anhält. Bestes Beispiel für die große Popularität Uhlmanns war die Wahl zum Sportler des Jahres 1969, als der Dresdner Schachspieler mit 2090 Stimmen auf Platz eins kam und sich mit 458 Punkten Vorsprung vor Dynamo Fußballer Hans Jürgen „Dixi" Dörner souverän plazierte.

Offiziell wurde die Sektion Schach des SC Einheit Dresden am 31. März 1966 aufgelöst. Hintergrund: „Nach einer Entscheidung der Sportführung der DDR „sollte beim SC Einheit Dresden nur noch Olympische Sportarten als „Leistungszentrum" gefördert werden". Zwar wurde der Schachsport offiziell weiter gefördert, aber die Spieler mußten zu einem anderen Vereinen in Dresden wechseln und schlossen sich der BSG Post Dresden an.

Der Wechsel zur Post Dresden - eine düstere Vorahnung?

Bei der BSG Post Dresden nahm nun Manfred Kahn von 1967 bis 1970 die hauptamtliche Trainerstelle ein, allerdings jetzt dem DTSB-Bezirksvorstandes Dresden zugeordnet. Damit waren die „Spannungen" programmiert. Dem voraus ging 1970 ein Beschluß der DTSB-Führung, der die Einteilung der Sportarten in der DDR in die Kategorie 1 und 2 vorsah. Diese Einteilung der Sportarten waren für den Schach, der in die Kategorie 2 eingegliedert wurde fatal. Das bedeutete keine Teilnahme an

Schach

Weltmeisterschaften und Schacholympiaden, zurückfahren der Förderungen der Spitzenspieler und auch ein geringes Gehalt für die angestellten Trainer. So war der Trainerwechsel von Manfred Kahn zu Rainer Tröger 1970 durch die Veränderung im Gehaltsgefüge bedingt. Bei der politischen Entscheidung blieb unberücksichtigt, daß das DDR-Schach zu den besten zehn Nationen in der Welt gehörte. Die Entwicklung wurde nur noch in der Breite, nicht mehr in der Spitze zugelassen. Wolfgang Uhlmann traf es auf dem Zenit seines Könnens, dem Schach-Nachwuchs waren damit alle Perspektiven genommen. Schach war fortan nicht mehr förderungswürdig.

Die einzige Möglichkeit, internationale Schachvergleiche auszutragen, waren Freundschaftskämpfe die einerseits auf Städtepartnerschaften beruhten, oder andererseits durch Kontakte von Spielern zustande kamen. Die Fernschach-Kontakte von Rainer Siegmund nach Charkow waren 1967 der Ausgangspunkt für den ersten Schachvergleich zwischen den Mannschaften der DDR und der Sowjetunion. Im Turnierbericht von Manfred Kahn widerspiegeln sich die vielfältigen Eindrücke, die den heute 65jährigen lächeln lassen. Sportlich unterlagen die Sachsen mit 11,5:12,5 Punkten.

Dreist was damals den Sicherheitsbehörden einfiel. Sie verhafteten Rudolf Keller und Hans Jürgen Kneschke auf dem Markt von Charkov! Hintergrund dieser Aktion war die Tatsache, daß sie gemeinsam mit Großmeister Wolfgang Uhlmann nicht an der Kranzniederlegung der ewigen Flamme teilgenommen hatten und lieber die Stadt anschauten und Fotoaufnahmen machten. Wolfgang Uhlmann staunte nicht schlecht als er nach einem Geschäftsbesuch beobachtete, wie seine beiden Mannschaftskameraden von der sowjetischen Miliz abgeführt wurden. Der Grund: „Beide hatten den Marktplatz fotografiert(!) „Und das erzeugte Mißtrauen bei den Markthändlern". „Innerhalb weniger Minuten wurde die sowjetische Miliz auf den Plan gerufen". Nach zwölf Stunden Schutzhaft wurden die Dresdner wieder freigelassen, wobei vor allen Dingen Rudolf Keller noch Stunden danach, auch beim Turnier, nicht mehr ansprechbar war.

Beim Rückkampf 1968 in Dresden behielten die Schachspieler des SC Charkow, sowohl gegen Post Dresden und den gerade gekürten DDR-Meister SG Leipzig die Oberhand. Gegen Legion Warschau unterlag die BSG Post Dresden im Mai 1970 dem Polnischen Titelträger mit 7:13, während man im Rückkampf im Dezember 1970 mit 10:8 die Oberhand behielt.

In den 70er und 80er Jahren folgten weitere derartige Städtevergleichskämpfe, unter anderem gegen Polonia Warschau, Honved Tapolca aus Ungarn, Tesla Prag, Banik Ostrava, Volan Budapest und Tschigorin Leningrad. Unvergessen der Flug 1980 nach Leningrad, als die Fußballer von Dynamo Dresden mit im Flugzeug saßen und der Bus, der vorfuhr, nur die Schachspieler(!) der BSG Post Dresden abholte, die verdutzten Fußballer aber stehen ließ.

Von 1966 bis 1975 konnte die BSG Post Dresden in der DDR-Sonderliga nicht mehr an die Erfolge des SC Einheit anknüpfen. Von 1966 bis 1970 gab es durchweg nur vierte Plätze, und auch danach konnten die „Postler" um Wolfgang Uhlmann nur in der Saison 1974/75 mit dem Bronzerang noch einmal den Sprung aufs Treppchen schaffen. Im Jahre 1972 gelang Post Dresden mit dem Sieg im Pokalfinale sogar ohne Wolfgang Uhlmann ein großer Triumph. Ansonsten machten die SG Leipzig und Buna Halle-Neustadt DDR-Meisterschaften und den DSV-Pokal meist unter sich aus. Seit Ende der 70er Jahre war die BSG Post Dresden die jüngste Mannschaft in der höchsten Schachliga der DDR. Das war eindeutig der Verdienst der beiden Trainer Gerhard Schmidt (1978 bis 1983) und Hans Bodach (1984 bis 1990), die konsequent auf die Nachwuchsarbeit setzten. Der gebürtige Dresdner Gerhardt Schmidt wuchs zu einem erstklassigen Spieler und unterstrich die gute Nachwuchsarbeit der Dresdner deutlich. So manchen Meinungsstreit hatte er als Jugendlicher mit dem SC Einheit-Trainer Arno Otto ausgefochten. Mit Ruhe, Engagement und Widerspruchsgeist ermöglichte er als Trainer dem aufstrebenden Dresdner Schachnachwuchs Bewährungsmöglichkeiten in der höchsten DDR-Schachliga. Bereits mit seinem Bemühen, die generelle Reglementierung des DDR-Schachs zu hinterfragen, endete seine Tätigkeit mit Entlassung, Berufsverbot und Ausreise in den Westen Deutschlands. Seine Sicht auf die Thematik von damals gab er zehn Jahre später in einem Interview einer Dresdner Tageszeitung wieder: „Daß es nicht zu einem Bruch in der Nachwuchsförderung beim BSG Post Dresden kam, hatte man Trainer Hans Bodach zu verdanken, der in der zweiten Hälfte der 80er Jahre die Schulung des BSG-Nachwuchses mit dergleichen Konsequenz fortsetzte, wie Gerhard Schmitt. Ausdruck dieser erfolgreichen Arbeit - ein wahrer Medaillenregen in den Nachwuchsmeisterschaften im Bezirk Dresden. Der Erhalt des „Grünen Bandes" im Jahr 1992 war nur eine Anerkennung für die gute Dresdner Nachwuchsarbeit."

Den Aufstieg 1988 in die Schach-Oberliga, zeigte deutlich den Aufwärtstrend des Damen-Schachs bei der BSG Post Dresden. Mit dem Vizetitel 1989 und dem letzten DDR-Titelgewinn 1990 stand die Mannschaft um Waltraud Nowarra auf dem Höhepunkt. Im Einzelwettbewerb trat Gundula Nehse, die Nachfolge von Waltraud Nowarra an. 1990 gewinnt sie die letzte DDR-Meisterschaft und sichert sich mit ihrem dritten Platz beim Damenturnier, die erste Titelnorm für den Internationalen Meister. Mit dem fünften Platz schaffen die Damen ein Jahr darauf, die direkte Qualifikation für die neugegründete 1. Schach-Bundesliga der Damen, die mit je sechs Vereinen aus den alten und neuen Bundesländern an den Start geht. Nach einem Jahr in der 2. Bundesliga sind auch die Post-Herren ab 1992 wieder erstklassig. In der Saison 1993/94 trat dann offen zutage, was sich seit 1990 innerhalb des neugegründeten Postsportvereins Dresden e.V. andeutete. Die Verschiedenartigkeit zwischen den sportlichen Zielen und den eigenen Möglichkeiten wurde durch die breitensport-orientierten Vorgaben der Arbeitsgemeinschaft Postsportvereine und des neuen Trägers, des Sozialwerks der Bundespost, nur noch verstärkt. Der vorgegebene Zeitrahmen für eine Anpassung der Dresdner Verhältnisse an die in den Alt-Bundesländern, erwies sich als zu kurzfristig. Dem Bundesliga-Schach in Dresden drohte damit schlagartig das Ende.

Sportlich dagegen lief es bei der Schachabteilung glänzend. Nach 11 Runden standen die Damen an der Spitze der Tabelle. Gemäß Reglement war durch die Punktgleichheit mit der Elberfelder SG 1851 und dem Krefelder SK Turm ein Stichkampf um den Titel notwendig. Das Happy-End blieb in Wuppertal trotz eines Sieges gegen Krefeld aus. Das Post Sextett kehrte mit der Bronzemedaille zurück. Dafür revanchierte man sich bei Elberfeld vier Wochen später in

Dresden im Pokalfinale. Mit dem Zugang von Zigurds Lanka aus Lettland, dem Trainer Wiktor Bologan, und mit den Rückkehrern Jens-Uwe-Maiwald und Henrik Teske in die Dresdner Mannschaft verbesserten sich die Post-Herren auf einen ausgezeichneten siebten Rang in der 1. Schachbundesliga. Danach fällten die knapp 100 Mitglieder der Schachabteilung des Post SV Dresden ihre Zukunftsentscheidung genauso einmütig wie die Mitgliederversammlung des Dresdner Sport-Clubs 1898, die im April 1994 mit einer Satzungsänderung den Weg dafür ebnete. Nach 28 Jahren kehrten die Schachspieler des SC Einheit Dresden zurück als 11. Abteilung des Dresdner Sport-Clubs.

Durch den kompletten Wechsel der Mitglieder zum Dresdner Sport-Club im Juni 1994 ging auch die Startberechtigung für die Bundesligen an den Dresdner Sport-Club. Der 1. Juli 1994 war für Waltraud Nowarra, Wolfgang Uhlmann, Hansjürgen Knetschke, Werner Schreyer und Wolfgang Mescheder zugleich eine Rückkehr, denn das Quintett war bereits bis März 1966 für den SC Einheit Dresden am Brett. Mit Wolfgang Lenk, Manfred Kahn und Dr. Hans Petzold fanden mittlerweile drei weitere ehemalige Sonderligaspieler aus der SC Einheit-Zeit ihre Heimstatt beim Dresdner Sport-Club wieder, nachdem sie eine längere schachliche Pause eingelegt hatten.

In der ersten Saison 1994/95 unter der Flagge des Dresdner Sport-Clubs segelten die Damen und Herren in der 1. Schach-Bundesliga weiter auf Erfolgskurs. Im März 1995 überraschten die Damen mit dem Gewinn der Deutschen Meisterschaft. In der Besetzung Eliska Klimova-Richtrova, Martina Holoubkova (beide Tschechien), Gundula Heinatz, Kerstin Kunze, Jana Ramseier, Anetta Günther, Britta Schuhmacher, Anne-Catrin Uhlemann und Christine Ziska sicherten sich die DSC-Damen mit vier Punkten Vorsprung den Titel vor den „Rodewischer Schachmiezen". Auch die Herrenmannschaft konnte sich mit dem vierten Platz nach einem spannendem Saisonfinale erneut verbessern.

Für beide Teams, sowohl bei den Damen als auch den Herren, gab es nach den Spielen mit der SC Einheit Dresden, nun als Mannschaften für den Dresdner Sport-Club startend, einen ersten internationalen Start. Da die Herren dabei von einem sportlichen Rückzug des Meisters Bayern München für die Spiele im Schach-Europapokal profitierten, lautete damals eine gelungene Schlagzeile: „Dresdner Sport-Club startet für Bayern München im Europacup". Natürlich war Schach gemeint, aber mancher im Sport bewanderte, glaubte an einen verspäteten Aprilscherz. Zwar gelang mit dem fünften Platz bei den Herren und dem zweiten Platz bei den Damen in der Vorrunde eine gute Plazierung. Aber trotzdem war hier schon Endstation für die Dresdner. Zwei ausgezeichnete dritte Plätze für die Damen und Herren stellten in der Deutschen Meisterschaft ein Novum dar, denn erstmals plazierten sich zwei Mannschaften eines Vereines auf dem Siegertreppchen. Parallel dazu bedeutete es ein erneutes Startrecht im Europapokal in der Saison 1995/96.

Im September 1996 vollbringen Henrik Teske, Zigurds Lanka, Jens-Uwe Maiwald, Martin Boriss, Steffen Andresen und Thomas Heinatz in Bratislava ein Schachwunder. Das DSC-Sextett schafft durch ein 3:3 Unentschieden und der besseren Wertung gegen den Gruppenfavoriten Donbass Alchevsk aus der Ukraine, den Sprung unter die 16 besten Teams aus Europa! In Budapest gab es in der Vorrunde packende Spiele und mit dem Sieg gegen Honved Mediflora Budapest im Achtelfinale sicherte sich der Dresdner Sport-Club den sechsten Platz im Europacup und damit bisher den größten sportlichen Erfolg in der über 100jährigen Dresdner Schachgeschichte.

Nach dem Aufstieg der 2. Damen-Mannschaft des Dresdner Sport-Club in die 2. Bundesliga und dem Klassenerhalt in der Saison 1997, sowie dem Sprung der 2. Herren-Mannschaft in die 2. Bundesliga verfügt der DSC über eine „bundesligakomplette" Mannschaftsstruktur. Aber nicht nur beim Damen und Herren-Team stimmt die Erfolgsbilanz, auch der Nachwuchs des Dresdner Sport-Clubs glänzt Jahr für Jahr mit einer Reihe von Meistertiteln in Sachsen. Daß die Schachspieler bei ihrem Wechsel von der BSG Post Dresden zum Dresdner Sport-Club wieder dort angekommen sind, wo sie einst zu Hause waren, haben sie zu einem ganz gewichtigen Teil Dr. Dirk Jordan und Hans Bodach zu verdanken. Das ist es jedoch nicht allein. Mit 140 Mitgliedern hat die Abteilung Schach des Dresdner Sport-Clubs eine breite Mitgliederbasis. Stadtbekannte Sponsoren sorgen für die notwendige finanzielle Unterstützung, zusätzlich getragen durch ein hohes Mitgliederengagement hat das Schach im 100. Jahr des Dresdner Sport-Clubs einen Stand erreicht, wie nie zuvor in der von Rückschlägen und von Höhepunkten geprägten Vereinsgeschichte des Dresdner Clubs.

Dr. Konrad Müller
Bernhard Heck

Der Club im Wandel der Zeit

100 Jahre DSC

Schach-Genie Uhlmann
Dresdner Schachgenie mit internationalen Erfolgen!

Betrachtet man das Schach im Osten Deutschlands, so ist es zweifelsohne eine Besonderheit, daß der Dresdner Großmeister Wolfgang Uhlmann über einen Zeitraum von fast fünfzig Jahren das Geschehen auf den 64 Feldern des Schachbretts dominierte. Mit zehn Jahren erlernte er von seinem Vater das königliche Spiel und feierte bereits mit 16 Jahren (!) am 22. September 1951 in Leipzig seinen ersten Turniererfolg. An diesem Tag endete die Deutsche Jugend-Schachmeisterschaft und Wolfgang Uhlmann hatte mit 10 Punkten aus 13 Runden eineinhalb Punkte Vorsprung auf seinen Kontrahenten, den Berliner Reinhart Fuchs. Im geschlagenen Teilnehmerfeld waren so renommierte heutige Großmeister wie Dr. Burkhard Malich und Klaus Darga. 1954 gewann er in Meerane seinen ersten DDR-Meistertitel mit 13 Punkten aus 15 Runden und ebenfalls anderthalb Punkten Vorsprung vor Reinhardt Fuchs und Altmeister Berthold Koch. Interessant, was damals die Schachpresse zu den Leistungen des Youngsters anmerkte: „Mit Wolfgang Uhlmann hat der zweifellos beste Spieler den Sieg in diesem Ringen davongetragen. Er hatte durch seine Teilnahme am internationalen Zonenturnier im Juni dieses Jahres in Prag seinen Konkurrenten gegenüber, die seit längerem keine ernsthaften Spielmöglichkeiten mehr hatten, etwas entschieden voraus. Nur vier Gegnern gestattete er ein Remis: Alle anderen mußten sich von ihm geschlagen bekennen. Sein Erfolg ist wohl verdient und bringt ihn einen weiteren tüchtigen Schritt vorwärts in seiner kontinuierlich ansteigenden Laufbahn". Zitat aus Schach. 1. Novemberheft 1954.

Bereits ab 1956 avancierte der frischgebackene internationale Meister Wolfgang Uhlmann zur Nummer eins im DDR-Schach und rückte ans Spitzenbrett in der Nationalmannschaft. Davon zeugen auch glanzvolle Turniersiege. In Kienbaum 1958 deklassierte er mit 9 Punkten aus 10 Partien förmlich seine Konkurrenz, denn am Ende hatte er gleich dreieinhalb Punkte Vorsprung auf Vladimir Antoschin (UdSSR) und Reinhart Fuchs. Letzterer war vielleicht der einzige Spieler in der DDR, der zu dieser Zeit mit dem Leistungszuwachs von Wolfgang Uhlmann annähernd mithalten konnte. Bei seinem ersten von drei Turniererfolgen im englischen Seebad Hastings erfüllte Wolfgang Uhlmann die Großmeisternorm, so daß ihm der XXX. FIDE-Kongreß vom 20. bis 24. September 1959 in Luxemburg gemeinsam mit dem Holländer Jan Hein Donner und mit dem Deutschen Lothar Schmid, aus Radebeul stammend und bekannt als Schachschiedsrichter und Karl-May-Verleger den begehrten Titel verlieh.

Was ihm im Zonenturnier von 1958 in Wageningen (Holland) noch nicht glückte, schaffte er 1961 in der CSSR in Marianske Lazne (Marienbad) - der Einzug ins Interzonenturnier. Doch in Stockholm 1962 verpaßte er als Zehnter um einen Punkt den Einzug ins Kandidatenturnier. Einen großen Erfolg konnte Wolfgang Uhlmann 1962 dennoch feiern, denn er besiegte den damals amtierenden Weltmeister Michail Botwinnik, und das 17 Jahre, nachdem er das Schachspielen von seinem Vater erlernt hatte.

In den 60er Jahren hatte Wolfgang Uhlmann einen übervollen Turnierkalender, aber es gibt noch heute Ereignisse, die besonders in seinem Gedächtnis haften blieben. Der Schachtisch in seinem Arbeitszimmer, ein persönliches Geschenk von Kubas Staatschef Fidel Castro, erinnert ihn täglich an seinen großen Erfolg 1966 bei der Schacholympiade in Havanna, als er in der Brettwertung am Spitzenbrett den dritten Platz belegte. Ein Jahr später verwehrte ihm der Jugoslawe Milan Matulovic erst in einem Stichkampf in Bukarest den erneuten Einzug ins Interzonenturnier. Sein erneuter Anlauf im Österreichischen Raach endete 1969 mit einem vollen Erfolg für Wolfgang Uhlmann. Nach 21 Runden hatte er mit 15 Punkten zwei Zähler Vorsprung auf ein Quartett, das Lajos Portisch anführte.

Im Jahr 1970 zogen dunkle Wolken am DDR-Schachhimmel auf. Die Erfolge im Schach standen in krassem Widerspruch zu politischen Entscheidungen zum Schachsport. Mit Wolfgang Uhlmann am Spitzenbrett belegte die DDR im Mai bei der Mannschafts-Europameisterschaft hinter der UdSSR und Ungarn den dritten Platz. Einen entscheidenden Anteil hatte der mittlerweile 35jährige Dresdner Großmeister als bester Spieler am Spitzenbrett. Auch bei der Schacholympiade 1970 in Siegen bot die DDR-Mannschaft eine gute Leistung. Wolfgang Uhlmann residierte sogar gegen einen in Hochform befindlichen Robert „Bobby" Fischer, der damals gegen jeden Gegner gewinnen wollte. Die Uhlmann'sche Fischer-Bilanz kann sich mehr als sehen lassen: 1 Sieg, 4 Remis und 3 Niederlagen.

Die Abneigung von DTSB-Präsident Manfred Ewald gegen des Schachspiel bekam Wolfgang Uhlmann zu spüren, als er 1970 in eine Weltauswahl berufen wurde, die in Belgrad gegen die UdSSR antreten sollte. Das erteilte Startverbot wurde erst nach einer sowjetischen Intervention

100 Jahre DSC

beim Außenministerium aufgehoben. Als Wolfgang Uhlmann dann im November 1970 zum Interzonenturnier nach Palma de Mallorca reiste, lautete in Dresden eine Presseschlagzeile: „Wird es Uhlmann diesmal schaffen"?

Er schaffte es tatsächlich, doch sein überraschender sechster Platz und der damit verbundene Einzug ins Kandidatenturnier bedeutete nur einen Aufschub des bereits beschlossenen Boykotts von Schacholympiaden und Weltmeisterschaften durch die DDR. Auf zwei Preise von Palma de Mallorca ist Wolfgang Uhlmann zu Recht besonders stolz, denn gegen den jugoslawischen Großmeister Svetozar Gligoric bot er die beste Endspielleistung des Turnieres und für seinen Sieg über den Mongolen Tudew Ujtumen erhielt er den Schönheitspreis. Leider war 1971 schon in der ersten Runde des Kandidatenturniers in Las Palmas, mit 3:5 gegen den 25 Tage jüngeren Dänen Bent Larsen die Endstation. Dies war besonders schade, denn in der nächsten Runde hätte Wolfgang Uhlmann gegen den kometenhaft aufstrebenden amerikanischen Großmeister Robert Fischer antreten müssen, der 1972 in Reykjavik Boris Spasski als Weltmeister ablöste.

Den Schönheitspreis des Interzonenturniers von Palma de Mallorca 1970 erhielt Wolfgang Uhlmann für folgende Partie, die er selbst kommentierte [siehe Schach, 01/71, Seite 4]:

Weiß: Wolfgang Uhlmann
Schwarz: Tudew Ujtumen
Königsindisch

1.d4 Sf6 2.c4 g6 3.Sc3 Lg7 4.e4 d6 5.Le2 0-0 6.Lg5 h6 7.Le3 c5 8.d5 e6 9.dxe6 (Bisher war Dd2 gebräuchlich; der Textzug ist noch relativ unbekannt und dürfte neuen Stoff für die Theoretiker geben.) 9...Lxe6 10.Dd2! Da5 (Es kam auch 10...Db6 in Betracht.) 11.Lxh6 Lxh6 12.Dxh6 Sxe4 13.Te1! (Das ist die eigentliche Idee des Tausches auf h6. Das damit angebotene Bauernopfer, z.B. 13...Sxc3 14.Txc3 Dxa2 15.Dc1! Da5 [nötig wegen der Drohung Ta3] 16.h4! dürfte für Weiß sehr chancenreich sein.) 13...Sc6! 14.h4! Sd4 15.Kf1 (Nicht sofort h5 wegen g5) 15...Sf5 (Es ist nicht zu sehen, wie Schwarz h5 unterbinden kann.) 16.Df4 Sxc3 17.Txc3 Dxa2 18.Dc1! (Auch jetzt wird ein wertvolles Tempo gewonnen, da die Dame wegen der Drohung Ta3 den Rückzug antreten muß.) 18...Da5 19.h5 Sg7 (Noch die beste Verteidigung. Auf 19...Kg7 war 20.g4! geplant, z.B. 20...Sd4 21.hxg6 fxg6 22.Dh6+ Kf7 23.Dh7+ Ke8 24.Te3 mit schnellem Gewinn bzw. 21...Th8 22.Tch3!, und das Eindringen auf der h-Linie ist partieentscheidend.) 20.Tg3! Lf5 21.hxg6 fxg6 (Falls 21...Lxg6; so gewinnt sofort 22.Ta3 Db6 23.Dh6.) 22.Lf3! Tae8 23.Ld5+ Se6 (Schade, das Schwarz nicht 23...Le6 gezogen hat. Darauf hatte ich folgende schöne Schlußwendung vorbereitet: 24.Txg6 Lxd5 25.Th8+!! Kf7 [25...Kxh8 26.Dh6+ und matt auf g7] 26.Txg7+ Kxg7 27.Dh6+ Kf7 28.Th7+ und matt auf g7.) 24.Sf3 Kg7 25.Kg1! (Dieser stille Zug verdichtet den Stellungs- in Materialvorteil. Die Drohung lautet Sh4. Sofort wäre 25.Sh4 ein Fehler gewesen, da Schwarz die Parade Sf4! zur Hand gehabt hätte.) 25...Th8 26.Txh8 Txh8 27.b4!! (Der schönste Zug dieser Partie. Er erobert für die weiße Dame mit Schach die lange Diagonale a1-h8.) 27...Dxb4 28.Lxe6! Db1 (Traurige Notwendigkeit). 28.Lxe6 scheitert an 29.Da1+ Kh7 30.Sg5+ oder 29...Kg8 30.Txg6+, jeweils mit sofortigem Gewinn.) 29.Dxb1 Lxb1 30.Sg5 Tb8 31. Tf3 (Hiernach geht ein weiterer Bauer verloren, und der Rest ist einfach.) 31...Lf5 32.Lxf5 gxf5 33.Txf5 b5 34.cxb5 Txb5 35.Se4 Tb1+ 36.Kh2 Td1 37.Tf3 Td4 38.Sg3 Td5 39.Ta3 c4 40.Txa7+ Kg6 41.Tc7 Tc5 42.Txc5 dxc5 43.Se4 Aufgegeben.

Auf dem Zenit seines Könnens, zu Beginn der 70er Jahre, schloß sich auch für die unangefochtene Nummer eins im DDR-Schach der „Eiserne Vorhang". Bot er zunächst gelegentlich noch ein „Schlupfloch" durch die Teilnahme an Großturnieren im Ausland, so schloß sich diese Mauer nach Wolfgang Uhlmanns dritter Teilnahme an einem Interzonenturnier in Manila 1976 endgültig für ihn. Bis zum Ende der 80er Jahre blieb sie geschlossen. Besondere Anerkennung, in dieser für ihn nicht einfachen Zeit, erfuhr Wolfgang Uhlmann 1981 von Anatoli Karpow, der ihn für eine Woche zur Vorbereitung auf den Weltmeisterschaftskampf gegen Herausforderer Viktor Kortschnoi nach Moskau einlud.

Auch in den 80er Jahren zog sich Wolfgang Uhlmann nicht von den 64 Feldern zurück, auch wenn er nicht mehr über die Kräfte aus früheren Tagen verfügte. Deshalb trat er etwas kürzer, aber zu den Höhepunkten, die er wahrnehmen durfte, verteidigte er seine Ausnahmestellung bravourös. So gewann er zwischen 1981 und 1986 vier DDR-Meisterschaften, siegte in Potsdam, Leipzig und gleich mehrfach in Halle. 1984 in Leningrad beim Turnier der „Weißen Nächte" wurde er nur Zehnter, aber er gewann erneut den Schönheitspreis in der von ihm nachfolgend kommentierten Partie

Uhlmann

[s. Schach, 10/84, Seite 454]:
Weiß: Jonathan Speelman
Schwarz: Wolfgang Uhlmann
Königsindisch

1.d4 Sf6 2.Sf3 g6 3.c4 Lg7 4.Sc3 0-0 5.e4 d6 6.Le2 e5 7.0-0 Sc6 8.d5 Se7 9.Se1 Sd7 10.Le3 f5 11.f3 f4 12.Lf2 g5 13.Tc1?! (Richtig war gemäß Theorie 13.Sd3 oder 13.b4.) 13...Tf6! (Droht sowohl Th6 nebst De8 und Dh5 als auch Tg6 und h5 und h4) 14.b4 Th6 15.c5 a6! (Zunächst muß Sb5 verhindert werden.) 16.cxd6 cxd6 17.g4 (Nur so ist De8 und Dh5 zu parieren). Jetzt ist aber die Königsstellung geschwächt.) 17...fxg3 18.hxg3 Sg6! (Nach längerem Nachdenken gespielt. Der naheliegende Überfall 18...De8 kam ebenfalls sehr in Betracht. Nach 19.g4 Sg6 20.Sd3 verdient die schwarze Position den Vorzug.) 19.Sg2 Sf4!! (Ein traumhaftes Opfer, zu dem Mut gehört, jedoch ist es auch strategisch begründet. Die schwarzen Felder sind unheilvoll schwach, und eine Königsflucht fällt schwer. Weiß muß annehmen wegen Sh3+.) 20.gxf4 gxf4 21.Lh4 (Die beste Chance: Angebot des Rückopfers. Passivität wäre hoffnungslos, da Dg5 eine furchtbare Drohung darstellt. Nun würde Txh4 jeglichen Angriffsdruck unterbinden.) 21...Lf6!! 22.Lxf6 Sxf6 (Lange rechnete ich an 22...Db6+. Nach 23.Tf2 Sxf6 24.Sa4! Da7 25.Sc5!! könnte Weiß die gefährliche Diagonale schließen.) 23.Kf2 (Speelman versucht die Königsflucht. Was sonst? Falls 23.Tf2, so Sh5 24.Kf1 [Oder 24.Se1 Sg3 25.Th2 Txh2 26.Kxh2 Dh4+ 27.Kg2 Dh1+ 28.Kf2 Lh3, und gegen Dh2+ gibt es keine Verteidigung.] 24...Sg3+ 25.Ke1 Th1+ 26.Lf1 [Nicht 26.Tf1 Sxf1 27.Lxf1 Lh3 28.Tc2 Dg5 29.Dd2 Tc8 mit der vernichtenden Drohung Txc3 nebst Lxg2.] 26...Lh3! 27.Se2 - 27.Kd2 Db6! 28.De1 Tc8 - 27...Dg5! 28.Sxg3 fxg3 29.Tfc2 Lxg2 30.Txg2 De3+ 31.Te2 Dxf3 32.Kd2 Df4+ 33.Te3 - 33.Kd3 Tf8 mit Gewinn - 33...g2 mit Gewinn.) 23...Th2! 24.Kg1 (24.Tg1 bzw. Th1 scheitert an Db6+.) 24...Th3 25.Kf2 Tg3! 26.Sxf4 (Weiß will sich mit diesem Rückopfer befreien. Wenig vertrauensvoll sieht 26.Sa4 aus, um das Schach auf b6 auszuschalten. Nach 26.Ld7! 27.Sc5 [27.Tg1 Lxa4 28.Dxa4 Db6+ 29.Kf1 Sxe4! 30. Fxe4 f3 31.Da5 Dd4! 32.Lxf3 Txf3+33.Ke2 Tf2+ und Dd2 matt] 27...dxc5 28.bxc5 Lh3 29.Tg1 Kh8 ist Weiß gegen die Verdoppelung auf der g-Linie machtlos.) 26...exf4 27.Dd4 Sg4+!! (Das Scheinopfer dirigiert den Springer auf das Idealfeld e5.) 28.Ke1 (Bei 28.fxg4 Dh4! 29.Lf3 - 29.Th1 Th3+ 30.Kg2 Dg3+- 29...Lxg4 30.Ke2 Dh2+ 31.Tf2 oder Df2 Lxf3 ist es zu Ende.) 28...Se5 29.Kd2 Lh3! 30.Tg1 (Etwas besser war 30.Tf2.) 30...Lg2 31.Sa4 Lxf3 32.Sb6 Lxe2 33.Kxe2 Dg5!! (ein eleganter Abschluß!) 34.Sxa8 (34.Txg3 fxg3 35.Sxa8 Dxc1 verliert ebenso.) 34...f3+ 35.Kf2 Tg2+ 36.Txg2 Dxg2+ 37.Ke3 Dg5+ Weiß gab auf.

1988, als die DDR an der XXVIII. Schacholympiade in Saloniki teilnahm, war es Wolfgang Uhlmann, der als 52jähriger am Spitzenbrett eine gute Leistung bot. Insbesondere sein Remis gegen den Engländer Nigel Short mit seiner französischen Verteidigung erregte das Aufsehen der internationalen Schachwelt. Mit Realismus nutzte er dann die Möglichkeiten, die sich ihm mit der politischen Wende boten. Nach einem zweijährigen Gastspiel am Rhein für die Schachgemeinschaft Porz kehrte er ins heimatliche Dresden zurück. Im Sommer 1992 gewann er zwei gut besetzte Open in Würzburg und Dresden. Auch sein dritter Platz bei sommerlicher Hitze 1994 auf Schloß Albrechtsberg verdient im Rückblick Bewunderung. Die Krönung bot Wolfgang Uhlmann jedoch beim Dresdner Schachfestival '97. Bei Dresdner Open zählte er unter den 148 Teilnehmern zwar nur zu den Außenseitern, aber das hinderte den 62jährigen nicht, dem begeisterten Publikum Schach wie in den besten Tagen zu bieten. Der verdiente Lohn für die brillante Einstellung waren glanzvolle Siege gegen Valery Tschechov und Ralf Lau und nach den neun Runden der alleinige Turniersieg. Um ihn richtig einschätzen zu können, muß man wissen, daß Schach in diesen Regionen Leistungssport darstellt.

Aus dem Dresdner Bundesliga-Team ist Wolfgang Uhlmann auch mit 62 Jahren noch lange nicht wegzudenken. Mit seiner Erfahrung gelang ihm unter anderem im November 1992 ein Erfolg über Rußlands-Landesmeister Alexander Chalifman aus der Sowjetunion. Sein Brett ist bei Heimspielen des Dresdner Sport-Club in der Sachsengarage Zuschauermagnet. Wie wichtig seine Ruhe und seine Ausstrahlung für das Team ist, zeigte er zuletzt in der Saison 1997/98. Dort führt Wolfgang Uhlmann gemeinsam mit Raj Tischbiereck wieder einmal die DSC-interne Punktwertung an.

Schachpokale: Großmeister Wolfgang Uhlmann zusammen mit einer zukünftigen Meisterin

Dresdner  Porzellan

seit 1872

 Schachspiele aus Dresdner Porzellan - allen Liebhabern des königlichen Spiels seien die attraktiven Ergebnisse hoher künstlerischer Kreativität aus der Sächsischen Porzellan-Manufaktur Dresden empfohlen.

Sächsische Porzellan-Manufaktur
Dresden GmbH · Bachstr. 16 · 01705 Freital
Tel. 03 51 · 64 71 30 / Fax 03 51 · 6 49 21 81
Internet: http://www.Dresdner-Porzellan.com
E-Mail: Information@Dresdner-Porzellan.com

Der Club im Wandel der Zeit

100 Jahre DSC

Schwimm-Stars
Reinisch und Richter machten die Weltklasse naß

Abteilungsleiter Schwimmen: Günter Halgasch

1954 wurden in der DDR leistungssportliche Zentren gebildet. Im Bezirk Dresden war dies der SC Einheit Dresden. Die Sektion Sportschwimmen innerhalb des Sportclubs Einheit Dresden wurde am 1. März 1955 gegründet. Zum Training standen damals nur die Schwimmhallen in Klotzsche und die mittlerweile abgerissene Schwimmhalle an der Marienallee zur Verfügung. Der Schwerpunkt der Arbeit konzentrierte sich dabei auf die Vorbereitung des Nachwuchses. Aufgrund der eingeschränkten Trainingsmöglichkeiten in Dresden wurden die talentiertesten und leistungsstärksten Schwimmer nach Leipzig oder Rostock „delegiert".

Zu den Olympischen Sommerspielen 1960 in Rom stellte der SC Einheit mit Frank Wiegand erstmalig einen Olympiateilnehmer. Mit der 4 x 200 Meter Freistilstaffel belegte er über diese Disziplin den 7. Platz. Mit der Übergabe der Schwimmhalle am Freiberger Platz, mit einem wettkampfgerechten 50-Meter-Becken am 7. Oktober 1969 verbesserten sich die Trainings- und Wettkampfbedingungen für die Dresdner Schwimmer wesentlich. Damit war die Basis gegeben, Sportler bis in die Weltspitze zu führen. Bereits drei Jahre danach, zu den Olympischen Spielen 1972 in München, qualifizierten sich sechs Schwimmer (!) aus Dresden, zusammen mit ihrem Trainer Uwe Neumann, für die Auswahl der Olympia-DDR-Auswahlmannschaft, nämlich: Christine Herbst, Gudrun Wegner, Sylvia Eichner, Lothar Noack, Jürgen Krüger und Christian Lietzmann. Christine Herbst erkämpfte sich mit der 4 x 100-Meter-Lagenstaffel die Silbermedaille. Gudrun Wegner gewann über 400 Meter Distanz im Freistil Bronze.

Vier Jahre später, zu den Olympischen Spielen 1976 in Montreal, vertraten Ulrike Richter, Birgit Treiber und Karla Linke (wiederum mit ihrem Trainer Uwe Neumann) die Farben des SC Einheit Dresden in der Auswahl die DDR-Mannschaft. Mit dem Gewinn von drei Goldmedaillen durch Ulrike Richter (100 m Rücken, 200 m Rücken und 4 x 100 m Lagenstaffel) sowie zwei Silbermedaillen durch Birgit Treiber (100 m Rücken und 200 m Rücken), war es die erfolgreichste Teilnahme von Aktiven der Dresdner im Schwimmen bei Olympischen Sommerspielen.

Bei den Schwimmwettkämpfen der Olympiade 1980 in Moskau wurde eine weitere Dresdner Schwimmerin dreifache Goldmedaillen-Gewinnerin: Rica Reinisch. Sie siegte über die 100 m Rücken, 200 m Rücken und mit der 4 x 100m-Lagenstaffel, also genau die Strecken, wie vier Jahre zuvor Ulrike Richter in Montreal. Birgit Treiber holte über 200 Meter Rücken die Bronzemedaille.

1984 machte die Politik den DDR-Sportlern einen Strich durch die Rechnung. Sie konnten an den Olympischen Spielen in Los Angeles nicht teilnehmen. Der damals amtierende Weltmeister über 100 Meter Rücken, Dirk Richter, der auch 1984 die Weltbestenliste auf dieser Strecke anführte, konnte sich dadurch leider nicht mit der Welt-Schwimmelite messen.

Erst 1988 in Seoul kam Dirk Richter zu seiner ersten Olympiateilnahme und errang mit der 4 x 100m-Freistilstaffel die Bronzemedaille und wurde über 200 m Rücken Fünfter. 1992 bei den Olympischen Spielen in Barcelona gewann er nochmals eine Bronzemedaille mit der Freistil-Staffel für Deutschland. Von 1981 bis 1992 war Dirk Richter Teilnehmer und Medaillengewinner bei allen internationalen Meisterschaften. Über zehn Jahre schwamm er in der Weltspitze.

Nach 1990 gab es auch im Sport große Veränderungen. Die Strukturen der Sportvereine aus den alten Bundesländern wurden übernommen, die staatliche Förderung des Sports fiel fast vollständig weg. Auch die „Sektion" Schwimmen, die jetzt im Dresdner Sport-Club 1898 als Rechtsnachfolger des SC Einheit „Abteilung Schwimmen" heißt, strukturierte sich um. Am 1. April 1991 kam es zur Fusion mit den Schwimmern des Dresdner Eisenbahnersportvereins (ESV), die sich zwei Jahre zuvor dem in der Luft hängenden Trainingszentrum Dresden, für die 7-10jährigen Nachwuchssportler angenommen hatten. Mit dem Zusammengehen wurde aus der bisher recht kleinen Abteilung des DSC eine Riesen-Abteilung mit zeitweise über 1.000 Mitgliedern. Mittlerweile hat sich der Mitgliederstand auf etwa 700 Schwimmer eingepegelt.

Der Sparte Leistungssport gehören etwa 60 Sportler an, die Sparte Kinder- und Jugendsport (zum Teil auch Erwachsenensport) umfaßt etwa 560 Schwimmer. Beim Seniorensport kommt die Abteilung z.Z. auf 50 Schwimmer, weitere 30 Schwimmer widmen sich ausschließlich dem Wasserball, der nun auch Bestandteil unserer Abteilung Schwimmen im DSC ist. Die 1. Männermannschaft spielt seit Jahren in der Regionalliga. Auch eine 2. Männermannschaft sowie eine Jugendmannschaft befinden sich im Punktspielbetrieb. Damit wird eine Wasserball-Tradition aus den sechziger

100 Jahre DSC

Schwimmen

Dirk Richter in seinem Element

Schwimmen

Jahren fortgesetzt. Mit der Neuorientierung nach 1990 gewannen Deutsche Meisterschaften für den Nachwuchs eine große Bedeutung. Sie sichern das Bestehen und die Weiterentwicklung unserer Abteilung. Zu diesen Meisterschaften zählen neben den Deutschen Jugendmeisterschaften auch die Deutschen Mannschaftsmeisterschaften für die verschiedenen AK-Bereiche (DMSJ). Hier konnten wir einige sehr gute Resultate erzielen:

1993	Jugend C männlich	Goldmedaille
1994	Jugend B männlich	Goldmedaille
	Jugend C weiblich	Bronzemedaille
1995	Jugend B männlich	Silbermedaille
1996	Jugend A männlich	Silbermedaille
1997	Jugend A männlich	Silbermedaille

Erfolgreichster Nachwuchssportler der letzten Jahre ist zweifellos Sebastian Halgasch. Sein Trainer Klaus Thiedmann führte ihn 1993 zu seiner ersten Medaille bei Deutschen Jahrgangsmeisterschaften. Damals wurde es die Bronzene über 100 Meter Rücken. 1994 gewann er schon drei Medaillen (1/1/1). Ein Jahr später gewann er beide Rückenstrecken. Im Jahre 1996 waren es dann vier Medaillen (2/1/1) und ein Jahr später gewann das Dresdner Nachwuchstalent viermal (!) Gold.

1996 begann er auch seine Karriere in der Nachwuchs-Nationalmannschaft. Bei der Junioren-Europameisterschaft in Kopenhagen gewann er über 200 Meter Rücken mit Deutschem AK-Rekord Gold und holte sich zudem noch über 100 Meter Rücken Bronze. 1997 in Glasgow verteidigte er seinen Europameister-Titel erfolgreich und schwamm neuen EM-Rekord. Im November 1997 kam er zu seinem ersten Titel in der offenen Klasse: Sebastian Halgasch wurde als 16jähriger über 50 Meter Rücken Deutscher Meister auf der 25-m-Bahn. Über 100 und 200 Meter Rücken belegte er den zweiten Platz. Die Schwimm-Abteilung hofft auch in den nächsten Jahren für positive Schlagzeilen zu sorgen, damit auch über die 100 Jahre hinaus der Schwimmsport beim Dresdner Sport-Club seine herausragende Stellung behaupten kann.

An der Entwicklung und erfolgreichen Bilanz der Schwimmabteilung im Dresdner Sport-Club hatten entscheidenden Anteil:

Cheftrainer:
Wolfgang Richter I   bis 1978
Dieter Leiteritz   von 1978 bis 1988
Uwe Neumann   von 1989 bis 1992

Landesstützpunkttrainer:
Klaus Thiedmann   seit 1993

Die Trainer und Trainerinnen beim DSC waren und sind: Elfriede Illing, Inge Karsten, Gudrun Fiebig, Karla Heitmann, Marion Neumann, Steffi Böhmert, Rudi Pötig, Otto Kuz, Heinz Fiebig, Roland Freygang, Günther Dame, Wolfgang Richter I, Wolfgang Richter II, Uwe Neumann, Wolfram Allendorf, Dieter Leiteritz, Frank Schicke, Ralf Rosenkranz, Klaus Fichtner, Lothar Müller, Klaus Thiedmann, Jürgen Haarfeldt, Frank Schindler, Bernd Knörnschild, Klaus Stapf, Dirk Oehme, Manfred Pohlers, Egbert Buruck, Reinhard Schultz, Falk Nietsch, Jörg Gruhl.

Als Abteilungsleiter für den DSC fungierten: Rolf Preise bis 1971, Dieter Hildebrand von 1971 bis 1991. Seit 1991 führt Günter Halgasch die Geschicke der Schwimmer beim DSC. Umfangreich auch die ehrenamtlichen Funktionäre die dem Schwimmsport in Dresden den nötigen Rückhalt gaben und geben: Rolf Preise, Karl Kulke, Dieter Hildebrand, Burkhard Vorberg, Dieter Käßke, Georg Löbel, Günter Halgasch, Erich Frohberg, Elisabeth Kretschko. Seit 1993 leitet als Geschäftsführer der Abteilung Schwimmen Dirk Oehme die Geschäfte für die Schwimmer und Schwimmerinnen im DSC.

Die Abteilung Schwimmen hat sich im Deutschen Schwimmsport einen guten Namen erworben. Belege dafür sind die Durchführung der Jahrgangsmeisterschaften des Süddeutschen Schwimmverbandes, zu dem die Landesverbände Bayern, Rheinland, Saarland, Württemberg, Baden, Südwest, Hessen, Thüringen und Sachsen gehören. Entgegen der Skepsis einiger Vereine aus den Hochburgen Deutschlands wurden diese Meisterschaften erstmals 1994 einem ostdeutschen Verein, dem Dresdner Sport-Club, zur Ausrichtung übertragen. Das Ergebnis war eine Rekordbeteiligung. Der erfolgreiche Verlauf, bedingt durch eine reibungslose Organisation und hohes sportliches Niveau, führte 1996 zur erneuten Austragung der Süddeutschen Jahrgangsmeisterschafften. Auch 1998 war der DSC wieder Gastgeber für diese Mammutveranstaltung mit rund 600 Aktiven und Trainern sein.

Unser Ruf wird auch durch einen jährlichen Höhepunkt im Vereinsleben begründet: dem nun schon traditionellen Christstollen-Schwimmfest in der Vorweihnachtszeit. Die Teilnehmer kommen aus dem gesamten Bundesgebiet, teilweise auch mit internationaler Beteiligung. Bei dieser Veranstaltung bekommen die Sieger in allen Altersklassen in den Wettkämpfen über die Strecken einen Original Dresdner Christstollen als Präsent.

Trotz Einführung von Pflichtzeiten steigen jährlich die Startmeldungen. Dies spiegelt das gute sportliche und organisatorische Klima und die Beliebtheit dieses Wettkampfes wider. Gedankt werden soll den engagierten ehrenamtlichen Cheforganisatoren dieser Veranstaltungen, Dirk Oehme und Dieter Hildebrand die mit ihren vielen ebenfalls ehrenamtlichen Helfern eine Veranstaltung erst ermöglichen. Großer Dank gebührt auch dem Leiter des Sportamtes Dresdens, Harald Claußnitzer, der Bäderabteilung Dresdens welcher mit seinen Mitarbeitern, dem Meeting, trotz angespannter Bädersituation die notwendige Unterstützung geben. Die Leitung der Schwimmabteilung im DSC wird auch in Zukunft alles tun, damit der Dresdner Schwimmsport über das 100. Jahr des Dresdner Sport-Clubs hinaus, auch unter den schwierigen Bedingungen, seinen Platz im Kinder-, Jugend-, Erwachsenen- und Seniorensport, und vor allen im Leistungssport behält.

Im 12. Jahrhundert erfuhr das Erzgebirge einen ungeahnten Aufschwung. Es wurde nach Silber, Zinn und vielen anderen Metallen gegraben. Aus den Materialien des Waldes fertigten die Erzgebirgler ihre Möbel, Körbe und Besen, Spielzeuge und Küchengeräte. Im Laufe der Zeit entstanden wahre Kunstwerke.

Heute ist das Erzgebirge, weit über die Grenzen Sachsens hinaus, für sein Holzspielzeug und das traditionelle Kunsthandwerk bekannt.

Mitten in dieser Region, zwischen Dresden und Freiberg, wo der Tharandter Wald in die Ausläufer des Erzgebirges übergeht, liegt das Stracoland. Hier sind die Exponate der Volkskunst, von Kleinst- bis zu übermannsgroßen Figuren, in einer wahrlich unüberschaubaren Vielfalt zu einer sehr anschaulichen und lebendigen Ausstellung zusammengetragen.

Der Strac ist ein kleiner erzgebirgischer Gnom mit großen Füßen, der sich über 200 Jahre in einem Erdloch versteckt hielt und nun der Welt den Spiegel vors Antlitz hält.

ERZGEBIRGISCHE ERLEBNISWELT
STRACOLAND ERZGEBIRGE

Ob als Wirt, Jurist, Kaufmann oder Rollschuhläufer; der Strac macht sich in allen Bereichen des Alltags breit und weist auf dezente Art darauf hin, daß das Leben nicht immer so ernst ist, wie man denkt.

Stracoland · Frauensteiner Straße 1 · 01738 Colmnitz/Sachsen · Telefon 03 52 02 · 5 02 01 / Fax 03 52 02 · 5 02 10 · Erlebnisland von 9.00 bis 20.00 Uhr
Gastronomie von 9.00 bis 23.00 Uhr

Der Club im Wandel der Zeit

100 Jahre DSC

Turnen !
Mit gezielter Nachwuchsarbeit kamen die Erfolge

Abteilungsleiter Turnen: Rolf Fiedler

Die Abteilung Turnen wurde im Februar 1955 als Mitglied des SC Einheit Dresden gegründet. Als Cheftrainer fungierte der Freitaler Martin Walter von 1955 bis 1961, danach wurde er von Werner Klar abgelöst, der von 1961 bis 1964 das Training der Turner leitete. Als Trainingshallen standen nur die beiden Turnhallen der Rübezahlschule in Cotta und der Maxim-Gorki-Schule am Pohlandplatz zur Verfügung. Das ständige Auf- und Abbauen der Turngeräte war für die Anfänge des Turnens in Dresden sehr hinderlich und verlangte von den Trainern und den Aktiven viel Engagement und Geduld. Erst mit der Nutzung des Sporthallenkomplexes am Flugplatz in Klotzsche und der 1964 neu gebauten Halle im Ostragehege verbesserten sich die Trainingsbedingungen enorm.

Die gezielte Nachwuchsentwicklung stand nun im Mittelpunkt der Trainingsarbeit und daraus resultierend die kontinuierliche Kinderjugend-Schule-Aufnahme von talentierten Turnerinnen und Turnern in die 5. Klasse. Die Cheftrainer Günter Klausch (1965 bis 1971) und Dieter Hammer (1971 bis 1977) für den männlichen Bereich, sowie Helmut Kirchschläger, der von 1964 bis 1980 als Trainer für die weibliche Abteilung fungierte, trugen zusammen mit den Bezirkstrainern die Verantwortung. Auf Grund der nicht optimalen Trainingsbedingungen in Dresden beschlossen die DDR-Sportführung und die Bezirkstrainer die besten Nachwuchsturnerinnen zum SC Dynamo Berlin und später zum SC Leipzig und den männlichen Nachwuchs beim ASK Potsdam und dem SC DHfK Leipzig zu delegieren.

In den Anfangsjahren des Turnens des SC Einheit Dresden waren es vorwiegend 18 bis 20

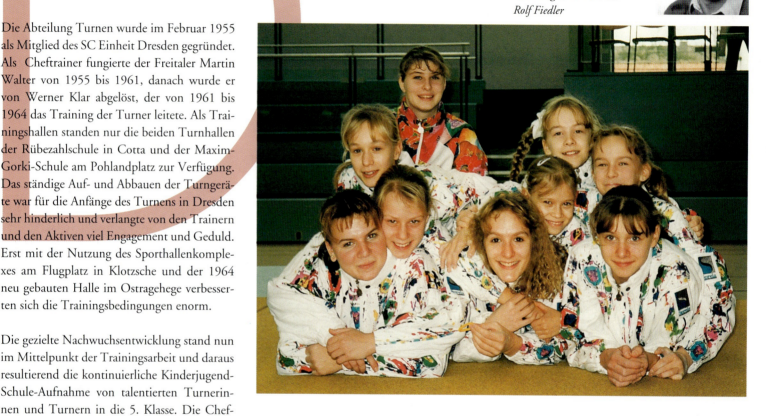

jährige ehrgeizige Turner, die für nationale Wettkampfhöhepunkte die Turnsektion erfolgreich vertraten und damit für Dresden in den folgenden Jahren die sportliche Entwicklung und Erfolge eindrucksvoll forcierten. Frank Tippelt, der 1959 zum FC Lok Leipzig delegiert wurde, erkämpfte sich bis 1964 fünf DDR-Meistertitel am Reck und Boden. Mit seinem 8. Platz bei der Olympia-Ausscheidung für eine gesamtdeutsche Mannschaft verpaßte er nur hauchdünn die Teilnahme an den Olympischen Spielen 1964 in Tokio. Lothar Heil, 1955 DDR Mehrkampf-Meister und der langjährige Turntrainer Dieter Hammer, zählten zu den erfolgreichsten Turnern in den Gründerjahren des SC Einheit Dresden.

Mit dem „Leistungssport-Beschluß" des DTSB der DDR von 1977 wurden zunächst die Aktivitäten der Turntrainer und der des Nachwuchses in Dresden erheblich eingeschränkt, da von der DDR-Sportführung angeordnet wurde, die talentierten Nachwuchsturner zum SC Cottbus zu delegieren, wo sie weiter gefördert wurden. In Dresden hatte man ab 1978 nun nur noch die Aufgabe, die Mädchen ab der 3. Klasse für den Leistungssport bei der KJS auszubilden. Trotzdem wurden an die „Delegierungsvereine" erfolgreiche Nachwuchsturner zur weiteren Förderung abgegeben. Andreas Götze, der in Oybin bei Zittau das turnerische ABC erlernt hatte, erarbeitete sich zusammen mit seinem Trainer Volker Parsch beim SC Einheit Dres-

100 Jahre DSC

Abb. S. 194: *Die erste Bundesliga-Mannschaft von 1994, v.l.: Manja Dudda, Susanne Eidler, Susanne Winkler, Anja Winkler, Franka Krüger, Christin Dippe, Bianca Scheide, Diana Balzer, Linda Müller*

Die 1. Bundesliga 1997/98: v.l.: Linda Müller, Franziska Letsch, Susanne Breier, Tina Lenk, susanne Winkler, Ricarda Wachs, Nina Schubert

Ralph-Peter Hemman: 1981 Weltmeister im Pferdsprung

Turnen

den die Grundlagen für die späteren Erfolge beim ASK Potsdam und seinen 2. Platz bei den „Jugendwettkämpfen der Freundschaft" 1970 am Seitpferd.

Die Turner Lutz Beuchel und Thomas Guder konnten diesen hohen Leistungsstandard fortsetzen und entwickelten sich unter den Fittichen von Trainer Rudi Struck beim SC DHfK Leipzig zu international erfolgreichen Aktiven. Den Sprung an die nationale Spitze schafften Ende der 60er Jahre Brigitte Sachs sowie Anfang der 70er Jahre Christina Haake, die beim SC Einheit von Christa Hermann und Peter Rabenau trainiert, beim SC Dynamo Berlin zu erfolgreichen Turnerinnen heranwuchsen.

Irene Abel war Dresdens erste Olympiaturnerin. Für den SC Dynamo Berlin startend, holte sie 1972 bei den olympischen Spielen in München für die DDR-Mannschaft die Silbermedaille, auch bei der WM 1974 stand die erfolgreiche Turnerin auf dem Silbertreppchen. Die Mannschaft betreute damals die Dresdner Trainerin Christa Hermann, sie hatte großen Anteil an dem sportlichen Erfolg der DDR-Mannschaft. Die Turnerin Marion Kische vom SC Einheit Dresden erkämpfte sich bei den olympischen Spielen in Montreal 1976 die Bronzemedaille. Nicht zu vergessen Astrid Mühlbach und Ilona Schulze, die mit Siegen bei den „Jugendwettkämpfen der Freundschaft" für Leipzig startend, die gute Trainingsarbeit in Dresden unterstrichen. Mit dem 3. Platz der DDR-Mannschaft bei den Olympischen Spielen in Moskau, sowie den Weltmeisterschaften 1978 und 1979 setzte Sylvia Hindorff die gute Tradition der Dresdner Turnerinnen weiter fort.

Diese international sehr erfolgreichen Turnerinnen wurden nach ihrem vierjährigen Training von Renate Kaiser, Christa Hermann, Dorothee Parsch und Christian König zum SC Leipzig delegiert. Leider bleiben durch die „Talentsichtung" und die damit verbundenen Strapazen zu den Delegierungsclubs (Leipzig und Berlin) vielversprechende Talente wie Christina Lüders oder Kerstin Sonntag auf der „Strecke". Da eine Delegierung nach Leipzig für beide nicht in Frage kam, bedeutete das für die Turnerinnen das „sportliche Aus". 1976 wechselten die letzten Turnerinnen mit Beginn der 9. Klasse zum SC Leipzig.

Turnen

Umstrukturierung und Straffung des Trainerstabes nach der Wende 1990

Mit der „Wende" und der Neu- und Umstrukturierung der Sektion Turnen beim SC Einheit Dresden in die Turnabteilung des Dresdner Sport-Clubs, wurden sämtliche Trainer gekündigt. Leider standen nicht die Turnerinnen im Mittelpunkt der Entscheidung, die weiter im Trainingsbereich in Dresden trainieren wollten und Schüler der KJS waren. Auf das gute Trainerpotential und deren Erfahrung konnte die Sportführung unter Mühen verzichten, was auch ein Verdienst der Trainer Christa Hermann, Dieter Hammer, sowie Volker und Dorothee Parsch war, die ab 1991 mit einer Landestrainerstelle und drei, über das Arbeitsamt Dresden geförderte Maßnahmen, die gut ausgebildeten Aktiven weiter zu entwickeln und somit die Turnabteilung am Leben erhielten. Diese insgesamt komplizierte Situation konnte nur durch ein generelles Umdenken und einer damit verbundenen Umstrukturierung gemeistert werden.

Das Sportangebot bei der Turnabteilung des Dresdner Sport-Club wurde entsprechend der großen Nachfrage erweitert, und so entstanden mit der Gewinnung neuer Übungsleiter die Trainingsgruppen: Mutter- und Kindturnen, Vorschulturnen, Geräteturnen, Akrobatik, Molligruppe, Fitneß- und Wirbelsäulengymnastik. Das Kernstück der mittlerweile auf 300 Mitglieder angewachsenen Abteilung blieben aber die 30 Kunstturnerinnen im Alter von 7 bis 18 Jahren. Um jedoch diesen Leistungsbereich auf dem entsprechenden Niveau zu halten, bedurfte es enormer Anstrengungen der Abteilungsleitung und des gesamten Trainerstabes.

Die Trainingsumfänge, die bis 1990 28 bis 30 Stunden betrugen, mußten aufgrund der hohen schulischen Belastung- es gab keine Schulzeitstreckung mehr, auf 20 bis 22 Stunden reduziert werden. Durch den Wegfall der Trainingszentren in Potsdam, Leipzig und Cottbus mußte die Abteilung nun die Ausbildung der Nachwuchsturnerinnen selbst in die Hand nehmen. Die ehemaligen Cheftrainer Helmut Kirchschläger, Christa Hermann und Dieter Hammer, Renate Kaiser, wurden für Inge Nazew, sowie Dorothee und Volker Parsch zu einem wichtigen Bindeglied für die Turnabteilung.

Die mangelnde Unterstützung durch den Landesfachverband führte dazu, daß die Abteilung Turnen die Finanzierung eines Trainers und des Übungsleiter-Bezuschussung, seit Jahren nun selbst finanziert.

In Erinnerung und als Motivation für die Aktiven und Trainer bleiben die Freundschaftswettkämpfe mit der Partnerstadt Leningrad von 1973 bis 1982. Vor allem die Besuche in Leningrad und das hohe sportliche Niveau, die gepflegten kulturhistorischen Denkmäler, sowie die bekannte russische Gastfreundschaft hinterließen bei den Dresdner Turnerinnen und Turnern sowie der Abteilungsleitung einen nachhaltigen Eindruck. In diese Zeit fielen auch die glänzenden Plazierungen der Turner in den nationalen und internationalem Wettbewerben.

Ralph Peter Hermann, 1976 vom SC Einheit Dresden zum DHfK Leipzig delegiert, hat sich in der Turnabteilung des SC Einheit Dresden einen bleibenden Namen gemacht. Unvergessen seine Plazierungen: 1978 bei der Weltmeisterschaft den 3. Platz mit der Mannschaft; Bronzemedaille mit der Mannschaft bei den Olympischen Spielen 1980 in Moskau und als Höhepunkt den Weltmeistertitel 1981 am Pferdsprung. Der Dresdner Turner Jens Fischer, 1983 und 1984 DDR-Mehrkampfmeister, sowie dem 4. Platz mit der DDR-Mannschaft bei der Weltmeisterschaft1983 und Finalist an den Ringen, erreichte seine beste internationale Einzelplazierung mit dem 3. Platz am Boden bei der Europameisterschaft 1983, für den SC Cottbus startend. Ralph Peter Hermann und Jens Fischer waren Schützlinge von Trainer Volker Parsch, der 1977 wie seine Kollegen Rudi Struck, Peter Kahle und Peter Ritter in die Betreuung für den weiblichen Bereich wechselten. Diese erfahrenen „Männertrainer" waren eine willkommene und notwendige Verstärkung, denn nun konnten die Turnerinnen durch den Wegfall der Delegierung bis zur Meisterklasse trainiert werden.

Erfolgversprechend ging diesen Weg Andrea Kotzek, die unter der Trainingsarbeit von Dorothee und Volker Parsch mit 12 Jahren schon Mitglied der Nachwuchs-Nationalmannschaft wurde und mit der Silbermedaille bei den Jugend-Weltspielen des Friedens 1978 in Cuba, dank guter Leistungen als Kandidat für die Olympischen Spiele in Moskau 1980 galt. Leider mußte jedoch das hoffnungsvolle Talent wegen Verletzung den Leistungssport aufgeben. Rolf Gerhard, 1977 als Choreograph zum SC Einheit gekommen, sorgte mit seiner Erfahrung für einen deutlichen Aufschwung und neue Impulse in der gymnastischen Ausbildung.

Die Hoffnung des SC Einheit Dresden lagen in der Entwicklung und Förderung von 18 jungen Turnerinnen, die 1978 unter dem verantwortlichen Trainer Christian König in Dresden von der dritten bis zur fünften Klasse aufgenommen wurden. Diana Morawe, Anja Kummich, Jaqueline Müller, Grit Neugebauer, Jana Fuhrmann und Martina Jentsch schafften den Sprung über die Junioren-Auswahl in die DDR-Nationalmannschaft und von dort zur Weltspitze. Martina Jentsch, war über vier Jahre lang die erfolgreichste Aktive des SC Einheit Dresden und bestimmte mit ihren neuen Übungsteilen das internationale Niveau. Als

„Jentsch-Salto" ist der spektakuläre Barrenangang - Rondat Salto rückwärts - in die Geschichte des Turnens längst eingegangen. Mit ihrer spektakulären Bodenübung bei der Weltmeisterschaft 1987 - Doppeltwist, Tsukahara, Doppelsalto - wäre die Dresdner Turnerin auch heute noch in der Weltspitze.

Abb. links: Silvia Hindorf
Abb. oben: Diana Morawe
Abb. unten: Jana Fuhrmann
Abb. rechts: Martina Jentsch

1988 wurde Volker Parsch als verantwortlicher Trainer dieser aktiven Turnerinnen und Turner mit dem Titel „Verdiente Meister des Sports der DDR" geehrt. Christa Hermann war bereits 1974 mit dieser Auszeichnung für ihre Verdienste als Mannschaftstrainerin und als Hauptkampfrichterin der DTV der DDR geehrt worden.

Parallel zur Weiterentwicklung der Turnerinnen für die Weltspitze, wurde aber auch die Nachwuchsarbeit nicht vernachlässigt und es entwickelten sich hoffnungsvolle Talente. Den Anschluß an die nationale Spitze schafften in dieser Zeit Peggy Wünsche, Anja Mania und Diana Balzer. Mit der Wende fiel ein Wermutstropfen in die Arbeit der Turnabteilung, zahlreiche Turnerinnen gingen in die besser geförderten Altbundesländer. So wechselten Peggy Wünsche Ende 1990 zu ihrem neuen Verein KTZ Bergisch Gladbach und wurde vier Monate (!) später 1991 Deutscher Meister am Stufenbarren. Diana Balzer war die erfolgreichste ehemalige Turnerin Dresdens in der Zeit nach der Wende. Sie war 1992 im Weltmeisterschafts- und Olympiakader im Deutschen Turnerbund. 1995 beendete diese Ausnahmesportlerin ihre internationale und nationale Karriere in Süddeutschland. Mit ihrer Einstellung und ihrem Verhalten bleibt sie noch viele Jahre ein Vorbild für die gesamte Abteilung. Durch die Erfolge im Nachwuchsbereich und bei den Aktiven machte die „neue" Turnabteilung des Dresdner Sport-Club auf sich aufmerksam, und die Medien- Fernsehen und Presse, interessierten sich wieder für das Turnen in Dresden. Seit 1991 konnten wir mit unseren Turnerinnen vordere Plätze bei diesen Wettkämpfe belegen:
Von 1994 bis 1996 waren die Turnerinnen des Dresdner Sport-Club in der 1. Bundesliga. Durch eine Statutenlücke im Reglement des DTB wurde den Mannschaften gestattet, mit dem Einsatz einer ausländischen Turnerin und hier überwiegend Olympiasiegerinnen und Weltmeister - die Riegen zu bestücken. Dadurch und verbunden mit den Problemen der hohen Kosten behaftet, stieg die Mannschaft 1996 in die 2. Bundesliga ab, schaffte aber 1997 wieder den sofortigen Aufstieg in die 1. Bundesliga.

Inge Nazew, seit 1994 für die gymnastische Ausbildung beim DSC verantwortlich, hat in Zusammenarbeit mit dem Trainerehepaar Dorothee und Volker Parsch wesentlichen Anteil an den Wettkampferfolgen. Die große Hoffnung der Turnabteilung des Dresdner Sport-Club ist die seit 1993 dem Kader- und Sydneykreis des DTB angehörende Nina Schubert. Aber auch die beiden im C- und D-Kader befindlichen Nachwuchsturnerinnen des Dresdner Sport-Clubs Ricarda Wachs und Christin Zerche, sowie Christin Tegelkamp, Maika Springmann, Luise Henzel und Julia Bange wollen die große Turntradition in Dresden fortsetzen. Als großes Ziel haben sich die Youngster die Teilnahme an den Olympischen Spielen 2004 als großes Ziel vorgegeben. Daß man mit seinen Leistungen im Nachwuchsbereich anerkannt wurde, zeigt die Verleihung des „grünen Bandes" 1992 an die Turnabteilung des Dresdner Sport-Clubs.

Obwohl das tägliche Training, neben dem hohen schulischen Aufwand, den Alltag der Turnerinnen des Dresdner Sport-Club bestimmten, wurden durch Schauturnen, Trainingslager, wie zuletzt in den USA, der Schweiz oder 1997 in Südafrika, als zusätzlicher Höhepunkt und Anreiz für die Turnerinnen genutzt. Ohne die aktive Unterstützung des Sportamts der Stadt Dresden, dem Kreissportbund (unter dem Vorsitz von Jürgen Flückschuh von der Sparkasse Dresden) und last but not least den Sponsoren, gäbe es im Jubiläumsjahr in Dresden kein Turnen mehr. Mögen die sportlichen Leistungen der Turnerinnen auch über den Tag hinaus für das 100jährige Bestehen des Dresdner Sport-Clubs ein Vorbild sein.

Bernhard Heck / Dieter Hammer und Dorothee Parsch

Der Club im Wandel der Zeit

100 Jahre DSC

DSC-Volleyballerinnen
Wollen sich zum Meister schmettern!

Abteilungsleiter Volleyball:
Henning A. Thiemann

Volleyball

Als man 1898 den Dresdner Sportclub gründete, war die Sportart Volleyball in Deutschland noch unbekannt. Es gingen noch Jahrzehnte ins Land, bis sich die ersten Volleyball-Mannschaften auf deutschen Boden, insbesondere in Sachsen bildeten. Erst nach dem Zweiten Weltkrieg faßte die Sportart Volleyball auch in Sachsen Fuß. In Zittau begann man nach den Kriegswirren 1949 erstmalig, diese für den Zuschauer attraktive Ballsportart zu spielen. Später bildeten die Zittauer Damen den Grundstein für den Aufbau des Sport-Club Leipzig. Viele Jahre, auch nach der Bildung der vier Sportclubs in der damaligen DDR, kam eine große Anzahl von Nachwuchstalenten aus Dippoldiswalde und Meißen sowohl im weiblichen wie auch männlichen Bereich. Bei den Herren stellte die damalige Technische Hochschule Dresden viele Jahre eine schlagkräftige Volleyballmannschaft, die trotz vorhandener Sportclubs über mehrere Jahre DDR-Vizemeister werden konnte. Das Volleyball entwickelte sich in den 50er Jahren zum Breitensport in Dresden und Umgebung. Ein Engagement im Spitzensport lag zunächst noch in weiter Ferne.

Trotz der hervorragenden Entwicklung im Bezirk Dresden, war es der Stadt Dresden aus den unterschiedlichsten Gründen nicht vergönnt, über ein eigenes Hochleistungszentrum im Volleyball zu verfügen. Auf Beschluß der damaligen DDR-Sportführung wurden die Leistungszentren für Volleyball nach Berlin und dort zu den Vereinen Dynamo und TSC sowie nach Leipzig und Schwerin vergeben. In Dresden wurden lediglich die Trainingszentren der ersten Förderstufe bis zur 7. Klasse installiert mit dem Ziel, die besten hier entwickelnden Jugendtalente zu fördern, um sie dann nach Berlin oder in die anderen Leistungszentren zu delegieren.

Dieser Umstand machte verständlicherweise eine Entwicklung des Volleyballs für den Hochleistungssport im Erwachsenenbereich in Dresden fast unmöglich. Trotz Interventionen bei der Sportleitung der DDR blieb es bei der getroffenen Entscheidung bis 1989. Erst nachdem die Leistungen der Sportler bei den Olympischen Spielen 1988 in Seoul von der Sportleitung der DDR 1989 ausgewertet und analysiert waren entschied man sich, in Dresden endlich ein Leistungszentrum für Volleyball aufzubauen.

Die Verbandsvertreter Wolfgang Tronick und Ernst Piator setzten am 18. April 1990 den Aufbau der Abteilung Volleyball beim bereits neugegründeten Dresdner Sport-Club 1898 e.V. durch. Dies war die Signalwirkung für den Volleyball in Dresden und seine in den nächsten Jahren stetigen Aufwärtstrend. Nun gehörte es für die Trainer der Vergangenheit an, daß sie wie bisher ihre Sportler und Sportlerinnen an die Leistungszentren in Berlin abgaben. Nun konnten sie die Chancen nutzen, eine starke Volleyballmannschaft im Damenbereich zielstrebig zu entwickeln.

Die beiden Trainer Klaus Kaiser und Wolfgang Tronick nutzen die sich bietende Chancen und veränderten politischen Voraussetzungen, um die Aufbruchstimmung für den Volleyball in Dresden in die Tat umzusetzen. Mit viel Überzeugungsarbeit wurden einige Sportlerinnen aus Freital, der Pädagogischen Hochschule Dresden und der Technischen Universität Dresden gewonnen, um mit diesen Spielerinnen eine Mannschaft beim Dresdner Sport-Club aufzubauen. Viele Spielerinnen kamen aus der ehemaligen DDR-Liga, die unter der Anleitung von Klaus Kaiser die ersten Spiele in der Meisterschaft unternahmen. Die Abteilungsleitung bestand in den Anfangsjahren aus Klaus Kaiser, Ernst Wegener und Agnes Müller.

Die ersten Spielerinnen der Abteilung Volleyball beim Dresdner Sport-Club waren: Silke Arnold, Dayana Göde, Martina Graeveling, Anne Kaczerowsky, Kathrin Keulich, Kathrin Kirsten, Karin Klemt, Andrea Mann, Agnes Müller, Nadja Opitz, Beatrice Schultz und Dorit Vogel, sie alle wurden gemanagt und trainiert von Klaus Kaiser. Ihm gelang es in kurzer Zeit, ein schlagkräftiges Team für die Meisterschaftsspiele zusammenzustellen.

Durch die Auflösung einiger Wettkampf-Mannschaften zu Beginn der Saison 1990/91 in der höchsten Spielklasse konnte der Dresdner Sport-Club seine Damenmannschaft in den Meisterschaftsspielen der ehemaligen Oberliga starten lassen. Die erste Meisterschaftssaison war für die teilweise noch nicht so homogen aufspielende junge Mannschaft nicht so erfolgreich. Von den insgesamt 12 Spielen der Meisterschaftsserie konnten nur drei gewonnen werden. Der Abstieg war zwar ein Schock, hinterließ aber bei den Verantwortlichen des DSC keine Narben. Es galt, trotz des Rückschlages, mit allen Mitteln neben diesem Aufbau einer starken Damen-Mannschaft die talentierten Nachwuchsspielerinnen umfangreich zu fördern. Gerade im Nachwuchsbereich hatte der DSC durch Wolfgang Tronick eine große Unterstützung.

100 Jahre DSC

DSC gegen USC Münster (1:3)
Klaus Kaiser diskutiert in der Auszeit,
links Dana Reinhard, rechts Yvonne Zymara

Volleyball

1991 hatte die Abteilung bereits knapp 60 Mitglieder, davon vierzig Jugendliche die mit mehreren Jugendmannschaften am Wettkampfbetrieb teilnahmen. Die Zusammenlegung der Volley-Verbände aus Ost- und Westdeutschland machten eine neue Einstufung in den einzelnen Ligen notwendig. Um diese Einstufung wurde hart gekämpft. Um in die 2. Bundesliga zu kommen, mußten zwei Relegationsspiele gegen den USC Leipzig ausgetragen werden. Beide Spiele wurden jeweils mit 3:2 vom Dresdner Sport-Club gewonnen und damit war die Qualifikation für die 2. Bundesliga Süd erreicht. Erste Erfolge zeigten sich auch bei der Nachwuchsarbeit. Die B-Jugend erreichte bei den Deutschen Meisterschaften den 2. Platz.

In der Saison 1991/92 mußten die DSC-Spielerinnen wegen ihrer mangelhafter Wettkampferfahrung in den Spielen der 2. Damen-Bundesliga Süd Tribut zollen. Trotz großer kämpferischer Leistung konnte der Abstieg in die Regionalliga nicht vermieden werden. Erfreulicher dagegen die sportlichen Ergebnisse unseres Nachwuchses, die B-und C-Jugend belegte jeweils dritte Plätze bei den Deutschen Meisterschaften in Hanau. Hart traf es die DSC-Volleyballerinnen, daß vier hoffnungsvolle Nachwuchsspielerinnen sich an Bundesligavereine im Westen anschlossen.

In dieser für die Abteilung Volleyball schweren Zeit konnten neue potentielle Sponsoren wie die Stadtsparkasse Dresden und Feldschlößchen Brauerei AG gewonnen werden, mit deren Hilfe die komplizierte Situation Schritt für Schritt überwunden werden konnte. Besonders günstig entwickelte sich der Nachwuchsbereich. 1993 wurde die A- und C-Jugend deutscher Meister. Als Auszeichnung für die beste Nachwuchsarbeit im Deutschen Volleyball wurde dem DSC das „Grüne Band" verliehen.

Dieser Erfolg und die Verleihung des grünen Bandes waren ein wesentlicher Meilenstein zur Verwirklichung der Zielstellung Aufstieg in die 1. Bundesliga. Nach zwei Jahren und den Erfahrungen in der Regionalliga wurde mit tatkräftiger Unterstützung der Sponsoren im Spieljahr 93/94 der Aufstieg in die 2. Bundesliga geschafft. Parallel dazu erkämpfte sich die zweite Mannschaft, die vorrangig aus Jugendlichen bestand, den Aufstieg in die Regionalliga. Bei den Spielen um die deutsche Meisterschaft belegten die A- und B-Jugendmannschaften jeweils den zweiten Platz und gaben berechtigte Hoffnungen für einen weiteren Aufwärtstrend. Diese Ergebnisse im Nachwuchsbereich zeichneten die gute Zusammenarbeit mit den Trainern Wolfgang Tronick, Hans Joachim Haseloff, Erika Leonhardt und Klaus Kaiser aus. Hinzu kamen für die E- und D-Jugend weitere neue Übungsleiter.

(v.li): Katja Wühler, Dana Reinhard, Silvia Blochwitz, Peggy Küttner, Viviane Leder und Karla Woberschil

Mit dem 6. Platz in der 2. Bundesliga in der Saison 1994/95 und dem 3. Platz in der Regionalliga durch die zweite Mannschaft legte der DSC den Grundstein dafür, daß das Interesse für das Volleyball in Dresden zunahm. Durch die gute Leistungen wurde der Zuspruch aus Dresden und Umgebung immer besser. So stieg die Mitgliederzahl zwischenzeitlich auf 190 an. Getragen von den steigenden Zuschauerzahlen bei unseren Heimspielen in der 2. Bundesliga den guten sportlichen Leistungen wurde das Fernziel 1. Bundesliga immer konkreter. Mit der Wahl von Henning A. Thiemann als Abteilungsleiter der Volleyballabteilung ging es ab Oktober 1994 mit dem Volleyball beim DSC weiter bergauf. Hinzu kam, daß die Werbeagentur Sachsen Public mit ihrer Erfahrung die Marketingseite erfolgreich abdeckte.

Mit dem 4. Platz in der 2. Bundesliga im Spieljahr 1995/96 sollte der Unterbau gelegt werden für das Fernziel Aufstieg in die 1. Bundesliga im Volleyball der Damen. In der Regionalliga holte sich die zweite Mannschaft den Titel des Regionalmeisters. Im Nachwuchsbereich spielte sich die A-Jugend auf Platz drei bei den deutschen Meisterschaften.

Mit dem 3. Platz bei den deutschen Meisterschaften der A-Jugend in der Saison 1996/97 wurde der Aufwärtstrend der Nachwuchsabteilung des DSC eindrucksvoll dokumentiert. Die zweite Mannschaft wurde Vizemeister in der Regionalliga, und die erste Damenmannschaft des DSC wurde zum dritten Male Landes- und Regionalpokalsieger.

Volleyball

Nach der ersten Halbserie der 2. Bundesliga-Serie 1996/97 rückte der Aufstieg in greifbare Nähe, zumal die sportlichen Leistungen den Trend stabilisierten. Parallel zum sportlichen Erfolg mußte auch die finanzielle Basis dafür geschaffen werden, damit die Rahmenbedingungen für die Spiele in der 1. Bundesliga zu verwirklichen waren. Hier gelang es Henning A. Thiemann sowie den beteiligten Sponsoren, die finanziellen Grundvoraussetzung für den sportlichen Aufstieg zu realisieren.

Obwohl es in der Rückrunde der Saison 1996/97 nach einer unnötigen und überflüssigen 0:3 Niederlage in Holz mit dem Aufstieg noch einmal eng wurde, zeigte sich die Mannschaft beim stärksten Konkurrenten Sinsheim wie ausgewechselt. In Baden zeigte sich dann das Team als eine Einheit und siegte in der Höhle des Löwen mit 3:2. Bis zum vorletzten Spieltag baute die Kaiser-Truppe den Vorsprung sogar auf vier Punkte aus.

Das letzte Heimspiel in der Saison 1996/97 gegen den Sportclub Leipzig sollte gleichzeitig der Höhepunkt in der knapp siebenjährigen Vereinsgeschichte der Abteilung Volleyball im DSC werden. Mit einem 3:1-Sieg gegen die Messestädter wurde vor über tausend Fans der Aufstieg in die 1. Bundesliga gefeiert. Für alle, die für diesen Erfolg jahrelang geschuftet hatten, ging ein Traum in Erfüllung. Bei Freibier und glückseliger Stimmung wurde dieser Tag ein absoluter Höhepunkt für alle Mitglieder der Volleyballabteilung des DSC.

Nun galt es, in der Saison 1997/98 den Klassenerhalt für die erste Bundesliga zu sichern um den Zuschauern in Dresden weiter Spitzen-Volleyball zu bieten. Mit in der 1. Bundesliga spielenden Mannschaften ist ja Dresden nicht so gesegnet. Die Mannschaft tat sich schwer denn auf den 3:1-Auftakterfolg gegen den TV Fischbeck in Dresden, folgte eine Woche später beim CJD Berlin eine 1:3 Niederlage. Auch in den Folgewochen konnte kein Sieg eingefahren werden. Gegen den SC Schwerin, TSV Bayer 04 Leverkusen und USC Münster wurde jeweils mit 0:3 verloren. Auch das Heimspiel gegen den Tabellennachbarn Dingolfing wurde mit 2:3 vergeigt. Die Situation wurde immer bedrohlicher. Trotz der überdurchschnittlichen physischen Belastung, die von der Mannschaft in den folgenden Wochen verkraftet werden mußte, wurde weiter hart gearbeitet, insbesonders da jetzt alle Spielerinnen wieder gesundheitlich fit waren. Unerwartet gelang den Volleyballerinnen des DSC beim hoch favorisierten VEW Telnet Schwerin mit 3:2 der erste Auswärtssieg. Mit dem 3:2 Erfolg gegen den TV Creglingen wurde der zweite Heimsieg perfekt gemacht. Zum Abschluß der ersten Halbserie mußte man im letzten Spiel gegen die DJK Frankenbrunnen Karbach eine 0:3 Niederlage hinnehmen.

Die Rückrunde begann besonders schlecht. Gegen Fischbeck, den Tabellenletzten wurde 0:3 verloren und eine Woche später gegen CJD Berlin trotz hervorragender kämpferischer Leistung mit 1:3. Im Heimspiel gegen VEW Telnet Schwerin konnte das Team an die guten Leistungen der Vorwoche anknüpfen und siegte mit 3:1. Mit dem 3:0 über den TSV Bayer 04 Leverkusen holten die DSC-Volleyballerinnen am Rhein wichtige Punkte zum Klassenerhalt. Zwar zeigte der USC Münster mit einem 3:0 Erfolg in Dresden dem Team deutlich seine Grenzen, trotzdem fuhr man mit gutem Gefühl zum Schlüsselspiel der Saison nach Dingolfing. Trotz einer mehrmaligen Punkteführung (in einem Satz führte der DSC mit 14:5) konnte das Spiel nicht gewonnen werden. Das Ergebnis lautete 3:1 für Dingolfing.

Jetzt brannte in Dresden die Luft

Nach den Ergebnissen war klar, der DSC mußte aus den letzten drei Spielen einen Sieg erreichen um nicht abzusteigen. Es zählte jetzt jeder Satz! Und die Hypothek des Siegenmüssens zeigte Spuren. In Dresden gab es gegen Schwerte eine herbe 0:3 Niederlage und in Creglingen wurde mit 1:3 verloren. Die Entscheidung über Abstieg oder Relegation wurde auf den letzten Spieltag vertagt. Dingolfing oder der Dresdner Sport-Club wer wird als Absteiger in die 2. Bundesliga gehen?

Die Tabellenkonstellation sah Dingolfing mit dem besseren Satzstand vor Dresden. Der DSC mußte im letzten Spiel mindestens einen Satz mehr gewinnen als Dingolfing. Ein Krimiregisseur hätte es nicht besser machen können. Per Handy wurden die Ergebnisse aus Schwerin (Schwerin-Dingolfing) nach Dresden übermittelt. Der DSC spielte gegen den TV Karbach. Nach zwei Sätzen stand es in Schwerin 2:0 und in Dresden führte der TV Karbach mit 2:0. Endlich konnte der DSC im dritten Durchgang den hart umkämpften Satz (1:2) für sich entscheiden, aber auch Dingolfing gewann den dritten Satz. Die Fronten im Abstiegs-Fernduell waren nun wieder offen. Im vierten und entscheidenden Satz nutzen die Dresdner Spielerinnen die besseren Chancen und gewannen den Satz. Als dann das Endergebnis aus Schwerin mit 3:1 gemeldet wurde, war der Jubel in der Sporthalle Gamigstraße in Dresden unbeschreiblich! Der DSC stand jetzt wieder mit einem Bein in der 1. Bundesliga, obwohl noch die Relegationsspiele gegen Ulm und Emlichheim bevorstanden.

Nur eine Woche Regeneration wurde den Spielerinnen gegönnt dann ging es in Emlichheim im entscheidenden Turnier um Alles oder Nichts! Im ersten Spiel zeigten sich die DSC-Spielerinnen nervenstark und siegten glatt mit 3:0, einen Tag später wurde auch Emlichheim mit 3:1 besiegt. Damit war der Klassenerhalt gesichert. Zusammen mit den Spielerinnen von Emlichheim feierten die Dresdner den Verbleib in der 1. Bundesliga. Die Volleyball-Spielerinnen des DSC hoffen in der Spielzeit 1998/99 auf eine bessere Plazierung und sehen die Teilnahme an den Play-off Spielen als Saisonziel.

Wie sehr die 1. Bundesligavertretung auch auf die qualitative Entwicklung der anderen Trainingsgruppen der Abteilung Volleyball ausstrahlt zeigten die Ergebnisse im abgelaufenen Spieljahr 1997/98. So belegte die 2. Damenmannschaft in der Regionalliga einen dritten Platz und das Bundesleistungszentrum den 7. Platz. Die Männer des DSC wurden Vizemeister in der Landesklasse und die C-Jugend spielte sich in der Landesklasse der Erwachsenen einen guten 3. Platz. Besonders erfreulich: Alle Jugendmannschaften- von A bis D qualifizierten sich für die Deutschen Meisterschaften.

Die Leistung der Volleyballerinnen des DSC hat auch dazu beigetragen, daß der in Dresden lang gehegte Wunsch nach einer neuen attrak-

oben: Peggy Küttner, Kerstin Tzscherlich, Melanie Schulz und Ester Volicerova bedanken sich beim Publikum
re. oben: Yvonne Zymara in Aktion
re. unten: Kerstin Tzscherlich und Yvonne Zymara mit Freudentränen

tiven Sporthalle im Sommer 1998 in Erfüllung ging. Mit einem Fassungsvermögen von 3.000 Zuschauern wird die Halle auf der Bodenbacher Straße ein wichtiger Grundstein dafür sein, daß auch über das hundertjährigen Jubiläum des DSC hinaus in Dresden Erstliga-Volleyball gezeigt werden kann.

Klaus Kaiser hofft, daß neben den spielerischen Steigerungen, die durch den Motivationsschub erzielt werden, ein sportlicher Auftrieb stattfindet, denn auch die Zuschauer - gerade in der neuen Halle an der Bodenbacherstraße - sollen weiterhin attraktives Volleyball in der 1. Bundesliga geboten bekommen. An den steigenden Zuschauerzahlen zeigt sich seit Jahren, daß sich Volleyball in naher Zukunft, neben dem Fußball, in Dresden als eine publikumswirksame Sportart immer mehr etabliert.

Jubel bei Melanie Schulz, Viviane Leder, Peggy Küttner und Yvonne Zymara

Der Club im Wandel der Zeit

100 Jahre DSC

Wasserspringen

Springer-As Hempel
Vom ewigen Vierten zum Weltstar

Abteilungsleiter Wasserspringen: Günther Rettich

Das Wasserspringen hat in Dresden seit über 40 Jahren eine große Tradition. Mit der Gründung der Sektion Schwimmen des SC Einheit Dresden am 1. März 1955, die aus einem Mix der Sportarten Sportschwimmen, Wasserspringen, Wasserball und Kunstschwimmen bestand, wurde das Wasserspringen zu einem der Aushängeschilder des Dresdner Clubs.

Joachim Ulrich eröffnete den Wettkampfreigen am 1. Juni 1956 mit seinem Sieg im Turmspringen beim internationalen Schwimmfest in Hamburg. Bei den 1957 in Altenburg stattfindenden DDR-Meisterschaften verteidigt Joachim Ullrich seinen Meistertitel im Turmspringen aus dem Vorjahr in Erfurt erfolgreich. Ingrid Krämer belegt bei diesen Titelkämpfen den 3. Platz im Kunstspringen. Diese Meisterschaften waren für Ingrid Krämer der Beginn einer großen Karriere. Bei den XVII. Olympischen Spielen in Rom gewann Ingrid Krämer im Kunst- und Turmspringen zwei Goldmedaillen. 1964 in Tokio bei den VXIII. Olympischen Spielen wiederholte sie mit ihrem Olympiasieg im Kunstspringen den Erfolg, während sie im Turmspringen eine Silbermedaille errang.

Diese Erfolge machten die Dresdnerin zu einer der erfolgreichsten DDR-Athletinnen, ausgezeichnet mit zahlreichen Ehrungen durch die DDR-Sportführung trat sie 1965 vom Wettkampfsport zurück. Große Namen und hervorragende Ergebnisse sind der Ausdruck einer langen Wasserspringer-Tradition des SC Einheit Dresden. Unvergessen die Europameister Lothar Matthes im Turmspringen 1970 oder der 2. Platz von Beate Rothe im Kunstspringen bei den Europameisterschaften 1977 im schwedischen Joenköpping. Nach der Wende 1990 ist die Abteilung Wasserspringen des Dresdner Sport-Clubs eines von sechs Bundesleistungszentren in Deutschland auf dem Gebiet des Wasserspringens. Jan Hempel der Silbermedaillengewinner von Atlanta und sechsfache Junioren-Europameister hat seit 1986 schon an mehr als 25 internationalen Meisterschaften und Pokalwettkämpfen erfolgreich teilgenommen.

Bereits dreimal war der derzeitige Bundeswehrsoldat bei Olympischen Spielen dabei. In Seoul noch auf dem 7. Platz und in Barcelona als Fünfter im Endklassement, krönte er bei den Olympischen Spielen in Atlanta 1996 seine Laufbahn mit der olympischen Silbermedaille sowie einem 3. Platz bei den Schwimm-Weltmeisterschaften 1998 im australischen Perth.

Zweifelsohne ist der 26jährige Wasserspringer Jan Hempel das Aushängeschild des Dresdner Sport-Clubs und seiner Abteilung Wasserspringen. Der Wasserspringer, der seit Jahren zur Weltklasse zählt gehört ohne Zweifel bereits jetzt zu den ganz Großen des Wasserspringens. Selbst in der Swimming Hall of Fame in Florida ist er verewigt. Seite an Seite mit der australischen Schwimmlegende Dawn Fraser und dem Schwimmstar Erich Rademacher prangen die Namen des Athleten aus Dresden an dieser historischen Tafel dem Betrachter entgegen. Mit seinen zahlreichen Europapokalsiegen und Pokalteilnahmen vom Turm und Dreimeter-Brett hat sich der Dresdner einen weltbekannten Namen gemacht.

Eigentlich wollte er Fußballer werden, aber seine Eltern haben es ihm damals nicht erlaubt. Statt dessen hat er sich mit der Disziplin Wasserspringen mittlerweile angefreundet, und das tägliche Training verkraftet er trotz enormen

Zeitaufwands locker. Für ihn war die Teilnahme und der Wettkampf im Wasserspringen bei den Olympischen Spielen 1996 in Atlanta, wo er sich mit einem siebten Platz vom Dreimeter-Brett eine gelungene Generalprobe für die Entscheidung vom 10 Meter Turm verschaffte, eine „Nervenschlacht".

Hier wollte er endlich eine Olympische Medaille erkämpfen. Nach Platz fünf in Seoul bei den beiden Olympischen Spielen und dem vierten Rang 1992 bei Olympia in Barcelona war Edelmetall diesmal überfällig, denn wiederholt hatte Jan Hempel in der Vergangenheit bewiesen, daß er nicht nur ganz vorn mitspringen, sondern die komplette Weltelite durchaus bezwingen kann. Im Georgia Tech Aquatic Center in Atlanta sollte sein sehnlichster Wunsch endlich in Erfüllung gehen. Nachdem der damals 24jährige im Vorkampf noch mit einigen kleinen Fehlern aufwartete, lief es im Kampf mit den Besten glänzend. Als Punktbester absolvierte der Sportsoldat der Bundeswehr die vier Pflichtsprünge. Doch dann war es wieder da, das Trauma vom Platz Vier. Nach vier Sprüngen stand Jan Hempel auf diesem für ihn berühmt-berüchtigten medaillenlosen Platz. Er mußte nun zwei Supersprünge hinlegen, um sich endlich Edelmetall zu sichern.

Und dieses Mal behielt er beim Absprung die Nerven. Ein glänzender dreieinhalbfacher Auerbach mit perfekter Eintauchung brachte ihm die Tageshöchstnote unter den Teilnehmern. Die Konkurrenz war geschockt! Dann packte er noch einen drauf, bot den schwierigsten Sprung der Konkurrenz, den eineinhalbfachen Salto mit viereinhalb Schrauben. Als auf der Anzeigentafel 92,88 Punkte aufleuchtete, wußte er - er hatte Silber gewonnen hinter dem französischen Goldmedaillengewinner Dimitri Sautin. Sein Mut zum Risiko und absoluter Leistungskonzentration wurde damit diesmal belohnt. Ein vor Freude aufschreiender Trainer Werner Langer am Beckenrand, Tränen in den Augen von Jan Hempel - Olympia' 96, das waren die Spiele für den Dresdner und seine langjährigen Freunde und Förderer.

Der Traum von Olympia

Die Wasserspringer des DSC haben Sydney 2000 im Visier

Eine solche Sportkarriere und die Teilnahme am Olympischen Spielen, ist wohl der größte Traum eines Leistungssportlers. Doch dazu bedarf es einer Menge Mut, Beharrlichkeit, Kampfgeist und sehr viel Disziplin. Eigenschaften, die Turmspringerin Anett Gamm bei den Europameisterschaften der Jugend eindrucksvoll unter Beweis stellte. Die angehende Arzthelferin gewann in den Jahren '92 und '94 zweimal Gold und setzte damit die große Damentradition der Wasserspringer, angefangen von Ingrid Krämer und Sylvia Fiedler weiter fort.

Daran möchte auch die junge Dresdnerin anknüpfen. Einen Teil dieses Erfolges verdankt sie natürlich ihrem Trainer dem Bundesstützpunktleiter Werner Langer. Komplizierte Sprünge wie Schrauben oder den Auerbach-Salto trainiert sie als Trockenübung zunächst auf dem Trampolin. Erst dann wird vom hohen 10-m-Turm gesprungen, was verständlicherweise ein gewisses Maß an Mut und Überwindung kostet. Um weiterhin optimale Leistungen zu bringen wünscht sich die sympathische und ehrgeizige Sportlerin mehr Zeit für ein intensives Training, da ihr Job sie öfters den ganzen Tag ausfüllt. Daß dabei die Freizeit verständlicherweise zu kurz kommt, stört sie wenig. Eher legt auf sie Wert auf die Vorteile, die ihr der Sport des Wasserspringens bietet, so zum Beispiel das wettkampfbedingte Reisen. Die 21jährige hat sich auch für die Zukunft viel vorgenommen. Ihr großes Ziel ist es, im Jahr 2000 in Sydney eine Olympische Medaille für sich und den Dresdner Sport-Club zu erringen.

Abb. S. 206: In Topform: Jan Hempel
Abb. S. 207: Die Synchronflieger Jan Hempel und Michael Kühne (vorn)
Abb. S. 208: Jan Hempel und Michael Kühne

100 Jahre DSC

Vor der "Yenize" - Richard Hofmann beim Kopfballtraining

Zum zweiten Male als Internationaler kämpfte Richard Hofmann im 62. Länderspiel des DFB am 23. Oktober 1927 in Altona gegen Norwegen. Die Skandinavier lagen zur Halbzeit mit 0:2 in Führung. Nach der Pause klappte es jedoch großartig in den Reihen der Deutschen. Richard Hofmann spielt glänzend als Halblinker und bereitete seinen Kameraden uneigennützig, die besten Schußgelegenheiten vor. Hochgefang, Böttinger und Kalb erzielten ein halbes Dutzend Treffer. Endergebnis 6:2 für Deutschland. Das 63. DFB-Länderspiel kam in Köln zur Durchführung am 20.11. 1927. Holland war der Gegner. Bis kurz vor Schluß stand es 2:1 für Deutschland. Da verschenkte Stuhlfauth den Sieg dadurch, daß er zu weit vor dem Tore stehend, einen hohen 40-m-Fernschuß über sich hinweg passieren ließ. Richard Hofmann erhielt wieder glänzende Kritiken.

Sein erstes Länderspieltor schoß Hofmann am 5. April 1928 in Bern gegen die Schweiz. Der Kampf wurde mit 3:2 gewonnen und war das 64. Spiel der Auswahl des Deutschen Fußball-Bundes. Berthold vom Dresdner-Sport-Club nahm ebenfalls als Außenläufer daran teil. In seinem fünften Länderspiel, dem 65. des DFB. am 28. Mai 1928 in Amsterdam gegen die Schweiz im Rahmen der Olympischen Spiele, machte Richard Hofmann sportliche Weltsensation. Deutschland gewann 4:0. Der Dresdner schoß allein drei Tore, Böttinger eins. Damit brachte es Hofmann nunmehr auf vier Länderspieltreffer. Alle Zeitungen schrieben in den überschwenglichsten Tönen über die Glanzleistungen des Sachsen. Ein schwarzer Tag in der Geschichte des Deutschen Fußball-Bundes und ein schwarzer Tag im Leben Richard Hofmanns war der 3. Juni 1928. Wiederum im Rahmen der Olympischen Spiele startete der Dresdner zum sechsten Male und der DFB. zum 66. Male. Als Gegner galt es, den Weltmeister Uruguay zu

Der Club im Wandel der Zeit

100 Jahre DSC

Richard Hofmann

Hommage an einen großen Dresdner Fußballer.

Abb. links: Richard Hofmann schießt ein. Im Hintergrund die Tribüne des Ostrageheges.
Abb. rechts: Ein ganz seltenes Dokument vom privaten „Richard" - in Hosenträgern bei einem Laubenpieperfest in Dresden. Diese Aufnahme gehört mit zu letzten vor seinem Ableben.
Unvergessen!

Weltmeister Uruguay zu bekämpfen. Leider entglitt das Spiel sehr schnell dem ägyptischen Schiedsrichter Vossouf Mohamed. Er bestrafte fortgesetzt die fairen seitlichen Rempler der Deutschen und übersah restlos die harte Gangart der Südamerikaner. In der 38. Minute stellte er den Deutschen Mittelläufer Kalb heraus. Danach verloren einige Deutsche Nationalspieler zum Teil auch die Nerven. Das Spiel artete aus. Zwei Minuten vor Schluß verweist der Schiedsrichter den Südamerikaner Nasazzi und auch Richard Hofmann des Feldes. Deutschland verlor 1:4. Den Ehrentreffer erzielte der Dresdner. Es war sein fünftes Länderspieltor. Im Anschluß an die Vorgänge während des Spieles gegen Uruguay wurden Kalb vom 1. FC Nürnberg und Richard Hofmann vom Dresdner Sport-Club durch den DFB auf längere Zeit von Länderspielen suspendiert. Kalb hat übrigens nie wieder ein Länderspiel ausgetragen. Erst im 72. Länderspiele des DFB kam Richard Hofmann zu seinem 7. internationalen Start und zwar am 1. Juni 1929 in Berlin gegen Schottland. Man erwartete eine hohe Niederlage der Deutschen, die sich jedoch glänzend schlugen. Der schwedische Schiedsrichter gab ein wunderbares Tor von Richard Hofmann wegen Abseits des völlig unbeteiligten Sobed nicht. Endresultat 1:1. In Toren ausgedrückt, erreichte Richard Hofmann den Zenit seiner Laufbahn am 23. Juni 1929 in Köln gegen Schweden. Er schoß nicht weniger als sechs Tore, von denen leider der Wiener Schiedsrichter Braun drei nicht anerkannte. An diesem Tage hätte das 50.000 Köpfe starke rheinische Publikum den schutzgewaltigen Sachsen am liebsten vor Begeisterung in Stücke zerrissen. Der Dresdner brachte es also bis hierher auf acht Länderspiele und acht Länderspieltore. Das neunte Länderspieltor in seinem neunten Länderspiele erzielte Hofmann am 20. Oktober 1929 in Altona gegen Finnland. In diesem 74. internationalen Treffen des DFB starteten auch noch Sackenheim (als Guts Mutser), der zwei Tore auf sein Konto brachte, und Flick (als Duisburger). Beinah niemals zuvor und auch nicht hinterher wurde so viel über Richard Hofmann geschrieben als zur Zeit des 75. DFB-Länderspieles, an dem der durch einen Autounfall schwer verletzte Dresdner gar nicht teilnehmen konnte. Italien gewann 2:0 am 2. März 1931 in Frankfurt/Main. Die Presse brachte einmütig zum Ausdruck, daß mit Richard Hofmann sicherlich ein besseres Ergebnis erzielt worden wäre. In erstaunlich kurzer Zeit wiederhergestellt, absolvierte Hofmann sein zehntes Länderspiel bereits am 4. Mai 1930 in Zürich gegen die Schweiz. Es war der 76. internationale DFB-Kampf. Sackenheim (Guts Muts) spielte halbrechts. Hofmann schoß zwei Tore und brachte es damit auf nunmehr elf Länderspieltreffer. Übrigens startete am gleichen Tage der Dresdner Sport-Club ohne Richard Hofmann im Endspiel um die Mitteldeutsche-Meisterschaft in Leipzig gegen den dortigen VfB. und gewann noch immer 2:1. Es folgt nun wieder ein besonderer Höhepunkt in der Karriere des Rekordinternationalen. Richard Hofmanns elfter internationaler Start und des DFB 77. Länderspiel fand am 10. Mai 1930 in Berlin gegen England statt und endete mit 3:3. Die deutschen Tore schoß sämtlich Richard Hofmann. Die englischen Spieler, sie sind bekanntlich sehr abergläubig, bestürmten Hofmann nach dem Spiel, ihnen seine gesamte Ausrüstung zu verkaufen. Vor allen Dingen auf die Fußballschuhe hatte man es abgesehen. Man bot erhebliche Beträge, aber Hofmann behielt alles selbst. Als der Dresdner voriges Jahr Arsenal London beim Training besuchte (aus Anlaß des Länderspieles Österreich - England), begrüßten ihn sofort freudestrahlend James und Coleman.

ELEKTRO · SANITÄR · HEIZUNG · LÜFTUNG · DACH

MARTH
GmbH & Co.KG

◀ Wir lieferten und installierten die Datennetzanlage für die Hochschule für Technik und Wirtschaft am Friedrich-List-Platz.

▶ Diese Stadtvilla in der Glasewaldstr. 16, erbaut um 1920 in Dresden, wurde von unserem Unternehmen vollständig saniert.

An der Niedermühle 4 · 01257 Dresden · Telefon 03 51 · 2 80 73 39 / Telefax 03 51 · 2 80 73 18

TIEFBAU · HOCHBAU · TROCKENBAU · MALER

• Gasthof Goppeln •
...und Dresden liegt Ihnen zu Füßen

Auch heute noch geht in der ehemaligen Poststation die Post ab. Festlichkeiten, Tagungen, Geschäftsmeetings, Seminare... das Haus bietet für jeden Anlaß das passende Ambiente.

Sächsische und internationale Küche verwöhnen Ihren Gaumen. Selbst Tagungspausen werden in der freundlichen Umgebung mit der berühmten „Babisnauer Pappel" zum Erlebnis. Wir freuen uns auf Ihren Besuch.

Gasthof Goppeln
Hauptstraße 2 · 01728 Goppeln (Endhaltestelle Buslinie 75)
Telefon 03 51 · 2 81 61 59 / Fax 03 51 · 2 81 61 50

Der Club im Wandel der Zeit

100 Jahre DSC

Der Dresdner Sport-Club
1946 bis 1950 - Neubeginn in Schutt und Asche

Neubeginn

1. Ostzonenmeister 1948/49

1949/50 Vizemeister - aber Auflösung der SG Friedrichstadt nach dem Skandalspiel gegen Horch Zwickau im Sommer 1950

Die Nachkriegsjahre im total zerstörten Dresden gestalteten sich für die Bevölkerung des ehemaligen Elbflorenz äußerst schwierig. Zu groß waren die Zerstörungen, die der Masterbomber Maurice A. Smith am 13. Februar 1945 mit seinen Richtungsmarkierern um 22.03 Uhr einleitete. Wenig später, nur knapp hundert Meter von der DSC Spielstätte am Ostragehege entfernt, fallen die Brandbomben im hunderter Takt und verwandeln die Stadt in ein flammendes Inferno. Das Chaos, das Leid und die teilweise enormen Zerstörungen ließen die Menschen nicht daran glauben, daß die Stadt jemals wieder aus der Asche entstehen könne. Die daraus resultierende Armut und Not, das Elend und die Trauer um die vielen Opfer sowie der Kampf gegen den Hunger, ließen auch in der Hauptstadt Sachsens den Sport unmittelbar nach Kriegsende erst einmal in den Hintergrund treten.

Dresden nach dem 13. und 14 Februar 1945, Blick in Richtung Kunstakademie und Albertinum

Aus den Anfängen zu einer Normalisierung des Sportbetriebs 1946

Es waren die ehemaligen prominenten Spieler, die den zweiten Weltkrieg ohne Schaden überlebt hatten und von der Physis als auch altersmäßig in der Lage waren, dem Fußball in Dresden ab 1946 neue Impulse zu geben. So spielte Richard Hofmann mit dem ehemaligen DSC-Spieler Herbert Pohl bei der SG Hainsberg. Negativ wirkte sich bei diesen ersten Anläufen in der sowjetischen Besatzungszone die Doktrin der Machthaber aus, sie waren nicht gewillt, dem Sporttreiben freien Lauf zu lassen. Eine sicher nicht ganz unverständliche Haltung, wenn man das Leid bedenkt, das Hitlerdeutschland den anderen Völkern, insbesondere den osteuropäischen, zugefügt hatte. In den Westzonen ging es diesbezüglich viel leichter zu, was der Entwicklung des Fußballsports sehr zugute kam. So gab es in den Zentren des deutschen Fußballs bereits 1946 wieder einen regulären Spielbetrieb. Dies war vor allem in Süddeutschland, Westdeutschland sowie den Großstädten wie Berlin und Hamburg der Fall. Am weitesten war die Entwicklung im Süden Deutschlands wo in der Oberliga Süd überregional 16 spielstarke und traditionsreiche Vereine eine erste Meisterschaft ausspielten.

Die Entwicklung in der sowjetischen Besatzungszone ist geprägt von Mißtrauen und Macht

Anders dagegen vollzog sich die Entwicklung in der sowjetischen Besatzungszone. Die russischen Machthaber und Besatzungsmacht zeigte sich desinteressiert, den Sport auf der früheren Basis zu unterstützen und zu fördern. Die

100 Jahre DSC

Blick vom Rathausturm auf die völlig zerstörte Innenstadt

Neubeginn

alten bürgerlichen Vereine (so der Wortlaut) wie der VfB Leipzig, Polizei SV Chemnitz oder der Dresdner Sport-Club sollten zerschlagen und aufgelöst werden. Unbeeindruckt von der Politik der sowjetischen Machthaber und den Hindernissen, die in der damaligen Zeit herrschten, rollte der Fußball zumindest auf Staffelebene in den Städten der Ostzone.

Trotzdem dauerte es noch zwei Jahre, bis über die Grenzen Dresdens das „runde" Leder wieder rollt. Der Punktspielauftakt vollzieht sich im Raum Dresden zur Saison 1946/47. Im Bezirk Dresden spielen 30(!) Mannschaften in drei Staffeln zu je 10 Mannschaften die Meisterschaft aus. Hans Kreische, der 1945 aus der Gefangenschaft zurückkehrt, schließt sich zunächst der SG Lockwitz an, ehe er in der Saison 1946/47 bei der SG Striesen dem runden Leder nachjagt. Die Staffelsieger ermittelten im direkten Vergleich den Meister.

Neubeginn

Saison 1946/47

Kreis Dresden · Staffel I
1. SG Dresden Mickten
2. SC Dresden Striesen
3. SG Riesa
4. SG Meißen
5. Dresden Cotta
6. VfB Dresden 03
7. Dresden Laubegast
8. Ballspiel Club Sportlust Dresden
9. Dresden Löbtau
10. Dresden Johannstadt

Wegen Punktgleichheit Entscheidungsspiel zwischen der SG Mickten und SG Strießen das 2:1 für die Micktener endet.
Staffelsieger: SG Mickten

Kreis Dresden · Staffel II
1. SG Friedrichstadt Dresden
2. SG Radeberg
3. SG Radebeul
4. SG Hainsberg
5. Dresden Neustadt
6. Vikt. Kaditz
7. VfB Seidnitz
8. Leuben
9. Dippoldiswalde
10. SG Weixdorf

Staffelsieger: SG Friedrichstadt

Kreis Dresden · Staffel III
1. SG Heidenau
2. Dresden Gittersee
3. Sportverein 06 Dresden
4. SG Ottendorf
5. Sachsen 1900 Dresden
6. Bannewitz
7. Loschwitz
8. Zschachwitz
9. Cossebaude
10. Niedersedlitz

Staffelsieger: SG Heidenau

Die Staffelsieger bestritten die Endrundenspiele: Dabei besiegte die SG Friedrichstadt die SG Mickten mit 2:0 und schlug die SG Hainsberg mit 1:0.
Somit wurde der Nachfolgeverein des Dresdner Sport-Club, die SG Friedrichstadt ungeschlagen 1. Dresdner-Stadtmeister 1947!

Saison 1947/48

Die Situation in der sowjetischen Besatzungszone hatte sich im Sport noch nicht reorganisiert. Während im Westen erstmals wieder eine deutsche Meisterschaft ausgespielt wurde, geht man im Osten den Weg der kleinen Schritte zur Normalisierung des Sportbetriebes. Der FDJ gelingt es im Frühjahr 1948, die von der sowjetischen Besatzungsmacht auferlegte Kreisgebundenheit der Sportler zu lockern. Trotzdem wird in einigen Ländern noch immer keine Meisterschaft ausgespielt.

Hier der damals aktuelle Stand:
Sachsen Anhalt: keine Meisterschaft
Thüringen: keine Meisterschaft
Sachsen: keine Meisterschaft
Mecklenburg: Meisterschaftsspiele
Brandenburg: Meisterschaftsspiele

In der Saison 1947/48 wird mit einer Stadtliga Dresden mit den besten neun Mannschaften aus dem Dresdner Raum der Fußball langsam wieder an die Normalität des Alltags herangeführt. Auf „höherer" Ebene findet am 12./13. Dezember in Stuttgart ein Treffen der Verbandsfunktionäre aus dem „Bizonalen Fußballausschuß" statt. Es war bereits das 2. Treffen, bereits sieben Monate vorher in Essen hatten der „Fachausschuß Fußball" die Interessen des damals noch verbotenen DFB mit der Unterstützung der amerikanischen und britischen Besatzungsmächte in vielen Punkten erreicht, während die Vertreter der französischen Zone und der Beauftragte des Aliiertenrates von Berlin wenigstens zuhörten, unterband die sowjetische Zone solche Normalisierungsbestrebungen. Auch in Stuttgart war kein Vertreter der sowjetischen Zone bei diesem wichtigen Termin für den Fußball in Ostdeutschland vertreten! Hier wurden die Weichen für den Fußball in Westdeutschland und Ostdeutschland entscheidend gestellt. Während in Westdeutschland die drei deutschen Westzonen die Direktive des Alliierten Kontrolrates über die Auflösung (Liquidierung) aller faschistischen Einrichtungen und Organisationen, die zunächst auch das Verbot aller bestehenden deutschen Sportvereine einschloß, korrigierten, geschah in der sowjetisch besetzten Zone diesbezüglich nichts. Im Gegenteil. Man sah von sowjetischer Seite keinen Handlungsbedarf, zumal die Kollektiv-Doktrin bei den Stadtkommandanten vorherrschte. Während also in Westdeutschland Klubs wie Schalke 04 oder der 1. FC Nürnberg ihren alten Namen bekamen, wurden in Ostdeutschland die Vereine mit Namen wie Turbine, Torpedo oder Einheit ihrer alten Traditionsnamen beraubt.

Ein folgenschwerer Fehler wie sich in den Jahren noch herausstellen sollte. Die Dresdner konnten sich mit Tabak Dresden, Sachsenverlag oder später Rotation Dresden einfach nicht anfreunden, während der Dresdner Sport-Club noch der letzte Verein war, der die „Viktoria", die Trophäe der Deutschen Fußball Meisterschaft errungen hatte, und dessen Name auch nach dem II. Weltkrieg in aller (Fußballer) Munde war. Nun mußten der DSC-Nachfolger SG Friedrichstadt sich mit Cotta, Striesen oder Mickten auseinander setzen. Wen wundert es, daß die Mannen um Helmut Schön teilweise nur des „Spielens" willen die Fußballschuhe anzogen, zu stark waren noch die Erinnerungen an die großen Spiele gegen Schalke 04 oder Hannover 96. So überraschte es nicht, daß sich Mickten vor der SG Friedrichstadt den Stadtmeistertitel 1948 sicherte. Hier die Abschlußtabelle:

Saison 1947/48
Stadtliga Dresden

1. SG Dresden Mickten	16	
2. SG Friedrichstadt Dresden	16	
3. Dresden Cotta	16	
4. SG Hainsberg	16	
5. SG Radebeul Ost	16	
6. Freital Ost	16	
7. SG Dresden Striesen	16	
8. VfB Gittersee	16	
9. SG Radeberg	16	

1947/48 wird in der sowjetischen Besatzungszone die 1. Ostzonen-Meisterschaft ausgetragen. Die beiden aus den Vorrundenspielen qualifizierten zwei Mannschaften der fünf Länder Mecklenburg, Brandenburg, Sachsen, Sachsen-Anhalt und Thüringen spielten den Meister im K.o.-System aus.

1947/48
Meister von Mecklenburg: SG Schwerin
1947/48
Vizemeister Mecklenburg: SG Wismar Süd
1947/48
Meister von Brandenburg: SG Babelsberg
1947/48
Vizemeister Brandenburg: SG Cottbus Ost
1947/48
Meister von Sachsen-Anhalt: Qualifikationsturnier
1947/48
Meister von Thüringen: Qualifikationsturnier
1947/48
Meister von Sachsen: Qualifikationsturnier

Da in Sachsen, Sachsen-Anhalt und Thüringen im Gegensatz zu den anderen Ländern noch keine Landesmeisterschaft ausgetragen wurde, trafen die Meister im K.o.-System aufeinander.

Sachsen-Anhalt: Qualifikationsturnier
SG Freiimfelde Halle - SG Köthen Süd 5:2
Sportsfreunde Burg - SG Bernburg 3:0
SG Freiimfelde Halle - Sportfreunde Burg ./.
Finale nicht ausgespielt!
(SG Freiimfelde Halle und Sportfreunde Burg für die 1. Ostzonenmeisterschaft qualifiziert).

Thüringen: Qualifikationsturnier
SG Erfurt West - Ernst Abbé Jena 2:1
SG Wurzbach - SG Sömmerda 1:2
SG Weimar Ost - SG Meiningen 2:1
SG Suhl - SG Altenburg Nord 2:0
Halbfinale
SG Sömmerda - SG Erfurt West 2:0
SG Weimar Ost - SG Suhl 4:2
Finale
SG Weimar Ost und SG Sömmerda ./.

Finale nicht ausgespielt! (SG Weimar Ost und SG Sömmerda für 1. Ostzonen-Meisterschaft qualifiziert).

Das Land Sachsen war in Fußballkreise und Bezirke eingeteilt. Ausgehend davon trafen die Mannschaften der sieben Fußballkreise Sachsens zur Ermittlung der beiden Teilnehmer Sachsens an der 1. Ostzonenmeisterschaft aufeinander:

Sachsen Qualifikationsturnier
Viertelfinale:
SG Chemnitz West - SG Dresden Mickten 3:1
SG Friedrichstadt Dresden - SG Zittau 4:3
SG Planitz - SG Wurzen 2:1
SG Meerane - SG Gohlis Nord Leipzig 1:0

Halbfinale
SG Meerane - SG Friedrichstadt 3:1
SG Chemnitz West - SG Planitz 0:3

Finale
SG Meerane - SG Planitz ./.
Das Finale fand nicht statt (SG Planitz und SG Meerane für 1. Ostzonenmeisterschaft qualifiziert)

Die Spiele zur 1. Ostzonen-Meisterschaft
Startberechtigt waren jeweils zwei Vertreter der Länder von Mecklenburg, Brandenburg, Sachsen-Anhalt, Thüringen und Sachsen. Der Meister und Vizemeister aus Mecklenburg und Brandenburg war sofort qualifiziert die übrigen drei Halbfinalisten aus Sachsen-Anhalt, Thüringen und Sachsen mußten noch eine Qualifikationsrunde zum Viertelfinale bestreiten.

Die Halbfinalisten von Sachsen:
SG Planitz und SG Meerane
Die Halbfinalisten von Thüringen:
SG Sömmerda und SG Weimar Ost
Die Halbfinalisten von Sachsen Anhalt:
SG Freiimfelde Halle und Sportfreunde Burg
Der Meister von Mecklenburg:
SG Schwerin und Vizemeister SG Wismar Süd
Der Meister von Brandenburg:
SG Babelsberg und Vizemeister SG Cottbus Ost

Qualifikationsrunde:
SG Sömmerda - Sportfreunde Burg 0:1
SG Meerane - SG Babelsberg 3:1

Viertelfinale
SG Meerane - Sportfreunde Burg 2:1
SG Schwerin - SG Planitz 1:3
SG Cottbus Ost - SG Weimar Ost 0:1
SG Freiimfelde Halle - SG Wismar Süd 3:1

Halbfinale
SG Meerane - SG Freiimfelde Halle 2:5
SG Planitz - SG Weimar Ost 5:0

Finale
SG Planitz - SG Freiimfelde Halle 1:0

Damit war die SG Planitz Deutscher Ostzonen-Meister 1948 und hatte die Berechtigung an den 1. Deutschen Meisterschaften teilzunehmen.
Die Spiele zur Deutschen Meisterschaft

Erstmals wurde nach dem Zweiten Weltkrieg wieder eine Deutsche Meisterschaft ausgespielt. Teilnahmeberechtigt waren der Meister der sowjetischen Zone, SG Planitz. Der Meister der amerikanischen Zone, 1. FC Nürnberg und der Meister Berlins mit dem Sonderstatus der Alliierten, SG Oberschöneweide, sowie die Meister der britischen und französischen Zone. Diese Teilnehmer wurden in einer Zonen-Meisterschaft ermittelt:

Zonen-Meisterschaft
Britische Zone
Hamborn 07 - Hamburger SV 0:1
FC St. Pauli - STV Horst Emscher 3:1
Sportfreunde Katernberg Essen -
TSV Braunschweig 1:2
Werder Bremen - Borussia Dortmund 2:3 n.V.
Zwischenrunde
Hamburger SV - TSV Braunschweig 3:2
FC St. Pauli - Borussia Dortmund 2:2 und 1:0
Endspiel
Hamburger SV - FC St. Pauli 6:1

Somit wurde drei Jahre nach dem Zusammenbruch des Dritten Reiches und Aufhören des sportlichen Wettstreits, erstmals 1948 wieder die Deutschen Meisterschaften durchgeführt. Der 1. FC Nürnberg hatte im Süden, der Hamburger SV im Norden, Borussia Dortmund im Westen, der 1. FC Kaiserslautern im Südwesten SG Union 06 Oberschöneweide in Berlin und die SG Planitz in der sowjetischen Zone den Meistertitel errungen. So erfolgte auf Vorschlag des 1. FC Nürnberg und mit Genehmigung aller vier Alliierten die erste Ausspielung einer deutschen Meisterschaft nach dem Zweiten Weltkrieg im K.o.-System unter Obhut des „Fachausschusses Fußball" - eines Vorläufer des DFB - die erste Deutsche Meisterschaft wieder statt.

Der Club im Wandel der Zeit

100 Jahre DSC

Neubeginn

Der Dresdner Sport-Club

1946 bis 1950 - Neubeginn in Schutt und Asche

Abb. unten: Das Gelände des Ostrageheges von den gröbsten Trümmern beräumt
Abb. rechts: Begegnung zwischen SG Friedrichstadt und Zwickau

Neubeginn

Ausgerechnet den Meister aus der Ostzone, die SG Planitz, sollte es am 18. Juli 1948 nach Nürnberg zum Schlagerspiel in der Vorrunde führen, doch obwohl sich die Planitzer mit dem Ex-DSC Spieler Schubert und Lenk von der SG Hainsdorf für das Match verstärkt, konnten die diplomatischen Bemühungen die Politik nicht erschüttern. Laut Besatzungsstatut bedurfte es in allen vier Zonen (amerikanischen, sowjetischen, britischen und französischen) der Zustimmung der jeweiligen Besatzungsmacht, damit der jeweilig sportlich ermittelte Zonenvertreter auch an der Deutschen Meisterschaft teilnehmen durfte.

Die sowjetische Seite gab die Zustimmung jedoch nicht, so daß die SG Planitz nicht nach Nürnberg reisen durfte. Teilnahmeberechtigt war jedoch der Sieger aus Berlin, die SG Union Oberschöneweide, die aufgrund des Sonderstatuses von Berlin mit Zustimmung des Kontrollrates an den Spielen teilnehmen durfte! Welche Tragik für den ostzonalen Fußballsport, hätten damals die treibenden Funktionäre beim Fachausschuß Fußball in Westdeutschland und dem aufkommendem Deutschen Fußballbund gesehen, welchen entscheidenden Punkt im sowjetischen Mosaik der territorialem Immunität der Sowjetzone hier vollzogen wurde, hätten sie dagegen gesteuert. Statt dessen ließen sie die damaligen Machthaber gewähren. Da die drei westlichen Besatzungszonen je zwei Vertreter für die Endrunden benennen konnten, traten 1860 München als Vizemeister der Oberliga Süd und Spielvereinigung TuS Neuendorf als zweiter Sieger der französischen Besatzungszone hinzu. Der FC St. Pauli qualifizierte sich durch seine Finalteilnahme als zweiter Vertreter der britischen Zone.

Damit kam es zu folgenden Spielen:
Vorrunde:
1. FC Nürnberg - SG Planitz ./. (Spiel fand nicht statt, Planitz erhielt keine Ausreise)*
1. FC Kaiserslautern - TSV 1860 München 5:1
Hamburger SV - TuS Neuendorf 1:2
St. Pauli - Union 06 Oberschöneweide 7:0
Zwischenrunde
1. FC Nürnberg - FC St. Pauli 3:2 n.V.
2. FC Kaiserslautern - TuS Neuendorf 5:1
Finale
1. FC Nürnberg - 1. FC Kaiserslautern 2:1
Damit wurde der 1. FC Nürnberg erster Deutscher Fußballmeister nach dem 2. Weltkrieg.

*Wenn man bedenkt, daß die SG Planitz in der Vorrunde auf den 1. FC Nürnberg rein spielerisch und taktisch getroffen wäre, hätte man auf Grund der Spielstärke der Zwickauer durchaus mit einer ausgeglichenen Paarung rechnen können. Um zu verstehen, was damals im Frühjahr 1948 passierte, hat der Autor in aufwendigen Recherchen den Wortlaut der Alliierten Bedingungen, die erstmals veröffentlicht werden, herausgefunden.

In der Verwaltung der Fußball Verbandsfunktionäre steuerten die leitenden Männer um Dr. Peco Bauwens zielbewußt auf die Wiedergründung des Deutschen Fußballbundes hin. Die Namensgebung „Deutscher Fußball-Ausschuß" (DFA) unter Duldung der Alliierten ließen das Ziel deutlich erkennen. Die Besatzungsmächte achteten aber mit Argusaugen darüber, daß der DFA sich bei der Ausdehnung seines Spielverkehrs nicht international „expandiere" und die Durchführung der Rundenspiele um die Deutsche Fußball-Meisterschaft, die nach fast vierteljährlichen Bemühungen und langwierigen Verhandlungen mit den drei westlichen Besatzungsbehörden endlich genehmigt wurden, „nicht den Zweck haben dürfe, eine interzonal gefestigte Organisation zu schaffen". So die westlichen Statements, von der sowjetischen Seite gab es dazu keine Stellungnahme. Major Kurekistan, zuständiger 1. Kommandant für die sowjetisch besetzte Zone und über die Vorgänge von Westseite informiert, sprach mit einem Kommandanten von Stalin, aber dieser sagte aus Unkenntnis später ab.

In den Bedingungen der Alliierten für die Genehmigung der Deutschen Fußball Meisterschaft 1948 hieß es unter anderem:
Vertrag
§ a.   In den Veröffentlichungen über diese Kämpfe muß klar ersichtlich sein, daß es sich hier um eine Serie von Ausscheidungskämpfen zur Ermittlung des Deutschen Fußballmeisters handelt und nicht um Kämpfe einer interzonalen Liga oder ähnlichen Organisationen.
§ b.   Die Teilnahme der Mannschaften aus anderen Zonen kann nur mit Genehmigung der zuständigen Militärregierung erfolgen.
§ c.   Genaue Einzelheiten über die beabsichtigten Spiele, d.h. Datum Art, Zeit und Mannschaften müssen der jeweiligen Alliierten-Dienststelle gemeldet und einer Abschrift an diese Stelle mitgeteilt werden.
§ d.   Da es sich nicht um eine interzonale

Neubeginn

Fußballorganisation oder ähnliche handelt, bestehen keine Bedenken.

§ e Um die Angelegenheit zu vereinfachen, ist es streng befürwortet, daß alle Personen, die für die Austragung eines solchen Spieles aufgestellt sind, mit dem örtlichen Sportoffizier, oder wenn ein solcher nicht in diesem Bezirk vorhanden ist, mit dem Kommandeur des Ortes mit einer Abschrift dieses Briefes mit Stempel als Ausweis, Verbindung aufnehmen.

Gezeichnet die Alliierten der westlichen Zone

Hier liegt wohl auch der Grund dafür, weshalb die SG Planitz am 18. Juli 1948 nicht aus der sowjetischen Zone ausreisen durfte, hier hatten die westlichen Verbandsfunktionäre die russische Seite wohl unterschätzt, ein nicht wieder gutzumachender Fehler, der über die sportliche Entwicklung aus dem Westen und Osten Deutschland unterschiedliche Interpretationen zuläßt!

Saison 1948/49

Der Sport hatte sich zu Beginn der Saison 1948/49 in der sowjetischen Besatzungszone weiter normalisiert. Auch ein Verdienst der FDJ, die sich immer mehr für einen Meisterschaftswettbewerb auf höherer Ebene einsetzte. Mit der „Meisterschaft der deutschen Ostzone" wurde erstmals in allen Ländern eine Meisterschaft ausgespielt. Zudem wurde um den Landespokal (FDGB-Pokal) von den neugeschaffenen Betriebssportgemeinschaften in einer zentralen Runde gespielt.

Hier der damalige Stand der Meisterschaften:

Sachsen Anhalt: Meister SG Freiimfelde Halle
Thüringen: Meister Fortuna Erfurt
Sachsen: Meister SG Friedrichstadt Dresden
Mecklenburg: Meister SG Schwerin
Brandenburg: Meister SG Babelsberg

In der Saison 1948/49 wird in Dresden erneut nur auf Bezirksebene in je zwei Staffeln mit zehn Mannschaften eine Meisterschaft ausgespielt! Auf der nationalen Ebene spielten sich jedoch elementare Veränderungen ab. Veränderungen, die den ostzonalen Fußball vollends ins Abseits trieben. Als im Frühjahr 1948 die Sowjets dem „Deutschen Sportausschuß" unter Führung des kommunistischen Jugendverbandes FDJ die gesamte Organisation des Sports in die Hände gaben und diese die Organisation des Sports übernahmen und endlich die Aufhebung der Kreisgebundenheit erreichte, schien die neue „Freiheit" wie geschaffen dafür mit neuen Strukturen, wie Betriebsmannschaften die Kollektividee zu forcieren. Ein für den ostzonalen Fußball folgenschwerer und nicht wieder gut zumachender Fehler der damaligen Alliierten auf Westseite!" In Dresden spielte man in den Staffeln davon unberührt. Die SG Friedrichstadt dominierte in der Folge immer mehr. Auch „Kanonen-Richard", wie der 42jährige Richard Hofmann liebevoll genannt wird, schnürt für den DSC-Nachfolger wieder die Fußballstiefel. Zu Beginn der Saison spielt die Dresdner Fußballegende bei der SG Hainsberg, doch am 14. November 1948 beim 23:0 der SG Friedrichstadt gegen Lommatzsch trifft der „Bomber" unter dem Jubel der Fans viermal ins Schwarze. Hier die Abschlußtabellen der beiden Staffeln.

Saison 1948/49

Bezirk Dresden · Staffel I

1.	SG Friedrichstadt Dresden	18
2.	SG Dresden Striesen	18
3.	Dresden Laubegast	18
4.	Coschütz	18
5.	Dresden Löbtau	18
6.	Lommatzsch	18
7.	Cossebaude	18
8.	SG Hainsberg	18
9.	SG Radeberg	18
10.	Freital Ost	18

Wegen Punktgleichheit Entscheidungsspiel:
SG Friedrichstadt Dresden - SG Dresden Striesen 7:1
Endspiel um die Dresdner Stadt-Meisterschaft
SG Friedrichstadt Dresden - SG Dresden Mickten 2:2 n.V.
Wiederholungsspiel
SG Friedrichstadt Dresden - SG Dresden Mickten 3:1

Bezirk Dresden · Staffel II

1.	Dresden Mickten	18
2.	Keramik Meißen	18
3.	SG Dresden Cotta	18
4.	TSG Zittau	18
5.	SG Ottendorf	18
6.	Seidnitz	18
7.	Niedersedlitz	18
8.	Gittersee	18
9.	SG Kamenz	18
10.	Loschwitz	18

Wegen Punktgleichheit Entscheidungsspiel:
SG Dresden Mickten - SG Meißen 3:1

Endspiel um die Dresdner Stadt-Meisterschaft
09. April 1949
Zuschauer: 8.000 Ort: Heinz Steyer Stadion
SG Friedrichstadt Dresden - SG Dresden Mickten 2:2 n.V.

Wiederholungsspiel
13. April 1949
Zuschauer: 15.000 Heinz Steyer Stadion
SG Friedrichstadt Dresden - SG Dresden Mickten 3:1

Aufstellung: o. Friedrichstadt, u. Mickten

Torschützen:

0:1 (10.) Vogel, 1:1 (25.) Hofmann,
2:1 (42.) Haupt, 3:1 (85.) Werner.

Erstmals wurde in dieser Saison in allen Ländern der „Ostzone" eine Meisterschaft ausgespielt. In Sachsen wurde der Meister in mehreren Gruppenspielen ermittelt.

Qualifikationsspiele

SG Friedrichstadt Dresden - SG Dresden Striesen 7:1

Mickten Dresden - SG Meißen 3:1

1. Finale 09. April 1949
SG Friedrichstadt Dresden - Mickten Dresden 2:2 n.V.

2. Finale 19. April 1949
SG Friedrichstadt Dresden - Mickten Dresden 3:1

Nostalgie: SG Dresden Friedrichstadt, nach dem Kriege ein Aushängeschild der von Leid geprüften Stadt Dresden

Neubeginn

Endrunde
SG Planitz - SG Meerane 1:2
Industrie Leipzig - SG Zittau 2:1
SG Zittau - SG Planitz 1:1
SG Meerane - SG Friedrichstadt Dresden 5:3
SG Planitz - Industrie Leipzig 1:2
SG Zittau - SG Friedrichstadt Dresden 0:5
Industrie Leipzig - SG Meerane 2:0
SG Friedrichstadt Dresden - SG Planitz 2:0
SG Friedrichstadt Dresden - Industrie Leipzig 3:2
SG Meerane - SG Zittau 1:0

Abschlußtabelle Endrunde
1.	SG Friedrichstadt Dresden	4	06:02	13:07
2.	Industrie Leipzig	4	06:02	08:05
3.	SG Meerane	4	06:02	08:06
4.	SG Planitz	4	01:07	03:07
5.	SG Zittau	4	01:07	02:09

Sachsen - Meisterrunde
SG Friedrichstadt Dresden - SG Meerane 3:2
Industrie Leipzig - SG Friedrichstadt Dresden 0:1
SG Meerane - Industrie Leipzig 3:2

Abschlußtabelle
1.	SG Friedrichstadt Dresden	2	04:00	04:02
2.	Industrie Leipzig	2	02:02	05:05
3.	SG Meerane	2	00:04	02:04

Die Spiele zur 2. Ostzonen-Meisterschaft 1949

Der große Favorit für die Meisterschaft war das Team von der SG Friedrichstadt Dresden. Die Verantwortlichen der Ostzone, die von den Sowjets dem „Deutschen Sportausschuß" unter Führung des kommunistischen Jugendverbandes FDJ die gesamte Organisation des Sports übernahmen und in die Hände gaben, war jedoch der bürgerliche Sportclub SG Friedrichstadt ein Dorn im Auge. Die Erfolge ließen die damaligen Machthaber der Ostzone nicht ruhen. Lange überlegten die „Schreibtischtäter", wie man den in sportlicher und politischer Kritik stehenden Dresdner Renommierclub in der Ostzonen-Meisterschaft schaden könnte. Es wurde immer mehr der Anschein in den Medien erweckt, beim SG Friedrichstadt spielten „bezahlte" Spieler, zumal Helmut Schön und Herbert Pohl mit ihren offenen „Gedanken" und Meinungen bei den Funktionären der Ostzone zusehends aneckten. Obwohl es in der Ausspielung der Ostzonen-Meisterschaft als festgelegt galt, daß die Clubs auf neutralem Ort die Viertelfinale durchführten, wurde die Partie zwischen dem Meister Sachsen Anhalts, ZSG Union Halle, und der SG Friedrichstadt Dresden in Halle gespielt! Eine klare Provokation für die Dresdner, die zwar unter Protest spielten, aber von Anfang an unter dem Druck von außen schon im Vorfeld der Begegnung zu kämpfen haben. Besonders skandalös zusätzlich, daß die ZSG Union Halle mit vier Spielern, die noch kein Punktspiel für die Hallenser mit dem Segen der Sportführung auflief. 30.000 Zuschauer verwandelten das proppenvolle Hallenser Kurt-Wabbel-Stadion in einen Hexenkessel. Man merkte deutlich, an der alternden Mannschaft Dresdens sollte ein Exempel statuiert werden. Und es wurde ein Skandalspiel! Eine gewisse Mitschuld trug der (Un)parteiische Referee Theo Gartner aus Mühlhausen, der die SG Friedrichstadt bei einigen Entscheidungen deutlich benachteiligte und Herbert Pohl mitten, als die Dresdner auf den Ausgleich drängten, wegen Foulspiel kurz vor dem Ende der Partie vom Platz stellte!

Ironie des Schicksals, daß im Dresdner Steyer-Stadion acht Tage später die Spieler um Otto

Knefler, Herbert Rappsilber und Otto Werkmeister den Titel für die ZSG Union Halle mit einem 4:3 Erfolg gegen Fortuna Erfurt holen.

Die Spiele zur 2. Ostzonen-Meisterschaft
Ausscheidungsspiele
Franz Mehring Marga - SG Schwerin 2:0
SG Altenburg Nord - Eintracht Stendal 3:4
Viertelfinale
ZSG Union Halle - SG Friedrichstadt Dresden 2:1
SG Meerane - SG Babelsberg 3:2
Eintracht Stendal - Franz Mehring Marga 4:0
Fortuna Erfurt - SG Wismar Süd 10:0
Halbfinale
ZSG Union Halle - Eintracht Stendal 3:0
Fortuna Erfurt - SG Meerane 4:3 n. V.
Finale im Heinz Steyer-Stadion Dresden
Zuschauer: 50.000
ZSG Union Halle - Fortuna Erfurt 4:3
Damit wird die ZSG Union Halle Ostzonen-Meister 1949.

Saison 1949/50

In der Saison 1949/50 kam es nach der Normalisierung des Sportbetriebes auch im Osten zu einer obersten Klasse. Während im Westen die Oberligen ihre fünf Meister ermittelten, wurde im Osten die Meisterschaft in der „Zonenliga" später DS-Liga ermittelt. Die Aufteilung war umstritten und führte schon damals zu einer Verschlechterung des Spielniveaus.

Mit der Gründung der DDR am 07. Oktober 1949 beginnt der Fußball auch im Osten Deutschlands den Weg zur Normalität. Deutschland ist damit sportlich endgültig in zwei Staaten geteilt. Beide „Deutschlands" ermitteln ihre eigenen Landesmeister und Pokalsieger. Die erste Landesmeisterschaft nennt sich anfangs DS-Liga (Demokratische Sportbewegung der DDR) und wird später als DDR-Meisterschaft populärer.

Trotz der Widerstände innerhalb der Sportführung der DDR gilt die SG Friedrichstadt als Favorit für die 1. Meisterschaft in Ligaform. Gleich in der ersten Partie mußte Märkische Volksstimme Babelsberg eine 2:12 Schlappe hinnehmen. Hohe Ergebnisse sind bei den Dresdnern an der Tagesordnung, so wird Franz Mehring Marga mit 8:0 und Anker Wismar mit 11:0

in die Schranken verwiesen. Viele Fußball-Fans fragen sich zu dieser Zeit, wer kann die Dresdner noch stoppen! Zwar schafft es die SG Meerane, mit einem 2:1 beide Punkte aus Dresden zu entführen, aber mit einem glatten 4:0 gegen den FDGB-Pokalsieger Waggonfabrik Dessau sichert sich die SG Friedrichstadt Dresden den Titel des Herbstmeisters. Die Dresdner besaßen bei ihrem Publikum und der Fußball-Bevölkerung sehr viel Sympathie. Bei den Heimspielen pilgerten in der Saison durchschnittlich 28.000 Zuschauer ins Hans-Steyer-Stadion. Mit einer Silvestergala wurde 1949 die DDR-Flutlichtpremiere im Hans Steyer Stadion gefeiert. Gegner der SG Friedrichstadt war eine DDR-Auswahl, die vom Berliner Kurt Vorkauf gecoacht wurde. Riesenjubel, als der 43(!) jährige Richard Hofmann im gleißenden Flutlicht eingewechselt wurde. Die Tausenden auf den Rängen feierten einen der besten Fußballer aller Zeiten bei seinem rauschenden Abschied. Fast Nebensache das Ergebnis, das die Dresdner mit 2:0 für sich entscheiden.

In der Punktrunde kommt es dagegen zu Beginn der Rückrunde zu einem Schock für die Schön-Truppe, ihr einarmiger Leistungsträger und Garant vieler Spiele, Herbert Pohl, hatte wenige Stunden vorher die DDR in einer Blitzaktion nach Westdeutschland (Wuppertal) verlassen. Vor 40.000 Zuschauern leisten sich die verunsicherten Dresdner ein 0:0 gegen Fortuna Erfurt, Punktverluste gegen Babelsberg (1:1) und vor allen Dingen in Marga (0:4) und Altenburg (0:2) bringen die Dresdner von der Bahn der Souveränität. Hinzu kommt, daß ihr Spielertrainer und DDR-Auswahltrainer Helmut Schön mit angeblicher Insulin-Suche in Hamburg die Alliierten auch die Sowjetischen düpiert. Der in der Ostzone hochangesehene Schön verhandelt mit St. Pauli und dem Hamburger SV über seine Zeit nach Dresden. Im Februar nahm er nicht an den Spielen der Dresdner teil, da er bei Sepp Herberger in Köln an der Sporthochschule zu einem Trainerlehrgang weilte.

So wird wohl auch die Frage beantwortet, weshalb diese Klassemannschaft nicht Meister der 1. DS-Liga wurde. Die Dresdner hatten als „bürgerlicher Verein" einfach von diesem Dreifrontenkampf die Schnauze voll. Auf der einen Seite den sportlichen Gegner und die Sparte in „Schwarz" sowie

die Sparte der Demokratischen Sportbewegung der DDR, für die nur eine Betriebssportgemeinschaft Meister der DS-Liga Meister werden durfte. Als hätte es ein Regisseur nicht besser planen können: Am 16. April 1950, dem letzten Spieltag, treffen die Friedrichstädter im mit 60.000 Zuschauern völlig überfüllten Heinz-Steyer Stadion auf die punktgleichen Akteure von Horch Zwickau! Was keiner der 60.000 Zuschauer im Stadion wußte, als die Dresdner Spieler auf den Rasen liefen, daß der Verein nach der Partie aufgelöst wurde. Egal welches Ergebnis erzielt wurde. Welch ein Skandal und welche Belastung für die Mannen um Helmut Schön. Eine zwielichtige Rolle spielte auch der Schiedsrichter Willi Schmidt aus Schönebeck, der die Dresdner auch aus neutraler Sicht benachteiligte.

Meisterschaft Sachsen 1949/50
Aufstellung: o. Friedrichstadt, u. Zwickau

26. Spieltag DS-Liga Zuschauer: 60.000
SG Friedrichstadt Dresden - Horch Zwickau
1:5 (1:3)

Schiedsrichter: Schmidt (Schönebeck)
Tore: 1:0 Lehmann (3.), 1:1 Satrapa (9.),
1:2 Heinze (24.), 1:3 Meier (43.),
1:4 Lehmann (48.), 1:5 Heinze (67.)

Neubeginn

Mit der unter dubiosen Umständen 1:5 verlorenen Partie des inoffiziellen DSC-Nachfolgers SG Friedrichstadt Dresden gegen Horch Zwickau am 16. April 1950 begann eine der wohl spektakulärsten Protestaktionen der Dresdner Fußballgemeinde gegen die damaligen Machtinhaber der sowjetisch besetzten Zone. Obwohl das Spiel mit fast 60.000 Zuschauern im Ostragehege (Heinz-Steyer-Stadion) eine einmalige Demonstration für den Fußball in Dresden war, fand fast unbemerkt hinter den Kulissen Stunden vor der Partie eine zermürbende und menschenverachtende Kampagne gegen die Top-Spieler der SG Friedrichstadt statt. Vor allen Dingen Helmut Schön mußte in diesen Stunden vor dem Spiel um die Sachsen-Meisterschaft 1950 erkennen, daß das Spiel um das runde Leder nicht mehr im Vordergrund stand. Längst hatten die Strategen um den Staatssicherheitsdienst beschlossen, den von den Massen ungeliebten Volkspolizei-Club in Dresden zu favorisieren.

Helmut Schön erklärte einmal in einem Interview: „ Wir wußten, daß nach dem Spiel die Sportgemeinschaft Friedrichstadt aufgelöst wird, wir sollten auf die Betriebssportgemeinschaften aufgeteilt werden, die damaligen Machthaber wollten unbedingt eine Meistermannschaft aus einem Betriebssportclub."

Ausgehend von dieser Prämisse schlossen sich die Männer in Schwarz verständlich dieser Linie an. Ohne den klaren Sieg der Horch-Elf zu schmälern, in dieser Partie bot der Schönebecker Referee „Piccolo" Willi Schmidt von der sportlichen Fairneß her eine indiskutable Leistung und benachteiligte die Friedrichstädter nicht unerheblich. Diese Zusammenhänge, die den 60.000 Zuschauern nicht bekannt waren, hatten wohl erheblichen Anteil an der unerwartet hohen Niederlage des Favoriten. Vor den Augen der Politprominenz wie Heinz Horn, Leiter des Deutschen Sportausschusses, Walter Ulbricht als stellvertretender Ministerpräsident, und dem damaligen sächsischen Regierungschef Max Seydewitz spielte sich ein (Schau)spiel ab, wie es die noch junge DDR noch nicht erlebt hatte.
Zwar ging die SG Friedrichstadt durch Kurt Lehmann in der 3. Minute mit 1:0 in Führung, die jedoch durch Heinz Satrapa fünf Minuten später egalisiert wurde. Herbert Heinze (24.) und Siegfried Meier (43.) bauten den Vorsprung für die Zwickauer vor der Pause auf 3:1 aus. Als dem Dresdner Karl Lehmann vier Minuten nach dem Seitenwechsel ein unglückliches Eigentor unterlief, war die Partie gelaufen. Herbert Heinzes zweiter Treffer in der 67. Minute hatte nur noch statistischen Wert. Parallel dazu nahm die Hektik auf dem Feld zu. Heinz Satrapa traf nach einem Fallrückzieher den heranstürmenden Kurt Jungnickel am Kopf, Tumulte auf den Rängen, als der verletzte Dresdner auf der Bahre an die Außenlinie getragen wurde. Mit dem Abpfiff gab es für die SG-Fans kein Halten mehr. Die Zuschauer stürmten den Platz, bevölkerten den Rasen, es kam zum Handgemenge, besonders hart traf es den Zwickauer Helmut Schubert, der mit Schlägen und Fausthieben traktiert wurde. Nur mit Hilfe berittener Polizei wurde ein schmaler Gang zur Kabine geschaffen. Erst nach Stunden konnten die Zwickauer ihren Bus besteigen. Noch Tage danach gab es für die Sportfreunde Dresdens kein anderes Thema.
Am grünen Tisch reagierten die Offiziellen der Sparte Fußball des DS mit dem erwartenden Urteil: „ Die Sportgemeinschaft Friedrichstadt wird wegen der Vorkommnisse im Endspiel gegen Horch Zwickau mit einer Platzsperre von sechs Monaten belegt, da die Zuschauer in provokativer Weise den Spielverlauf zu stören versuchten und es zu Tätlichkeiten gegen Zwickauer Spieler gekommen wäre. Der Spieler Helmut Schön wird mit einer einjährigen Sperre belegt."

Plötzlich hatte Dresden über Nacht keine Mannschaft mehr, denn fast die gesamte Dresdner Elf verließ in den nächsten Tagen die Stadt an der Elbe nach Berlin zu Hertha BSC und Wacker 04 Berlin und dem Wuppertaler SV . In einer Nacht und Nebelaktion heuerten 12 Friedrichstadt-Spieler um ihren Mentor Helmut Schön bei Hertha BSC an, um ihr Mißfallen gegenüber den Oberen in der DDR nachhaltig zu demonstrieren. Zur Hertha wechselten Kurt Birkner, Hans Kreische, Max Kreische, Rolf Drognitz, Kurt Jungnickel, Gottfried Hövermann, Karl Kunstmann, Horst Seifert, Horst Ullrich und Helmut Schön. Kurt Lehmann und Joachim Haupt heuerten bei Wacker 04 Berlin an, während Herbert Pohl, Walter Werner und Henry Kessler sich dem Wuppertaler SV anschlossen. Gerhard Köhna spielte in der Saison 1950/51 noch für Tabak Dresden, ehe er sich nach einem Gastspiel bei Bayern Hof Tennis Borussia in Berlin anschloß. Nur der angehende Student Henry Steinbach blieb vorerst als einziger noch in Dresden! Welch ein Aderlaß für den Dresdner Fußball. Quo vadis hieß es in Dresden im Sommer 1950! Alte Dresdner Fußballtraditionen werden von „linientreuen" Schreibern verunglimpft, der Dresdner Sport-Club als „Feudalclub" der Nazis diffamiert und in die Sympathieecke für die damaligen Machthabern nachgesagt. Welch eine Ohrfeige für so untadelige Sportsleute wie Richard Hofmann, Helmut Schön oder Willibald Kreß, die mit ihren sportlichen Leistungen den Ruf Dresdens als Fußballhochburg mitbegründeten.

Wie sollte es mit dem stolzen Fußball in Dresden weitergehen, diese Frage stellten sich viele Dresdner Fußballfreunde im Sommer des Jahres 1950. Hier nochmals die Abschlußtabelle der 1. DS-Meisterschafts-Ligaspiele.

Abschlußtabelle 1949/50
Zonenliga DS-Liga

1.	Horch Zwickau	26	69:27	41:11
2.	SG Friedrichstadt Dresden	26	87:29	39:13
3.	Waggonfabrik Dessau	26	67:36	37:15
4.	Fortuna Erfurt	26	58:30	35:17
5.	ZSG Union Halle	26	56:38	31:21
6.	Franz Mehring Marga	26	49:48	31:21
7.	Märk.Volksst. Babelsberg	26	42:66	24:28
8.	ZSG Industrie Leipzig	26	38:45	22:30
9.	SG Meerane	26	38:56	21:31
10.	Eintracht Stendal	26	31:45	19:33
11.	BSG Gera-Süd	26	34:54	19:33
12.	SG Altenburg-Nord	26	34:50	17:35
13.	Anker Wismar	26	35:60	17:35
14.	Vorwärts Schwerin	26	30:84	11:41

Absteiger: SG Friedrichstadt Dresden (aufgelöst), Vorwärts Schwerin, Anker Wismar.

Parallel zu den Spielen in der DS-Oberliga wurde in der Landesliga Sachsen Saison 1949/50 eine wichtige Entscheidung für den Dresdner Fußballsport vollzogen. Still und heimlich hatte sich Mickten Dresden angeführt von Felix Vogel während der Saison zu einem Meisterteam entwickelt. Auf der nächsten Seite deshalb die beiden Abschlußtabellen der Landesliga Ost und West.

Neubeginn

Saison 1949/50
Landesliga Staffel Ost

1.	Mickten Dresden	20	62:33	29:11
2.	SG Chemnitz Nord*[1]	20	56:21	29:11
3.	ZSG Meißen*[2]	20	39:27	25:15
4.	SG Cotta Dresden	20	32:24	24:16
5.	ZSG Zittau	20	35:59	21:19
6.	SG Chemnitz-West*[3]	20	38:43	20:20
7.	Nagema Dresden	20	29:31	19:21
8.	SG Löbau	20	35:49	18:22
9.	Stahlwerk Riesa	20	27:34	16:24
10.	SG Kamenz	20	25:49	10:30
11.	SG Hoyerswerda	20	31:59	09:31

*[1] In Nagema Chemnitz umbenannt
*[2] In VBB Tabak Dresden umbenannt
*[3] In FEWA Chemnitz umbenannt

Entscheidungsspiel um Staffelsieg
Mickten Dresden - FEWA Chemnitz 1:0

Saison 1949/50
Landesliga Staffel West

1.	SG Lauter	22	62:33	33:11
2.	Pneumatik Aue*[1]	22	52:34	32:12
3.	SG Probsth. Leipzig	22	53:25	29:15
4.	SG Wurzen	22	45:27	28:16
5.	SG Plauen Süd*[2]	22	46:23	25:19
6.	SG Planitz	22	29:28	22:22
7.	Glückauf Markranstädt	22	60:25	19:25
8.	SG Hartha	22	38:37	18:26
9.	Konsum Chemnitz	22	37:58	18:26
10.	SG Markkleeberg	22	43:67	17:27
11.	SG Cainsdorf	22	23:44	17:27
12.	SG Leutzsch Leipzig	22	24:73	06:38

*[1] In Freiheit Wismut Aue umbenannt
*[2] In Zellstoff Plauen umbenannt

Endspiel: Mickten Dresden - SG Lauter 1:0
SG Lauter - Mickten Dresden 2:1
Drittes Entscheidungsspiel
Mickten Dresden - SG Lauter 3:2

Die zweithöchste Spielklasse in der DDR waren in der Saison 1949/50 die Landesligisten. Es gab fünf Landesligen der Länder Sachsen, Thüringen, Sachsen-Anhalt, Mecklenburg und Brandenburg. Während es in Brandenburg nur eine Liga gab, waren die anderen Länder in zwei Staffeln unterteilt. Zwischen den jeweils beiden Staffelsiegern wurden Endspiele um die Meisterschaft ausgetragen. Die Meister von Länder Sachsen, Thüringen, Sachsen-Anhalt, Mecklenburg und Brandenburg waren berechtigt in einer Qualifikation die im Liga-System ausgeführt wurde die Aufsteiger in die DDR-(DS)-Oberliga zu ermitteln. Dabei stiegen von den fünf Landesmeistern die ersten drei in der Tabelle in die DS-Oberliga auf!

Die Spiele von Mickten Dresden um den Aufstieg in die DDR-DS-Oberliga Saison 1950/51

Mickten Dresden* - KWU Weimar 5:1
*In Aufstiegsspielen in Sachsenverlag umbenannt
KWU Weimar - SG Sachsenverlag 1:1
Mickten Dresden - EHW Thale* 3:1
*In Aufstiegsspielen in Stahl Thale umbenannt
Stahl Thale - SG Sachsenverlag Dresden 5:2
SG Sachsenverlag - ZSG Großräschen 4:1
ZSG Großräschen - SG Sachsenverlag 1:1
SG Sachsenverlag - Vorwärts Wismar 4:2
Vorwärts Wismar - SG Sachsenverlag 1:1

Die Abschlußtabelle der Aufstiegsspiele:

1.	BSG Sachsenverlag	8	21:13	11:05
2.	KWU Weimar	8	20:18	10:06
3.	Stahl Thale	8	23:14	09:07
4.	ZSG Großräschen	8	16:15	07:09
5.	Vorwärts Wismar	8	08:28	03:10

Damit stiegen die BSG Sachsenverlag Dresden, KWU Weimar und EHW Thale für die Saison 1950/51 in die 1. DS-Oberliga der DDR auf! Zusätzlich qualifizierten sich Union Oberschöneweide, VfB Pankow, SG Lichtenberg 47 und Volkspolizei Dresden, die von „Oben" (für die SG Friedrichstadt Dresden) gesetzt wurden.

Der Club im Wandel der Zeit

100 Jahre DSC

Saison 1950/51

Auflösung SG Friedrichstadt Skandal der Nachkriegszeit!

Dresden über Nacht ohne Mannschaft!

Mit der Auflösung der SG Friedrichstadt nach dem Skandalspiel gegen Horch Zwickau am 17. April 1950 drohte, nach allen Vorzeichen, ein sehr kritisches Jahr für den Fußballsport in Dresden zu werden. Plötzlich gab es im Sommer 1950 über Nacht und für viele Dresdner in Unkenntnis darüber, wie die Hintergründe waren, keine Meistermannschaft mehr. Der DSC-Nachfolgeverein SG Friedrichstadt, der sich in die Herzen der Fans gespielt hatte, wurde vom Regime einfach ins Abseits gestellt! Wie sollte es mit dem Fußball in Dresden weitergehen? Diese Frage stellten sich viele Dresdner Fußballfreunde im Sommer 1950. Nun, die damaligen Machthaber die sich dem Betriebssport zunehmend verschrieben hatten, machten sich kurzerhand die Gelegenheit zu nutze, aus Mickten Dresden, die sich als Staffelsieger Ost in der Landesliga in den Aufstiegsspielen zur DS-Oberliga befanden die „Betriebssportgemeinschaft Sachsenverlag" zu küren. Und tatsächlich die Micktener schafften bei den Qualifikationsspielen für die höchste Spielklasse die DS-Oberliga die Sensation! Mit einem 1:1 bei der SG Großräschen, erkämpften sich die Dresdner mit 11:5 Punkten den ersten Tabellenplatz. Obwohl sich die Betriebssportgemeinschaft Sachsenverlag den Aufstieg erkämpft hatten, wurden die Micktener zu Beginn der Saison 1950/51 in Rotation Dresden umbenannt!

Dresden hatte neben dem ungeliebten „Volkspolizei Club" VP Dresden plötzlich wieder eine neue Mannschaft an alter Wirkungsstätte, eben Rotation Dresden, wie sich die „Neuen" Dresdner jetzt nannten. Als Aufsteiger hatten es die Sachsen im Elitefeld nicht einfach und belegten auf Grund des besseren Torverhältnisses punktgleich mit Motor Gera Platz 12. Ansonsten war die 2. Saison der DS-Liga sehr turbulent. Mitten in der Saison 1951/52 verließen die DDR-Auswahlspieler Heinz Senftleben, Heinz Wozniakowsi und Winfried Herz Turbine Erfurt und schlossen sich Eintracht Braunschweig an. Die Hoffnung, daß der DDR-Fußball nach dem Verlust von der SG Friedrichstadt Dresden mit Turbine Erfurt wieder eine international erstklassige Vereins-Elf herausbringt, war mit dem Weggang der Spieler zu einem schweren Unterfangen geworden. Trotz dieser Dezimierung wurden die Schützlinge von Trainer Hans Carl punktgleich mit Chemie Leipzig Staffelsieger. Infolge von Punktgleichheit war ein Entscheidungsspiel notwendig, das die Leipziger mit 2:0 für sich entschieden.

Abb. S. 118 oben: Städtespiel Dresden-Leipzig 5:1 mit Pohl und Kreisch im Jahre 1948
Abb. S. 118 unten: Friedrichstädter Spieler gehörten bis 1949 immer zu regionalen Auswahlmannschaften wie hier Lehmann, Haupt, Kreisch (hier geehrt für sein 75. Repräsentativspiel) und ganz rechts Schön.
Abb. S. 119 li. oben: Spiel Friedrichstadt gegen Horch Zwickau
Abb. S. 119 re. oben: April 1950 vor einem Oberligaspiel: v.l.n.r. Pohl, Lehmann, Werner, Haupt, Köhna, Kreische, Drognitz, Birkner, Kessler, Hövermann, Kreisch
Abb. S. 119 unten: Der SC Einheit 1958 nach FDGB-Pokalsieg über Lok Leipzig (2:1 n.V.) in Cottbus

Abb oben: 1951 - Rotation Dresden - Dynamo Dresden, 1:0, Torschütze Heinzmann, v.l. - Jochmann, Petersohn sen., Werner Clemens, Schiedrichter Gerhard Schulz, Prenzel, Nicklich, Vogel, Rudi Clemens, Heinzmann, Ritter, Berner, Hoegg. Dynamo vorn: Möbius, Schröder, Appel Der heute spielende Rico Clemens ist der Enkel von Rudi Clemens.

Der Meister von 1951, Chemie Leipzig, besaß nicht die Eleganz, technische Perfektion und Offensivkraft der Thüringer, war jedoch äußerst kampf- und konditionsstark und hatte eine sattelfeste Abwehr. Mit einem überragenden 21jährigen Günter Busch im Tor, der sich größter Popularität erfreute. In der Verteidigung überragte der 38jährige Walter Rose, der auch ein Länderspiel für Deutschland bestritt. Rose bildete mit dem nahezu gleichaltrigen „Bremse" Werner Brembach, der einst wie seine Teamkollegen Sommer und Steuer bei Saxonia Böhlitz-Ehrenberg begann, ein Abwehrbollwerk. Da blieb für den Ex-Zeitzer Fritz Gödicke meist nur die Ersatzbank. Der 31jährige Gödicke schien zudem als Oberliga-Spieler, Propagandist der sozialistischen Sportbewegung und als Leiter der Sparte Fußball des DS in einer Person maßlos überfordert zu sein.

Chemie Leipzig mit den wenigsten Gegentreffern der Liga

Die Mittelfeld-Achse mit Horst Scherbaum - Werner Eilitz - Gerhard Polland verkörperte mit enormer Einsatzbereitschaft den Leipziger Stil, war ihren Kontrahenten athletisch überlegen. Kapitän der Leipziger Chemie-Elf war der kleine, untersetzte Buchdrucker Heinz Fröhlich, der mit technischen Mitteln den Erfolg suchte. Mit dem 30jährigen Rechtsaußen Rolf Sommer besaß Leipzig einen spielstarken Außen und Elferspezialisten.
Für die Leipziger Chemie-Elf sprach, daß sie die wenigsten Gegentreffer hinnehmen mußte und die fünf nächstplazierten Vereine alle auf des Gegners Platz bezwang. Der Meister war das erfolgreichste Team auf fremden Terrain. Als einziger Verein der Oberliga blieb VfB Pankow auswärts ohne Sieg und zudem ohne jeglichen Punktgewinn. Die Berliner stellten damit einen absoluten negativen Rekord auf. Auf heimischen Gelände blieb kein Verein ungeschlagen. Zwickau war weiterhin für alle Kontrahenten ein heißes Pflaster, meist gingen die Gäste von der Alfred-Baumann-Kampfbahn in Planitz (Zwickau) leer aus.
Ein Zeichen der Erfolglosigkeit war das enorm große Spieleraufgebot der beiden Tabellenletzten SC Lichtenberg 47 und VfB Pankow. 27 Spielsperren waren eine enorm hohe Zahl. Acht davon gingen allerdings auf das Konto des Titelverteidigers Motor Zwickau. Anlaß dazu war am 10. Dezember 1950 das Match Chemie Leipzig - Motor Zwickau 2:2. Nachdem Schiedsrichter Kastner (Dahlewitz) das Spiel bereits aus den Händen geglitten war, vollzog sich nach dem Schlußpfiff die Eskalation. Aufgrund der Vorfälle im Georg-Schwarz-Sportpark wurden wegen „schädigenden Verhaltens gegenüber der Demokratischen Sportbewegung" sofort acht (!) Zwickauer

Spieler gesperrt. Einen Freispruch erhielten lediglich Joachim Otto, Günter Schneider und „Hanno" Breitenstein.
Sportlich abgestiegen waren die vier Letztplazierten Union Oberschöneweide, Turbine Weimar, SC Lichtenberg 47 und VfB Pankow. Doch um diese „Absteiger" kam es zu einem Skandal ohne Beispiel. Laut Satzung war es beschlossen, daß vier Absteiger mit zwei Aufsteigern aus den Staffeln der 1.DS-Liga ersetzt würden, was einer Reduzierung auf 16 Vereine für die Saison 1951/52 entsprochen hätte, doch vom grünen Tisch wurde alles anders entschieden. Der VfB Pankow als Klub im Regierungsviertel hatte einen Anspruch auf einen Oberligaplatz!
Die Mannschaft von der SG Union Oberschöneweide als zweiter Berliner Verein mit Sonderrechten ausgestattet, sollte zusammen mit Pankow in der 1. Liga bleiben. So traf es den Aufsteiger KWU (Turbine) Weimar und den SC Lichtenberg 47. Um das Maß voll zu machen, wurde neben den beiden Staffelsiegern der DS-Liga (Zentra Wismut Aue und Anker Wismar) die 1. Liga mit der Armee-Mannschaft Vorwärts Leipzig, kurzerhand auf 19 Mannschaften aufgestockt. Damit wurden die sportlichen Interessen in den Hintergrund gedrückt und für Millionen Fans in der DDR wurden die Spiele um Meisterschaft und Abstieg zu einer Farce

für den Fußballsport, eine Tatsache, die von den Machthabern in der DDR offensichtlich auch in den folgenden Jahren enorm unterschätzt wurde.

Die Abschlußtabelle der Saison 1950/51: DDR Oberliga

1.	Turbine Erfurt	34	80:37	50:18
2.	Chemie Leipzig	34	66:33	50:18
3.	Motor Zwickau (M)	34	72:35	43:25
4.	Aktivist Brieske-Ost	34	87:79	43:25
5.	VP Dresden (N)	34	75:40	43:25
6.	Turbine Halle	34	73:50	40:28
7.	Rotation Babelsberg	34	95:78	39:29
8.	EHW Thale (N)*[1]	34	82:65	39:29
9.	Motor Dessau	34	67:61	34:34
10.	Fortschritt Meerane	34	65:71	32:36
11.	ZSG Altenburg	34	46:60	31:37
12.	Sachsenverlag Dresden(N)*[2]	34	64:61	30:38
13.	Mechanik Gera	34	59:63	30:38
14.	Lokomotive Stendal	34	73:73	29:39
15.	Union Oberschöneweide (N)	34	49:72	26:42
16.	KWU Weimar (N)*[3]	34	45:71	26:42
17.	SC Lichtenberg (N)	34	49:96	20:48
18.	VFB Pankow (N)	34	29:131	07:61

*[1] In Stahl Thale umbenannt
*[2] In Rotation Dresden umbenannt
*[3] In Turbine Weimar umbenannt

Saison 1951/52

Erster Saisontitel für Turbine Halle
Volkspolizei und Rotation Dresden sorgten für einige Schlagzeilen

Die mit Abstand größte Zuschauer-Resonanz in den heimischen Stadien hatten die mitteldeutschen Vereine von Rotation Dresden, Chemie Leipzig und Turbine Halle. Dabei stand der Nachfolgeverein der SG Friedrichstadt der Aufsteiger Rotation Dresden in der Gunst der Zuschauer höher als die Volkspolizei-Elf, die noch von den 40.000 im großen Ortsderby am 21. Oktober 1951 im Heinz Steyer-Stadion profitierte. Dabei setzte sich überraschend vor der gesamten Politprominenz durch das frühe Tor von Vogel der SC Rotation mit 1:0 durch. Doch die Dresdner Volkspolizisten, obwohl 1950 ohne sportliche Qualifikation in die Oberliga eingereiht, hatten sich zu einem skandalfreien, leistungsorientierten Verein entwickelt, der sich aufgrund seiner stilvollen Spielweise nach und nach die Sympathien des sachverständigen Dresdner Publikums erwarb. Mit dem Vizetitel vier Punkte hinter dem Meister Turbine Halle ein verdienter Lohn der Spieler von Volkspolizei Trainer Rolf Kukowitsch der am 15. Oktober 1951 Fritz Sack ablöste. Beim Ortsrivalen Rotation Dresden setzte man dagegen auf Kontinuität und vertraute auf die gute Trainerarbeit von Kurt Hallmann, der die Mannschaft die gesamte Saison betreute. Nur drei Punkte schlechter als der Vizemeister Volkspolizei Dresden belegte der SC Rotation einen ausgezeichneten 4. Platz im Elitefeld des DDR-Fußballs.

Mit Turbine Halle gewann das beständigste Oberligateam vorzeitig und souverän den Meistertitel. Die Hallenser besaßen in Mittelstürmer Wolfgang Stops einen gefürchteten Torjäger und in Routinier Otto Werkmeister und Keeper Heinz Kegel zuverlässige Abwehrspieler, sowie in Mittelstürmer Wolfgang Stops einen gefürchteten Torjäger. Mit Otto Knefler, Heinz Schleif, Erich Haase, Walter Schmidt und Herbert Rappsilber überragende Mittelfeldakteure. Gerade um Herbert Rappsilber, den glänzenden Mittelfeldtechniker gab es „Ungereimtheiten " zwischen der DDR- Sportführung und dem Hallenser. Turbine Halle und Rotation Dresden brachten es auf jeweils 10 Auswärts-Siege! Das Meister-Team von der Saale blieb als einziger Oberliga-Verein zudem zu Hause ungeschlagen. Dabei taten sich die Spieler aus Halle anfangs sehr schwer, denn in den ersten sechs Heimspielen reichte es fünfmal nur zu einem Remis. Meister Turbine Halle verfügte über ein großes und starkes Team und löste in der Landeshauptstadt von Sachsen-Anhalt eine große Zuschauer-Resonanz aus. Es keimten Hoffnungen auf, die sich mit Friedrichstadt Dresden und Turbine Erfurt erfüllt hatten.

Doch dann kam der schwere Disput mit der DDR-Größe Manfred Ewald bei einer Reise durch die Tschechoslowakei, auf der die Hallenser Meisterspieler ihre erste Lektion der Entmündigung durch den Staatsapparat der DDR erhielten. Weitere Alleingänge in der umstrittenen Art von DDR-Sportführer Manfred Ewald sollten noch folgen.

Besonders auffallend die große Auswärtsschwäche von Aktivist Brieske-Ost und die Auswärtsstärke von Motor Dessau. Die Briesker waren neben Volkspolizei Dresden und Wismut Aue jener Verein, der mit dem geringsten Spieleraufgebot (jeweils 19 Akteure) in den 36 Punktspielen auskam.

Die DS-Oberliga - Saison 1951/52 hatte verhältnismäßig eine hohe Zahl von Platzverweisen. Insgesamt 28 Feldverweise sprachen die Schiedsrichter aus. Eine europäische Spitzenleistung im negativen Sinne! Aktivist Brieske-Ost (4), Einheit Pankow (4), Fortschritt Meerane (3) und Stahl Thale (3) fielen dabei besonders negativ auf. Zwei Spieler erwiesen sich als besonders undiszipliniert und sahen zweimal „Rot": Max König (Einheit Pankow) und Erich Eschke (Motor Dessau), letzterer sogar innerhalb von knapp 30 Tagen. Bester Torschütze der Saison mit 27 Toren wurde überraschend der Leipziger Rudolf Krause, obwohl er ganz und gar nicht der Prototyp eines Torjägers war. Sein Spiel war durch gutes technisches Rüstzeug, Eleganz, taktisches Spielvermögen und Vielseitigkeit geprägt. Er war ein spielender Innenstürmer mit gutem Torinstinkt. Der Stürmer von Chemie Leipzig verwies den Torjäger und Routinier Kurt Weißenfels von Lokomotive Stendal auf Platz zwei. Der Schützenkönig aus der vorangegangenen Saison, Johannes Schöne von Rotation Babelsberg, kam auf Platz drei. Der Newcomer Gerhard Hänsicke von Volkspolizei Dresden und noch 1950/51 Schützenkönig der DS-Liga, Staffel Nord landete vor dem sächsischen Oldtimer unter den Torjägern, den Meeraner Wolfram Starke, auf Platz vier. Bester Torschütze von Rotation war Horst Heinsmann mit 13 Toren, während Felix Vogel von Rotation Dresden mit vier Treffern beim 9:0 Kantersieg gegen Gera der Rekordschütze dieser Saison war. Eine tolle Leistung vollbrachte der Dresdner Ersatzkeeper Heinz Hartmann, der fünfmal das Gehäuse der Volkspolizisten hütete ohne einen Gegentreffer hinnehmen zu müssen. Der Pechvogel der Saison kam vom Ortsrivalen Rotation aus dem Paul-Gruner-Stadion. Mittelstürmer Horst Heinsmann hatte in den ersten 14 Punktspielen bereit 13 Tore erzielt, ehe er schwer verletzt wurde. Sein Comeback mißlang!

Eine große Pleite war dagegen die Zuschauer-Resonanz, die Einheit Pankow unter den Berliner Fans fand. Das Team aus dem Ost-Berliner Regierungsviertel war wahrhaftig eine gebeutelte Elf. Nur geringe Zuschauerzahlen und auswärts hohe Niederlagen machten den Spielern schwer zu schaffen. Die beste Auswärts-Resonanz fand noch immer Motor Zwickau. Wo auch immer die Westsachsen auftauchten, war Zündstoff vorhanden, da sie mit ihrer ganz auf Sachlichkeit abgestimmten Spielweise, aber auch zuweilen überharten Gangart die Zuschauer der Gastgeber schnell in Rage brachten. Das schlechteste Publikum besaß Motor Gera, das in der Saison 1951/52 drei (!) Platzsperren ausgesprochen bekam. Daß die Geraer dennoch den Klassenerhalt schafften, war schon eine imponierende Leistung.

Motor Wismar mußte infolge Vereisung der Wismarer Sportplätze in den Wintermonaten drei Punktspiele nach Rostock verlegen. Dabei gingen drei Punkte verloren. Doch auch sie hätten die Ostseestädter nicht vor dem Abstieg gerettet. Absteigen mußte auch Stahl Alten-

burg, denen am Saisonende die Luft ausging - trotz Einsatzes junger Spieler. Bitter der Abstieg der einstigen Fußball-Hochburg Meerane. Fortschritt Meerane gelang in der Schlußphase der Meisterschaft noch ein erstaunlicher Siegeszug, dann aber mußten viele Akteure ihrem Alter Tribut zollen. In der Endabrechung fehlten vier Punkte zum rettenden 15. Platz.

Der Berliner Verein Einheit Pankow stand wie erwartet bereits vorzeitig als Absteiger fest. Die fußballerische Leistungen waren einfach zu bieder. Die Spieler aus dem Regierungsviertel stellten eine Belastung für die Oberliga dar und wurden von vielen Vereinen nicht für voll genommen. Welch eine Ironie für die Sparte Fußball des Deutschen Sportausschusses der DDR, daß Einheit Pankow wie 1950/51 Tabellenletzter wurde und zudem eine Fülle negativer Rekorde aufstellte. Oberschöneweide erwies sich abermals als das leistungsstärkste Ostberliner Team. Die Ostberliner und 1948 Teilnehmer an den Deutschen Meisterschaften hatten sich unmittelbar nach Kriegsende diese Vormachtstellung im sowjetischen Sektor Berlins erkämpft. Mit dem abermaligen Verbot des traditionsreichen Vereinsnamen „Union" war jedoch in der Wuhlheide ein weiterer Zuschauerverlust zu registrieren. Trotz der Bevorzugung der Berliner Vereine zeigte sich in der DS-Oberliga im Sommer 1952 ein deutliches Süd-Nord-Gefälle.

Schließlich drehte sich in der Oberliga-Saison 1951/52 das Trainerkarussell schnell weiter. 16 (!) Trainerwechsel in der Saison! Dabei sind die krankheitsbedingten Interims-Lösungen nicht einmal berücksichtigt. In der Regel war das Ausbleiben von Erfolgen (Punkten) für die Vereine der Anlaß, den Trainer vor die Tür zu setzen. Fußball-Dresden konnte wieder stolz sein, hatten doch ihre beiden Vereine in der Oberliga Platz zwei und vier belegt. Eine noch bessere Plazierung hatten jene Volkspolizei-Funktionäre verspielt, als sie für ihr Team öffentlich erklären ließen, Landesmeister werden zu wollen. Dadurch waren bei Direktvergleichen andere Teams besonders motiviert, die Dresdner selbst fanden mehr Stolpersteine und verloren schließlich vorübergehend sogar ihren Rhythmus. Das kostete viele Punkte, die am Ende fehlten. Die Dresdner Volkspolizisten hatten im Ex-Leipziger Heinz Klemm einen glänzenden Keeper und mit ihrem kraftvollen und kopfballstarken Kapitän Herbert Schoen einen imposanten Abwehrspieler. Das Prunkstück aber war ihr Angriff mit den guten Technikern Günter Schröter und Rudolf Möbius, dem Torjäger Gerhard Hänsicke und mit einem klassischen Flügelmann Johannes Matzen.

Der Top-Star in der Saison 1951/52 war der 30jährige Torwart von Rotation Dresden Fritz Ritter, der auch in der DDR-Auswahl zum Einsatz kam. Der Dresdner Schlußmann blieb neben dem inzwischen nach Braunschweig abgewanderten Erfurter Keeper Heinz Senftleben auch am längsten ohne Gegentreffer. Seine Teamkollegen Felix Vogel und Werner Jochmann machten mit je vier Toren in einem Match ebenfalls von sich reden. Vor allem Jochmanns Leistung war erstaunlich, da er eigentlich Verteidiger war. Und schließlich sorgte noch ein weiterer Dresdner für Furore. Der kleine, leichtfüßige Günther Wirth (Tabak Dresden) war wegen seines Studiums nach Berlin gewechselt und hatte sich Oberschöneweide angeschlossen. In seinem 13. Spiel für die „Wuhlheider" am 20. April 1952 erzielte er gleich fünf Treffer, diese innerhalb von 20 Minuten. Der DDR-Meister von 1952 Turbine Halle hatte sich zu einer homogenen und mit taktischen Geschick klug aufspielenden Team entwickelt, aus dem sich bereits deutliche Konturen von Klassemerkmalen abzeichneten. Mit großem Geschick und Können fügte Halles Trainer Freddy Schulz die passenden Spieler zueinander. Dabei kam ihm zugute, daß er über Spieler wie Herbert Rappsilber, Otto Werkmeister, Erich Haase, Horst Blüher und Gerhard Kulitze verfügte, die auf vielen Positionen einsetzbar waren. Der Meister Turbine Halle verfügte über ein großes und starkes Team und löste in der Landeshauptstadt von Sachsen-Anhalt eine große Zuschauer-Resonanz aus

Abb. Seite 121: Die Mannschaft vom Sachsenverlag Dresden der Jungliga u.a. mit Horst Heinzmann und Peter Lorenz, Stadion Eisenberger Str.

DDR-Oberliga Saison 1951/52
Abschlußtabelle

1.	Turbine Halle	36	80:42	53:19
2.	VP Dresden	36	79:53	49:23
3.	Chemie Leipzig (M)	36	90:53	47:25
4.	Rotation Dresden	36	73:44	46:26
5.	Motor Zwickau	36	71:50	45:27
6.	Rotation Babelsberg	36	75:58	42:30
7.	Wismut Aue (N)	36	75:62	40:32
8.	Turbine Erfurt	36	58:47	39:33
9.	Aktivist Brieske-Ost	36	72:74	38:34
10.	Lokomotive Stendal	36	70:69	37:35
11.	Motor Oberschöneweide	36	53:66	35:37
12.	Motor Dessau	36	67:69	34:38
13.	Stahl Thale	36	52:59	31:41
14.	Motor Gera	36	56:72	31:41
15.	KVP Vorwärts Leipzig (N)	36	57:60	30:42
16.	Fortschritt Meerane	36	66:89	26:46
17.	Motor Wismar (N)	36	55:77	24:48
18.	Stahl Altenburg	36	46:95	21:51
19.	Einheit Pankow (N)	36	38:94	16:56

Saison 1952/53

Fußball in Dresden ist wieder die erste Adresse. Meister Volkspolizei Dresden und Rotation sorgen für Furore

Die Saison 1952/53 war eine der erfolgreichsten in der Geschichte des DSC-Nachfolgers Rotation Dresden. Der Dresdner Fußball gehörte zu den Ausnahmeerscheinungen der Saison 1952/53. Neben dem Meisterteam Volkspolizei Dresden, die wegen Punktgleichheit (38:26) mit Wismut Aue ein Entscheidungsspiel im Walter-Ulbricht-Stadion in Berlin hatten und sich vor 40.000 Zuschauern mit 3:2 n.V. durchsetzen, sorgte in fast noch stärkerem Maße der Ortsrivale Rotation dafür.
Während der Volkspolizei-Club am 13. April 1953 in Dynamo Dresden umgewandelt wird und sich neben Dynamo Berlin zu einem Lieblingsclub von Erich Mielke entwickelt, sind die Dresdner „Zeitungsleute" ausgehend vom ehemaligen BSG Sachsenverlag ein permanent belebendes Element der Liga. Nach einem 1:7 Punktestart kündigten sie ihrem Trainer Kurt Hallmann selbst, und schon lief es besser. Dabei blieben die Dresdner sechs Wochen ohne Trainer. Dann kam Trainer „Rudi" Berthold und krempelte die Mannschaft völlig

1952/53

um. Die Paukenschläge von Rotation Dresden nahmen kein Ende mehr. Begonnen hatte der Sturmlauf an die oberen Tabellenplätze bereits am 26. Oktober 1952, als Auswahltorhüter Fritz Ritter seinem Jenaer Kollegen Rolf Jahn einen Elfmeterball in die Maschen setzte.

Der SC Rotation Dresden kommt wegen des 4-2-4 Systems unter Druck der DDR-Sportführung

Es war das erste Mal in der Geschichte der DDR-Oberliga, daß ein Torhüter zum Elfmeter anlief. Rotation Dresden verbuchte mit 9:2 auch den höchsten Sieg der Oberliga-Saison. An diesem 22. Februar 1953 egalisierte der Dresdner Harry Arlt die DDR-Rekordmarke, indem er 6 mal den Geraer Torwart allein überwand. Zu den beiden Dresdner Ortsderbys zwischen Rotation und Dynamo waren insgesamt 80.000 Zuschauer gekommen. Ausgerechnet nach der 0:2 Niederlage im Derby gegen Volkspolizei Dresden begann der Siegeszug des SC Rotation. Trainer „Rudi" Berthold hatte sein Team auf ein 4-2-4-System umgestellt, indem er den Abwehrspieler Christoph Albig als Halblinken nominell aufstellte, aber quasi als Vorstopper spielen ließ. Während Rotation Dresden in den letzten sieben Spielen souverän auf 14:0 Punkte kam, wurde das Team von außen wegen seiner Spielweise kritisiert. Als „Dank" mußte aber dafür Trainer „Rudi" Berthold zu Saisonende 1952/53 seinen Hut nehmen! Die Rotation Erfolgskette war noch länger. Rotation stellte mit ihrem 26jährigen Mittelstürmer Harry Arlt den Torschützenkönig der Saison (26 Treffer) und spielte einen begeisternden Angriffsfußball, obwohl nominell mit einem Stürmer weniger besetzt.

Den Verantwortlichen der DDR war diese neue Spielweise noch unbekannt, weswegen der Rotation-Trainer auch von den Medien attackiert wurde. Mit seinem Team steigerte sich auch der 33jährige Torwart Fritz Ritter nach einer kurzen Formkrise wieder zu einer bestechenden Leistung, letztlich blieb er sogar 420 Minuten ohne Gegentreffer. Rotation Dresden hatte die zweitbeste Auswärtsbilanz und bei seinen Heimspielen im Schnitt sogar noch mehr Zuschauer mehr als Meister Volkspolizei Dresden.

Ansonsten gehörte die Saison für die übrigen Teams zur wohl spektakulärsten in der Geschichte des DDR-Fußballs überhaupt und soll deshalb ausführlich dargestellt werden. Durch Unsportlichkeiten geriet die Saison fast aus den Bahnen. Sensationen und Begeisterung der Fans reihten sich in einer Fülle aneinander, daß es schwer fällt, die wichtigsten Ereignisse wiederzugeben. Deshalb sei das Fazit der Saison 1952/53 in Analogie zu den Vereinen wiedergegeben. Im Sommer 1952 mußte Motor Gera nach Harry Frey mit Georg Buschner, Harry Heiner, Gerhard, Friemel, Edgar Klotz und Max Wollenschläger einen enormen Substanzverlust hinnehmen. Obwohl Karl-Heinz Marx und Kurt Langethal aus Thale nach Thüringen zurückgekehrt waren, stand Gera vor einer schwer lösbaren Aufgabe. Motor Gera gewann in allen 17 Auswärtsspielen lediglich einen Punkt, mußte zudem bei Rotation Dresden die Rekordniederlage (2:9) hinnehmen und stand folgerichtig vorzeitig als Absteiger fest. Der Aufsteiger Motor Jena hatte dagegen im Sommer 1952 eine beträchtliche Blutauffrischung erhalten. Zu den Neuzugängen gehörten die Ex-Geraer Harry Heiner, und Georg Buschner, außerdem Siegfried Woitzat und Karl Schnieke. Jena begann ebenfalls die Saison mit 0:10 Punkten, hatte zwei Feldverweise zu beklagen, blieb in über vierhundert Spielminuten ohne Torerfolg und trennte sich auch bald von seinem Trainer. Für ihn sprang der 42jährige Verteidiger Bernhard Schipphorst ein.

So dauerte für Jena die Oberligazeit nur einen Sommer. Motor Oberschöneweide hatte die Zugänge von Martin Zöller, Willi Ginzel (beide Pankow), Karl Kullich (SG Lichtenberg 47) und später noch die Rückkehr von Heinz Lehniger aus den Berliner Westsektoren zu vermelden. Doch Spieler gerieten gegen Jahresende 1952 in eine arge Krise und hatten dabei eine 1:15-Punkte-Serie. Die Oberschöneweider, mit nur einem einzigen Spieler von überdurchschnittlichen Format: Günther Wirth, der es als Linksaußen auf 12 Tore brachte. Daß sie am Ende absteigen mußten, war durch ihre großen Heimschwäche bedingt.

Rotation Babelsberg hatte im Sommer 1952 versucht, seine Spielerabgänge durch Zugänge vom Ortsrivalen VP Potsdam (Rolf Kuhle, Werner Zschernagk) zu kompensieren. Doch die Zeitungsleute spielten eine unglückliche Saison. Ihr Starstürmer „Hanne" Schöne erlitt einen Schlüsselbeinbruch und fiel mehrere Wochen aus. Neben Verletzungen kamen vier (!) Feldverweise hinzu. Auch blieb der erhoffte Zuschauerzuwachs aus, es blieb bei 8.000 Besuchern pro Spiel. Zu allem Überfluß geriet die Tietz-Elf bei Motor Dessau gar 1:8 unter die Räder. Lokomotive Stendal versteckte sich in keiner Phase der Saison, auch nach einem 3:9-Punktestart nicht. Dazu besaßen die Altmärker in Oswald Pfau einen glänzenden Psychologen und Trainer sowie eine eingespielte Abwehr mit Karl-Heinz Dehn, Karl Köhler, Kurt Henning, Hans Kovermann und Kurt Brüggemann. Und im Angriff stand mit Kurt Weißenfels ein Topstar unter den Torjägern des DDR-Fußballs. Auch ohne die entsprechenden Nebenleute wurde er mit 24 Treffern zweitbester Torschütze der Oberliga. Weißenfels stand am Regiepult, und mit seinen Kanonenschüssen bei Freistößen hatte er oft spektakuläre Auftritte.

Der Titelverteidiger Turbine Halle mit seinen Topstars Otto Werkmeister, Herbert Rappsilber, Otto Knefler und Erich Haase ging wohl allzu sorglos in die Saison. Als die Jungnationalspieler Achim Speth und Günther Imhof hinzukamen, war für sie gar kein Platz im Team. Ihre Leistungen reichten vorerst nicht für einen Stammplatz. Otto Knefler erwies sich zudem abermals als Elfmeterkönig (zusammen mit dem Leipziger Walter Rose) des DDR-Fußballs. Sechsmal trat er zur Ausführung an, und sechsmal traf er ins Netz. Doch bei den Hallensern war zwischen der Heim- und Auswärtsbilanz ein Unterschied wie Tag und Nacht. Im Kurt-Wabbel-Stadion (über 21.000 Besucher pro Spiel) erwies sich Turbine als sehr heimstark, auswärts war man aber ein Schatten seiner selbst. So geriet der Titelverteidiger sogar noch in Abstiegsnöte.

Aktivist Brieske-Ost bestritt die ersten 11 Spiele außerordentlich erfolgreich und zudem nur mit 12 (!) Spielern. Die Lausitzer hatten eine sehr dünne Spielerdecke und mußten ihren Regisseur Horst Franke sogar oft Außenläufer spielen lassen, um den nötigen Spielaufbau zu garantieren. Doch Brieske-Ost bekam allmählich Sorgen, hatte oft wenig Zuschauer-Rückhalt und mußte sieben Elfmeter in Kauf nehmen. Doch fünf Akteure waren in allen Spielen

Felix Vogel und Harry Arlt von Rotation Dresden im Heinz-Steyer-Stadion

dabei, und schließlich verlieh der von Aktivist Staßfurt gekommene Keeper Hans Jünemann der Elf wieder Selbstvertrauen. Der Aufsteiger Empor Lauter verfügte über kein den Anforderungen des Verbandes entsprechendes Stadion und bestritt deshalb viele Heimspiele in der „Kampfbahn des Friedens" in Schwarzenberg. Durch ihre offensive Spielweise gerieten sie während der gesamten Saison niemals in Schwierigkeiten, obgleich ihre Stammelf ein sehr hohes Durchschnittsalter aufwies. Die Lauterer sorgten für spektakuläre Resultate wie das 5:5 bei Chemie Leipzig und beim 5:3-Erfolg gegen den schier übermächtigen Rivalen und späteren Vizemeister Wismut Aue.

Beim Altmeister Motor Zwickau war in der Saison 1952/53 mehr hinter den Kulissen als auf dem Spielfeld los. Dabei hatte es für die Westsachsen glänzend begonnen, doch dann sperrten sie Heinz Satrapa selbst, der in den ersten acht Spielen bereits 6 Tore erzielt hatte. Vereins- und Verbandsfunktionäre überwarfen sich mit dem Spieler in aller Öffentlichkeit. Satrapa wechselte noch während der Saison nach Aue, das später in SC Wismut Karl-Marx-Stadt umbenannt wurde, ohne jedoch die Spielberechtigung zu erhalten. Trotz des 26jährigen „Dauerbrenners" Erhard Bauer verblaßte die Zwickauer Spielweise allmählich, man verlor Kredit bei den Zuschauern und es begannen wenig erfolgreichere Zeiten. Erst als die beiden, lange verletzten Oldtimer „Hanno" Breitenstein und „Helm" Schubert in der Rückrunde wieder ins Team kamen, erhielten die Zwickauer wieder Aufwind und belegten am Schluß noch überraschend den 3. Platz.

Stahl Thale hatte ein halbes Jahr nach seinem Superidol Werner Oberländer vier weitere Lei stungsträger (Rudolf Wlassny, Willy Gropp, Karl-Heinz Marx und Kurt Langethal) verloren. Der Abstieg wurde den Harzern vorausgesagt. Doch die Mannen um Mannschaftskapitän und Elfmeterspezialist Helmut Feuerberg und den glänzend aufgelegten Torhüter Heinz Bernhardt schlugen sich nicht nur redlich, sondern erreichten sogar eine sensationelle Auswärtsbilanz (10 Spiele ohne Niederlage!). Die Harzer Fans honorierten dies jedoch leider nicht, Thale hatte von allen Oberliga-Vereinen die wenigsten Besucher bei den Heimspielen aufzuweisen.

Turbine Erfurt bot eine ziemlich fade Saison. Es begann mit Torhüterschwierigkeiten, so daß Stürmer Wolfgang Nitsche in den ersten Punktspielen wieder zwischen die Pfosten mußte. Dann suchte Trainer Hans Carl lange nach der geeigneten Formation und hatte am Saisonende zumindest eine ideale Läuferreihe

1952/53

mit Jochen Müller, Helmut Nordhaus und dem aus Gotha gekommenen Georg Rosbigalle gefunden. Auch kristallisierte sich mit Heinz Grünbeck ein prächtiger Schlußmann heraus. Doch den Erfurtern stand ein treues und verständnisvolles Publikum (mehr als 18.500 pro Match) zur Seite. Motor Dessau legte zunächst im September 1952 einen Raketenstart hin, das Team spielte wie aus einem Guß. Die Dessauer traten in den ersten acht Spielen stets mit derselben Elf an. Zunächst wurden sie zu Beginn der neuen Saison zum Superteam des DDR-Fußballs apostrophiert. Die elf Spieler und der vom SV Werder Bremen zurückgekehrte Rolf Theile bestritten allein die ganze Hinrunde! Dessau hatte nach 13 Spielen sage und schreibe 25:1 Punkte und wurde zum Kassenmagneten. Der Angriff des Tabellenführers war zu diesem Zeitpunkt das „Paradepferd". Doch vereinsinterne Querelen und die aufkommende „Regimementalität" und Uneinigkeiten im Team machten den Höhenflug der Dessauer zunichte.

Chemie Leipzig galt von vielen als der Topfavorit der Saison 1952/53. Eine Fülle erstklassiger Spieler schien der beste Garant dafür zu sein. Außerdem war der Auswahl-Verteidiger Werner Eilitz von Vorwärts Leipzig zurückgekehrt. Die Chemie-Elf begann auch entsprechend (7 Spiele ohne Niederlage). Während Chemie mit 11:3 Punkten begann, hatte die Elf Vorwärts Leipzig einen umgekehrten Beginn (4:14 Punkte). Schon zu dieser Zeit wurde mit einer systematischen Zersetzung der Leipziger Chemie-Elf begonnen. In Horst Scherbaum hatte man das erste Opfer gefunden, der unmittelbar nach Studienende als Sportlehrer im Oktober 1952 nach Gohlis wechseln mußte. Manfred Ewald hatte ihn regelrecht erpreßt und vor die Alternative gestellt, entweder zu Vorwärts zu wechseln oder ein Spielverbot auf Lebenszeit in der DDR zu erhalten. Ein Beispiel, mit welch stalinistischen Methoden die Berliner Sportführung ihre Sportler bearbeitete.

Zudem mißfiel einigen Machthabern, daß Chemie Leipzig in den ersten vier Heimspielen im Durchschnitt 20.000 Zuschauer, Vorwärts dagegen nur 7.000 vorweisen konnte. Es wurde immer kräftiger daran gearbeitet, soviel wie möglich Chemie-Spieler zu Vorwärts zu „delegieren". Unruhe kam in die Mannschaft und Chemie verlor fünf aufeinanderfolgende Spiele. Am 23. Dezember 1952 war der Skandal perfekt. Sieben (!) weiter Chemie-Spieler „erklärten" den Übertritt zu Vorwärts, das eine Woche zuvor noch das Ortsderby gegen Chemie 0:1 verloren hatten. Die Chemie-Elf mit Walter Rose, Günter Busch, Gerhard Polland und Walter Stieglitz, fuhr voller Zorn nach Magdeburg und gewann dort sein „Heimspiel" gegen Motor Jena sensationell 6:0. Diese Trotzreaktion ließ den Zuschauer in Leipzig aufhorchen. Leipzig bestritt vom Februar bis April 1953 sechs Heimspiele vor nahezu 40.000 (!) Zuschauern pro Spiel. Mehr faßte das Bruno-Plache-Stadion in Probstheida nicht, in das man wegen des großen Andranges ausgewichen war. Der 40jährige deutsche Ex-Nationalspieler Walter Rose wurde dabei zum großen Rückhalt der Mannschaft. Die Messestadt stand geschlossen hinter der Chemie-Elf, die sich souverän vor dem von den Machthabern der DDR geplanten Abstieg rettete. Vorwärts Leipzig, das auch am 1. Februar 1953 vor 30.000 Besuchern das zweite Ortsderby der laufenden Saison gegen Chemie (1:2) verlor, hatte in der Folgezeit bei den Leipzigern alle Chancen verspielt. Urplötzlich waren die Rollen vertauscht. Nicht Chemie Leipzig, sondern Vorwärts Leipzig spielte gegen den Abstieg. Die Sektion Fußball der DDR und die Sportvereinigung Vorwärts hatten die „Schlacht" gegen die Leipziger Bevölkerung verloren. So wurde Vorwärts Leipzig noch vor Saisonende von Leipzig nach Berlin transferiert. Von heute auf morgen einfach in eine andere Stadt. Man hoffte, dem Abstieg entgehen zu können und Berlin davor zu bewahren, in der Saison 1953/54 ohne Oberliga-Verein zu sein.

Doch der Trick mißlang, Vorwärts stieg ab und nicht nur in Leipzig rieben sich die Fußballfreunde verwundert die Augen. Am 24. Mai 1953 war es in Aue beim Spiel der Wismut-Elf gegen Vorwärts Leipzig/Berlin (2:2) zu Tumulten gekommen, woraufhin Aue eine Platzsperre bekam und zusätzlich dieses Spiel wiederholt werden sollte. Dadurch verschaffte man Volkspolizei Dresden einen Vorteil, da Aue nun in Babelsberg antreten mußte, und gleichzeitig ergab sich noch eine theoretische Möglichkeit, Vorwärts vor dem Abstieg zu retten. Doch diese Manipulation wurde überall erkannt, und es gab eine Flut von Protesten. So wurde von einer Rechtskommission die vorgesehene Spielwiederholung in Cottbus annulliert. Wismut Aue war am Ende mit Volkspolizei Dresden punktgleich.

Die Spieler von Wismut Aue haben die Meisterschaft „nach Außen" durch Querelen selbst verspielt. Zwei Platzsperren und ein Feldverweis ihres Mittelstürmers Willy Tröger waren einfach zu viel. Hinzu kam das Pech, daß Aue nach 18 Spieltagen seinen fabelhaften und eminent torgefährlichen Linksaußen Friedhold Schüller durch einen Beinbruch verlor. Da half

Abb. S. 126: Rotation Dresden u.a. mit Kurt Hoegg, Fritz Ritter (Torwart) Christoph Alwig und Werner Jochmann (v.l.)

Abb. : 127: Hans Kreische von der SG Friedrichstadt, im Vordergrund Torwächter Klantz von Motor Dessau bei Faustabwehr

Saison 1953/54

Rotation Dresden geht dem Mittelmaß entgegen. Unnötige Punktverluste gegen Absteiger bescherten den 7. Platz

Unnötige Punktverluste gegen schwächere Mannschaften brachten Rotation trotz guter Saisonleistungen in der Endabrechnung nur den 7. Platz. Besonders schwerwiegend die Punktverluste gegen die Absteiger! Gegen Thale gab es eine schmerzliche 3:4 Heimniederlage, ebenso holt der Vorletzte Motor Dessau mit einem 2:2 Remis bei den Schützlingen von Paul Döhring einen Punkt. Mit fünf Unentschieden und drei Niederlagen war keine bessere Plazierung für die Dresdner möglich. Balsam auf die Wunden war der 3:0-Heimsieg gegen Dynamo Dresden im 11. Derby! Bezeichnend, daß Felix Vogel mit 9 Toren in der Torschützenliste nur Rang 19 belegte. Die Torjägerkrone teilten sich Heinz Satrapa und Siegfried Vollrath mit 21 Toren, auf Rang drei folgte Peter Fischer von Fortschritt Meerane.

auch nicht mehr, daß sich Aue als die auswärtsstärkere Vertretung erwies. Der neue Meister Volkspolizei Dresden war ausgeglichener besetzt, besaß mit Heinz Klemm und Horst Kiesewetter die besseren Torleute, auch die geschlossenere Abwehr und in „Moppel" Schröter den überragenden Einzelkönner. Unter der sicheren Obhut von Trainer Paul Döring waren neun Spieler in 30 und mehr Punktspielen dabei. Die Volkspolizisten spielten keinen berauschenden Fußball, aber mit ihrer konstanten Besetzung, ruhigen Spielweise, der „Neutralität des Staatsorgans" und der Vereinsumwelt, waren sie am Ende nicht unverdient Tabellenerster. Schließlich darf nicht unerwähnt bleiben, daß es in der Saison 1952/53 insgesamt 22 vorzeitige Trainerwechsel in der Oberliga, dazu noch ein halbes Dutzend in der 1. Liga gab. Nur Zwickau, Erfurt, Brieske und Babelsberg waren bei diesem Trainerkarussell unbeteiligt geblieben. Dabei war am 5. August 1952 beschlossen worden, daß alle „Anstellungen und Kündigungen der Trainer bei der DDR Oberliga- und DDR-Liga-Gemeinschaften der Zustimmung der Sektion Fußball bedürfen".

Diese Leute hatten es fast fertiggebracht, eine Spitzenmannschaft (Chemie Leipzig war 1951 DDR-Meister!) sportlich zu schwächen, um den Versuch zu starten, eine schlechte (Vorwärts Leipzig, auch Kasernierte Volkspolizei (KVP) genannt) zu stärken. Daß dies bis heute ungestraft blieb, ist fast nicht zu verstehen, es widersprach jeder Fußballlogik und erfolgte gegen den Willen der großen und breiten Anhängerschaft im Ostteil Deutschlands.

Saison 1952/53 DDR-Oberliga			
Abschlußtabelle			
1. VP Dresden*1	32	51:53	38:26
2. Wismut Aue	32	57:48	38:26
3. Motor Zwickau	32	54:43	37:27
4. Rotation Dresden	32	65:55	36:28
5. Stahl Thale	32	45:47	36:28
6. Motor Dessau	32	66:55	35:29
7. Turbine Erfurt	32	51:44	34:30
8. Chemie Leipzig	32	55:51	34:30
9. Aktivist Brieske-Ost	32	55:22	34:30
10. Empor Lauter (N)	32	58:61	33:31
11. Lokomotive Stendal	32	56:54	32:32
12. Rotation Babelsberg	32	58:59	32:32
13. Turbine Halle (M)	32	51:44	31:33
14. KVP Vorwärts Leipzig	32	49:56	30:34
15. Motor Oberschöneweide	32	47:50	27:37
16. Motor Jena (N)	32	35:62	22:42
17. Motor Gera	32	32:71	15:49

*1 während der Saison am 13.04.53 in Dynamo Dresden umgenannt.
Entscheidungsspiel am 05.Juli 1953 um die Meisterschaft:
Dynamo Dresden - Wismut Aue 3:2 n-V.

Saison 1953/54 DDR-Oberliga			
Abschlußtabelle			
1. Turbine Erfurt	28	58:36	39:17
2. Chemie Leipzig	28	51:37	35:21
3. Dynamo Dresden (M)	28	54:44	34:22
4. Wismut Aue	28	59:42	33:23
5. Rotation Babelsberg	28	58:43	32:24
6. Aktivist Brieske-Ost	28	48:43	30:26
7. Rotation Dresden	28	46:39	28:28
8. Turbine Halle	28	30:30	28:28
9. Empor Lauter	28	40:38	27:29
10. Fortschritt Meerane (N)	28	46:46	25:31
11. Motor Zwickau	28	39:56	25:31
12. Einheit Ost Leipzig (N)	28	43:57	23:33
13. Lokomotive Stendal	28	38:51	23:33
14. Motor Dessau	28	38:55	23:33
15. Stahl Thale	28	28:59	15:41

1954/55

Rudi Clemens und Christoph Albig von Rotation Dresden

Saison 1954/55

Ende Oktober 1954 wird mit einer gewaltsamen Clubbildung aus Rotation Dresden der „Sportclub Einheit Dresden"

Rotation Dresden erzielte unmittelbar nach der Clubbildung in den Sport-Club Einheit 4:8 Punkte und fiel durch drei Feldverweise, die jeweils erst nach dem Schlußpfiff erfolgten, durch eine große Heim-Auswärts-Diskrepanz auf. Die Dresdner erzielten zwar die meisten Treffer, mußten aber auch die zweithöchste Zahl an Gegentreffern hinnehmen. Die innere Ruhe kam auch dadurch zum Ausdruck, daß vier (!) verschiedene Trainer die Dresdner in dieser Saison betreuten. Dem ersten Trainer Paul Döring hatte die Sektion Fußball der DDR im November 1954 gar die Trainer-Lizenz entzogen. Offensichtlich suchte man einen Hauptschuldigen. Ganz sicher, darüber waren sich die Insider im Umfeld der „Rotationsleute" einig, wurde Altmeister Fritz Ritter zu früh aus dem Dresdner Tor genommen.
Mit gravierenden Veränderungen in den Organisationen des DDR-Fußballs wartete die Saison 1954/55 auf. Diese Saison stand ganz im Zeichen epochemachender Umwälzungen im DDR-Fußball, die durch die gewaltsamen und angeordneten Clubbildungen für jedermann sichtbar wurden. Diese von der DDR-Sportführung diktierten und angeordneten neuen Klubformen (Sportzentren) erfolgten in der Regel gegen den Willen der Spieler und Vereine. Was die Zuschauer auf den Rängen und die Fußballinteressenten im Lande dachten, interessierte die damaligen Machthaber nicht. Zu tief saß der Schock, daß der „Intimfeind" Westdeutschland mit der Weltmeisterschaft 1954 neue Reputation und der Fußball in Deutschland auch im Osten zusätzlichen Auftrieb erhielt. Konzentration der Kräfte hieß das Losungswort vom damaligen Macher und DDR-Sportchef Manfred Ewald.

Die Bevölkerung in der DDR hatte dafür kein Verständnis. Eine verständliche Haltung, denn seit dem Ende der Naziherrschaft waren erst neun Jahren vergangen. Die Sportführung der DDR glaubte ihrerseits, durch diese Maßnahmen zur sprunghaften Leistungssteigerung und damit höherer Spielqualität im Fußballsport zu gelangen. In der DDR-Oberliga 1954/55 wurden neun der 14 Vereine während der Saison 1954/55 in Sportclubs umfunktioniert. Besonders hart traf es den Tabellenneunten Empor Lauter, der per Dekret im November 1954 nach Rostock zum dortigen neuen Club SC Empor Rostock stieß! Sowie den Meister der letzten Saison Wismut Aue, der in die Bezirksstadt zum neuen Sport Club Wismut Karl-Marx-Stadt delegiert wurde. Nicht selten wurden die Spieler dabei von heute auf morgen ohne ihre Zustimmung einem anderen Betrieb angeschlossen. Demoralisierend wirkten die Clubbildungen auf die Spieler der restlichen fünf Oberliga-Vereine sowie auf die Vereine unter der Oberliga folgenden Spielklassen.

Die DDR-Oberligisten konnten sich zu jeder Zeit aus ihnen nehmen, was sie wollten. Und nur wenige Spieler widerstanden auf die Dauer letztendlich dem „Druck" und den „Verlockungen", zumal der Lebensstandard für den Durchschnittsbürger sehr bescheiden war. Die Nichtclubs waren diesem Treiben nahezu schutzlos ausgesetzt. All diese Maßnahmen und Umfeldänderungen führten dazu, daß die Spieler ohne innere Begeisterung, mit einer gewissen Passivität zum Training gingen und auf das Spielfeld aufliefen. Extreme Leistungsschwankungen, häufige Änderungen der Teamaufstellungen und gelegentliche Revolten der Spieler waren zwangsläufige Folgen. All das waren keine Voraussetzungen für Leistungssteigerungen. Im Gegenteil. Die Saison 1954/55 war von einer Instabilität geprägt und die gebotenen Leistungen sogar schwächer als in den vorangegangenen Spieljahren. Es gab kaum einen Oberliga-Spieler, der während der gesamten Saison durchgehend gute Leistungen aufzuweisen hatte.

Am besten mit all diesen Ereignissen wurden noch die Erfurter fertig, die stets mit einer konstanten Hintermannschaft spielten und auch die Mehrzahl der besten Spieler in ihren Reihen hatte. So blieben die Blumenstädter mit Abstand am längsten ungeschlagen und auch ohne Gegentor. Das vom großartigen Kapitän Helmut Nordhaus geführte Meisterteam verteidigte schließlich hochverdient seinen Titel. Die Erfurter, die auswärts die größte Zuschauer-Resonanz auslösten, machten es sich am Ende aber noch selbst schwer, als im vorletzten Spiel gegen Zwickau vier Minuten vor dem Abpfiff beim Stande von 1:2 ihr Linksverteidiger Gerhard Franke einen Elfmeterball nicht zu verwandeln vermochte und damit die Meisterschaft bis zum letzten Spieltag offen ließ. Der eigentliche Topfavorit für die Meisterschaft war Wismut Aue gewesen. Doch das Team der Wölfe, Tröger, Satrapa, Bauer etc. wurde besonders strapaziert. Zunächst gab es bei der neuen Klubschaffung die gleichen Erscheinungen wie anderswo, doch zusätzlich sollte die Mannschaft in die Bezirksstadt Karl-Marx-Stadt verlegt werden.

In Aue gab es aktiven Widerstand gegen die neue Clubbildung - Erst die Zusage von Walter Ulbricht bringt Ruhe

Doch da gab es noch die große Anzahl der Kumpels in und um Aue, die ihre Lieblinge nicht preisgeben wollten. Als der Druck von „oben" größer wurde, erzeugten sie Gegendruck. Tausende von Kumpels in und um Aue drohten mit einem Streik, falls ihre Mannschaft verlegt wird und forderten sogar eine verbindliche Zusage, daß das Wismut Aue-Team in Aue bleiben darf. Und die Bergwerksleute erhielten diese - von keinem Geringeren als Walter Ulbricht.
Um die Blamage der DDR-Sportführung nach außen nicht allzusehr sichtbar werden zu lassen, ließ man dann Wismut Aue für einige Jahre unter dem Namen SC Wismut Karl-Marx-Stadt spielen, obwohl dieses Team nichts, aber auch gar nichts mit dem früheren Chemnitz zu tun hatte. Diese psychische Belastung forderte bei den Akteuren auch ihren Tribut, der sich vor allem in einer großen Diskrepanz zwischen Heimstärke und Auswärtsschwäche bemerkbar machte. Das Pokalfinale bestritt Wismut Karl-Marx-Stadt ohne ihre beiden schwer verletzten Stürmerstars Heinz Satrapa und Siegfried Tröger.

Hinter dem Kanonier vom Dienst Willy Tröger (SC Wismut Karl-Marx-Stadt), der 22mal ins Schwarze traf, belegte der Torschützenkönig von der Saison 1951/52 Harry Arlt vom SC Einheit Dresden mit 17 Toren den zweiten Platz vor Siegfried Vollrath (Turbine Erfurt) und Heinz Satrapa (SC Wismut Karl-Marx-Stadt), die je 16 Oberligatore erzielten.

Motor Zwickau hatte einen miserablen Start (0:8 Punkte). Dann aber fing sich die Elf nach und nach, die in Rechtsaußen Meinhold ihren besten und erfolgreichsten Spieler in dieser Saison hatte. Die Zwickauer profitierten aber auch von der Zwangsumsiedlung vom Empor Lauter nach Rostock. Drei Spieler Johannes Friedrich, Rudolf Hertzsch und Walter Espig weigerten sich, mit an die Ostseeküste zu ziehen, sie verstärkten in der Rückrunde die Zwickauer.

Schließlich kehrte Horst Oettler vom VfL Osnabrück zurück, ohne jedoch Bäume herauszureißen. Die Briesker kamen wie eh und je mit wenig Spielern aus und waren froh, als zum Jahreswechsel 1954/55 ihr großes Talent Heinz Lemanczyk von der DHfK aus Leipzig zurückkehrte, nachdem schon im Oktober 1954 der Zwickauer Gruner hinzugekommen war.

Der Saisonhöhepunkt war jedoch das Erreichen des Pokalhalbfinales sowie der Rekordsieg im Viertelfinale (9:0 gegen SC Fortschritt Weißenfels). Dynamo Dresden, das 1950 aufgrund seiner technisch-spielerischen Art als SG Friedrichstadt-Ersatz in der sächsischen Metropole relativ schnell Fuß gefaßt hatte und sich in Elbflorenz schnell viele Sympathien erwarb, hatte auch in der Saison 1954/55 einen Bombenstart (8:0 Punkte) und wieder eine stattliche Heimkulisse. Doch mit der neuen Klubschaffung des SC Dynamo und der Umsiedlung der Mannschaft nach Berlin begann das große Dilemma! Die Mannschaft verlor allmählich ihre Form und geriet im Januar 1955, als Hans Kreische, Gerhard Hänsicke, Rudolf Möbius und Günter Usemann längere Zeit ausfielen, völlig aus den Fugen. 0:10 Punkte in den Winterwochen stellten einen traurigen Rekord dar. Doch es kam noch ein anderer Effekt hinzu, denn der gebildete SC Dynamo Berlin war quasi die Betriebsmannschaft für „Innere Angelegenheiten" („Stasi") geworden.

Das Zuschauerinteresse an der DDR-Oberliga geht immer mehr zurück!

Welch ein großer taktischer Fehler wurde hier von der Sportführung der DDR begangen. Die Auswirkungen wurden sofort sichtbar. Die Dynamo-Elf hatte in Berlin im Durchschnitt weniger als 8.000 Zuschauer, in Dresden waren es 19.000 und mehr! Und auch auswärts sank die Zugkraft sofort um ein Drittel. Die allein auf den Leistungsabfall zurückzuführen zu wollen, wäre zu einseitig, denn andere Vereine wie Leipzig und Halle hatten trotz katastrophaler Leistungsabfälle unvermindert hohe Zuschauerzahlen, die eben auch traditionsbedingt sind. Ein Aspekt mutet heute fast sensationell an: der SC Dynamo Berlin erhielt in der Saison 1954/55 keinen (!) Elfmeter zugesprochen. Damals hatte Gerhard Schulz, selbst der beste Referee im Lande, seine Schiedsrichtergarde noch ziemlich fest im Griff. Der andere Berliner ZSK Vorwärts, ebenfalls kein echter Berliner Verein, brachte nicht die gewünschten Erfolge, obgleich der frühere Erfurter Keeper Heinz Grünbeck und nach seiner Begnadigung auch der Dessauer Ex-Nationalspieler „Holdi" Welzel im Herbst 1954 noch hinzugekommen waren.
Es begann zu gären, zumal die Vorwärts-Elf in Leipzig trainierte. Im Januar war der Tumult perfekt, die Spieler machten sich gegenseitig Mut und ließen ihren Unmut schließlich freien Lauf. Das Ergebnis war deutlich sichtbar. 14 (!!) Spieler des Oberliga-Teams ZSK Vorwärts verließen gegen den Willen der DDR-Sportführung geschlossen Berlin und schlossen sich wieder der in Leipzig zurückgebildeten Vorwärts-Elf an, die auf kuriose Art und Weise für die DHfK in der Liga weiterspielte. Eine mutige Haltung all dieser Akteure, die höchsten Respekt erfordert. Nur Eilitz, Reichelt, Mitzschke und Marotzke waren beim ZSK Vorwärts Berlin geblieben, der sich nun von Motor Oberschöneweide und vielen anderen

1955

DDR-Vereinen bediente, wie er es für nötig hielt. So waren für diesen Berliner Club in der Saison 1954/55 insgesamt 33 Spieler zum Einsatz gekommen. Natürlich nahm auch ein neuer Trainer den Taktstock in die Hand. Mit dem Ungarn Janos Gyarmati hatte man sich dabei ebenfalls glänzend bedient. Empor Lauter, der kleine erzgebirgische Ort bei Aue, war nach 8 Spieltagen Tabellenführer der Oberliga. Ein vorbildliches Vereinsklima sowie der Zugang der Bialas-Brüder hatte dieses Wunder Lauter vollends perfekt werden lassen. Doch am 1. November 1954 wurde die Elf nach Rostock von „Oben" nach der Ostsee delegiert, der Fußball und seine sportlichen Belange mit „Füßen" getreten. Hier die Abschlußtabelle der Liga:

Stahl Riesa

DDR-Oberliga Saison 1954/55
Abschlußtabelle

1.	Turbine Erfurt	26	58:25	34:18
2.	Wismut Aue	26	62:38	33:19
3.	Einheit Ost Leipzig	26	56:46	30:22
4.	Rotation Dresden	26	64:55	29:21
5.	Motor Zwickau	26	51:49	28:24
6.	Aktivist Brieske-Ost	26	37:44	27:25
7.	Dynamo Dresden	26	50:50	26:26
8.	ZSK Vorwärts Berlin	26	43:46	26:26
9.	Empor Lauter	26	29:33	26:26
10.	Chemie Karl-Marx-Stadt	26	34:43	25:27
11.	SC Lokomotive Leipzig	26	33:38	24:28
12.	Rotation Babelsberg	26	36:36	23:29
13.	Turbine Halle	26	27:50	20:32
14.	Fortschritt Meerane	26	31:58	13:39

Saison 1955

Für den neuen starken Club SC Einheit Dresden wurde die Übergangsrunde nur zu einer Pflichtübung. Um den Spielrhythmus dem sowjetischen System der Spielzeiten anzugleichen mußte diese „Übergangsrunde" durchgeführt werden. Während fast in ganz Europa nach dem Ligensystem August bis nächstes Jahr Mai gespielt wird, entschied man sich in der DDR für das Spielsystem nach dem Kalenderjahr! Eine weitere Isolierung des DDR-Fußball an das westeuropäische Format wurde vorgenommen

In einer einfachen Runde ohne Rückspiel und ohne Aufstieg- oder Abstieg wurde gespielt. Nur knapp entging damit der SC Einheit Dresden dem Abstieg! Nur durch das bessere Torverhältnis retteten sich die Dresdner in die neue Saison, eine Saison in der Höhen und Tiefen für die Sachsen ständig wechselte!

Der SC Einheit Dresden zeigte sich schwach wie selten, verlor von seinen sieben Heimspielen gleich sechs! Viele Teams wirkten dabei lustlos, so wundert es nicht, daß mit dem SC Wismut Karl Marx-Stadt, SC Empor Rostock und SC Dynamo Berlin am Ende das Spitzentrio bildeten.

Die anderen Mannschaften hatten einfach keine Lust, dieser Farce noch den erforderlichen sportlichen Inhalt zu geben. So wundert es nicht, daß Rotation Leipzig, SC Einheit Dresden und SC Aktivist Brieske Senftenberg den Schluß der Tabelle zieren. Die Torschützenliste führte der Babelsberger Klaus Selignow mit 12 Toren vor Günter Schröter, SC Dynamo Berlin, mit 11 Toren und Willy Tröger vom Erstplazierten SC Wismut Karl-Marx-Stadt mit 9 Toren. Motor Zwickau erzielte die meisten Tore wurde aber wegen der Abwehrschwäche nur Vierter. Viele der Sportfunktionäre um Ewald Koch hatten erwartet, daß die Spieler, ohne nervliche Belastungen sorgenfrei und sportlich ambitioniert aufspielen würden, doch offensichtlich standen in den neuen Klubs ganz andere Belange für das mangelnde Selbstvertrauen der Spieler im Vordergrund. Gründe, die auch den Dresdner Fußball bei Einheit Dresden immer mehr in den Hintergrund bringen sollten. Hier die Abschlußtabelle.

DDR-Oberliga Saison 1955
(Übergangsrunde) Abschlußtabelle:

1.	SC Wismut Karl-Marx-Stadt	13	30:13	20:06
2.	SC Empor Rostock	13	25:13	19:07
3.	SC Dynamo Berlin	13	35:12	18:08
4.	Motor Zwickau	13	36:21	17:09
5.	Rotation Babelsberg	13	29:24	15:11
6.	SC Lokomotive Leipzig	13	21:17	14:12
7.	SC Turbine Erfurt	13	16:18	13:13
8.	SC Fortschritt Weißenfels	13	19:20	13:13
9.	Lokomotive Stendal	13	16:31	11:15
10.	Z ASK Vorwärts Berlin	13	26:28	10:16
11.	SC Rotation Leipzig	13	16:27	10:16
12.	SC Einheit Dresden	13	21:24	08:18
13.	SC Aktivist Brieske-Senftenberg	13	17:33	08:18
14.	Chemie Karl-Marx-Stadt	13	16:42	06:20

Saison 1956

Dresden hat mit dem SC Einheit nur noch einen Club in der Oberliga Dynamo Dresden nur noch in der 2. DDR-Liga Staffel Süd.

Mit der Änderung der Spielzeit synchron zum Kalenderjahr sowie die Anwendung des Substraktionsverfahrens beim Torverhältnis isolierte sich der DDR-Verband zusehends von den Bestrebungen der anderen Vereine in Westeuropa. Offiziell gab man als eine der Kriterien für die Umstellung der Spielzeit, die Bodenverhältnisse während der Wintermonate in Deutschland-Ost an. Doch im Vordergrund der SED-Sportideologen stand eindeutig die Angleichung an das sowjetische Spielsystem.

1956/1957

Saison 1957

Der SC Einheit Dresden zeigt an der alten Stätte „Heinz-Steyer-Stadion" eine wechselhafte Saison

Die Staatsführung der DDR hatte für diese Saison als oberstes Ziel die Teilnahme der DDR-Nationalmannschaft an der Fußball-Weltmeisterschaft 1958 in Schweden gemacht. Alle Spiele der DDR-Oberliga, die vom März bis November stattfanden, mußten sich dieser Prämisse unterordnen. Erstmals in der Geschichte des DDR-Fußballs wurde mit einem Länderspiel die Saison eröffnet. Dabei unterlag Luxemburg im Walter-Ulbricht-Stadion in Berlin mit 0:3 Toren.

Ansonsten gab es in der Saison nichts Neues. Zu dominierend trumpfte der Titelverteidiger SC Wismut Karl-Marx Stadt auf. Mit nur einer Heimniederlage (3:4) ausgerechnet gegen Aufsteiger SC Chemie Halle-Leuna leistete sich der Meister nur einen unbedeutenden Ausrutscher. Diese beiden Punkte bewahrten die Hallenser vor dem Abstieg, wie sich später noch herausstellen sollte. Die Überlegenheit der Elf aus dem Erzgebirge lag vor allen Dingen in der taktischen und technischen Umsetzung innerhalb der einzelnen Mannschaftsteile. Trotz der Heimniederlage zeigte sich der SC Wismut acht Tage später unbeeindruckt. Beim hartnäckigsten Verfolger ASK Vorwärts Berlin legten die Spieler um Kapitän Erhard Bauer mit einem 1:0 Erfolg in der Höhle des Löwen den Grundstein zum 2. Titelgewinn. Anders dagegen Dresdens Vertreter SC Einheit. Zuhause wurde eine bessere Plazierung verspielt. Vier Heimniederlagen sprechen eine deutliche Sprache, so daß am Ende nur aufgrund guter Auswärtsleistungen der 8. Platz heraussprang. Die Mannen um Trainer Johannes Siegert stellten sich mit wechselnden Leistungen über die gesamte Saison vor. Die Unbeständigkeit war das Beständigste an den Dresdnern. Bedingt durch die Leistungsschwankungen gab man sicher geglaubte Punkte, zu Hause gegen SC Rotation Leipzig (0:1), SC Fortschritt Weißenfels (1:2) und SC Turbine Erfurt (1:3) doch noch an die Gastmannschaft ab. Nochmals zum Einsatz kam der 37jährige Klassetorwart des DSC, nachdem der etatmäßige Keeper

Um den Fußball der DDR auch international aufzuwerten entschloß man sich durch gravierende Umwälzungen und vom Regime angeordnete Clubbildungen eine Leistungssteigerung zu „diktieren". Diese von der DDR-Sportführung gewollten Umstrukturierungen in den Sportklubs erfolgten in der Regel wider den Willen der Spieler und der Vereinsführung.

Vor allen Dingen Dynamo Dresden wurde mit der neuen Situation nicht fertig. Trainieren an der Elbe, spielen an der Spree - mit diesem Rhythmus kamen Möbius, Matzen und Kreische nicht zurecht. Der Meister von 1953 ist zwei Jahre später nur noch drittklassig. Das war auch der Grund, weshalb die DDR-Sportführung beschließt, daß der SC Einheit und Dynamo die Stadien tauschen. Dynamo spielt im Rudolf-Harbig Stadion während der SC Einheit ins traditionsreiche Heinz-Steyer-Stadion im Ostragehege wechselt.

Während der SC Einheit in der DDR-Oberliga auf einem achtbaren 5. Platz landet, trifft es die von Verfehlungen, Intrigen und den kaum noch zumutbaren „Zwangsspielerabstellungen" für den SC Dynamo Berlin gebeutelten Volkspolizisten unter dem „Dynamo" Symbol spielenden Dresdner in dieser Saison hart. Weil Joachim Vogel unberechtigt bei Spielen in der 2. DDR-Liga-Staffel Süd mitspielte, wurden dem Stasi-Club neun Punkte am „grünen Tisch" aberkannt. Folge davon: Der SG Dynamo Dresden stieg als Vorletzter in die Bezirksliga Dresden ab!

Wer hatte damals von den Verantwortlichen geahnt, daß die „Umlegung" des Teams von Dresden nach Berlin fast zu einem Generalstreik der Arbeiter im Stahlwerk Freital geführt hätte? Den Beschluß vom Juli 1954 und die Schaffung von Fußball Clubs und willkürlich festgelegten Fußballzentren sollten den DDR-Fußball attraktiver machen.

DDR-Oberliga Saison 1956
Abschlußtabelle:

#	Verein	Sp	Tore	Punkte
1.	SC Wismut Karl-Marx-Stadt (M)	26	53:21	38:14
2.	SC Aktivist Brieske-Senftenberg	26	34:15	36:16
3.	SC Lokomotive Leipzig	26	45:22	34:18
4.	Lokomotive Stendal (N)	26	55:54	28:24
5.	SC Einheit Dresden	26	50:46	26:26
6.	ASK Vorwärts Berlin	26	41:41	26:26
7.	Rotation Babelsberg	26	41:53	26:26
8.	SC Rotation Leipzig	26	35:41	24:28
9.	SC Motor Karl-Marx-Stadt	26	25:50	23:29
10.	SC Fortschritt Weißenfels (N)	26	36:38	22:30
11.	Motor Zwickau	26	47:52	22:30
12.	SC Turbine Erfurt	26	36:38	21:31
13.	SC Dynamo Berlin	26	39:48	20:32
14.	SC Empor Rostock	26	31:49	18:34

Absteiger: SC Empor Rostock, SC Dynamo Berlin
Aufsteiger: SC Motor Jena, SC Chemie Halle-Leuna

1957

Wolfgang Großstück wegen einer Tätlichkeit gegen einen Spieler des SC Rotation Babelsberg mit einer vierwöchigen Sperre belegt wurde. Erfreulich war die Entwicklung der jüngeren Spieler beim SC Einheit Dresden. So rückten Wolfgang Großstück, Manfred Hansen und Wolfgang Pfeifer in den Blickpunkt auch für die Auswahlmannschaft der DDR. Überraschend das gute Abschneiden von Aufsteiger SC Motor Jena. Die Thüringer verloren zwar zu Hause alle Spiele gegen das Spitzentrio SC Wismut, Vorwärts Berlin und Rotation Leipzig, trotzdem hatten die Spieler um Kapitän Karl Oehler eine erfolgreiche Saison. Mit Horst Kirch (9 Tore) und Roland Ducke (7 Tore) hatten sie auch die entsprechenden Torjäger. Die Überraschungsmannschaft in dieser Saison war jedoch der SC Rotation Leipzig! Zu Beginn der Saison 1957 hatten die Experten die Messestädter nicht auf der Rechnung! Doch fast hätten die Spieler von Trainer Johannes Studener die Vizemeisterschaft geschafft, doch ein 0:0 von Vorwärts Berlin brachte die Leipziger um den verdienten Lohn. So fand in der Messestadt ein Wechsel statt. Nicht Lokomotive Leipzig wurde zum Liebling, sondern die Spieler von Rotation! Das bewiesen auch die Zuschauerzahlen. Über 150.000 Zuschauer wollten die Spiele des SC Rotation in Leipzig sehen. Nur Halle (250.000) und SC Einheit Dresden (195.000) hatten mehr Zuschauer.

Tristesse dagegen bei Lokomotive Stendal. Im Vorjahr als Aufsteiger noch den 4. Platz erreicht, versagten die Nerven der Spieler um Kapitän Karl Köhler des öfteren. Am Ende fehlten bei Punktgleichheit mit Aufsteiger SC Chemie Halle Leuna sieben Tore zum rettenden 12. Tabellenplatz. Der Abstiegskampf hatte für die letzten sechs Mannschaften in der Schlußphase eine eigene Brisanz. Schon längere Zeit war die Situation für den Tabellenletzten SC Motor Karl-Marx-Stadt ausweglos. Nur drei Siege in 26 Spielen sprachen eine deutliche Sprache, ebenso die 62 Gegentreffer, die der unbeliebte Club kassieren mußte! Der Abstieg war nur die Quittung für die DDR-Sportfunktionäre, die mit politischen Druck den Klub bildeten.

Ein Jahr davor wurde der Abstieg noch am grünen Tisch mit Tricks und Kniffen von „Oben" vermieden. In dieser Saison kamen jedoch die innermannschaftlichen Probleme zwischen ehemaligen Chemie Karl-Marx Stadt Akteuren und Spielern aus dem Bezirk, die sich im 30(!) köpfigen Kaderstamm rekrutierten, voll zur Wirkung. Keine leichte Aufgabe für Trainer Walter Fritsch, der auch am 23. Spieltag das Handtuch warf und von einem Spieler-Triumpherat um Horst Riedel, Willy Holzmüller und Peter Fischer abgelöst wurde. Schadenfreude bei den Fußball-Fans, daß das Experiment von „Oben" gescheitert war. Erst in der Saison 1956 der Abstieg von Empor Rostock und nun die Schmach mit Motor Karl-Marx Stadt sowie nur der Vizetitel für ASK Vorwärts Berlin. Die DDR-Sportführung mußte bei den damaligen Machthabern zum Rapport, zumal auch die DDR-Auswahl bei den Qualifikationsspielen zu WM in Schweden die Qualifikation gegen die Tschechoslowakei verpaßte! 110.000 Zuschauer in Leipzig wurden Zeuge bei der 1:4 Niederlage am 27. Oktober 1957.

DDR-Oberliga Saison 1957
Abschlußtabelle:

1.	SC Wismut Karl-Marx-Stadt(M)	26	49:28	36:16
2.	ZASK Vorwärts Berlin	26	45:22	33:19
3.	SC Rotation Leipzig	26	40:29	32:20
4.	SC Motor Jena(N)	26	41:29	28:24
5.	SC Aktivist Brieske-Senftenberg	26	33:26	28:24
6.	SC Turbine Erfurt	26	37:33	27:25
7.	SC Lokomotive Leipzig	26	36:32	26:26
8.	SC Einheit Dresden	26	40:44	25:27
9.	SC Fortschritt Weißenfels	26	38:38	23:29
10.	Motor Zwickau	26	35:43	23:29
11.	Rotation Babelsberg	26	29:44	23:29
12.	SC Chemie Halle-Leuna(N)	26	42:51	22:30
13.	Lokomotive Stendal	26	28:43	22:30
14.	SC Motor Karl-Marx-Stadt	26	31:62	16:36

Absteiger: SC Karl Marx Stadt, Lokomotive Stendal
Aufsteiger: SC Dynamo Berlin, SC Empor Rostock

Saison 1958

Die Punktspiele fanden auch im Spieljahr 1958 zwischen dem ersten Märzsonntag und dem letzten Novembersonntag statt. Beim SC Einheit Dresden ging mit der Verpflichtung von Johannes Siegert ein neuer Ruck durch die Mannschaft. Nach dem miserablen Saisonstart mit 3:9 Punkten verjüngte der engagierte Coach seine Truppe, und der Erfolg ließ nicht lange auf sich warten. Der überragende Torwart Wolfgang Großstück, der ein Garant für die Erfolge des SC Einheit Dresden wurde, sowie der beiden Torjäger Felix Vogel und Gottfried Matthes, die je acht Tore erzielten, waren die Matchwinner im Team der Sachsen.

Mit einem tollen Zwischenspurt erkämpfte sich die Mannschaft mit einem 3:1 in Berlin(!), einen überraschenden Erfolg und schaffte am Ende der Saison einen 5. Platz. Noch größer die Erfolge in den Spielen um den FDGB-Pokal. So schalteten die Sachsen im Halbfinale den späteren Meister ASK Vorwärts Berlin aus. Im Finale wurde der SC Lokomotive Leipzig im Cottbusser Max Reimann Stadion mit 4:2 bezwungen. Der SC Einheit Dresden hatte den Pokal gewonnen und damit den größten Erfolg in der noch jungen Vereinsgeschichte. Hätte es schon damals den Europapokal der Pokalsieger gegeben (er wurde in der Saison 1960/61 eingeführt) die Dresdner hätten auch international mitgemischt! Stattdessen sollte in der nächsten Saison der „Absturz" kommen und sich die Dresdner nur knapp vor dem Abstieg retten.

Mit großen Erwartungen nahmen die meisten der 14 Oberliga-Mannschaften den Kampf auf. Vor allem sollte mehr Wert auf den „moderneren Fußball" gelegt werden, der nicht nur kämpferisch orientiert war, sondern die spielerischen Momente mehr in den Vordergrund stellen sollte. Die Ergebnisse in der Vergangenheit hatten gezeigt, daß mit der meist praktizierten Kick and Rush-Methode nichts mehr im Fußball Europas zu gewinnen war. Auch der Weiterentwicklung jüngerer Spieler wollte man vielerorts mehr Aufmerksamkeit schenken. Nach Abschluß der Saison konnte man feststellen, daß die Spiele schneller wurden, daß man offensiver spielte, aber daß der große Durchbruch noch immer auf sich warten ließ. Nur mit den Leistungen der drei Mannschaften ZASK Vorwärts Berlin, SC Motor Jena und SC Wismut Karl-Marx-Stadt konnte man zufrieden sein. Nachdem die Armee-Fußballer von Vorwärts Berlin im letzten Jahr vergebens versucht hatten, die erfolgreiche Titelverteidigung der Wismut-Kumpel aus dem Erzgebirge zu stoppen, gelang ihnen diesmal der Titelgewinn.

1958

Der SC Einheit Dresden mit Hansen, Müller, Arlt, Prenzel, Reinicke, Nicklisch, Pfeiffer, Albig, Knappe, Großstück und Jochmann (v.l.)

Sie zeigten die ausgeglichensten Leistungen, waren athletisch am besten austrainiert und in technischer Hinsicht den anderen Teams überlegen. Trainer Kurt Fritzsche ersetzte das übertriebene Querpaßspiel durch ein steileres Flügelspiel, bei dem die individuellen Fähigkeiten von Vogt und Assmy besser genutzt werden konnten. Obwohl die „Rot-Gelben" überzeugend Meister wurden, darf nicht außer acht gelassen werden, daß viele Funktionärsentscheidungen und die erhebliche Staatsunterstützung großen Anteil an diesem Erfolg 1958 hatten.

Deshalb ein Blick zurück in die Vereinsgeschichte des ASK Vorwärts Berlin. Da die Volkspolizei in der DDR schon eine Mannschaft in Dresden hatte (Dynamo Dresden), mußte auch die kasernierte Volkspolizei (KVP), der Vorläufer der Nationalen Volksarmee, eine Mannschaft haben. 1951 wurde sie in Leipzig aus der Taufe gehoben. Den Auftrag erhielt dazu Richard Steimer, Schwiegersohn des 1. Präsidenten der DDR, Wilhelm Pieck,. Mit vielen Versprechungen wurden Spieler in die Elf des KVP Vorwärts Leipzig gelockt, einige Spieler wurden auch politisch überzeugt, hier zu spielen.

Zwei Jahre spielte man in Leipzig, dann wurde die Elf an die Spree „versetzt", da in Sachen Oberligafußball in Berlin nicht viel los war und sie in Leipzig alle Sympathien durch ihre Funktionäre und die „Kaminspiele" verspielt hatte. Konkret sah das aber so aus, daß man zu den „Heimspielen" in einem Expreßwagen nach Berlin reiste Diese Anordnung kam vom stellvertretender Verkehrsminister Steimer(!). Zunächst waren für ein oder zwei Jahre auch echte Leipziger dabei, wie Rudolf Krause, Rainer Baumann oder Horst Scherbaum, die aber bald das Vorwärts-Trikot im Disput für immer auszogen. Ein zweiter Schachzug war, über die DHfK (Deutsche Hochschule für Körperkultur) an die vielen talentierte jungen Fußballer zu kommen, die in Leipzig studierten. Dieses DHfK-Gerippe verstärkte man nun durch einige echte Berliner, wie Karl-Heinz Spickenagel und Horst Assmy (aus Pankow), Lothar Meyer Günther Wirth. Die vielen Berlinfahrten gingen ans Geld, und so wurde die Elf 1955 nach Strausberg verlegt (35 km von Berlin entfernt) und spielte unter dem Namen ZSK (später ASK/ZASK) Vorwärts Berlin. Über Jahre wurde diese junge Mannschaft geformt. Auch der spätere Auswahltrainer der DDR, der Ungar Janos Gyarmati, trainierte die Elf. Dank ihrer guten Spielanlage fand die Elf immer mehr Anklang und eroberte sich steigende Zuschauerzahlen.

1958 war man nun in den Funktionärskreisen endlich zufrieden, der 1.Titel wurde gewonnen. Am 16. Spieltag sicherten sich die Männer um Wirth die Tabellenspitze. Der neue Heimrekord mit 13 Heimsiegen und 36:6 Toren bildete die Grundlage dafür, daß die Führung nicht wieder abgegeben werden mußte. Mit dem 4:0 am 24. Spieltag gegen den Tabellenzweiten, SC Motor Jena wurde die Meisterschaft vorzeitig gesichert. Wenn man vom Meister sprach, dann meinte man nicht nur die Routiniers, wie Spickenagel, Unger, Meyer

1958

oder Wirth, sondern auch die Jüngeren, wie Kalinke oder Krampe. Trainer Fritzsche konnte sich auf seine Abwehr verlassen. Im Mittelfeld war Lothar Meyer der Kopf der Mannschaft, der Linksaußen Wirth mit entsprechenden Vorlagen bediente und in der Sturmmitte wartete stets Vogt. Aus der Mannschaft verabschiedet wurde am Saisonende Werner Eilitz, der seit 1952 an der Entwicklung dieser Elf großen Anteil hatte und insgesamt 102 Oberligaspiele für die „Rot-Gelben" absolvierte

Der Tabellenzweite SC Motor Jena gehörte zu den angenehmen Überraschungen der Saison. Die junge Elf meldete über lange Zeit sogar Titelansprüche an. Nur im ersten Heimspiel gegen SC Dynamo Berlin (1:2) ging man nicht als Sieger vom Platz. Auch Helmut Müller, dem Torschützenkönig der Oberligasaison mit 17 Toren, war es nicht gelungen, die sichere Abwehr zu überwinden. Georg Buschner, der die Elf nach Beendigung der ersten Serie übernommen hatte, ließ sich nicht von seinem Weg abbringen. Als neuer Trainer nach Heinz Pönert legte er viel Wert auf eine gute athletische Fitneß seiner Spieler. Dieser entwicklungsfähigen Mannschaft gelang jedoch nicht alles, denn den Talenten fehlte es noch an Routine, aber es war erkennbar, daß hier eine gute Mannschaft heranwächst. Zu ihren ersten Oberligaeinsätzen kamen in der Saison Hilmar Ahnert, Dieter Lange und Heinz Marx. Alle drei Spieler sollten noch viele Jahre in Jena das Geschehen mitbestimmen. Viel Freude bereitete auch die Spielweise von Hans-Joachim Otto. Am Saisonende wurde Karl Schnieke, mit 39 Jahren dienstältester Oberligaspieler in der Saison, verabschiedet.

Auch dem SC Wismut Karl-Marx-Stadt zollte man in dieser Saison nochmals viel Lob, auch wenn er seinen Vorjahrestitel nicht verteidigen konnte und am Ende nur der 4. Tabellenplatz erreicht wurde. Trotzdem konnte die Mannschaft im Europapokal-Wettbewerb der Meister überzeugen.

Unvergessen das 4:0 im dritten und entscheidenden Spiel gegen Petrolul Ploesti in Kiew. Mit dem Ausschalten des schwedischen Meisters IFK Göteborg zog man ins Viertelfinale gegen den Schweizer Meister Young Boys Bern, wo man erst im Entscheidungsspiel mit 1:2 in Amsterdam unterlag! Verständlich, daß es den Chemnitzern in den Meisterschaftsspielen öfters an Kraft fehlte, die Reisestrapazen im Europapokal zeigten ihre Auswirkungen. Nur ein Auswärtssieg (3:1) beim neuen Meister Turbine Erfurt waren zuwenig, um den dritten Titel in Serie zu erkämpfen.

Zufrieden mit dem dritten Platz war das Team von Aktivist Brieske Senftenberg. Die Elf aus der Lausitz, die seit Jahren in der DDR-Oberliga mitspielte, erreichte damit nach 1956, als die Mannschaft Vizemeister wurde, die zweitbeste Plazierung in den Saisonstatistiken. Ein toller Erfolg für Trainer Hermann Fischer, der mit Gerhard Marquardt (10 Tore) und Heinz Lemanczyk (9 Tore) eines der besten Torjägerduos stellte.

Im Abstiegsfeld, das sich aus dem abgeschlagenen Tabellenletzten Rotation Babelsberg, und dem Trio Erfurt, Weißenfels und Halle rekrutierte, hatten am Ende die Hallenser das bittere Los des Abstiegs getroffen. Obwohl am letzten Spieltag die Hallenser in Dresden gewannen (2:1), schafften sie es nicht mehr, da Weißenfels gesiegt hatte und auch die Erfurter in Leipzig den einen sichernden Punkt gewannen. So hatten alle drei Vertretungen 22 Punkte, aber das Torverhältnis entschied gegen Halle. Hatte man sich im Vorjahr noch am allerletzten Spieltag retten können, so reichte es diesmal nicht. Pech für die Hallenser, daß der nichtverwandelte Strafstoß von Fettke (Leipzig) gegen Erfurt auch ihr Schicksal besiegelte. Der Rückrundenstart der Hallenser war mit erheblichen Anpassungsproblemen verbunden (2:6 Punkte, 4:12 Tore). Waren es im ersten Spiel unter dem neuen Klubnamen gegen Einheit Dresden (1:0) drei Spieler (Landmann, Kleine, G. Hoffmann), so verschob sich immer stärker dieses Verhältnis zugunsten der Spieler aus der 1. DDR-Liga. Eine radikale Mannschaftsumstellung gab es nach der herben 0:5 Niederlage in Babelsberg. Doch selbst diese Maßnahme konnte den Abstieg nicht mehr abwenden, der für Saalestadt mit seinen 300.000 Einwohnern, darunter viele Fußballanhänger, erhebliche Auswirkungen hatte. Für die Sportgewaltigen in Ostberlin war es eine herbe Schlappe, wieder war eines ihrer „Retortenkinder" in die Binsen gegangen. Landauf, landab wurde gelächelt, auch wenn es für die betroffenen Spieler selbst bitter war.

Abschließend noch zum Absteiger Rotation Babelsberg. Für die Männer um Trainer Helmut Jacob war es ein Abstieg aus der Oberliga für immer. Für die junge Mannschaft konnte nur der Klassenerhalt das Ziel sein. Es gelang nicht, weil man als einzige Mannschaft eine negative Heimbilanz hatte (12:14 Punkte) und auch auswärts nur zwei Punkte schaffte (2:1-Sieg in Halle). Die Babelsberger waren ständig auf der Suche nach Verstärkungen, setzten auch 28 Spieler im Verlauf der Saison ein, aber der Erfolg war stets nur sehr kurzzeitig. Immer größer wurde der Abstand, obwohl zu Hause einige Achtungserfolge (6:1 gegen Erfurt, 5:0 gegen Halle) gelangen. So war das 1:1 am letzten Spieltag gegen den SC Dynamo Berlin das letzte Oberligatreffen. Johannes Schöne trug die meisten Oberligaspiele (214) für seinen Klub zwischen 1950 und 1958 aus. Seine 112 Tore sollten ihm einen vorderen Platz in der ewigen Oberliga-Torschützenliste der DDR sichern.

DDR-Oberliga Saison 1958
Abschlußtabelle:

1.	ASK Vorwärts Berlin	26	44:25	39:13
2.	SC Motor Jena	26	49:24	35:17
3.	SC Aktivist Brieske-Senftenberg	26	46:26	33:19
4.	SC Wismut Karl-Marx-Stadt(M)	26	36:26	29:23
5.	SC Einheit Dresden	26	29:27	29:23
6.	SC Dynamo Berlin (N)	26	37:34	26:26
7.	Empor Rostock(N)	26	33:31	26:26
8.	SC Motor Zwickau	26	36:39	27:25
9.	SC Lokomotive Leipzig	26	36:30	24:28
10.	SC Rotation Leipzig	26	42:52	24:28
11.	SC Turbine Erfurt	26	27:45	18:34
12.	SC Fortschritt Weißenfels	26	19:32	17:35
13.	SC Chemie Halle Leun	26	30:50	22:30
14.	Rotation Babelsberg	26	32:65	14:38

Absteiger: Rotation Babelsberg, SC Chemie Halle Leuna
Aufsteiger: Chemie Zeitz, Lokomotive Stendal

SC Einheit Dresden gegen Vorwärts Berlin mit Hansen, Losert und Großstück

1959

Saison 1959

Späte Entscheidung um den Titel und im Abstieg

Die Meisterschaftsrunde 1959 war spannend wie lange nicht. Obwohl es wieder zahlreiche Pausen im Spielplan gab, sorgten die knappen Punktabstände an der Tabellenspitze und der Kampf um den Abstieg für das notwendige Interesse am Oberligageschehen. Zwei Spieltage vor Abschluß der Meisterschaftsserie (24. Spieltag) ergaben sich folgende Konstellationen im Kampf um Meisterschaft und Abstieg. Mit 34:12 Punkten führte der SC Wismut Karl-Marx-Stadt, einen Punkt vor dem Vorjahresmeister ASK Vorwärts Berlin. In der Abstiegsfrage kam es zu einem Dreikampf zwischen Lokomotive Stendal, SC Einheit Dresden (beide 15:31 Punkte) und dem mit einem Punkt schlechter plazierten Tabellenletzten SC Turbine Erfurt. Wobei die letzten beiden Spieltage mit Paarungen wie Stendal gegen Einheit Dresden, oder Erfurt gegen ASK Vorwärts für Spannung bis in die letzten Sekunden der Meisterschaft sorgten.

Mit dem SC Wismut Karl-Marx-Stadt und dem ASK Vorwärts Berlin hatten sich in den letzten Jahren in der Oberliga zwei Spitzenmannschaften herauskristallisiert. 1958 entschieden die Armee-Fußballer aus Berlin den Zweikampf für sich. Natürlich wollten die Spieler um Berlins Trainer Kurt Fritzsche, nach Erfurt und Aue auch zum zweiten Male hintereinander den Titel erringen und damit das Double schaffen. Doch auch die Wismut-Elf wollte es noch einmal wissen, waren doch mit den Routiniers Bringfried Müller, Karl und Siegfried Wolf sowie Willy Träger immer noch die gleichen an Bord. Erfolgreich hatte man den Verjüngungsprozeß beim SC Wismut weiterführen können.

Eingebaut ins bewährte Mannschaftsgefüge wurden so talentierte Spieler wie Dieter Erler von Wismut Gera, er verstarb kürzlich, oder Horst Eberlein (Wismut Zschopau). So lieferten sich der ASK Vorwärts und der SC Wismut über die gesamte Saison einen erbitterten Zweikampf um den Titel. Der SC Wismut Karl-Marx-Stadt spielte gleichbleibend gut, und das sollte die Grundlage für den dritten Titelgewinn sein.

Nach Abschluß der ersten Halbserie hatte man vier Punkte Vorsprung (SC Wismut 21:5, ASK Vorwärts 17:9). Auch wenn dieser Vorsprung zeitweise wieder verloren ging, so waren es doch am Ende genau diese vier Punkte, die man den Berlinern voraus war und damit deren erfolgreiche Titelverteidigung verhindert werden konnte.

Wichtige Siege für die Erzgebirgler waren dabei 2:1 Erfolge in Brieske-Ost und zu Hause im direkten Vergleich das 2:1 gegen die Berliner. Nicht nur in diesen Spielen boten Manfred Kaiser und Siegfried Wolf eine überragende Läuferpartie. Gegen die Kampfkraft und den Einsatzwillen aller Wismut-Spieler hatten die Armee-Fußballer keine Chance. Der Titelverteidiger spielte in diesem Jahr, dagegen sehr wechselhaft. Nach dem 2:0 im Auftaktspiel gegen Weißenfels schafften die Vorwärts-Spieler in den nächsten vier (!) Spielen jeweils nur ein 0:0 und blieben damit 419 Minuten ohne Tor. Noch nie gab es bei den Vorwärts-Spielern eine so lange „Ladehemmung". Mit diesen Aus-

1959

setzern konnte man nicht Meister werden, ganz zu schweigen davon, daß man viele Zuschauer verlor. Zwischen dem 13. und 23. Spieltag blieb der Titelverteidiger jedoch ungeschlagen und kämpfte sich wieder heran. So konnten beide Teams vor dem letzten Spieltag noch Meister werden. Der SC Wismut führte mit 37:13 Punkten und 42:25 Toren die Tabelle an, vor dem ASK Vorwärts Berlin der mit 35:15 Punkten und 47:21 Toren auf Platz zwei folgte.

Die Berliner mußten nach Erfurt, Wismut spielte in Leipzig gegen den SC Lokomotive. Das Spiel endete mit einem 2:0 - Erfolg für die Wismut Elf. Dieter Erler und Siegfried Wolf waren die beiden Torschützen, die damit den dritten Meistertitel sicherten. Bis zum 1:0 war das Spiel sehr verkrampft, denn durch das bessere Torverhältnis der Berliner durften die Spieler um Kapitän Müller nicht verlieren. Als jedoch aus Erfurt das 2:0 für die Thüringer gemeldet wurde, war alles entschieden und Wismut spielte von diesem Zeitpunkt an sicher auf.

Viel Zeit zum Feiern blieb nicht, denn noch wartete eine Woche später das Pokalfinale auf die Top-Truppe aus dem Erzgebirge. Die Chance, als erste Mannschaft in der DDR, beide Wettbewerbe gewinnen zu können, war für den SC Wismut sehr groß. Doch Finalist Dynamo Berlin nutzte die spielerische Erschöpfung und den Kräfteverschleiß in der Mannschaft des SC Wismut aus und siegte im Wiederholungsspiel des Pokal-Endspieles (das 1. Finale endete mit 0:0), knapp mit 3:2 Toren.

So fand der Gewinn der Meisterschaft überall großen Beifall, denn das Team war nicht nur im Erzgebirge beliebt. Vor allen Dingen hatte man auch in dieser Saison in den Europapokalspielen prächtig aufgetrumpft, mit dem Vordringen ins Viertelfinale des Europapokals der Landesmeister, wo man dem Schweizer Meister Young Boys erst im dritten Spiel in der Entscheidung im Amsterdamer Stadion mit 1:2 unterlag, hatten sich die Wismut-Spieler in die Herzen aller DDR-Fußballfans gespielt.

Die Spieler des Vizemeisters ASK Vorwärts Berlin sorgten in dieser Saison neben den Meisterschaftsspielen für einigen Wirbel innerhalb der Mannschaft und des Umfeldes. Nach der schwachen Vorrunde, in der die Mannschaft ins Mittelfeld abzurutschen drohte, wurden in einer Krisensitzung die mangelnde kämpferische Einstellung einiger Vorwärts-Spieler kritisiert. Als Verantwortlichen fand man in Trainer Kurt Fritsche den Sündenbock. Er wurde Anfang August 1959 durch Harald Seeger abgelöst. Mit ihm gelang in der Rückrunde auch eine spielerische Steigerung, wenngleich die Remis gegen Absteiger Lok Stendal und das 0:0 gegen SC Einheit Dresden in der Endabrechnung gegenüber dem späteren Meister SC Wismut Karl Marx-Stadt wohl den Ausschlag gaben. Einen großen Auftritt hatte der Armee-Klub im Spiel um den Einzug ins Achtelfinale des Europapokals der Landesmeister, wo man den englischen Meister Wolverhampton Wanderes vor über 60.000 Zuschauern im Walter-Ulbricht-Stadion verdient mit 2:1 bezwang und in London erst nach großem Spiel unglücklich mit einer 0:2 Niederlage aus dem Europapokal ausschied.

Der SC Einheit Dresden dagegen hatte nach seinem Pokalerfolg in der vorigen Saison den Zenit seines Könnens längst überschritten und mußte bis zum Schlußpfiff dieser Saison um den Klassenerhalt bangen. Mit im Kampf um den Klassenerhalt der frühere Meister SC Turbine Erfurt und Aufsteiger Lokomotive Stendal, die sich mit dem SC Einheit Dresden ein spannendes Abstiegsszenario lieferten. Beim SC Einheit Dresden lief von Beginn an überhaupt nichts, es gab Stimmungen und Strömungen gegen Trainer Johannes Siegert, und am 5. August wurde der von Gottfried Eisler abgelöst. Trotzdem mußten die Sachsen bis zum 20. Spieltag warten, bis man beim 1:0 im direkten Vergleich gegen den Abstiegskonkurrenten Turbine Erfurt vor 28.000 Zuschauern den ersten (!) Sieg verbuchen konnte. Nun war beim SC Einheit Dresden der Knoten geplatzt, man schöpfte um das Heinz-Steyer-Stadion wieder Hoffnung, daß der Abstieg doch noch zu vermeiden wäre. Mit einem 2:0 Sieg gegen Rotation Leipzig und dem 2:2 gegen Chemie Zeitz kam es am vorletzten Spieltag zum Shutdown mit dem Neuling Lokomotive Stendal. Erneut zeigten 26.000 Zuschauer eine große Resonanz für den Dresdner Fußball! Bis in die Haarspitzen motiviert spielten die Mannen um Kapitän Wolfgang Pfeifer, von der ersten Minute an auf. Dem hatte Stendal nichts entgegenzusetzen und so siegten die Dresdner, wenn auch knapp, aber verdient mit 2:1! Die Dramatik in den Spielen um den Abstieg war am letzten Spieltag nicht mehr zu überbieten: der SC Einheit beim Fünften SC Motor Jena,

III. Hauptrunde
Gaugruppe Sachsen, Hessen und Bayern

Dresdner Sport-Club - VfL 05 Hohenstein- Ernstthal 4:0
SpVgg Fürth - SV Polizei Chemnitz 4:2
SV Konkordia Plauen 05 - TSV 1860 München 2:8
Riesaer SV - SpVgg. Leipzig 7:1
BC Sport Kassel 1894 - ASV Nürnberg 1:5
SV Oberlahnstein - SV Klein-Steinheim 10 0:3
1.SV Borussia Fulda 04 - SC Teutonia Watzenborn-Steinberg Fulda Kampflos weiter
SC Kassel 03 - 1. FC Schweinfurt 05 2:1 n.V.
BC Augsburg - FC Bayern München 1:2 n.V.

1. Schlußrunde Tschammer-Pokal

VfB Preußen Greppin - Dresdner Sport-Club 0:13
BC Hartha 13 - Sportfreunde Klausberg 20 4:1
Riesaer SV - SC Wacker 04 Berlin 2:1
SV Dessau 05 - Werk Spielverein Bewag Berlin 2:1
1. SV Jena - Hertha BSC Berlin 1:2
StettinerSC - York Boyen Insterburg 1:1 n.V.
SV Hindenburg Allenstein - SC Preußen Danzig 09 2:0
TSV 1861 Swinemünde - SpVgg Blau-Weiß Berlin 1:5
Polizei SV Berlin - SV Vorwärts Rasensport Gleiwitz 2:3
Brandenburger SC 05 - MTV Pommerensdorf 3:0
Beuthener Spiel- und SV 09 - Berliner 1892 3:2
SC Viktoria Hamburg 1895 - FC Schalke 04 4:3
Sport Vgg. Polizei Lübeck - Fortuna Düsseldorf 2:4
VfL Peine 04 - Hamburger SV 2:1 n.V.
BV Borussia 09 Dortmund - BV Phönix Lübeck 1:2
DSC Arminia Bielefeld - Holstein Kiel 5:1
SpVgg. Röhlinghausen 13 - SV Werder Bremen 1:2
SC Westfalia Herne 04 - Sportfreunde Katernberg-Essen 5:1
SC Rot-Weiß Essen - FC St.Pauli 5:1
SC Blau-Weiß Köln 06 - VfR Mannheim 1:7
SpVgg. Grün-Weiß Eschweiler 10 - SSV Velbert 3:1
SC Kassel 03 - FSV Frankfurt 0:1
SV Kleinheim-Steinheim 10 - 1. FC Nürnberg 2:3 n.V.
Eintracht Frankfurt - TSV 1860 München 1:2
SC Opel Rüsselsheim - Alemannia Aachen 2:1
SV Waldhof 07 - 1.SV Borussia 04 Fulda 4:0
Freiburger FC - SV Hannover 1896 3:1
1.SSV Ulm - SpVgg. Fürth 3:2
ASV Nürnberg - SV Stuttgarter Kickers 4:2
FC Bayern München - FV Union Böckingen 08 7:0
VfB Stuttgart - FC Phönix Karlsruhe 7:1
1. FC Hanau 1893 - VfB Mühlburg 0:4

2. Schlußrunde Tschammer-Pokal

Dresdner Sport-Club - Beuthener Sport- und Spielverein 10:1
FSV Frankfurt - BC Hartha 13 3:1
SportVgg. Rasensport Vorwärts Gleiwitz - SV Dessau 05 2:1
SpVgg Blau-Weiß 1890 Berlin - Riesaer SV 3:1
Hertha BSC Berlin* - SV Hindenburg Allenstein
/. (ohne Wertung)
Phönix Lübeck - DSC Arminia Bielefeld 3:2
SV Werder Bremen 1899 - SC Rot-Weiß Essen 2:3
SC Westfalia 04 Herne - SC Viktoria Hamburg 1895 5:1
Fortuna Düsseldorf - SC Opel Rüsselsheim 7:1
SpVgg. Grün-Weiß Eschweiler 10 - SV Waldhof 07 1:2

VfR Mannheim - Bayern Münche 2:1
TSV 1860 München - Freiburger FC 3:1
VfB Mühlberg - VfB Peine 04 6:1
VfB Stuttgart - ASV Nürnberg 2:1
1. FC Nürnberg - 1. SSV Ulm 2:1
SV York Boyen Insterburg - SC Brandenburg 05 1:4

3. Schlußrunde Tschammer-Pokal

TSV 1860 München - Dresdner Sport-Club 3:0
FSV Frankfurt - Fortuna Düsseldorf 3:1
SV Waldhof 07 - SV Westfalia 04 Herne 6:0
VfB Mühlberg - VfB Stuttgart 2:1
SC Brandenburg 05 - SportVgg. Rasensport Vorwärts Gleiwitz 0:1
1.FC Nürnberg - VfR Mannheim 1:0
SC Rot-Weiß Essen - Hertha BSC Berlin 3:0
Sport-Vereinigung Blau-Weiß 1890 Berlin - Phönix Lübeck 1:0

4. Schlußrunde Tschammer-Pokal

Sport-Vereinigung Blau-Weiß 1890 Berlin - TSV 1860 München 1:2
Sport-Vereinigung Rasensport Gleiwitz - 1. FC Nürnberg 2:4
SV Waldhof 07 - SC Rot-Weiß Essen 3:2 n.V.
FSV Frankfurt - VfB Mühlberg 3:1

Ausscheidungsspiele Ostmark

First Vienna FC Wien - SC Admira Wien 6:0
SK Rapid Wien - SC Austrio Fiat Wien 5:1
Wiener Sport Club - SC Wacker Wien 1:0
Grazer Sport Club - FK Austria Wien 3:2

5. Schlußrunde Tschammer-Pokal

SV Waldhof 07 - SK Rapid Wien 2:3
TSV 1860 München - FSV Frankfurt 1:2 n.V.
1.FC Nürnberg - First Vienna FC Wien 3:1
Wiener Sport Club - Grazer Sport Club 6:1

Semifinale

SK Rapid Wien - 1.FC Nürnberg 2:0
FSV Frankfurt - Wiener Sport Klub 3:2

Finale

SK Rapid Wien - FSV Frankfurt 3:1

Damit wurde der SK Rapid Wien 04 1938 4. Pokalsieger um den Tschammer- Pokal

Saison 1939

Mittlerweile hatte sich der Tschammer-Pokal bei den Funktionären und den Vereinen zu einer festen Größe entwickelt. Mit dem kriegsbedingten Reichsanschluß von Österreich und dem 1938 nahm die Attraktivität des Fußballs deutlich zu. In der Saison 1938/39 wurde das Spielsystem für den Tschammer-Pokal erneut geändert. Mit dem Reichsanschluß von Österreich kam als Ostmark der Gau XVII nach Bayern als Gau XVI und dem Gau XV mit Württemberg eine eigenständige Gaugruppe für die Pokalspiele um den Tschammer-Pokal hinzu. Sachsen als Gau V spielte zusammen mit Schlesien (Gau IV) und Sudetenland (Gau XVIII) in einer eigenen Gaugruppe. Die restlichen Gaugruppen bildeten Ostpreußen (Gau I), Pommern (Gau II) und Brandenburg (Gau III). Die Gaue Mitte (Gau VI), Nordmark (Gau VII) und Niedersachsen (Gau VIII). In der Gaugruppe Westfalen (Gau IX); Niederrhein(Gau X) und Mittelrhein (Gau XI). Die letzte Gaugruppe bildeten die Gaue Hessen (Gau XII), Südwest (Gau XIII) und Baden (Gau XIV). Die Idee des Reichssportführers Hans Tschammer von Osten, mit den Pokalspielen durch den Reiz zwischen „Klein" und „Groß" die Spiele interessanter wurde von den Fußballinteressierten begeistert aufgenommen. Die Zuschauerzahlen belegten dies deutlich. So meldeten für die beginnende Pokalrunde 4628 Mannschaften.

Doch bereits zum Auftakt der Pokalspiele brauten sich dunkle Wolken über den Fußballsport zusammen. Das Spiel „Maovia Lyck gegen Männersportverein von der Goltz Tilsit" fiel dem beginnnenden „Polenfeldzug" zum Opfer. Auch wurden die Spiele in den Pokalrunden für drei Monate unterbrochen. Der Zweite Weltkrieg der kurz nach der Ende der Pokalrunde fast fünf Jahre den Sport in den Hintergrund drängen sollte, schnitt in die Teams durch Wehrmachtabstellung, menschliche Verluste und den aufkommenden Zerfall sportlicher Moral durch die Nationalsozialisten tiefe Wunden. Dies sollte man bedenken, wenn man in den nächsten Jahren die Chronik der Fußball-Mannschaften analysiert und interpretiert.

Der Dresdner Sport-Club zählte zu den großen Favoriten für die Pokalrunde, zumal er in den Spielen um die Deutsche Meisterschaft sich erst im Halbfinale und im Wiederholungsspiel dem späteren Meister FC Schalke 04 mit 0:2 geschlagen gab. Gegen den Hamburger SV holte sich der DSC mit einem 4:1 Sieg den 3. Platz!
Im Pokal hatte der Dresdner Sport-Club für die ersten drei (!) Hauptrunden das „Setzrecht" und wurde erst in der 1. Schlußrunde gegen den VfL Halle als „Großer" gesetzt. Dabei hatten die Dresdner bei den Hallensern viel Mühe, obwohl Weber in der 3. Minute die Führung für die Sachsen erzielte. In der Folgezeit kam Halle immer besser ins Spiel, und der DSC hatte des öfteren bange Minuten zu überstehen. Jetzt zeigt sich, wie wichtig die Spieler Pohl, Hofmann, Schlösser und Böhme, die verletzungsbedingt nicht spielen konnten für den DSC waren. Erst mit einem umstrittenen Foulelfmeter, den Schober zum 2:0 in der 68. Minute verwandelte, war das Spiel entschieden. Sechs Minuten vor Schluß stellte Kugler per Flachschuß den 3:0 Endstand her.

In der II. Schlußrunde traf der Dresdner SC auf die „Waffenkampfgemeinschaft" (WKG) Neumayer Nürnberg, die überraschend klar in der I. Schlußrunde den Kasseler SC 03 mit 7:3 ausschalteten. Doch auch die favorisierten Dresdner mußten die Spielstärke der Franken anerkennen. Vor 6000 Zuschauer entwickelte sich dabei eine kampfbetonte und spannende Partie, in der mit zunehmender Spieldauer die Nürnberger immer mehr das Spiel diktierten. Vor allen Dingen in kämpferischer Hinsicht waren die Franken den Dresdnern überlegen, die diesmal nicht den besten Tag hatten und zudem auf ihren etatmäßigen Torwart Kreß verzichten mußten. Bis zur Pause konnte der DSC die Partie noch torlos halten, doch kurz nach der Halbzeit markierte Thurn mit einem herrlichen Weitschuß das 0:1. Als der DSC drauf und dran war, die Partie doch noch umzudrehen, markierte Schmidt mit einem Flachschuß nach einem Konter das vorentscheidende 0:2 für die Nürnberger. Zwar schaffte der beste Dresdener auf dem Platz Richard Hofmann noch den Anschlußtreffer, doch selbst beste Chancen konnte der DSC an diesem Tage nicht zum Ausgleich nutzen, zumal Helmut Schön einen schwarzen Tag erwischt hatte.

Hier nochmals das DSC- Team gegen WKG Neumayer Nürnberg:
Blazer- Kreisch, Hempel - Strauch, Dzur, Jakobs - Simon, Schön, Schaffer, Hofmann, Friedrich.

I. Hauptrunde
Gaugruppe Schlesien, Sachsen und Sudetenland
Dresdner Sportfreunde 01 - Wacker Leipzig 0:1
Guts Muts Dresden - SpVgg. Leipzig 1:3
BC Hartha 13 - VfL Reichsbahn Dresden 4:1
DSC Neusalz - SV Klettendorf 33 0:5
Sportfreunde Leipzig 1900 - SV Fortuna 02 Leipzig 1:0
Sportfreunde Markranstädt - SV Polizei Chemnitz 2:1
FC Zwickau 02 - VfB Leipzig 1:3
Planitzer SC - SV Eintracht 04 Leipzig 5:1
SV Konkordia Plauen 05 - SV Helios Leipzig 3:1
VfB Auerbach - Tura 1899 Leipzig 2:1
VfB 1898 Breslau - Breslauer Sportvereinigung 02 2:4
ATV Liegnitz 1846 - FV Breslau 06 1:0
Verein Oppelner Sportfreunde 19 - 1. FC Breslau 1:2
SC Preußen 1910 Hindenburg - Sportfreunde Klausberg 20 2:0
STC Görlitz 06 - SC Hertha Breslau 15 1:1 n.V.
Sportfreunde Ratibor 21 - Sportvereinigung Ratibor 03 2:4
SV Reichsbahn Gleiwitz - SpVgg. Hütte und Schacht Gleiwitz 5:0
TSV Weißwasser - Männerspielverein Cherusker Görlitz 1:0
Sportfreunde Schreckenstein - DFV Sparta Karlsbad 1:2
DSV Drahowitz - DFC Komotau 1:2
FK Reichenberg - FK Teplitz 2:1
VfB Teplitz - DFC Graslitz 2:0
BSK Gablonz - SV Amateure Rosenthal 5:3
SV Jägerndorf - DSV Troppau 1:1 n.V.

II. Hauptrunde
Gaugruppe Schlesien, Sachsen und Sudetenland
SpVgg. Leipzig - Breslauer Sportvereinigung 02 3:2
Sportfreunde Leipzig 1900 - 1. FC Breslau 3:1
VfB Auerbach - BC Hartha 13 1:2
VfB Teplitz - VfB Leipzig 3:2
DFC Komotau - Planitzer SC 0:3
DFV Sparta Karlsbad - SV Konkordia Plauen 05 2:4
Sportfreunde Markranstädt - SC Wacker Leipzig 3:2
SC Preußen Hindenburg 10 - Sportvereinigung Ratibor 03 2:4
STC Görlitz 06 - Reichenberger FK 2:1
ATV 1896 Liegnitz - BSG Gablonz 4:2
SV Jägerndorf - SV Reichsbahn Gleiwitz 6:1
SV Klettendorf 33 - SC Hertha Breslau 15 2:0

III. Hauptrunde
Gaugruppe Schlesien, Sachsen und Sudetenland
ATV 1896 Liegnitz - SpVgg. Leipzig 0:4
BC Hartha 13 - SC Preußen Hindenburg 10 4:2
SV Konkordia Plauen 05 - Sportfreunde Markranstädt 4:1
Sportfreunde 1900 Leipzig - VfB Teplitz 7:2
Planitzer SC - STC Görlitz 7:0
SV Klettendorf 33 - SV Jägerndorf 3:1

1. Schlußrunde Tschammer-Pokal
VfL Halle - Dresdner Sport-Club 0:3
Hertha BSC - Planitzer SC 6:2
SV Dessau 05 - Tennis Borussia Berlin 1:2
Konkordia Plauen 05 - SC Viktoria 1895 Hamburg 5:3
FC Thüringen Weida - Berliner SV 1892 1:2
1.SC Göttingen 05 - 1. SV Jena 4:3
First Vienna Wien - BC Hartha 13 2:3 n.V.
NSTG Warnsdorf - Sportfreunde 1900 Leipzig 2:3
SpVgg. Leipzig - SportVgg. Vorwärts Rasensport Gleiwitz 1:2
SV Kurhessen Kassel 1893 - SpVgg. Köln-Sülz 07 0:5
VfB Borussia Neunkirchen - VfL Benrath 06 4:1
FSV Frankfurt - SV Mülheim 06 5:3
VfB Alsum-Duisburg - FC Schalke 04 0:13
SV Bonn-Beuel 06 - Eintracht Frankfurt 0:5
VfL Köln 99 - VfR Wormatia Worms 9:0
FC Singen 04 - 1.FC Nürnberg 1:3
WKG Neumeyer Nürnberg - SC Kassel 03 7:3
VfB Coburg 07 - SK Rapid Wien 1:6
1. FC Schweinfurt 05 - SC Wacker Wien 2:3
WSC Admira Wien - SV Waldhof 07 0:1
FC Phönix Karlsruhe - SV Stuttgarter Kickers 3:5
SportVgg. Bad Cannstadt - VfB Mühlberg 1:1n.V.Wdh.0:2
VfR Mannheim - BSG Westende Hamborn 2:3 n.V.
SC Vorwärts Billstedt 1913 - Fortuna Düsseldorf 1:3
TV Eimsbüttel - BV Borussia 09 Dortmund 2:3
SG Union Oberschöneweide - SpVgg Blau-Weiß Berlin 1890 1:2
SV Klettendorf 33 - SC Minerva 1893 Berlin 3:0
SportVgg. Masovia Lyck - Männerspielverein von der Goltz Tilsit ./. fand kriegsbedingt nicht statt!
ASV Blumenthal 19 - SV Polizei Hamburg 3:4
VfB 03 Bielefeld - VfL Osnabrück 1899 1:3
Spiel Verein Hamborn 07 - Hamburger SV 1:3
Polizei SV Danzig - SV Viktoria Stolp 09 2:3
VfB Alsum-Duisburg - FC Schalke 04 0:13
SV Bonn-Beuel 06 - Eintracht Frankfurt 0:5
VfL Köln 99 - VfR Wormatia Worms 9:0

2. Schlußrunde Tschammer-Pokal
Dresdner Sport-Club - WKG Neumeyer Nürnberg 1:2
Tennis Borussia Berlin - SV Konkordia Plauen 05 4:1
VfB Borussia Neunkirchen - BC Hartha 13 1:2
Sportfreunde 1900 Leipzig - 1. SC Göttingen 05 3:1
SV Viktoria Stolp 09 - SpVgg. Blau-Weiß Berlin 1:3
Berliner SV 1892 - SV Klettendorf 33 6:1
SportVgg. Rasensport Vorwärts Gleiwitz - Hertha BSC Berlin 5:2
Hamburger SV - SV Polizei Hamburg 11:2
VfL Osnabrück 1899 - FC Schalke 04 3:2
BV Borussia 09 Dortmund - VfL Köln 99 1:6
Eintracht Frankfurt - SV Waldhof 07 0:1 n.V.
1. FC Nürnberg - Stuttgarter Kickers 2:1
SC Wacker Wien - VfB Mühlberg 4:2
Fortuna Düsseldorf - FSV Frankfurt 4:0
SpVgg. Köln-Sülz 07 - BSG Westende Hamborn 1:2 n.V.
Freilos: Pokalverteidiger Rapid Wien

3. Schlußrunde Tschammer-Pokal
SpVgg. Blau-Weiß Berlin - Sportfreunde 1900 Leipzig 9:2
BC Hartha 13 - 1.FC Nürnberg 0:1
WKG Neumeyer Nürnberg - Berliner Sportverein 1892 2:1
SK Rapid Wien - SportVgg. Rasensport Vorwärts Gleiwitz 6:1
VfL Köln 99 - SC Wacker Wien 1:3
Fortuna Düsseldorf - Tennis Borussia Berlin 8:1
Hamburger SV - SC Westende Hamborn 2:0
SV Waldhof 07 - VfL Osnabrück 4:0

4. Schlußrunde Tschammer-Pokal
Wacker Wien - WKG Neumeyer Nürnberg 7:4
SpVgg. Blau-Weiß Berlin - SK Rapid Wien 1:7
1. FC Nürnberg - Fortuna Düsseldorf 3:1
SV Waldhof 07 - Hamburger SV 6:2

5. Schlußrunde Tschammer-Pokal
SV Waldhof 07 - Wacker Wien 1:1 n.V.(Wdh. 2:2 n.V.)
3. Spiel
SV Waldhof 07 - Wacker Wien (Stuttgart) 0:0 n.V.
(SV Waldhof 07 durch Losentscheid ins Finale!)
SK Rapid Wien - 1.FC Nürnberg 0:1

Finale
1.FC Nürnberg - SV Waldhof 07 2:0

Damit wurde der 1.FC Nürnberg 1939 5. Pokalsieger um den Tschammer- Pokal.

Saison 1940
Nach dem es im Vorjahr für den Dresdner Sport-Club schon in der II. Schlußrunde des Tschammer-Pokals gegen WKG Neumeyer Nürnberg auf eigenem Platz mit 1:2 das Aus folgte, zeigten sich diesmal die Spieler um Trainer „Schorsch" Köhler konzentrierter.
Zum Auftakt der Pokalspiele reisten die Dresdner zur I. Schlußrunde in das Sudetenland bei NSTG Graslitz. Obwohl mit Helmut Schön und Richard Hofmann zwei Leistungsträger fehlten, setzten sich die „Rotschwarzen" klar mit 4:0 durch. Walter Dzur brachte den DSC mit 1:0 in Front. Machate und Carstens bauen das Ergebnis auf 3:0 aus. Boczek war es vorbehalten sieben Minuten vor Schluß den 4:0 Endstand zu markieren.

Das DSC Team: Kreß - Kreisch, Hempel - Miller, Dzur, Köpping - Boczek, Fissel, Machate, König, Carstens.
Tore: 0:1 Dzur (34.), 0:2 Machate(53.), 0:3 Carstens (75.), 0:4 Bozcek (82.).

In der II. Schlußrunde traf der DSC zu Hause auf den Blumenthaler SV. Der hoch favorisierte DSC hatte nur in der ersten Hälfte Probleme, in der 2. Halbzeit landeten die Dresdner einen überlegenen 5:0 Kantersieg.

Das DSC Team: Kreß - Miller, Strauch - Hempel, Dzur, Schubert - Boczek, Schaffer, Machate, Pohl Carstens. Tore: 1:0 Dzur (34.), 2:0 Machate(58.), 3:0 Machate (67.), 4.0 Pohl (74.), 5:0 Schubert (79.).
Mit dem SC Rot-Weiß Frankfurt macht der DSC in der III. Schlußrunde wenig Federlesens. 6:0 heißt es am Ende, wobei der überragende Boczek zweimal ins Schwarze traf.

Das DSC Team: Kreß - Miller, Hempel - Pohl, Dzur, Schubert - Boczek, Schaffer, Machate, Schön, Carstens.
Tore: 1:0 Schaffer (18.), 2:0 Machate (19.), 3:0 Dzur (49.), 4:0 Boczek (51.), 5:0 Schön (68.), 6:0 Boczek (70.).

In der Runde der letzten acht Mannschaften (IV. Schlußrunde) mußte der DSC zum VfB Königsberg reisen. Der in glänzender Spiellaune befindliche Helmut Schön setzt vor knapp 15.000 Zuschauern in Königsberg beim DSC die Akzente. Der Meister Ostpreußens ist von Beginn an ohne Chance und hat gegen den glänzend aufspielenden DSC keine Chance.

Das DSC Team: Kreß - Miller, Hempel - Pohl, Dzur, Schubert - Boczek, Schaffer, Machate, Schön, Carstens.
Tore: 0:1 Machate (12.), 0:2 Carstens (15.), 0:3 Machate (21.), 0:4 Carstens (44.), 0:5 Schön (53.), 0:6 Machate (59.), 0:7 Schaffer (72.), 0:8 Bozcek (82.).

In der Vorschlußrunde herrschte in Dresden Pokalhochstimmung. 42.000 Zuschauer sahen dem Pokalschlager gegen Rapid Wien erwartungsvoll entgegen. Und der DSC hatte einen Auftakt nach Maß. Machate brachte den DSC bereits nach zwei Minuten in Führung. In der Folgezeit erspielten sich die Dresdner Chance um Chance, doch scheiterten die DSC-Stürmer immer wieder am Rapid-Schlußmann Raftl, der einen weiteren Treffer verhinderte. In der zweiten Hälfte wurde das Spiel der Dresdner immer druckvoller. Angetrieben von Mittelfeld-Dirigent Helmut Schön nahmen die torreifen Szenen in Wiener Strafraum zu. Mit dem längst fälligen 2:0 durch Carstens in der 68. Minute fällt die Vorentscheidung. Machates Treffer in der 76. Minute zum 3:0 Endstand hatte nur noch statistischen Wert. Der Dresdner Sport-Club stand im Pokalfinale gegen den 1. FC Nürnberg. Der Club hatte sich in Düsseldorf mit 1:0 verdient durchgesetzt.

Das DSC Team: Kreß - Miller, Hempel - Pohl, Dzur, Schubert - Boczek, Schaffer, Machate, Schön, Carstens.
Tore: 1:0 Machate (2.), 2:0 Carstens (68.), 3:0 Machate (76.)

Das Pokalfinale:
Trotz der Kälte kamen am 1. Dezember 1940 knapp 60.000 Zuschauer ins Berliner Olympia-Stadion, um das Pokalfinale zwischen dem Dresdner Sport-Club und dem 1. FC Nürnberg zu sehen. Zunächst gab es vor dem Anpfiff große Aufregung um die Trikotfarben. Sowohl der DSC und der Club wollten in Ihren traditionellen „Roten-Schwarzen Trikots" den Rasen des Berliner Olympia-Stadions betreten. Erst der Schiedsspruch vom badischen Unparteiischen Alois Pennig beendete die Diskussionen. Dresden spielte in schwarzen Hosen, weißem Trikot, die Nürnberger in weißen Hosen und roten Trikot. Trotz der widrigen Verhältnisse und des hartgefrorenen Bodens bestimmte der DSC den Spielverlauf. Angetrieben von Helmut Schön der im Mittelfeld die spielerischen Akzente setzte, kommt der DSC immer besser in Schwung. In der 20. Minute gelingt Machate die 1:0 Führung für den Dresdner SC. Die Folge davon: Der Druck des Clubs aus Nürnberg nahm deutlich zu. Trainer Köhler hatte als Anweisung gegeben: „Spielt auf dem frostigen Boden keine Risikobälle und engt die Akti-

onsräume der beiden Club-Stürmer Gußner und Kund ein". Gerade wegen Willi Kund machte man sich im sächsischen Lager Sorgen. Wegen seines nicht gerade glücklichen Gastspieles in Dresden war der „Cluberer" hoch motiviert. Doch nicht ihm, sondern Gußner gelingt in der 32. Minute der Ausgleich. Die Finalpartie war wieder offen. In der zweiten Hälfte hatten beide Mannschaften mehrere Möglichkeiten, in Führung zu gehen, doch die Torhüter auf beiden Seiten erwiesen sich als Meister ihres Faches. Und so mußten die beiden Teams nachdem es auch nach 90 Minuten noch 1:1 stand, in die Verlängerung. In der Verlängerung nahm der DSC sofort das Heft in die Hand. Dann nach vier Minuten der gerade begonnenen Verlängerung großer Jubel im DSC-Lager. Was war geschehen? Heiner Schaffer, nicht gerade bekannt für seine Schußkraft hatte sich ein Herz gefaßt, zog aus 30 Metern ab und der mit Effet getretene Ball überraschte Club-Torwart Georg Köhl- zumal der durch die Bodenverhältnisse an Standfestigkeit litt- und rauschte an dem sichtlich irritierten Nürnberg Torwart ins Netz. 2:1 für den DSC. Die Stimmung auf den Rängen, machte Verwunderung Platz. War der Nürnberger Club nicht der Favorit? Fragte man sich überwiegend auf den Rängen. Doch der Dresdner SC ließ sich den Sieg nicht mehr nehmen, zumal die Dresdner irgendwie konditionell frischer wirkten. Mit dem Schlußpfiff nach 120 Minuten fielen sich die Dresdner in die Arme. Schaffer, der in der 94. der Verlängerung den Siegtreffer erzielt hatte, wurde von den Kameraden gefeiert.

Der Dresdner SC war Deutscher Pokalsieger 1940 und hatte den ersten Gipfel erreicht, der „Zweite" sechs Monate später im Endspiel um die Deutsche Meisterschaft gegen den FC Schalke 04, sollte seine eigene Geschichte bekommen. Doch zunächst stand die Siegerehrung des Pokalsiegers aus Dresden im Mittelpunkt des Interesses. Unter dem Jubel der 60.000 Zuschauer reckte Helmut Schön den Pokal in die Höhe, Dresden hatte seinen Ruf als Fußballhochburg in Deutschland mit dem Cuperfolg um den Tschammer-Pokal eindrucksvoll bestätigt. Der Beginn einer neuen Ära für eine Mannschaft aus Sachsen, ohne Beispiel, nahm ihren Lauf.

Finale:
1. Dezember 1940 Austragungsort: Berlin,
Zuschauer: 60.000
Dresdner SC - 1. FC Nürnberg 2:1 (1:1) n.V.
Schiedsrichter: Pennig (Mannheim)
Tore: 1:0 Machate (20.), 1:1 Gußner (32.), 2:1 Schaffer (94.)
Damit wurde der Dresdner Sport-Club 1940 6. Pokalsieger um den Tschammer-Pokal.

Alle Spiele auf einen Blick:

I. Hauptrunde
Gaugruppe Schlesien, Sachsen und Sudetenland
NSTG Graslitz - Dresdner Sport-Club 0:4

II. Hauptrunde
Gaugruppe Schlesien, Sachsen und Sudetenland
Dresdner Sport-Club - Blumenthaler SV 4:0

III. Hauptrunde
Gaugruppe Schlesien, Sachsen und Sudetenland
Dresdner Sport-Club Freilos

3. Schlußrunde Tschammer-Pokal
Dresdner Sport-Club - Rot-Weiß Frankfurt 6:0
FC Union Oberschöneweide - 1.FC Nürnberg 0:1
SpVgg. Fürth - . FC Schalke 04 2:1
Stuttgarter Kickers - SK Rapid Wien 1:5
Eintracht Frankfurt - Fortuna Düsseldorf 2:3
ETB Schwarz-Weiß Essen - Viktoria Eschweiler 5:2
Wacker Wien - Wiener Sport Klub 5:6
VfB Königsberg - BuEV Danzig 5:1

4. Schlußrunde Tschammer-Pokal
VfB Königsberg - Dresdner Sport-Club 0:8
1.FC Nürnberg - ETB Schwarz-Weiß Essen 2:1
SK Rapid Wien - SpVgg Fürth 6:1
Fortuna Düsseldorf - Wiener Sport Klub 2:1

5. Schlußrunde Tschammer-Pokal
Dresdner Sport-Club - SK Rapid Wien 3:1
Fortuna Düsseldorf - 1. FC Nürnberg 0:1

Finale
Dresdner Sport-Club - 1. FC Nürnberg 2:1 n.V.

Damit wurde der Dresdner Sport-Club 6. Pokalsieger um den Tschammer-Pokal.

Saison 1941

Dem großen Triumph von 1940 ließ der Dresdner SC im Jahr 1941 den nächsten folgen. In der Meisterschaft zeigte sich bereits die große Spielstärke der Sachsen. Der Dresdner Sport-Club wird Meister mit 42:2 Punkten und 11 Punkten Vorsprung vor dem Zweitplazierten Planitzer SC. Im „Tschammer-Pokal" muß der DSC in der Pokal-Gaugruppe Schlesien, Sachsen und Sudetenland reisen. Zum Auftakt gastiert der Dresdner Sport-Club in der I. Schlußrunde beim Pokalschreck Luftwaffensportverein Wurzen. Die Wurzener hatten den VfB Leipzig ausgeschaltet und waren zumindest in der 1. Hälfte dem Pokalverteidiger gleichrangig. Zumal der DSC auf seine beiden „Stars" verzichten muß. Verletzungsbedingt fehlte Mittelfeldstratege Helmut Schön und der wegen unerlaubter Tabakwerbung noch gesperrte „Bomber" Richard Hoffmann. So dauerte es bis zur 37. Minute, ehe ein „Doppelschlag" von Pohl den DSC mit 2:0 in Front bringt. Endgültig auf die Siegerstraße kommt der DSC, als Schaffer zwei Minuten nach dem Wiederanpfiff das 3:0 herstellte. Schubert erhöhte in der 64. Minute auf 4:0, ehe Wurzen in der 80. Minute der verdiente Ehrentreffer gelang. Das DSC Team: Kreß - Miller, Hempel - Pohl, Dzur, Schubert - Boczek, Schaffer, Petzold, Kugler, Carstens. Tore: 0:1 Dzur (37.), 0:2 Dzur (38.), 0:3 Schaffer (47.), 0:4 Schubert (64.), 1:4 Lichte (80.).

In der II. Hauptrunde treffen die Dresdner auf den ewigen Rivalen Polizei Chemnitz, der im Zuge der Umbenennung nun „Ordnungspolizei" Chemnitz hieß. In der Meisterschaftsserie siegte der DSC Zuhause mit 5:1 in Chemnitz gab es eine 1:7 Niederlage für die Platzherren! Auch im Pokal behielt der DSC seine weiße Weste und besiegte die Sachsen mit 3:0. Die Fans der Dresdner mußten bis zur

Saison 1941

60. Minute warten, ehe Kugler das 0:1 gelang. In der 75. Minute schoß Verteidiger Miller überlegt zum 2:0 ein, ehe acht Minuten vor Schluß Kugler mit seinem zweiten Treffer den Endstand herstellte.

Das DSC-Team: Kreß - Miller, Hempel - Pohl, Dzur, Schubert - Boczek, Schaffer, Petzold, Kugler, Carstens.
Tore: 0:1 Kugler (60.), 0:2 Miller (75.), 0:3 Kugler (82.).

Im Achtelfinale traf der Sachsen-Meister vor 12.000 Zuschauern im Ostragehege auf den Meister Niedersachsens, den SV Hannover 96. Das Spiel begann aus Dresdner Sicht mit einem Paukenschlag, denn die Niedersachsen führen nach knapp zehn Minuten mit 2:0! Doch der DSC zeigte sich in der Folgezeit nicht geschockt. Bis zum Pausenpfiff sorgten Carstens (2), Schaffer und Pohl für ein beruhigendes 4:2. Nach der Pause fielen die Hannoveraner regelrecht auseinander und kassierten noch fünf weitere Treffer zum 9:2 Endstand.

Das DSC-Team: Kreß - Miller, Hempel - Pohl, König, Schubert - Boczek, Schaffer, Petzold, Kugler, Carstens.
Tore: 0:1 Meng (4.), 0:2 Jacobs (10.), 1:2 Carsten (18.), 2:2 Schaffer (19.), 3:2 Pohl (34.), 4:2 Carsten (41.), 5:2 Schön (49.), 6:2 Kugler (55.), 7:2 Kugler (66.), 8:2 Carstens (75.), 9:2 Kugler (82.).

Im Viertelfinale trafen die Dresdner auf eine „Kriegsgeburt", und die hieß Luftwaffensportverein (LSV) Kamp. Der LSV Kamp war übrigens kein Einzelfall. Allerorts bildeten sich solche Teams, sogar bei der „kämpfenden" Truppe. Viele Divisionen, Regimenter und Bataillone haben damals Mannschaften aufgestellt, gespickt mit erstklassigen Spielern die am Standort der jeweiligen Kommandatur ihren Dienst für die Wehrmacht taten. Der Luftwaffensportverein Hamburg schaffte sogar 1944 den Einzug ins Finale um die Deutsche Meisterschaft gegen den Dresdner SC. Doch zurück zum Pokal des Jahres 1941, in dem der DSC in Stettin vor 8.000 Zuschauern seiner Favoritenrolle gerecht wurde. Erstmalig in dieser Pokalrunde konnten die Dresdner wieder auf Richard Hofmann zurückgreifen. Wie wichtig „König Richard" für die Dresdner war zeigte sich an der Tatsache, daß er drei Tore zum 4:1 Erfolg beisteuerte. In der ersten Hälfte heiß es 26. Minuten 2:0 für die Sachsen. Zwar kam der Sachsenmeister in der 2. Hälfte unter Druck, doch die tapfer aufspielenden „Kamper" hatten gegen diesen taktisch diszipliniert aufspielenden DSC keine Chance. Hofmann in der 71. und 77. Minute sorgten für den 4:0 Zwischenstand, ehe der LSV Kamp nach einem Foulelfmeter- Dzur hatte einen Spieler des LSV Kamp im Strafraum gelegt - zum 1:4 verkürzte.

Das DSC-Team: Kreß - Miller, Hempel - Pohl, Dzur, Schubert - Kugler, Schaffer, Hofmann, Schön, Carstens.
Tore: 0:1 Schön (13.), 0:2 Hofmann (26.), 0:3 Hofmann (71.), 0:4 Hofmann (77.), 1:4 n.n.(81.)

Somit kam es am 12. Oktober 1941 im Dresdner Ostragehege zum Halbfinale gegen Admira Wien. Schon Tage vorher war dieses vorweggenommene „Endspiel" das Gesprächsthema! „Wie spielen die routiniert und taktisch klug aufspielenden Dresdner gegen die „Wiener-Schule" mit den drei „H" Hahnreiter, Hahnemann und Hofmann.

Überraschend klar mit 5:0 hatte Admira Wien die Stuttgarter Kickers ausgeschaltet. 30.000 Zuschauer sorgten im Ostragehege für eine tolle Kulisse als die beiden Mannschaften im Ostragehege aufliefen. Der glänzend aufgelegte Schaffer brachte die Dresdner in der 16. Minute mit einem Kopfball nach Flanke von Carstens mit 1:0 in Führung. Danach versuchte Admira verständlicherweise besser ins Spiel zu kommen. Hahnemann und Urbanek kurbelten immer wieder das Admira Spiel an. Des öfteren mußte Kreß im DSC-Tor seine Klasse nachweisen. In der 26. Minute ist jedoch auch er machtlos. Urbanek flankte in die Mitte des Strafraums und der beste Admira-Spieler Hahnemann zirkelte den Ball per Kopf unter die Latte, unhaltbar für Kreß im Dresdner Tor. Der DSC zeigt sich trotz des Ausgleichs nicht geschockt und spielte weiter groß auf. Seine Bemühungen wurden belohnt. Schön war es vorbehalten nach einer scharf getretenen Ecke den Ball aus der Drehung unter das Lattenkreuz einzuschießen. Der DSC führte mit 2:1. Endgültig auf die Siegerstraße kam der DSC mit dem 3:1 durch Carstens in der 45. Minute. Nach dem Seitenwechsel kämpften die Wiener um den Anschlußtreffer. Dieser gelang Ihnen in der 55. Minute. Doch der DSC ließ sich den Sieg nicht mehr nehmen. Carstens spielte sich nach 87 gespielten Minuten elegant im Strafraum frei, narrt noch zwei Admira Spieler, ehe er Kugler den Ball so servierte, daß dieser nur noch zum 4:2 Endstand einzuschießen brauchte. Der DSC stand als Titelverteidiger im Finale und traf auf die Schalker, die Dresdens Angstgegner Holstein Kiel eine 0:6 Schlappe zufügten. Alles fieberte dem 2. November 1941 in Berlin entgegen.

Das DSC-Team: Kreß - Miller, Hempel - Pohl, Dzur, Schubert - Kugler, Schaffer, Hofmann, Schön, Carstens.
Tore: 1:0 Schaffer (16.), 2:0 Hofmann (26.), 3:0 Hofmann (71.), 4:0 Hofmann (77.), 1:4 n.n.(81.)

Mit einem Rekord reagierten schon Tage vor dem Finale die elektrisierten Massen der Fußball-Fans. Über 80.000 Zuschauer füllten das weite Rund des Olympia-Stadions in Berlin, als am 2. November 1941 das 7. Pokalspiel vor den Augen der Prominenz aus Politik, Wirtschaft und Show angepfiffen wurde. Von Beginn ließ der DSC keine Zweifel aufkommen, wer Herr im Hause ist. Die Schalker die eigentlich als „Favorit" ins Endspiel gingen, sahen sich von Beginn an in der Defensive. Eine taktische Meisterleistung von Trainer Gerhard „Schorsch" Köhler und seinem Mittelfeldstrategen Helmut Schön. In einem unveröffentlichen Interview sagte einmal Helmut Schön im internen Kreis: „Schalke war Favorit, doch wir wußten von kleinen Abwehrschwächen der Schalker. Nur über die Außen konnten wir den Schalker Kreisel knacken".

Und genau das traf dann auch ein. Mit Kugler (9.) und Carstens (57.) machten zwei Außenstürmer die entscheidenden Treffer zum 2:1 Erfolg über Schalke 04. Alle, die im Stadion waren, hatten einen Dresdner Sport-Club gesehen, der Fußball mit Herz und Verstand spielte, der den Schalkern einfach keine Chance ließ, wenngleich das Ergebnis am Ende doch noch knapp ausfiel. Eigentlich hätte der DSC an diesem Tag noch höher gewinnen müssen, doch Schußpech und ein ausgezeichneter Klodt im Tor der Schalker verhinderten dies. Entschieden wurde die Partie auch dadurch, daß Kuzorra gegen Pohl und Szepan gegen Schubert keinen Stich, bekamen, ja im Endeffekt sogar die Abwehrspieler des DSC ihren Angriff ständig mit Vorlagen bedienten. Von Beginn an schnürten die Dresdner die Schalker am eigenen Strafraum ein. In der 9. Minute eine glänzende Ballstafette über Schön, Hoffmann und Carstens. Hoffmann steht am Strafraum in schußgünstiger Position, doch statt von der Strafraumgrenze aus zu schießen, legt er den Ball geschickt auf Kugler und der spitzelt über den herauslaufenden Schalker-Schlußmann die Lederkugel ins lange Eck zur 1:0 Führung für den DSC. Angefeuert von Tausenden Fans bestimmen die Dresdner weiter das Geschehen auf dem Rasen des Olympiastadions. Carstens-einer der besten (!) Spieler auf dem Platz-spielte in der 17. Minute Bornemann schwindelig, der legte auf Hofmann, doch der Dresdner „Bomber" zog knapp am Schalker Tor vorbei. Der Poker von Schalkes Trainer Otto Faist, der für den etatmäßigen Ernst Kalwitzki kurzerhand den blutjungen Jürgen Barufka als Linksaußen nominierte, schien fast aufzugehen, doch sein Abseitstor kurz vor der Pause wurde nicht anerkannt. Dank Kreß und Klodt, die sich beide als Könner zwischen den Torstangen zeigten, änderte sich am Spielstand nichts mehr.

Nach der Pause wandelt sich die Partie zunächst nur scheinbar, Schalke spielt nun druckvoller und schaffte auch in der 51. Minute den Ausgleich. Aus Rechtsaußenposition spielt Füller den Ball auf Kuzorra, der umspielte seinen Gegenspieler und schießt aus knapper Distanz flach zum 1:1 in die Ecke, unhaltbar für Kreß im Dresdner Tor. Doch wer geglaubt hatte der DSC wäre geschockt, sah sich getäuscht. Die Dresdner bestimmten weiter das Geschehen auf dem Rasen und gingen nur zwei Minuten nach dem Ausgleich erneut in Führung. Carstens faßt sich ein Herz, spielte den Ball geschickt durch die Schalker Abwehr, umspielte Bornemann und gegen seinen plazierten Schuß hatte Klodt im Schalker Tor keine Chance. Danach boten sich Hofmann und Schön die Möglichkeit zu weiteren Treffern, doch Klodt und der schwer bespielbare Boden machen die Tormöglichkeiten zunichte. Schalke setzte in den letzten zwanzig Minuten alles auf eine Karte. Dresdens Abwehrbollwerk Miller rettete nach Drehschuß von Szepan auf der Linie. In der Folge häuften sich die Konterchancen für den DSC und „König" Richard hatte in der 81. Minute die große Chance, freistehend vor Schalkes Keeper Klodt umspielte er diesen, doch seinen Schuß klärte Bornemann mit letztem Einsatz zur Ecke. Damit waren die Dresdner in der Schlußphase des denkwürdigen Pokalendspiels einem weiteren Treffer näher als die Schalker dem Ausgleich. Das zeigte eigentlich am besten die Konstellation der Partie im Berliner Olympia-Stadion. Der DSC wurde nach 1940 zum zweiten Mal Pokalsieger. Die Niederlage des Deutschen Altmeisters FC Schalke 04 wurde Tage später analysiert und kommentiert, doch unter dem Strich kamen alle Kritiker zu dem Schluß: Der DSC war ein würdiger Pokalsieger, spielte variantenreich und war mit Klassespielern an diesem Tage besser besetzt. Der Dresdner SC war endgültig in die Phalanx der Deutschen Fußball-Spitzenmannschaften eingedrungen, erntete Lob von allen Seiten für seine Klassevorstellung im Berliner Olympia-Stadion. Diese sollten auch 1942 der Grundstein für eine Titelverteidigung sein, doch die Kriegswirren, und das sollte man nicht außer Acht lassen, zogen nicht nur für den Dresdner Fußball dunkle Wolken am Fußballhimmel hoch.

Finale:
1. Dezember 1941 Austragungsort: Berlin,
Zuschauer: 80.000
Dresdner SC - FC Schalke 04 2:1

Dresdner SC Kreß - Miller Hempel - Pohl Dzur Schubert - Kugler Schaffer Hofmann - Schön Carstens
FC Schalke 04 Klodt - Bornemann Schweißfurth - Füller Gellesch Burdenski - Kalwitzki Szepan Eppenhof - Kuzorra Barufka

Schiedsrichter: Pennig (Mannheim)
Tore: 1:0 Machate (20.), 1:1 Gußner (32.), 2:1 Schaffer (94.)
Damit wurde der Dresdner Sport-Club 1940 6. Pokalsieger um den Tschammer-Pokal.

I. Hauptrunde
Gaugruppe Schlesien, Sachsen und Sudetenland
LSV Wurzen - Dresdner Sport-Club 1:4

II. Hauptrunde
Gaugruppe Schlesien, Sachsen und Sudetenland
Ordnungspolizei Chemnitz - Dresdner Sport-Club 0:3

3. Schlußrunde Tschammer-Pokal
Dresdner Sport-Club - Hannoverscher SV 1896 9:2
Holstein Kiel - Blau-Weiß Berlin 4:0
Luftwaffensportverein Kamp - VfB Königsberg 3:2
Austria Wien - Vorwärts Rasensport Gleiwitz 8:0
Stuttgarter Kickers - 1.FC Nürnberg 4:1
SV Waldhof 07 - Admira Wien 0:1
ETB Schwarz-Weiß Essen - FC Schalke 04 1:5
1.Sportverein Jena - 1. FC Metz 3:0

4. Schlußrunde Tschammer-Pokal
Luftwaffensportverein Kamp - Dresdner Sport-Club 1:4
Holstein Kiel - 1.Sportverein Jena 2:1
FC Schalke 04 - Austria Wien 4:1
Admira Wien - Stuttgarter Kickers 5:0

5. Schlußrunde Tschammer-Pokal
Dresdner Sport-Club - Admira Wien 4:2
FC Schalke 04 - Holstein Kiel 6:0

Finale
02.11.1941 Dresdner SC FC Schalke 04 2:1 (1:0)

Damit wurde der Dresdner Sport-Club 7. Pokalsieger um den Tschammer- Pokal.

Saison 1942
Der Fußball geriet durch die Kriegswirren immer mehr ins Abseits. Keine der Dresdner Mannschaften erreichte die Schlußrunde. Der Dresdner Sport-Club stellte diesmal nicht einmal mehr eine Mannschaft und kehrte erst 1943 wieder zurück! Die Sportfreunde Dresden spielten zwar noch in zwei Spiele gegen Ordnungspolizei Chemnitz und Reichsbahn Dresden, doch die Kriegmaschinerie fordert immer mehr ihren Tribut. Tschammer-Pokalsieger wird der TSV 1860 München mit einem 2:0 Erfolg über den FC Schalke 04.

3. Schlußrunde Tschammer-Pokal
Hamburger SV - Dessau 05 3:4
Luftwaffenstützpunkt Stettin - Luftwaffenstützpunkt Pütnitz 4:1
TuS Lipine - Adler Deblin 4:1
Werder Bremen - Kickers Offenbach 6:1
FC Schalke 04 - FC Westende Hamburg 4:1
TSV 1860 München - SS Straßbourg 15:1
VfB Stuttgart - Stade Düdelingen 0:2
SG Blau-Weiß Berlin - NSTG Falkenau 4:1

4. Schlußrunde Tschammer-Pokal
Dessau 05 - FC Schalke 04 0:4
Stade Düdelingen - TSV 1860 München 0:7
TuS Lipine - SG Blau-Weiß Berlin 4:1
Werder Bremen - LSV Stettin 4:1

5. Schlußrunde Tschammer-Pokal
FC Schalke 04 - Werder Bremen 2:0
TSV 1860 München - TuS Lipine 6:0

Endspiel
TSV 1860 München - FC Schalke 04 2:0
Damit wurde der TSV 1860 München 8. Pokalsieger um den Tschammer-Pokal

Saison 1943
In dieser Saison griff der Dresdner Sport-Club in das Geschehen um den Tschammer-Pokal wieder ein. Pokalverteidiger TSV 1860 München scheiterte schon in der Vorrunde auf Regionalebene überraschend am BC Augsburg. Für den Dresdner Sport-Club beginnt die Pokalsaison auf regionaler Ebene mit einem 6:0 gegen Südwest Dresden und dem 13:1 Kantersieg gegen Preußen Chemnitz.
Mit einem 6:1 Erfolg gegen den im Sudetenland stationierten Luftwaffensportverin Brandis zogen die Sachsen alle Register ihres Könnens und kommen mit einem klaren 6:1 Erfolg gegen LSV Brandis in die 1. Schlußrunde des Tschammer-Pokals. Diese LSV-Mannschaften, durch die kriegsbedingten Umstände arrangiert, entstanden meist durch die Hilfe eines ebenfalls fußballbegeisterten Stabsoffizier, denn er ließ Zug um Zug prominente Fußballer, die bei der Luftwaffe ihren Dienst verrichteten, nach Brandis zum dortigen Luftwaffenstützpunkt versetzen. Sie mußten dort bei Flak, Nachrichten- oder Bodenpersonal ihren Wehrdienst tun, aber in erster Linie eigentlich Fußball spielen, trotz allem hatten die Spieler des LSV Brandis nicht den Hauch einer Chance gegen die wie aus einem Guß aufspielenden Dresdner SC. Auch der Planitzer SC hatte gegen den DSC in der 2. Runde keine Chance und wurde mit 8:3 geschlagen. Damit war für den Dresdner Sport-Club die Runde auf überregionaler Ebene erreicht.

In der 2. Hauptrunde traf der Dresdner SC auf den hessischen Gauligisten Borussia Fulda im Ostragehege. Vor rund 4000 Zuschauern entwickelte sich eine einseitige Partie, in der die Dresdner- angeführt von dem überragenden Spielmacher Helmut Schön-mit dem Gast aus Fulda Katz und Maus spielten. Pechan für den DSC eröffnete mit einem Kopfball in der 12. Minute den Torreigen, Danach vielen die Treffer wie reife Früchte. Zweimal Schön (21. und 31.) und König (43.) schraubten das Ergebnis auf 4:0, ehe den Gästen kurz vor dem Pausenpfiff der einzig Treffer gelang. Nach der Pause brachen die Hessen dann endgültig zusammen, und Helmut Schön sorgte mit seinen Treffern Fünf und Sechs für den 12:1 Zwischenstand. Helmut Schön bester Spieler des Tages und mit sechs Treffern am Endstand von 13:1 maßgeblich beteiligt, war an diesem einfach nicht zu stoppen.

Das DSC-Team:
Kreß - Belger, Hempel - Pohl, Dzur, Köpping - Pechan, Schaffer, Hofmann, Schön, König

In der 3. Hauptrunde traf der Dresdner SC auf den Gaumeister Ostpreußens, den VfB Königsberg. Das Stadion war mit über 15000 Zuschauern überraschend gut besucht, viele Frontsoldaten hatten die Möglichkeit genutzt um sich das Pokalspiel anzusehen. Die Sachsen mußten in dieser Partie verletzungsbedingt auf Hempel, Hofmann und Schön verzichten. Der Dresdner SC zeigte sich davon jedoch wenig beeindruckt und ging in der 27. Minute durch Machate mit 1:0 in Führung. Danach verstärkten die Königsberger ihre Bemühungen um einen Ausgleich, hatte auch einige Chancen, die jedoch von Kreß im Tor der Dresdner immer wieder zunichte gemacht wurden. Als in der 41. Minute nach einer rüden Attacke eines Königsbergers der Unparteiische auf den Elfmeterpunkt zeigte, verwandelte Schaffer sicher zum 0:2.

Nach der Pause übernahm der Dresdner SC die spielerische Kontrolle, und so fielen die weiteren Treffer durch Machate(69.) und Köpping(79.) zwangsläufig. Einem der besten Dresdner an diesem Tag, Schaffer, war es mit seinem zweiten Treffer vorbehalten den 5:0 Endstand für die Dresdner herzustellen.

In der 4. Hauptrunde, dem heutigen Achtelfinale, traf der Dresdner SC im Ostragehege auf den badischen Gaumeister VfR Mannheim. Die Badener hatten den BC Augsburg mit 4:2 ausgeschaltet und galten sogar als leicht favorisiert. Die Erfolge der Spieler aus Mannheim in den Spielen um die Deutsche Meisterschaft hatten aufhorchen lassen. Die Dresdner waren gewarnt denn der VfR Mannheim hatte mit dem 1. FC Nürnberg einen erstklassigen Gegner ausgeschaltet und galt in den Expertenkreisen als Pokalfavorit. Was sich auch vier Jahre nach Kriegsende bewahrheiten sollte, wurden doch die Mannheimer mit einem 3:2 Erfolg über Borussia Dortmund 1949 Deutscher Fußballmeister!

Zunächst begann die Partie mit einer Enttäuschung, denn nur 5.000 Zuschauer wollten diese Partie sehen, in der beide Mannschaften zumindest in der 1. Halbzeit diese ausgeglichen gestalteten. Eigentlich begann für die Truppe von Georg Köhler alles nach Wunsch, denn in der 4. Minute brachte Machate den DSC mit 1:0 in Front. Danach erspielten sich die Dresdner, angeführt von ihrem Spielmacher Schön, einige klare Chancen, doch Vetter im Tor der Gäste machte die besten Chancen der Dresdner zunichte. Mitten in die Drangperiode des DSC schloß der beste Mannheimer Spieler Danner einen Konter erfolgreich ab und schoß zum 1:1 in der 41. Minute ein. Nach der Pause waren dann die Dresdner besser eingestellt und kontrollierten nun eindeutig das Spielgeschehen, zumal bei Mannheim die Abwehr einige Schwächen offenbarte. Innerhalb von fünf Minuten

Saison 1943

zwischen der 66. Minute und 70.Minute sorgten Pechan, Schubert und Schaffer für das 4:1 und damit für eine Vorentscheidung in der Partie. Von diesem Dreifachschlag erholten sich die Badener nicht mehr. Zwar verkürzte Lutz für Mannheim auf 2:4 in der Schlußphase, doch postwendend stellt Pechan den alten Abstand wieder her. In der Schlußminute stellt der Mannheimer Striebinger mit seinem Treffer zum 3:5 den Endstand her. Der DSC stand erneut in einem Halbfinale des Tschammer-Pokals.

Die 5. Schlußrunde des Tschammer-Pokals zwischen dem Luftwaffensportverein (LSV) Hamburg sollte Monate später in Berlin beim Endspiel um die deutsche Meisterschaft eine Neuauflage bekommen. Doch zunächst galt es für die Dresdner, beim damals noch unbekannten LSV Hamburg die Hürde zum Finale zu nehmen.
Eigentlich hätte die Partie nach den Statuten auf neutralem Boden stattfinden müssen, doch die kriegsbedingten Umstände machten es notwendig, daß der Dresdner SC in die mit ersten Kriegserlebnissen gebeutelte Hansestadt Hamburg reisen mußte. Die Karten waren schnell vergriffen, nachdem sich die Dresdner bereit erklärt hatten, in Hamburg zu spielen. Über 30.000 Zuschauer verfolgten am 17. Oktober 1943 in Altona dieses Halbfinale im Tschammer-Pokal. Vor der Partie gab es vor allen Dingen beim LSV Hamburg Diskussionen um die Mannschaftsaufstellung. Die Flaksoldaten, die teilweise aus dem ganzen Gaugebiet kurzfristig dem Luftwaffenstützpunkt zugeteilt wurden, konnten bei der Pokalpartie mit allen Assen antreten: mit dem Münchner Janda, ihrem etatmäßigen Mittelstürmer Gornick und Mühle auf der Position Halbrechts. Vor allen Dingen die Abwehr mit Jürissen im Tor und der 41fache Nationalspieler aus Aachen Münzenberg, als Abwehrrecke waren an diesem Tag zusammen mit dem Ex-Dresdner Miller die Trümpfe für die Hamburger Flakelf. Beim DSC wurde dagegen Hofmann sehr vermißt. Er hatte sich eine Erkältung zugezogen und fiel somit für das Spiel in Hamburg aus.

Beide Trainer, Georg Köhler für Dresden und Karl Höger, vom LSV Hamburg hatten ihre Teams taktisch gut eingestellt und so entwickelte sich vor dem ausverkauften Rund eine spannende Partie. Großer Jubel bei den Hamburgern, als der bullige Gornick in der 16. Minute Dresdens Schlußmann Kreß mit einem Heber überlistete und der Ball über die Linie zum 1:0 für den LSV Hamburg ins Netz ging. Bis zur Pause boten sich den Dresdnern Machate und Schön Möglichkeiten zum Ausgleich, doch Willy Jürissen der Oberhausener im Tor des LSV Hamburg, machte auch die besten Chancen der Dresdner Angreifer zunichte und so ging der LSV Hamburg mit einem 1:0 in die Halbzeitpause. Nach dem Pausentee verstärkte der DSC den Druck auf das Tor von Jürissen, doch der Keeper des LSV stand bei Schüssen von den Dresdnern Dzur und Schaffer goldrichtig. Mitten in die Drangperiode der Dresdner dann das 0:2. Schubert hatte in einem Laufduell gegen Mittelstürmer Gornick das Nachsehen und mußte mit einem Rempler im Strafraum retten. Den fälligen Strafstoß verwandelte Münzenberg in der 55. Minute sicher zum 2:0 für die Hamburger. Danach rissen bei einigen Dresdnern die Nervenstränge, und nach einer Kette von Fouls und der aufkommenden Hektik, stellte der Unparteiische Pohl vom Platz. Trotz der Schwächung fightete der DSC zurück und in der vorletzten Minute der Partie schaffte Schaffer das 1:2 für die Dresdner. In der Schlußminute dann große Hektik im Strafraum des LSV Hamburg, der DSC setzte alles auf eine Karte doch Münzenberg rettete mit großen Einsatz den knappen Erfolg für die Flaksoldaten des LSV Hamburg über die Zeit.

Das DSC-Team:
Kreß - Belger, Hempel - Pohl, Dzur, Schubert - Pechan, Schaffer, Machate, Schön, König

Im Finale traf der LSV Hamburg auf Vienna Wien, das sich gegen Schalke 04 mit 6:2 überraschend klar durchgesetzt hatte. In einem packenden Finale setzte sich der LSV Hamburg mit sich mit einem 4:2 gegen Vienna Wien klar durch und holte den letzten Tschammer-Pokaltitel.

I. Hauptrunde
Gaugruppe Schlesien, Sachsen und Sudetenland
Dresdner Sport-Club- Südwest Dresden 6:0

II. Hauptrunde
Gaugruppe Schlesien, Sachsen und Sudetenland
Dresdner Sport-Club - Preußen Chemnitz 13:1

III. Hauptrunde
Gaugruppe Schlesien, Sachsen und Sudetenland
Dresdner Sport-Club - Luftwaffensportverein Brandis 6:1

1. Schlußrunde Tschammer-Pokal
Dresdner Sport-Club - Planitzer SC 8:3

2. Schlußrunde Tschammer-Pokal
Dresdner Sport-Club - Borussia Fulda 13:1

3. Schlußrunde Tschammer-Pokal
VfB Königsberg - Dresdner Sport-Club 0:5
Luftwaffensportverein Pütnitz - Luftwaffensportverein Hamburg 2:3
FC Schalke 04 - Spfr. Katernberg Essen 4:2
Vienna Wien - Breslau 02 6:5
Kickers Offenbach - FV Saarbrücken 1:2
MSV Brünn - 1. FC Nürnberg 1:5
Hertha BSC Berlin - Holstein Kiel 0:3
LSV Pütnitz - LSV Hamburg 2:3
VfR Mannheim - BC Augsburg 4:2

4. Schlußrunde Tschammer-Pokal
Dresdner Sport-Club - VfR Mannheim 5:3
FV Saarbrücken - FC Schalke 04 1:2 n.V.
1. FC Nürnberg - Vienna Wien 2:3
Luftwaffensportverein Hamburg - Holstein Kiel 4:2

5. Schlußrunde Tschammer-Pokal
Vienna Wien - FC Schalke 04 6:2
Luftwaffensportverein Hamburg - Dresdner Sport-Club 2:1

Endspiel
Vienna Wien - Luftwaffensportverein Hamburg 3:2 n.V.

Damit wurde der FC Vienna Wien 9. Pokalsieger um den Tschammer- Pokal.

So gehen in die DSC-Geschichte die beiden Pokalsiege (1940 und 1941) und das erreichen der Halbfinals (1937 und 1943) als Höhepunkte für die Dresdner Fußballer ein.

Dieses Endspiel war das letzte in der Reihe der Spiele um den Tschammer-Pokal, obwohl durch die Kriegswirren hin und wieder Pokalspiele, aber auf regionaler Ebene, stattfanden. Vor allen Dingen die Waffenkampfsportgemeinschaften oder Luftwaffensportvereine, mit stationierten Fußballern als Soldaten, spielten den einen oder anderen Wettbewerb aus.

Von einem regelmäßigen Spielbetrieb zu sprechen, war damals fast unmöglich. Hunderttausende von Menschen sahen die Eskalation der Kriegsmaschinerie auf sich zukommen, der Fußballsport hatte den Rang eingenommen, den er eigentlich auch hatte „die schönste Nebensache der Welt". Bei Fliegerangriffen und Bombardements war an organisierte Spiele längst nicht zu denken.

Erst 1953 spielt man in Westdeutschland wieder um einen Pokal, jetzt Deutscher Fußball-Pokal genannt, wobei Rot-Weiß Essen den ersten DFB-Pokalsieger stellte. In der DDR wird ab 1949 um den FDGB-Pokal gespielt. Der 1. Pokalsieger der DDR 1949 ist Waggonbau Dessau. 1958 holen sich die Spieler der SC Einheit Dresden den FDGB-Pokal und sorgten für eine Sensation als sie die favorisierten Spieler von Lok Leipzig mit 2:1 in Cottbus schlugen!

Erst in den sechziger Jahren mit der Einführung des Europapokals der Pokalsieger (1961) gewinnt der Wettbewerb beim DFB und in der DDR zunehmend an Ansehen. In der Saison 1973/74 wird der 1. FC Magdeburg mit einem 2:0 gegen AC Mailand Europapokalsieger! Erst Lokomotive Leipzig schafft im Wettbewerb 1986/87 mit dem Erreichen des Finales gegen Ajax Amsterdam, wo man 0:1 knapp unterliegt, wieder einen legendären Triumph für den DDR-Fußball!

Dresdner Sport-Club

100 Jahre DSC

Alle Pokal-Knaller
Alle Pokalspiele des Dresdner Sport-Club und seiner Nachfolgevereine

Saison 1927/28
1. Vorrunde: Komet Magdeburg - DSC 0:6
2. Vorrunde: DSC - Tura Weißenfels 4:1
3. Vorrunde: DSC - SC Falkenstein 3:1
Zwischenrunde: DSC - VfB Coburg 07 3:1
Halbfinale: DSC - SV Fortuna 1902 Leipzig 1:0
Finale: DSC - Guts Muts Dresden 2:1

Saison 1928/29
1. Vorrunde: SpVgg Leipzig - Dresdner Sport-Club 5:0
2. Vorrunde: SpVgg 06 Falkenstein - DSC 1:3
Zwischenrunde: DSC - VfB Leipzig 2:1
Halbfinale: Hallescher FC Sportfreunde - DSC 2:3
Finale: DSC - SC Wacker Leipzig 1:2

Saison 1932/33
4. Vorrunde: Sportlust Zittau - DSC 1:14
Zwischenrunde: SC Zwickau - DSC 1:11
Viertelfinale: Sturm Chemnitz - DSC 0:4
Halbfinale: DSC - SC Wacker Leipzig 5:2
Finale: Polizei Sportverein Chemnitz - DSC 2:4

Saison 1935
I. Hauptrunde: DSC - SportVgg Blau-Weiß 1890 Berlin 4:1
II. Hauptrunde: Vereinsring Deichsel Hindenburg - DSC 0:1
III. Hauptrunde: DSC - SC Vorwärts 10 Breslau 1:2

Saison 1936
1. Hauptrunde: SV Sportfreunde Harthau - DSC 5:0

Saison 1937
I. Hauptrunde: FC Sportlust Zittau - DSC 2:8
II. Hauptrunde: TuSpVgg. Kewa 1887/04 Wachenbuchen - DSC 0:2
III. Hauptrunde: DSC - VfB Glauchau 3:1
1. Schlußrunde: Freilos: DSC
2. Schlußrunde: Tennis Borussia Berlin - DSC 4:3 n.V.
3. Schlußrunde: DSC - Eimsbütteler Turn- und Sportverein 3:0
4. Schlußrunde: DSC - VfB Stuttgart 3:1
5. Schlußrunde: Fortuna Düsseldorf - DSC 5:2

Saison 1938
I. Hauptrunde: Zittauer Ballspiel-Club - DSC 1:6
II. Hauptrunde: DSC - Chemnitzer Ballspiel-Club 4:3 n.V.
III. Hauptrunde: DSC - VfL 05 Hohenstein-Ernstthal 4:0
1. Schlußrunde: VfB Preußen Greppin - DSC 0:13
2. Schlußrunde: DSC - Beuthener Sport- und Spielverein 10:1
3. Schlußrunde: TSV 1860 München - DSC 3:0

Saison 1939
1. Schlußrunde: VfL Halle - DSC 0:3
2. Schlußrunde: DSC - WKG Neumeyer Nürnberg 1:2

Saison 1940
I. Hauptrunde: NSTG Graslitz - DSC 0:4
II. Hauptrunde: DSC - Blumenthaler SV 0:4
III. Hauptrunde: DSC Freilos
3. Schlußrunde: DSC - Rot-Weiß Frankfurt 6:0
4. Schlußrunde: VfB Königsberg - DSC 0:8
5. Schlußrunde: DSC - SK Rapid Wien 3:1
Finale: DSC - 1. FC Nürnberg 2:1 n.V.

Saison 1941
I. Hauptrunde: LSV Wurzen - DSC 1:4
II. Hauptrunde: Ordnungspolizei Chemnitz - DSC 0:3
3. Schlußrunde: DSC - Hannoverscher SV 1896 9:2
4. Schlußrunde: Luftwaffensportverein Kamp - DSC 1:4
5. Schlußrunde: DSC - Admira Wien 4:2
Finale: DSC - FC Schalke 04 2:1

Saison 1943
I. Hauptrunde: DSC - Südwest Dresden 6:0
II. Hauptrunde: DSC - Preußen Chemnitz 13:1
III. Hauptrunde: DSC - Luftwaffensportverein Brandis 6:1
1. Schlußrunde: DSC - Planitzer SC 8:3
2. Schlußrunde: DSC - Borussia Fulda 13:1
3. Schlußrunde: VfB Königsberg - DSC 0:5
4. Schlußrunde: DSC - VfR Mannheim 5:3
5. Schlußrunde: Luftwaffensportverein Hamburg - DSC 2:1

Saison 1950 · DDR-Pokal
II. Hauptrunde:
Lokomotive Cottbus - Sachsenverlag Dresden 1:4
Achtelfinale: Sachsenverlag Dresden - Tabak Dresden 2:0
Viertelfinale:
Sachsenverlag Dresden - MV Babelsberg 3:3 n.V.
MV Babelsberg - Sachsenverlag Dresden 11:0

Saison 1952 · DDR-Pokal
Achtelfinale: Chemie Zeitz - Rotation Dresden 2:3
Viertelfinale: Rotation Dresden - Empor Wurzen 1:5

Saison 1956 · DDR-Pokal
1/16 Finale: SC Einheit Dresden - Chemie Jena 6:2
Achtelfinale: Lokomotive Stendal - SC Einheit Dresden 1:3
Viertelfinale: SC Turbine Erfurt - SC Einheit Dresden 6:3

Saison 1958 · DDR-Pokal
1/16 Finale: Motor Altenburg - SC Einheit Dresden 0:3
Achtelfinale: SC Einheit Dresden - Fortschritt Meerane 2:1
Viertelfinale: SC Einheit Dresden - Empor Wurzen West 5:0
Halbfinale: ASK Vorwärts Berlin - SC Einheit Dresden 1:3
Finale: SC Einheit Dresden - SC Lokomotive Leipzig 2:1 n.V.

Saison 1959 · DDR-Pokal
1/16 Finale: SC Einheit Dresden - ASK Vorwärts Leipzig 3:4

Pokalspiele 1927-1998

Der Club im Wandel der Zeit

100 Jahre DSC

Eine Super Statistik !
Alle Tabellen von 1901 bis 1997

Saison 1901/02 · Meister Gau Dresden
Dresdner Sport-Club 1898
Endspiel Mitteldeutsche Meisterschaft
FC Wacker Leipzig - Dresdner Sport-Club 6:3

Saison 1902/03 · Meister Gau Dresden
Dresdner Sport-Club 1898
Qualifikation zur Mitteldeutschen Meisterschaft
VfB Leipzig - Dresdner Sport-Club 2:0

Saison 1903/04 · Meister Ostsachsen
Dresdner Sport-Club 1898
Endspiel Mitteldeutsche Meisterschaft
VfB Leipzig - Dresdner Sport-Club 4:0

Saison 1904/05 · Meister Ostsachsen
Dresdner Sport-Club 1898
Endspiel Mitteldeutsche Meisterschaft
Dresdner Sport-Club - Hallescher FC 1896 4:0
Viertelfinale Deutsche Meisterschaft
Dresdner Sport-Club - FC Viktoria 1895 Hamburg 5:3
Halbfinale
Dresdner Sport-Club - Berliner T & FC Union 1892 2:5

Saison 1905/06 · Meister Ostsachsen
Dresdner Sport-Club 1898
Halbfinale Mitteldeutsche Meisterschaft
Dresdner Sport-Club - BC Chemnitz ./. (BC verzichtet)
Endspiel Mitteldeutsche Meisterschaft
VfB Leipzig - Dresdner Sport-Club ./. (DSC verzichtet!)

Saison 1906/07 · Meister Ostsachsen
Dresdner Sport-Club 1898
Halbfinale Mitteldeutsche Meisterschaft
Magdeburger FC Viktoria 1896 - Dresdner SC 3:2

Saison 1907/08 · Meister Ostsachsen
Dresdner Sport-Club 1898
Viertelfinale Mitteldeutsche Meisterschaft
BC Chemnitz - Dresdner SC 5:4

Saison 1908/09 · Meister Ostsachsen
Dresdner Sport-Club 1898
Viertelfinale Mitteldeutsche Meisterschaft
Dresdner Sport-Club - FC Appeles Plauen 3:1
Halbfinale Mitteldeutsche Meisterschaft
Sport-Club Erfurt - Dresdner SC 7:2

Saison 1909/10 · Meister Ostsachsen
BC Sportlust Dresden
Achtelfinale Mitteldeutsche Meisterschaft
Hallescher FC Wacker - BC Sportlust Dresden 2:0

Saison 1910/11 · Meister Ostsachsen
BC Sportlust Dresden
Achtelfinale Mitteldeutsche Meisterschaft
Freilos: BC Sportlust Dresden
Viertelfinale Mitteldeutsche Meisterschaft
Hallescher FC Wacker - BC Sportlust Dresden 3:1

Saison 1911/12 · Meister Ostsachsen
BC Sportlust Dresden
Achtelfinale Mitteldeutsche Meisterschaft
Freilos: BC Sportlust Dresden
Viertelfinale Mitteldeutsche Meisterschaft
BC Sportlust Dresden - SC Preußen Suhl 2:1
Halbfinale Mitteldeutsche Meisterschaft
SpVgg Leipzig - BC Sportlust Dresden 6:0

Saison 1912/13 · Meister Ostsachsen
FC Fußballring Dresden
Viertelfinale Mitteldeutsche Meisterschaft
VfB Leipzig - FC Fußballring Dresden 3:1

Saison 1913/14 · Meister Ostsachsen
FC Fußballring Dresden
Achtelfinale Mitteldeutsche Meisterschaft
FC Fußballring Dresden - FK Budissa Bautzen 4:0
Viertelfinale Mitteldeutsche Meisterschaft
FC Fußballring Dresden - BC Chemnitz 2:3

Saison 1915/16 · Meister Ostsachsen
Dresdner Sport-Club 1898
Halbfinale Mitteldeutsche Meisterschaft
Dresdner Sport-Club - Leipziger SV Eintracht 1904 1:2

Saison 1916/17 · Meister Ostsachsen
FC Fußballring Dresden
Vorrunde Mitteldeutsche Meisterschaft
FC Fußballring Dresden - FK Budissa Bautzen 7:0
Viertelfinale Mitteldeutsche Meisterschaft
FC Fußballring Dresden - BC Chemnitz 7:2
Halbfinale Mitteldeutsche Meisterschaft
Sport-Club Erfurt - FC Fußballring Dresden 0:2
Endspiel Mitteldeutsche Meisterschaft
Hallescher FC 1896 - FC Fußballring Dresden 2:0

Saison 1917/18 · Meister Ostsachsen
FC Fußballring Dresden
Vorrunde Mitteldeutsche Meisterschaft
FC Fußballring Dresden - FK Budissa Bautzen 9:0
Viertelfinale Mitteldeutsche Meisterschaft
FC Fußballring Dresden - FC Teutonia Chemnitz 8:1
Halbfinale Mitteldeutsche Meisterschaft
VfB Leipzig - FC Fußballring Dresden 3:0

Saison 1918/19 · Meister Ostsachsen
FC Fußballring Dresden
Achtelfinale Mitteldeutsche Meisterschaft
FC Fußballring Dresden - SpVgg Leipzig 5:2
Viertelfinale Mitteldeutsche Meisterschaft
FC Fußballring Dresden - VfB Chemnitz 3:2
Halbfinale Mitteldeutsche Meisterschaft
Hallescher FC Wacker- FC Fußballring Dresden 2:1

Saison 1919/20 · Ostsachsen

1.	Sportverein 06 Dresden	16	40:28	24:08
2.	Guts Muts Dresden	16	32:28	21:11
3.	Dresdner Sport-Club 1898	16	38:17	25:11
4.	Brandenburg 01 Dresden	16	48:36	22:14
5.	Fußballring 02 Dresden	16	42:31	20:16
6.	Sportlust 1900 Dresden	16	30:52	18:18
7.	SpVgg 05 Dresden	16	40:35	17:19
8.	SG Dresden	16	31:32	16:20
9.	SG 1893 Dresden	16	35:35	15:02

Saison 1920/21 · Ostsachsen

1.	Fußballring 02 Dresden	14	32:14	21:07
2.	Brandenburg 01 Dresden	14	35:29	18:10
3.	Guts Muts Dresden	14	30:25	13:15
4.	Sportverein 06 Dresden	14	29:27	13:15
5.	Dresdner Sport-Club 1898	14	23:28	13:15
6.	Sportlust 1900 Dresden	14	18:25	12.16
7.	SG Dresden	14	18:30	12:16
8.	SpVgg 05 Dresden	14	26:33	10:18

Saison 1921/22 · Ostsachsen

1.	Fußballring 02 Dresden	14	28:08	23:05
2.	Brandenburg 01 Dresden	14	50:23	21:07
3.	Sportverein 06 Dresden	14	28:20	20: 8
4.	Guts Muts Dresden	14	33:19	17:11
5.	Dresdner Sport-Club 1898	14	30:22	11:17
6.	Sportlust 1900 Dresden	14	20:32	10:18
7.	Jahn Dresden	14	15:41	07:21
8.	SpVgg 05 Dresden	14	16:45	03:25

Alle Tabellen 1901-1998

Saison 1922/23 · Ostsachsen
1. Guts Muts Dresden   14   49:05   27:01
2. Brandenburg 01 Dresden   14   37:13   24:04
3. Fußballring 02 Dresden   14   27:19   16:12
4. Dresdner Sport-Club 1898 14   21:18   13:15
5. SpVgg 05 Dresden   14   30:30   13:15
6. Jahn Dresden   14   26:35   11:17
7. Sportlust 1900 Dresden   14   14:48   05:23
8. Sportverein 06 Dresden   14   15:51   03:25

Saison 1923/24 · Ostsachsen
Tabelle zum Jahreswechsel 1923/24
1. Fußballring 1902 Dresden   11   22:12   16:06
2. Brandenburg 01   10   37:13   15:05
3. Guts Muts Dresden   12   32:15   15:09
4. Dresdner Sport-Club 1898   12   20:17   14:10
5. SV 1906 Dresden   12   24:26   13:11
6. VTB Jahn Cotta   11   18:24   11:11
7. Radebeuler BSK   12   21:28   10:14
8. Spielvereinigung Dresden   11   19:21   09:13
9. Sportgesellschaft 1893   11   15:27   08:14
10. Sportlust Dresden   12   12:37   03:21

Saison 1924/25 · Ostsachsen
1. Guts Muts Dresden   18   45:22   27:09
2. Brandenburg 01 Dresden   18   49:19   25:11
3. Dresdner Sport-Club 1898 18   45:18   24:12
4. SpVgg 1905 Dresden   18   38:20   22:14
5. Fußballring 1902 Dresden 18   41:36   22:14
6. SV 1906 Dresden   18   30:26   18:18
7. Sportgesellschaft Dresden 18   35:41   14:22
8. Radebeuler BSK   18   35:59   11:25
9. Dresdensia   18   21:49   11:25
10. VfB 1903 Dresden   18   17:66   06:30

Saison 1925/26 · Ostsachsen
1. Dresdner Sport-Club 1898 18   121:26 34:02
2. Fußballring 1902 Dresden 18   55:43   22:14
3. SpVgg 1905 Dresden   18   52:41   23:13
4. Brandenburg 01 Dresden   18   52:38   22:14
5. Guts Muts Dresden   18   38:58   20:16
6. Sportgesellschaft Dresden 18   35:41   17:19
7. Dresdensia   18   37:52   16:20
8. SV 1906 Dresden   18   28:47   12:20
9. SC Freital 04   17   28:75   05:27
10. Radebeuler BSK   17   23:75   03:29

Saison 1926/27 · Ostsachsen zum Jahreswechsel
1. Dresdner Sport-Club 1898   9   45:11   18:00
2. Fußballring 1902 Dresden   8   21:08   15:01
3. Guts Muts Dresden   10   27:11   13:07
4. SpVgg 1905 Dresden   10   23:19   10:10
5. Brandenburg 01 Dresden   10   21:23   10:10
6. Dresdensia   11   13:31   09:13
7. Meißen 08   10   23:29   07:13
8. Copitz 05   10   16:32   07:13
9. Sportverein 06 Dresden   10   11:25   05:15
10. Sportgesellschaft   10   22:34   04:16

Aufgrund von Tauwetter und widrigen Platzverhältnissen wurde die Runde mit Spielen über Kreuz kurzfristig vom Verband abgeschlossen!

Saison 1927/28 · Stand Jahreswechsel 1927/28
1. Dresdner Sport-Club 1898   12   44:14   22:02
2. Brandenburg 01 Dresden   13   32:29   16:10
3. Guts Muts Dresden   10   44:15   15:05
4. Fußballring 1902 Dresden   12   23:21   14:10
5. SpVgg 1905 Dresden   10   37:25   12:08
6. Dresdensia   12   18:23   10:14
7. SV 1906 Dresden   11   16:29   09:13
8. Meißen 08   12   27:43   07:17
9. Sportgesellschaft Dresden   11   18:32   05:17
10. VfB 03 Dresden   11   13:41   04:18

Saison 1928/29 · Ostsachsen
1. Dresdner Sport-Club 1898   18   82:28   36:00
2. Fußballring 1902 Dresden   18   40:24   26:10
3. Guts Muts Dresden   18   50:27   22:14
4. SV 1906 Dresden   18   35:32   18:18
5. SV Meißen 08   18   43:49   15:21
6. Brandenburg 01   18   36:49   14:22
7. SV 1906 Dresden   18   38:44   14:22
8. Dresdensia   18   22:47   13:23
9. Sportgesellschaft Dresden   18   22:40   12:24
10. SV Copitz 05

Saison 1929/30 · Ostsachsen
1. Dresdner Sport-Club 1898   18   85:15   33:03
2. Guts Muts Dresden   18   57:21   31:05
3. Brandenburg 01   17   46:32   20:14
4. SV 1906 Dresden   18   32:43   17:19
5. Ring Greiling   18   37:36   14:22
6. SV Meißen 08   17   34:38   13:21
7. SV 1906 Dresden   17   24:46   12:22
8. Spielvereinigung   15   18:41   11:19
9. Dresdensia   17   26:54   11:23
10. VfB 03 Dresden   17   31:64   10:24

Saison 1930/31
1. Dresdner Sport-Club 1898   18   100:1   33:03
2. Guts Muts Dresden   18   86:27   29:07
3. Ring Greiling   18   49:37   24:12
4. SV Meißen 08   18   45:35   22:14
5. Brandenburg 01   18   43:37   22:14
6. SV 1906 Dresden   18   46:59   13:23
7. SV Laubegast 06   18   22:59   12:24
8. Sportgesellschaft 1893   18   23:60   09:27
9. Dresdensia   18   28:75   08:28
10. Rasensport Dresden   18   21:58   08:28

Das Entscheidungsspiel um den Abstieg gewann Rasensport mit 2:1 gegen Dresdensia.

Saison 1931/32 · Tabelle zum Jahreswechsel 1931/32
1. Dresdner Sport-Club 1898   10   61:08   18:02
2. Guts Muts Dresden   11   27:16   15:07
3. Ring Greiling   10   21:14   14:06
4. Brandenburg 01   10   28:20   11:09
5. Riesaer SV   10   17:27   09:11
6. Spielvereinigung   11   22:35   09:13
7. SV 1906 Dresden   11   10:22   08:14
8. Sportgesellschaft 1893   11   13:27   08:14
9. Rasensport Dresden   10   17:31   07:13
10. SV Meißen 08   10   14:30   05:15

Saison 1932/33
Ostsachsenmeisterschaft · Tabelle zum Jahreswechsel
1. Dresdner Sport-Club 1898   10   61:08   18:02
2. Guts Muts Dresden   11   27:16   15:07
3. Ring Greiling   10   21:14   14:06
4. Brandenburg 01   10   28:20   11:09
5. Riesaer SV   10   17:27   09:11
6. Spielvereinigung   11   22:35   09:13
7. SV 1906 Dresden   11   10:22   08:14
8. Sportgesellschaft 1893   11   13:27   08:14
9. Rasensport Dresden   10   17:31   07:13
10. SV Meißen 08   10   14:30   05:15

Saison 1933/34 · Gauliga Sachsen
1. Dresdner Sport-Club 1898   20   76:21   34:06
2. VfB Leipzig   20   65:23   34:06
3. Polizei SV Chemnitz   20   86:31   30:10
4. Guts Muts Dresden   20   47:31   25:15
5. Wacker Leipzig   20   50:39   19:21
6. VfB Glauchau   20   44:56   19:21
7. Sport u BC Plauen   20   50:73   15:25
8. Planitzer SC   20   43:72   14:26
9. Chemnitzer BC   20   35:53   13:27
10. 1.Vogtl.FC Plauen   20   29:57   12:28
11. SpVgg Falkenstein   20   29:86   05:35

Saison 1934/35 · Gaumeisterschaft Sachsen
1. Polizei SV Chemnitz   18   86:31   30:10
2. Dresdner Sport-Club 1898   18   76:21   34:06
3. Fortuna Leipzig   18   65:23   34:06
4. Guts Muts Dresden   18   47:31   25:15
5. Sportfreunde Dresden   18   86:31   30:10
6. VfB Leipzig   18   47:31   25:15
7. Planitzer SC   18   50:39   19:21
8. Wacker Leipzig   18   44:56   19:21
9. SPORT UBC Plauen   18   43:72   14:26
10. VfB Glauchau   18   35:53   13:27

Saison 1935/36 · Gaumeisterschaft Sachsen
1. Polizei SV Chemnitz   18   65:33   29:07
2. Dresdner Sport-Club 1898   18   38:17   25:11
3. Fortuna Leipzig   18   48:36   22:14
4. Guts Muts Dresden   18   42:31   20:16
5. VfB Leipzig   18   30:52   18:18
6. BC Hartha   18   40:35   17:19
7. Wacker Leipzig   18   31:32   16:20
8. Planitzer SC   18   35:35   15:21
9. Sportfreunde Dresden   18   30:51   15:21
10. Dresdensia Dresden   18   15:72   03:33

Saison 1936/37 · Gaumeisterschaft Sachsen
1. BC Hartha   18   45:23   24:12
2. Planitzer SC   18   41:32   21:15
3. Polizei SV Chemnitz   18   43:35   21:15
4. Dresdner Sport-Club 1898   18   31:27   20:16
5. VfB Leipzig   18   42:29   19:17
6. TuRa Leipzig   18   34:34   18:18
7. Fortuna Leipzig   18   22:28   16:20
8. Guts Muts Dresden   18   30:43   16:20
9. Riesaer SV   18   32:43   15:21
10. Wacker Leipzig   18   27:53   10:26

Alle Tabellen 1901-1998

Saison 1937/38 · Gauliga Sachsen
1.	BC Hartha	18	50:28	26:10
2.	Fortuna Leipzig	18	52:30	26:10
3.	Polizei SV Chemnitz	18	54:36	24:12
4.	Dresdner Sport-Club 1898	18	46:26	23:13
5.	VfB Leipzig	18	43:42	20:16
6.	Planitzer SC	18	34:32	16:20
7.	TuRa Leipzig	18	30:39	16:20
8.	Guts Muts Dresden	18	34:45	12:24
9.	SpVgg Leipzig	18	35:49	12:24
10.	SV Grüna	18	25:76	05:31

Saison 1938/39 · Gauliga Sachsen
1.	Dresdner Sport-Club 1898	18	41:19	26:10
2.	VfB Leipzig	18	46:20	25:11
3.	BC Hartha	18	63:38	24:12
4.	Planitzer SC	18	48:37	23:13
5.	Polizei SV Chemnitz	18	50:41	21:15
6.	Fortuna Leipzig	18	39:43	17:19
7.	Sportfreunde Dresden	18	29:49	16:20
8.	Guts Muts Dresden	18	23:35	14:22
9.	Concordia Plauen	18	30:44	08:28
10.	TuRa Leipzig	18	27:70	06:30

Saison 1939/40 · Gauliga Sachsen Staffel 1
1.	Dresdner Sport-Club 1898	10	39:09	18:02
2.	Chemnitzer BC	10	24:20	13:07
3.	Polizei SV Chemnitz	10	26:20	12:08
4.	BC Hartha	10	21:29	08:12
5.	Sportfreunde 01 Dresden	10	25:28	07:13
6.	Guts Muts Dresden	10	13:42	02:18

Gauliga Sachsen Staffel 2
1.	SC Planitz	10	44:13	16:04
2.	VfB Leipzig	10	46:20	15:05
3.	Fortuna Leipzig	10	39:43	13:07
4.	Concordia Plauen	10	30:44	10:10
5.	TuRa Leipzig	10	27:70	08:12
6.	SpVgg Falkenstein	10	14:39	03:17

Endspiele Sachsenmeisterschaft:
SC Planitz - DSC 3:3 / DSC - SC Planitz 3:0

Saison 1940/41 · Gauliga Sachsen · Abschlußtabelle
1.	Dresdner Sport-Club 1898	22	126:22	42:02
2.	Planitzer SC	22	71:41	31:13
3.	SV Orpo Chemnitz	22	98:63	27:17
4.	Riesaer SV	22	57:49	26:18
5.	VfB Leipzig	22	55:44	23:21
6.	Chemnitzer BC	22	47:49	23:21
7.	TuRa 99 Leipzig	22	60:54	22:22
8.	Fortuna Leipzig	22	25:26	22:22
9.	BC Hartha	22	62:57	20:24
10.	Sportfreunde 01 Dresden	22	59:81	17:27
11.	Wacker Leipzig	22	32:97	08:36
12.	VfB Glauchau	22	26:126	03:41

Saison 1941/42 · Gauliga Sachsen
1.	Planitzer SC	18	62:25	31:05
2.	Dresdner Sport-Club 1898	18	78:33	28:08
3.	Chemnitzer BC	18	59:28	16:10
4.	Polizei SV Chemnitz	18	69:49	24:12
5.	VfB Leipzig	18	53:46	19:17
6.	Riesaer SV	18	26:37	14:22
7.	Fortuna Leipzig	18	42:62	13:23
8.	Döbelner SC 02	18	40:69	12:24
9.	TuRa 1899 Leipzig	18	51:74	10:26
10.	Guts Muts Dresden	18	18:75	03:33

Saison 1942/43 · Gauliga Sachsen
1.	Dresdner Sport-Club 1898	18	136:14	36:00
2.	Planitzer SC	18	84:20	25:11
3.	BC Hartha	18	45:36	23:13
4.	Chemnitzer BC	18	42:42	21:15
5.	Riesaer SV	18	38:71	17:19
6.	Fortuna Leipzig	18	40:59	17:19
7.	VfB Leipzig	18	51:44	15:21
8.	Döbelner SC 02	18	35:56	14:22
9.	Ordnungspolizei Chemnitz	18	39:66	10:26
10.	Sportlust Zittau	18	21:12	02:34

Saison 1943/44 · Gauliga Sachsen
1.	Dresdner Sportclub 1898	18	102:17	32:04
2.	SG Zwickau	18	55:37	24:12
3.	BC Hartha	18	52:64	21:15
4.	Chemnitzer BC	18	52:47	19:17
5.	Döbelner SC 02	18	51:59	17:19
6.	Riesaer SV	18	40:44	16:20
7.	Planitzer SC	18	40:46	15:21
8.	TuRa Leipzig	18	43:61	14:22
9.	Fortuna Leipzig	18	39:57	14:22
10.	VfB Leipzig	18	31:73	08:28

Saison 1944/45 · Gaumeister Sachsen nicht beendet

Saison 1947/48 · Stadtliga Dresden
1.	SG Dresden Mickten	16
2.	SG Friedrichstadt Dresden	16
3.	Dresden Cotta	16
4.	SG Hainsberg	16
5.	SG Radebeul Ost	16
6.	Freital Ost	16
7.	SG Dresden Striesen	16
8.	VfB Gittersee	16
9.	SG Radeberg	16

Saison 1948/49 · Bezirk Dresden Staffel I
1.	SG Friedrichstadt Dresden	18
2.	SG Dresden Striesen	18
3.	Dresden Laubegast	18
4.	Freital Ost	18
5.	Dresden Löbtau	18
6.	Lommatzsch	18
7.	Cossebaude	18
8.	SG Hainsberg	18
9.	SG Radeberg	18
10.	Freital Ost	18

Wegen Punktgleichheit Entscheidungsspiel:
SG Friedrichstadt Dresden - SG Dresden Striesen 7:1
Endspiel um die Dresdner Stadt-Meisterschaft
SG Friedrichstadt Dresden - SG Dresden Mickten 2:2 n.V.
Wiederholungsspiel
SG Friedrichstadt Dresden - SG Dresden Mickten 3:1

Saison 1949/50 · Zonenliga DS-Liga
1.	Horch Zwickau	26	69:27	41:11
2.	SG Friedrichstadt Dresden	26	87:29	39:13
3.	Waggonfabrik Dessau	26	67:36	37:15
4.	Fortuna Erfurt	26	58:30	35:17
5.	ZSG Union Halle	26	56:38	31:21
6.	Franz Mehring Marga	26	49:48	31:21
7.	Märk.Volksst. Babelsberg	26	42:66	24:28
8.	ZSG Industrie Leipzig	26	38:45	22:30
9.	SG Meerane	26	38:56	21:31
10.	Eintracht Stendal	26	31:45	19:33
11.	BSG Gera-Süd	26	34:54	19:33
12.	SG Altenburg-Nord	26	34:50	17:35
13.	Anker Wismar	26	35:60	17:35
14.	Vorwärts Schwerin	26	30:84	11:41

Absteiger: SG Friedrichstadt Dresden (aufgelöst), Vorwärts Schwerin, Anker Wismar.

Saison 1949/50 · Landesliga Staffel-Ost
1.	Mickten Dresden	20	62:33	29:11
2.	SG Chemnitz Nord*	20	56:21	29:11
3.	ZSG Meißen*	20	39:27	25:15
4.	SG Cotta Dresden	20	32:24	24:16
5.	ZSG Zittau	20	35:59	21:19
6.	SG Chemnitz-West*	20	38:43	20:20
7.	Nagema Dresden*	20	29:31	19:21
8.	SG Löbau	20	35:49	18:22
9.	Stahlwerk Riesa	20	27:34	16:24
10.	SG Kamenz	20	25:49	10:30
11.	SG Hoyerswerda	20	31:59	09:31

* In Nagema Chemnitz umbenannt
* In VBB Tabak Dresden umbenannt
* In FEWA Chemnitz umbenannt

Endscheidungsspiel Staffelsieg: Mickten Dresden -FEWA Chemnitz 1:0

Spiele Mickten Dresden um Aufstieg in DDR-Oberliga:
Mickten Dresden* - KWU Weimar 5:1
*In den Aufstiegsspielen in Betriebssportgemeinschaft (BSG) Sachsenverlag umbenannt
KWU Weimar - BSG Sachsenverlag 1:1
BSG Sachsenverlag Dresden - SG Lauter - EHW Thale* 3:1
*In den Aufstiegsspielen in Stahl Thale umbenannt
Stahl Thale - BSG Sachsenverlag Dresden 5:2
BSG Sachsenverlag Dresden - ZSG Großräschen 4:1
ZSG Großräschen - BSG Sachsenverlag Dresden 1:1
BSG Sachsenverlag Dresden - Vorwärts Wismar 4:2
Vorwärts Wismar - BSG Sachsenverlag Dresden 1:1

Abschlußtabelle der Aufstiegsspiele:
1.	BSG Sachsenverlag Dresden	8	21:13	11:05
2.	KWU Weimar	8	20:18	10:06
3.	Stahl Thale	8	23:14	09:07
4.	ZSG Großräschen	8	16:15	07:09
5.	Vorwärts Wismar	8	08:28	03:10

Damit stieg die BSG Sachsenverlag Dresden auf!

Saison 1950/51 · DDR Oberliga
1.	Turbine Erfurt	34	80:37	50:18
2.	Chemie Leipzig	34	66:33	50:18
3.	.Motor Zwickau(M)	34	72:35	43:25
4.	Aktivist Brieske-Ost	34	87:79	43:25
5.	VP Dresden (N)	34	75:40	43:25
6.	Turbine Halle	34	73:50	40:28
7.	Rotation Babelsberg	34	95:78	39:29
8.	EHW Thale (N)*	34	82:65	39:29
9.	Motor Dessau	34	67:61	34:34
10	.Fortschritt Meerane	34	65:71	31:37
11.	ZSG Altenburg	34	46:60	31:37
12	.Sachsenverlag Dresden(N)*	34	64:61	30:38
13.	Mechanik Gera	34	59:63	30:38
14.	Lokomotive Stendal	34	73:73	29:39
15.	Union Oberschöneweide (N)	34	49:72	26:42
16	KWU Weimar (N)*	34	45:71	26:42
17.	SC Lichtenberg (N)	34	49:96	20:48
18.	VFB Pankow (N)	34	29:131	07:61

*In Rotation Dresden umbenannt
*In Turbine Weimar umbenannt
*In Stahl Thale umbenannt

Saison 1951/52 · DDR-Oberliga

1.	Turbine Halle	36	80:42	53:19
2.	VP Dresden	36	79:53	49:23
3.	Chemie Leipzig (M)	36	90:53	47:25
4.	Rotation Dresden	36	73:44	46:26
5.	Motor Zwickau	36	71:50	45:27
6.	Rotation Babelsberg	36	75:58	42:30
7.	Wismut Aue(N)	36	75:62	40:32
8.	Turbine Erfurt	36	58:47	39:33
9.	Aktivist Brieske-Ost	36	72:74	38:34
10.	Lokomotive Stendal	36	70:69	37:35
11.	Motor Oberschöneweide	36	53:66	35:37
12.	Motor Dessau	36	67:69	34:38
13.	Stahl Thale	36	52:59	31:41
14.	Motor Gera	36	56:72	31:41
15.	KVP Vorwärts Leipzig(N)	36	57:60	30:42
16.	Fortschritt Meerane	36	66:89	26:46
17.	Motor Wismar(N)	36	55:77	24:48
18.	Stahl Altenburg	36	46:95	21:51
19.	Einheit Pankow(N)	36	38:94	16:56

Saison 1952/53 · DDR-Oberliga

1.	VP Dresden*	32	51:53	38:26
2.	Wismut Aue	32	57:48	38:26
3.	Motor Zwickau	32	54:43	37:27
4.	Rotation Dresden	32	65:55	36:28
5.	Stahl Thale	32	45:47	36:28
6.	Motor Dessau	32	66:55	35:29
7.	Turbine Erfurt	32	51:44	34:30
8.	Chemie Leipzig	32	55:51	34:30
9.	Aktivist Brieske-Ost	32	55:22	34:30
10.	Empor Lauter (N)	32	58:61	33:31
11.	Lokomotive Stendal	32	56:54	32:32
12.	Rotation Babelsberg	32	58:59	32:32
13.	Turbine Halle (M)	32	51:44	31:33
14.	KVP Vorwärts Leipzig	32	49:56	30:34
15.	Motor Oberschöneweide	32	47:50	27:37
16.	Motor Jena(N)	32	35:62	22:42
17.	Motor Gera	32	32:71	15:49

*während der Saison am 13.4.1953 in Dynamo Dresden umbenannt.
Entscheidungsspiel am 05.Juli 1953 um die Meisterschaft:
Dynamo Dresden – Wismut Aue 3:2 n.V.

Saison 1953/54 · DDR-Oberliga

1.	Turbine Erfurt	28	58:36	39:17
2.	Chemie Leipzig	28	51:37	35:21
3.	Dynamo Dresden (M)	28	54:44	34:22
4.	Wismut Aue	28	59:42	33:23
5.	Rotation Babelsberg	28	58:43	32:24
6.	Aktivist Brieske-Ost	28	48:43	30:26
7.	Rotation Dresden	28	46:39	28:28
8.	Turbine Halle	28	30:30	28:28
9.	Empor Lauter	28	40:38	27:29
10.	Fortschritt Meerane (N)	28	46:46	25:31
11.	Motor Zwickau	28	39:56	25:31
12.	Einheit Ost Leipzig (N)	28	43:57	23:33
13.	Lokomotive Stendal	28	38:51	23:33
14.	Motor Dessau	28	38:55	23:33
15.	Stahl Thale	28	28:59	15:41

Saison 1954/55 · DDR-Oberliga

1.	Turbine Erfurt	26	58:25	34:18
2.	Wismut Aue	26	62:38	33:19
3.	Einheit Ost Leipzig	26	56:46	30:22
4.	Rotation Dresden	26	64:55	29:21
5.	Motor Zwickau	26	51:49	28:24
6.	Aktivist Brieske-Ost	26	37:44	27:25
7.	Dynamo Dresden	26	50:50	26:26
8.	ZSK Vorwärts Berlin	26	43:46	26:26
9.	Empor Lauter	26	29:33	26:26
10.	Chemie Karl-Marx-Stadt	26	34:43	25:27
11.	SC Lokomotive Leipzig	26	33:38	24:28
12.	Rotation Babelsberg	26	36:36	23:29
13.	Turbine Halle	26	27:50	20:32
14.	Fortschritt Meerane	26	31:58	13:39

Saison 1955 · DDR-Oberliga (Übergangsrunde)

1.	SC Wismut Karl-Marx-Stadt	13	30:13	20:06
2.	SC Empor Rostock	13	25:13	19:07
3.	SC Dynamo Berlin	13	35:12	18:08
4.	Motor Zwickau	13	36:21	17:09
5.	Rotation Babelsberg	13	29:24	15:11
6.	SC Lokomotive Leipzig	13	21:17	14:12
7.	SC Turbine Erfurt	13	16:18	13:13
8.	SC Fortschritt Weißenfels	13	19:20	13:13
9.	Lokomotive Stendal	13	16:31	11:15
10.	Z ASK Vorwärts Berlin	13	26:28	10:16
11.	SC Rotation Leipzig	13	16:27	10:16
12.	SC Einheit Dresden	13	21:24	08:18
13.	SC Aktivist Brieske-Senftenberg	13	17:33	08:18
14.	Chemie Karl-Marx-Stadt	13	16:42	06:20

Saison 1956 · DDR-Oberliga

1.	SC Wismut Karl-Marx-Stadt (M)	26	53:21	38:14
2.	SC Aktivist Brieske-Senftenberg	26	34:15	36:16
3.	SC Lokomotive Leipzig	26	45:22	34:18
4.	Lokomotive Stendal (N)	26	55:54	28:24
5.	SC Einheit Dresden	26	50:46	26:26
6.	ASK Vorwärts Berlin	26	41:41	26:26
7.	Rotation Babelsberg	26	41:53	26:26
8.	SC Rotation Leipzig	26	35:41	24:28
9.	SC Motor Karl-Marx-Stadt	26	25:50	23:29
10.	SC Fortschritt Weißenfels(N)	26	36:38	22:30
11.	Motor Zwickau	26	47:52	22:30
12.	SC Turbine Erfurt	26	36:38	21:31
13.	SC Dynamo Berlin	26	39:48	20:32
14.	SC Empor Rostock	26	31:49	18:34

Absteiger: SC Empor Rostock, SC Dynamo Berlin
Aufsteiger: SC Motor Jena, SC Chemie Halle-Leuna

Saison 1957 · DDR-Oberliga

1.	SC Wismut Karl-Marx-Stadt(M)	26	49:28	36:16
2.	ZASK Vorwärts Berlin	26	45:22	33:19
3.	SC Rotation Leipzig	26	40:29	32:20
4.	SC Motor Jena(N)	26	41:29	28:24
5.	SC Aktivist Brieske-Senftenberg	26	33:26	28:24
6.	SC Turbine Erfurt	26	37:33	27:25
7.	SC Lokomotive Leipzig	26	36:32	26:26
8.	SC Einheit Dresden	26	40:44	25:27
9.	SC Fortschritt Weißenfels	26	38:38	23:29
10.	Motor Zwickau	26	35:43	23:29
11.	Rotation Babelsberg	26	29:44	23:29
12.	SC Chemie Halle-Leuna(N)	26	42:51	22:30
13.	Lokomotive Stendal	26	28:43	22:30
14.	SC Motor Karl-Marx-Stadt	26	31:62	16:36

Absteiger: SC Karl Marx Stadt, Lokomotive Stendal
Aufsteiger: SC Dynamo Berlin, SC Empor Rostock

Saison 1958 · DDR-Oberliga

1.	ASK Vorwärts Berlin	26	44:25	39:13
2.	SC Motor Jena	26	49:24	35:17
3.	SC Aktivist Brieske-Senftenberg	26	46:26	33:19
4.	SC Wismut Karl-Marx-Stadt(M)	26	36:26	29:23
5.	SC Einheit Dresden	26	29:27	29:23
6.	SC Dynamo Berlin (N)	26	37:34	26:26
7.	Empor Rostock(N)	26	33:31	26:26
8.	SC Motor Zwickau	26	36:39	27:25
9.	SC Lokomotive Leipzig	26	36:30	24:28
10.	SC Rotation Leipzig	26	42:52	24:28
11.	SC Turbine Erfurt	26	27:45	18:34
12.	SC Fortschritt Weißenfels	26	19:32	17:35
13.	SC Chemie Halle Leuna	26	30:50	22:30
14.	Rotation Babelsberg	26	32:65	14:38

Absteiger: Rotation Babelsberg, SC Chemie Halle Leuna
Aufsteiger: Chemie Zeitz, Lokomotive Stendal

Saison 1959 · DDR-Oberliga

1.	SC Wismut Karl-Marx-Stadt	26	44:25	39:13
2.	ASK Vorwärts Berlin(M)	26	49:24	35:17
3.	SC Dynamo Berlin	26	46:26	33:19
4.	SC Empor Rostock	26	36:26	29:23
5.	SC Motor Jena	26	29:27	29:23
6.	SC Fortschritt Weißenfels	26	36:39	27:25
7.	SC Aktivist Brieske-Senftenberg	26	36:30	24:28
8.	Motor Zwickau	26	30:32	24:28
9.	SC Lokomotive Leipzig	26	28:36	24:28
10.	Chemie Zeitz(N)	26	42:52	24:28
11.	SC Rotation Leipzig	26	31:40	22:30
12.	SC Einheit Dresden	26	23:42	19:33
13.	SC Turbine Erfurt	26	27:45	18:34
14.	Lokomotive Stendal(N)	26	19:32	17:35

Absteiger: Lokomotive Stendal, SC Turbine Halle
Aufsteiger: SC Chemie Halle, SC Aufbau Magdeburg

Saison 1960 · DDR-Oberliga

1.	ASK Vorwärts Berlin	26	73:28	41:11
2.	SC Dynamo Berlin	26	44:27	32:20
3.	SC Lok Leipzig	26	37:31	32:20
4.	Motor Zwickau	26	37:33	31:21
5.	SC Wismut Karl-Marx-Stadt (M)	26	40:32	30:22
6.	SC Empor Rostock	26	46:36	29:23
7.	SC Aufbau Magdeburg (N)	26	47:59	27:25
8.	SC Motor Jena	26	55:43	24:28
9.	SC Aktivist Brieske Senftenberg	26	35:59	24:28
10.	SC Rotation Leipzig	26	39:39	23:29
11.	SC Chemie Halle(N)	26	37:42	22:30
12.	SC Einheit Dresden	26	30:51	21:31
13.	Chemie Zeitz	26	43:61	20:32
14.	SC Fortschritt Weißenfels	26	27:69	08:44

Absteiger: SC Fortschritt Weißenfels, Chemie Zeitz
Aufsteiger: SC Turbine Erfurt, Lokomotive Stendal

Saison 1961/62 · DDR-Oberliga

1.	ASK Vorwärts Berlin(M)	39	69:49	50:28
2.	SC Empor Rostock	39	70:43	47:31
3.	SC Dynamo Berlin	39	72:64	45:33
4.	SC Motor Jena	39	77:60	43:35
5.	Motor Zwickau	39	59:66	41:37
6.	SC Lok Leipzig	39	67:57	40:38
7.	SC Wismut Karl-Marx Stadt	39	60:48	38:38
8.	SC Rotation Leipzig	39	57:57	38:40
9.	SC Aufbau Magdeburg	39	59:63	37:41
10.	SC Turbine Erfurt (N)	39	66:69	35:43
11.	SC Chemie Halle	39	53:66	34:44

Alle Tabellen 1901–1998

Alle Tabellen 1901-1998

12.	Aktivist Brieske Senftenberg	39	45:53	33:45
13.	SC Einheit Dresden	39	48:73	32:46
14.	Lok Stendal(N)	39	49:83	31:47

Absteiger: Lok Stendal, SC Einheit Dresden
Aufsteiger: Dynamo Dresden, SC Motor Karl-Marx-Stadt

Saison 1962/63 · 2. DDR-Liga, Staffel Süd:

1.	SC Motor Steinach	26	55:30	39:13
2.	Wismut Gera	26	39:19	36:16
3.	SC Einheit Dresden	26	47:28	34:18
4.	Motor Weimar	26	42:31	31:21
5.	Vorwärts Leipzig	26	43:30	30:22
6.	Dynamo Eisleben	26	41:35	29:23
7.	Fortschritt Weißenfels	26	46:38	28:24
8.	Motor West Karl-Marx-Stadt	26	42:45	26:26
9.	Chemie Zeitz	26	40:41	24:28
10.	Motor Zeitz	26	28:46	21:31
11.	Chemie Wolfen	26	32:57	21:31
12.	SC Aktivist Karl-Marx Zwickau	26	34:46	18:34
13.	Motor Nordhausen-West	26	34:49	15:37
14.	Motor Eisenach	26	26:54	12:40

Absteiger: Motor Nordhausen-West
Aufsteiger: Stahl Lippendorf, Zugang Dynamo Dresden

Saison 1963/64 · DDR-Liga, Staffel-Süd

1.	Dynamo Dresden	30	57:14	49:11
2.	SC Einheit Dresden	30	49:35	36:24
3.	Wismut Gera	30	43:43	35:25
4.	Dynamo Eisleben	30	41:30	32:28
5.	Motor Weimar	30	47:41	32:28
6.	Fortschritt Weißenfels	30	47:46	32:28
7.	Stahl Riesa	30	28:30	31:29
8.	SC Aktivist Karl-Marx Zwickau	30	41:43	29:31
9.	Motor Bautzen	30	35:58	29:31
10.	Motor West Karl-Marx-Stadt	30	27:31	28:32
11.	Vorwärts Leipzig	30	37:36	27:33
12.	Motor Eisenach	30	42:45	27:33
13.	Chemie Zeitz	30	29:39	25:35
14.	Stahl Eisleben	30	22:42	24:36
15.	Stahl Lippendorf	30	32:42	23:37
16.	Chemie Wolfen	30	25:47	19:41

Aufsteiger in die DDR-Oberliga: Dynamo Dresden
Absteiger: Chemie Wolfen

Saison 1964/65 · DDR-Liga, Staffel-Süd

1.	SC Turbine Erfurt	30	53:26	42:18
2.	Dynamo Eisleben	30	63:37	39:21
3.	Vorwärts Leipzig	30	62:50	37:23
4.	Chemie Zeitz	30	43:43	35:25
5.	Aktivist "Karl-Marx" Zwickau	30	59:40	33:27
6.	Stahl Riesa	30	47:39	32:28
7.	SC Einheit Dresden	30	42:38	32:28
8.	Fortschritt Weißenfels	30	41:39	32:28
9.	Motor Eisenach	30	40:42	30:30
10.	Motor Weimar	30	43:49	30:30
11.	Motor Wema Plauen	30	56:53	27:33
12.	Wismut Gera	30	45:47	27:33
13.	Motor Bautzen	30	44:46	27:33
14.	Chemie Riesa	30	38:48	23:37
15.	Motor West Karl-Marx-Stadt	30	22:53	18:42
16.	Motor Rudisleben	30	30:78	16:44

Aufsteiger in die Oberliga: SC Turbine Erfurt.

Saison 1965/66 · DDR-Liga, Staffel-Süd

1.	Wismut Gera	30	54:24	41:19
2.	Motor Steinach	30	55:30	35:25
3.	Motor Weima Plauen	30	56:40	34:26
4.	Dynamo Eisleben	30	55:47	33:27
5.	Vorwärts Leipzig	30	46:39	33:27
6.	Aktivist Karl-Marx Zwickau	30	41:37	33:27
7.	Stahl Riesa	30	50:37	31:29
8.	Chemie Zeitz	30	47:48	31:29
9.	Vorwärts Meiningen	30	53:54	30:30
10.	Motor Weimar	30	41:45	30:30
11.	Motor Eisenach	30	45:50	29:31
12.	FSV Lok Dresden*	30	35:37	26:34
13.	Motor Bautzen	30	39:64	26:34
14.	Chemie Buna Zschopau	30	36:56	25:35
15.	Motor WAMA Görlitz	30	34:57	22:38
16.	Fortschritt Weißenfels	30	36:58	21:39

*Zu Beginn der Saison ändert die DDR-Sportführung den Namen von SC Einheit Dresden in FSV Lok Dresden

Saison 1966/67 · DDR-Liga, Staffel-Süd

1.	FC Rot-Weiß Erfurt	30	62:21	41:19
2.	Stahl Riesa	30	54:27	41:19
3.	Vorwärts Meiningen	30	53:36	35:25
4.	Vorwärts Leipzig	30	38:25	33:27
5.	Motor WEMA Plauen	30	52:51	33:27
6.	Motor Steinach	30	34:28	31:29
7.	Aktivist Karl-Marx Zwickau	30	43:39	31:29
8.	Chemie Zeitz	30	43:34	30:30
9.	FSV Lok Dresden	30	39:35	30:30
10.	Motor Weimar	30	37:42	30:30
11.	Motor Eisenach*	30	41:45	28:32
12.	Motor Bautzen	30	30:33	27:33
13.	Dynamo Eisleben*	30	35:47	27:33
14.	Motor Nordhausen-West	30	28:41	27:33
15.	Aktivist Böhlen	30	25:53	23:37
16.	Chemie Jena	30	12:69	09:51

* Punkteabzug

Saison 1967/68 · DDR-Liga, Staffel-Süd

1.	Stahl Riesa	30	54:31	43:17
2.	Wismut Gera	30	61:27	42:18
3.	Vorwärts Meiningen	30	59:36	37:23
4.	Motor Steinach	30	42:35	36:24
5.	Vorwärts Leipzig	30	51:39	34:26
6.	FC Carl Zeiss Jena II	30	41:31	33:27
7.	FSV Lok Dresden	30	36:30	30:30
8.	Aktivist Karl-Marx Zwickau	30	40:44	28:32
9.	Dynamo Eisleben	30	41:51	27:33
10.	Motor Eisenach	30	43:65	27:33
11.	Chemie Zeitz	30	40:41	26:34
12.	Motor WEMA Plauen	30	49:54	26:34
13.	FC Rot-Weiß Erfurt II	30	48:47	25:35
14.	Motor Bautzen	30	28:48	25:35
15.	Motor Weimar	30	30:50	21:39
16.	Fortschritt Weißenfels	30	28:65	20:40

Saison 1968/69 · DDR-Liga, Staffel-Süd

1.	Dynamo Dresden	30	57:9	47:13
2.	Vorwärts Meiningen	30	53:37	38:22
3.	Motor Steinach	30	43:29	37:23
4.	Wismut Gera	30	33:24	36:24
5.	FC Carl Zeiss Jena II	30	36:37	30:30
6.	FSV Lok Dresden	30	32:34	30:30
7.	Aktivist Böhlen	30	33:38	30:30
8.	Motor Eisenach	30	34:34	28:32
9.	Vorwärts Leipzig	30	30:31	28:32
10.	Dynamo Eisleben	30	26:36	27:33
11.	Motor WEMA Plauen	30	33:43	26:34
12.	Sachsenring Zwickau II	30	31:50	26:34
13.	Kali Werra Tiefenort	30	39:43	25:35
14.	Chemie Zeitz	30	26:31	25:35
15.	Chemie Riesa	30	32:40	24:36
16.	FC Rot-Weiß Erfurt II	30	15:37	23:37

Saison 1969/70 · DDR-Liga, Staffel-Süd

1.	1. FC Lok Leipzig	30	83:23	48:12
2.	Wismut Gera	30	47:16	47:13
3.	Sachsenring Zwickau II	30	52:46	34:26
4.	Kali Werra Tiefenort	30	32:37	34:26
5.	Chemie Böhlen	30	33:38	31:29
6.	Hallescher FC Chemie II	30	33:42	31:29
7.	Dynamo Eisleben	30	36:31	30:30
8.	FC Carl Zeiss Jena II	30	39:36	29:31
9.	Vorwärts Meiningen	30	51:38	28:32
10.	Motor WEMA Plauen	30	39:42	28:32
11.	Motor Nordhausen West	30	27:40	27:33
12.	FSV Lok Dresden	30	38:41	26:34
13.	Motor Steinach	30	39:44	25:35
14.	Motor Eisenach	30	28:45	25:35
15.	Motor Hermsdorf	30	31:58	22:38
16.	Vorwärts Leipzig	30	21:52	15:45

Aufsteiger: 1. FC Lok Leipzig

Saison 1970/71 · DDR-Liga, Staffel-Süd

1.	FC Karl-Marx-Stadt	30	72:16	50:10
2.	Vorwärts Meiningen	30	53:29	38:22
3.	Motor Nordhausen-West	30	52:36	38:22
4.	Motor WEMA Plauen	30	46:35	38:22
5.	Wismut Gera	30	39:29	35:25
6.	Hallescher FC Chemie II	30	45:39	35:25
7.	FSV Lok Dresden	30	37:32	32:28
8.	FC Carl Zeiss Jena II	30	39:40	29:31
9.	Chemie Böhlen	30	40:44	29:31
10.	Kali Werra Tiefenort	30	32:47	26:34
11.	Dynamo Eisleben	30	38:45	25:35
12.	Dynamo Dresden II	30	36:40	24:36
13.	Chemie Leipzig II	30	37:58	23:37
14.	Sachsenring Zwickau II	30	37:62	22:38
15.	Motor Steinach	30	31:42	21:39
16.	Chemie Glauchau	30	22:62	15:45

Saison 1971/72 · DDR-Liga, Staffel-D

1.	Motor Werdau	20	39:23	29:11
2.	FSV Lok Dresden	20	42:20	28:12
3.	Dynamo Dresden II	20	37:24	24:16
4.	Wismut Aue II	20	32:26	24:16
5.	Vorwärts Löbau	20	32:29	22:18
6.	Motor Wema Plauen	20	42:37	19:21
7.	Wismut Pirna-Copitz	20	21:33	19:21
8.	Sachsenring Zwickau II	20	38:37	18:22
9.	Chemie Zeitz	20	32:29	17:23
10.	Fortschritt Greiz	20	26:54	13:27
11.	Chemie Glauchau	20	23:52	07:33

Saison 1972/73 · DDR-Liga, Staffel-D

1.	Dynamo Dresden II	22	60:24	34:10
2.	Stahl Riesa	22	40:14	32:12
3.	Aktivist Schwarze Pumpe	22	26:28	24:20
4.	FSV Lok Dresden	22	29:27	23:21
5.	Sachsenring Zwickau II	22	33:30	22:22
6.	TSG Gröditz	22	26:28	21:23

7. Vorwärts Löbau	22	21:28	21:23
8. FC Karl-Marx-Stadt II	22	35:36	20:24
9. Motor Werdau	22	38:46	20:24
10. Motor Wema Plauen	22	26:34	19:25
11. Wismut Aue II	22	21:33	16:28
12. Wismut Pirna-Copitz	22	21:48	12:32

Saison 1973/74 · DDR-Liga, Staffel-D

1. Chemie Böhlen	22	36:24	32:12
2. Aktivist Brieske Senftenberg	22	29:30	26:18
3. Sachsenring Zwickau II	22	34:29	24:20
4. Aktivist Schwarze Pumpe	22	32:27	24:20
5. Motor Werdau	22	31:27	23:21
6. Dynamo Dresden II	22	37:26	22:22
7. TSG Gröditz	22	24:23	22:22
8. FSV Lok Dresden	22	34:33	21:23
9. Motor Germ.Karl-Marx-Stadt	22	33:44	19:25
10. Stahl Riesa	22	35:36	18:26
11. Vorwärts Löbau	22	33:45	17:27
12. FC Karl-Marx-Stadt II	22	23:37	16:28

Saison 1974/75 · DDR-Liga, Staffel -D

1. Energie Cottbus	22	50:21	34:10
2. FSV Lok Dresden	22	38:25	30:14
3. Dynamo Dresden II	22	39:25	28:16
4. Sachsenring Zwickau II	22	32:30	27:17
5. Motor Werdau	22	47:40	24:20
6. Aktivist Schwarze Pumpe	22	30:27	22:22
7. TSG Gröditz	22	37:28	21:23
8. Wismut Aue II	22	36:27	21:23
9. Motor Bautzen	22	21:28	20:24
10. Aktivist Brieske Senftenberg	22	26:24	19:25
11. Lok Cottbus	22	23:52	11:33

Saison 1975/76 · DDR-Liga, Staffel -D

1. Motor Werdau	22	50:17	35:09
2. Wismut Gera	22	36:19	30:14
3. Chemie Böhlen	22	51:24	28:16
4. Dynamo Dresden II	22	47:29	25:19
5. Wismut Aue II	22	29:27	24:20
6. Stahl Riesa	22	39:41	22:22
7. FSV Lok Dresden	22	32:41	21:23
8. Vorwärts Plauen	22	34:38	19:25
9. Aktivist Schwarze Pumpe	22	30:38	19:25
10. Lok Cottbus	22	25:38	19:25
11. Energie Cottbus II	22	24:26	18:26
12. Motor Bautzen	22	11:70	04:40

Saison 1976/77 · DDR-Liga, Staffel-D

1. Chemie Böhlen	20	49:21	31:09
2. FSV Lok Dresden	20	36:18	27:13
3. Vorwärts Plauen	20	39:30	22:18
4. Aktivist Brieske Senftenberg	20	23:22	22:18
5. Energie Cottbus	20	45:23	20:20
6. TSG Gröditz	20	30:33	20:20
7. Motor Werdau	20	28:37	19:21
8. Aktivist Schwarze Pumpe	20	23:28	17:23
9. Fortschritt Bischofswerda	20	32:40	16:24
10. Motor Altenburg	20	25:43	13:27
11. Fortschritt Krumhermersdorf	20	23:58	13:27

Saison 1977/78 · DDR-Liga, Staffel -D

1. FSV Lok Dresden	22	69:25	34:10
2. Energie Cottbus	22	34:13	31:13
3. Motor Werdau	22	45:29	29:15
4. Aktivist Espenhain	22	43:36	28:16
5. Aktivist Brieske Senftenberg	22	44:34	26:18
6. Vorwärts Plauen	22	42:32	24:20
7. Fortschritt Bischofswerda	22	28:23	23:21
8. Aktivist Schwarze Pumpe	22	32:30	21:23
9. TSG Gröditz	22	37:47	21:23
10. Motor Ascota Karl-Marx-Stadt	22	24:48	12:32
11. Dynamo Lübben	22	17:52	10:34
12. Motor WAMA Görlitz	22	16:62	05:39

Saison 1978/79 · DDR-Liga, Staffel - D

1. Energie Cottbus	22	51:12	38:06
2. Motor Werdau	22	54:22	33:11
3. FSV Lok Dresden	22	39:21	29:15
4. Aktivist Schwarze Pumpe	22	33:19	26:18
5. Aktivist Brieske Senftenberg	22	23:34	23:21
6. Fortschritt Bischofswerda	22	26:23	21:23
7. Vorwärts Plauen	22	25:31	19:25
8. Aktivist Espenhain	22	34:36	18:26
9. Motor F.-H.Karl-Marx-Stadt	22	24:34	17:27
10. TSG Lübbenau	22	23:58	14:30
11. Robur Zittau	22	20:40	13:31
12. TSG Gröditz	22	24:46	13:31

Saison 1979/80 · DDR-Liga, Staffel - D

1. Energie Cottbus	22	49:19	34:10
2. Vorwärts Kamenz	22	39:20	32:12
3. Motor Werdau	22	42:25	28:16
4. Fortschritt Bischofswerda	22	44:27	26:18
5. Aktivist Espenhain	22	27:26	23:21
6. Motor F.-H.Karl-Marx-Stadt	22	28:30	23:21
7. Aktivist Schwarze Pumpe	22	23:27	20:24
8. FSV Lok Dresden	22	29:35	19:25
9. Vorwärts Plauen	22	29:35	18:26
10. Dynamo Lübben	22	21:40	16:28
11. Aktivist Brieske Senftenberg	22	31:37	15:29
12. SG Sosa	22	22:63	10:34

Saison 1980/81 · DDR-Liga, Staffel - D

1. Energie Cottbus	22	47:18	36:08
2. TSG Gröditz	22	33:30	27:17
3. Motor Werdau	22	52:37	25:19
4. Aktivist Schwarze Pumpe	22	33:25	24:20
5. Aufbau Krumhermersdorf	22	36:40	22:22
6. Vorwärts Kamenz	22	33:30	20:24
7. Motor F.-H.Karl-Marx-Stadt	22	31:37	20:24
8. Fortschritt Bischofswerda	22	22:32	20:24
9. FSV Lok Dresden	22	31:30	19:25
10. Vorwärts Plauen	22	29:31	19:25
11. Aktivist Espenhain	22	25:33	18:26
12. TSG Lübenau	22	25:54	14:30

Saison 1981/82 · DDR-Liga, Staffel - D

1. Stahl Riesa	22	61:26	34:10
2. Aktivist Schwarze Pumpe	22	28:23	29:15
3. Aktivist Brieske Senftenberg	22	37:28	28:16
4. FSV Lok Dresden	22	44:29	27:17
5. Fortschritt Bischofswerda	22	26:31	21:23
6. Motor F.-H.Karl-Marx-Stadt	22	28:34	20:24
7. TSG Gröditz	22	23:34	20:24
8. Vorwärts Kamenz	22	22:30	19:25
9. Motor Werdau	22	40:37	18:26
10. Aufbau Krumhermersdorf	22	29:41	17:27
11. Robur Zittau	22	29:42	16:28
12. Motor Ascota Karl-Marx-Stadt	22	25:37	15:29

Saison 1982/83 · DDR-Liga, Staffel - D

1. Stahl Riesa	22	63:15	40:04
2. Aktivist Schwarze Pumpe	22	36:28	26:18
3. Vorwärts Kamenz	22	43:37	26:18
4. Motor F.-H.Karl-Marx-Stadt	22	31:34	24:20
5. Aktivist Brieske Senftenberg	22	28:27	23:21
6. Motor Werdau	22	33:29	21:23
7. Fortschritt Bischofswerda	22	32:29	21:23
8. TSG Gröditz	22	24:34	21:23
9. FSV Lok Dresden	22	28:28	20:24
10. Vorwärts Plauen	22	24:34	17:27
11. Lok Plauen	22	23:40	15:29
12. Fortschritt Neustadt	22	16:46	10:34

Saison 1983/84 · DDR-Liga, Staffel - D

1. Sachsenring Zwickau	22	63:21	34:10
2. Aktivist Schwarze Pumpe	22	42:23	28:16
3. Aufbau Krumhermersdorf	22	40:26	28:16
4. Fortschritt Bischofswerda	22	47:39	26:18
5. Aktivist Brieske Senftenberg	22	34:30	26:18
6. Motor F.-H.Karl-Marx-Stadt	22	37:23	25:19
7. TSG Gröditz	22	37:28	25:19
8. FSV Lok Dresden	22	40:37	23:21
9. Empor Tabak Dresden	22	24:36	15:29
10. Vorwärts Kamenz	22	29:44	15:29
11. Motor Werdau	22	16:49	12:32
12. Chemie Döbeln	22	13:66	07:37

Saison 1984/85 · Bezirksliga Dresden

1. Fortschritt Neustadt	30	79:23	48:12
2. TSG Gröditz	30	79:29	43:17
3. Wismut Pirna Copitz	30	64:39	42:18
4. Stahl Riesa II	30	71:36	40:20
5. Empor Tabak Dresden	30	58:33	39:21
6. FSV Lok Dresden	30	56:36	38:22
7. Empor Dresden Löbtau	30	53:71	31:29
8. ISG Hagenwerder	30	34:44	28:32
9. Motor WAMA Görlitz	30	36:47	26:34
10. Fortschritt Kirschau	30	50:62	26:34
11. Robur Zittau	30	35:52	23:37
12. Chemie Radebeul	30	35:58	22:38
13. SG Weixdorf	30	28:60	21:39
14. Stahl Freital	30	29:50	19:41
15. Vorwärts Kamenz	30	50:80	18:42
16. TSG Meißen	30	22:59	16:44

Saison 1985/86 · Bezirksliga Dresden

1. TSG Gröditz	30	90:15	50:10
2. STahl Riesa II	30	86:32	45:15
3. FSV Lok Dresden	30	67:35	42:18
4. Empor Tabak Dresden	30	58:30	41:19
5. Fortschritt Neustadt	30	64:35	38:22
6. Wismut Pirna Copitz	30	53:44	33:27
7. Motor TuR Dresden Übigau	30	39:48	26:34
8. Motor Bautzen	30	49:66	25:35
9. Robur Zittau	30	35:54	25:35
10. Fortschritt Kirschau	30	45:69	25:35
11. Empor Dresden Löbtau	30	48:61	24:36
12. ISG Hagenwerder	30	27:47	24:36
13. Chemie Radebeul	30	27:47	24:36
14. SG Weixdorf	30	23:49	23:37
15. Motor WAMA Görlitz	30	27:61	20:40
16. Stahl Freital	30	26:62	15:45

Alle Tabellen 1901-1998

Alle Tabellen 1901-1998

Saison 1986/87 · Bezirksliga Dresden

1.	TSG Gröditz	30	71:12 52:08
2.	FSV Lok Dresden	30	84:33 49:11
3.	Fortschritt Neustadt	30	60:28 43:17
4.	Stahl Riesa II	30	58:27 40:20
5.	Wismut Pirna Copitz	30	50:35 35:25
6.	Robur Zittau	30	50:40 32:28
7.	Empor Tabak Dresden	30	43:40 32:28
8.	Fortschritt Kirschau	30	39:39 29:31
9.	ISG Hagenwerder	30	39:41 29:31
10.	Lautex Neugersdorf	30	23:35 26:34
11.	Motor TuR Dresden Übigau	30	38:53 25:35
12.	Empor Dresden Löbtau	30	50:64 24:36
13.	Motor Bautzen	30	45:70 20:40
14.	SG Weixdorf	30	22:48 20:40
15.	Chemie Radebeul	30	20:57 15:45
16.	Aufbau Riesa	30	23:93 09:51

Saison 1987/88 · Bezirksliga Dresden

1.	Fortschritt Neustadt	30	86:21 52:08
2.	TSG Gröditz	30	83:21 47:13
3.	FSV Lok Dresden	30	87:34 47:13
4.	Stahl Riesa II	30	72:24 43:17
5.	Motor Bautzen	30	52:41 33:27
6.	Lautex Neugersdorf	30	36:30 33:27
7.	ISG Hagenwerder	30	40:38 33:27
8.	Wismut Pirna Copitz	30	37:44 30:30
9.	Fortschritt Bischofswerda	30	37:58 26:34
10.	Fortschritt Kirschau	30	28:42 25:35
11.	Motor WAMA Görlitz	30	18:41 22:38
12.	Empor Tabak Dresden	30	29:54 22:38
13.	Motor TuR Dresden Übigau	30	20:59 22:38
14.	Robur Zittau	30	31:54 19:41
15.	Empor Dresden Löbtau	30	27:66 15:46
16.	SG Weixdorf	30	23:79 12:48

Saison 1988/89 · Bezirksliga Dresden

1.	Fortschritt Neustadt	30	69:22 50:10
2.	TSG Gröditz	30	54:20 47:13
3.	Stahl Freital	30	43:33 37:23
4.	Stahl Riesa II	30	58:38 36:24
5.	FSV Lok Dresden	30	42:31 30:30
6.	Fortschritt Kirschau	30	46:47 29:31
7.	Wismut Pirna Copitz	30	37:40 29:31
8.	Robur Zittau	30	43:42 28:32
9.	TSG Meißen	30	41:49 28:32
10.	Motor WAMA Görlitz	30	32:43 26:34
11.	Lautex Neugersdorf	30	25:36 26:34
12.	Fortschritt Bischofswerda II	30	35:49 26:34
13.	Motor Bautzen	30	34:53 24:36
14.	Motor TuR Dresden Übigau	30	29:48 24:36
15.	ISG Hagenwerder	30	32:53 21:39
16.	Empor Tabak Dresden	30	38:54 19:41

Saison 1989/90 · DDR-Liga, Bezirksliga

1.	Fortschritt Neustadt	30	73:17 53:07
2.	TSG Gröditz	30	79:27 42:18
3.	TSG Meißen II	30	52:40 39:21
4.	Wismut Pirna Copitz	30	46:28 37:23
5.	Robur Zittau	30	47:36 37:23
6.	Motor TuR Dresden Übigau	30	63:54 36:24
7.	Motor WAMA Görlitz	30	36:30 31:29
8.	Lautex Neugersdorf	30	34:36 30:30
9.	Fortschritt Kirschau	30	53:54 29:31
10.	FSV Lok Dresden	30	47:52 26:34
11.	Fortschritt Bischofswerda II	30	43:64 26:34
12.	Stahl Riesa II	30	47:44 24:36
13.	Motor Bautzen	30	38:62 24:36
14.	Stahl Freital	30	50:70 20:40
15.	Empor Dresden -Löbtau	30	41:72 17:43
16.	Landbau Rammenau	30	24:87 09:51

Saison 1990/91 · Bezirksliga Dresden

1.	Dresdner Sport-Club 1898	30	101:23 53:07
2.	FV Dresden 06	30	62:46 36:24
3.	Einheit Kamenz	30	58:51 36:24
4.	Eintracht Niesky	30	51:37 35:25
5.	Stahl Riesa Am.	30	45:44 34:26
6.	TBSV Neugersdorf	30	59:51 31:29
7.	FSV Budissa Bautzen	30	49:44 30:30
8.	TSG Meißen Am.	30	47:57 27:33
9.	FSV Bischofswerda 08 Am.	30	44:54 27:33
10.	Motor Görlitz	30	45:52 26:34
11.	SV Kirschau	30	45:54 26:34
12.	SV Blau-Weiß Freital	30	41:56 26:34
13.	Dresdner SV 1910	30	36:59 25:35
14.	TuR Dresden-Übigau	30	44:56 23:37
15.	SV Dresden-Löbtau 1893	30	38:54 23:37
16.	Landbau Rammenau	30	31:58 22:38

Saison 1991/92 · Landesliga Sachsen

1.	Dresdner Sport-Club 1898	26	81:20 48:04
2.	VfB Zittau	26	48:22 36:16
3.	SV Grimma 1919	26	45:26 36:16
4.	FC Dynamo Dresden Am.	26	51:19 35:17
5.	Tanne Thalheim	26	49:28 34:18
6.	Döbelner SC	26	41:31 25:27
7.	SpVgg. Zschopau	26	42:32 26:26
8.	ESV Delitzsch	26	27:32 23:29
9.	SSV Markranstädt	26	27:40 23:29
10.	Rot-Weiß Werdau	26	31:46 23:29
11.	SSV Fortschritt Neustadt	26	25:45 17:35
12.	SV Pirna Copitz	26	14:45 17:35
13.	Motor Thurm	26	18:57 11:41
14.	FV Gröditz 1911	26	19:75 05:47

Saison 1992/193 · Amateur Oberliga Staffel Süd

1.	FC Sachsen Leipzig	32	62:14 51:13
2.	Bischofswerdaer FV	32	54:16 51:13
3.	FC Rot Weiß Erfurt	32	76:27 49:15
4.	1. FC Markkleeberg	32	57:24 45:19
5.	FSV Zwickau	32	66:31 43:21
6.	FSV Hoyerswerda	32	38:30 37:27
7.	Erzgebirge Aue	32	45:39 36:28
8.	Wacker Nordhausen	32	41:54 31:33
9.	Dresdner Sport-Club 1898	32	36:42 29:35
10.	FV Zeulenroda	32	35:42 27:37
11.	Chemnitzer SV 51 Heckert	32	33:55 26:38
12.	1. SC Gera	32	33:47 24:40
13.	FC Meißen	32	35:54 24:40
14.	Bornaer SV	32	29:47 23:41
15.	SC Weimar 1903	32	32:62 19:45
16.	Riesaer SV	32	22:59 17:47
17.	Funkwerk Kölleda	32	26:81 10:54

Saison 1993/94 · Amateur Oberliga Staffel Süd

1.	FSV Zwickau	30	67:16 54:06
2.	Rot-Weiß Erfurt	30	71:17 50:10
3.	Erzgebirge Aue	30	60:23 41:19
4.	Sachsen Leipzig	30	49:24 39:21
5.	1. FC Markkleeberg	30	37:17 38:22
6.	Bischofswerdaer FV	30	36:26 34:26
7.	Wacker Nordhausen	30	27:35 30:30
8.	1. Suhler SV 1906	30	24:43 25:35
9.	Chemnitzer SV 51 Heckert	30	34:59 25:35
10.	1. SV Gera	30	39:51 24:36
11.	Bornaer SV 91	30	22:37 22:38
12.	FC Meißen	30	27:54 22:38
13.	FV Zeulenroda	30	27:42 21:39
14.	Chemnitzer FC Am.	30	20:40 19:41
15.	FSV Hoyerswerda	30	20:46 18:42
16.	Dresdner Sport-Club 1898	30	21:51 18:42

Saison 1994/95 · Landesliga

1.	Dresdner Sport-Club 1898	26	59:18 42:10
2.	VfB Leipzig / Am.	26	70:25 38:14
3.	Dynamo Dresden Am.	26	42:18 35:17
4.	SV 1919 Grimma	26	46:25 33:19
5.	Tanne Thalheim	26	44:29 31:21
6.	VfB Zittau	26	42:45 28:24
7.	Riesaer SV BW	26	44:37 27:25
8.	VfB Auerbach	26	33:34 27:25
9.	VfB Glauchau	26	38:52 22:30
10.	FV Dresden Nord	26	28:39 21:31
11.	Döbelner SC	26	28:44 21:31
12.	SV Chemie Böhlen	26	23:50 15:37
13.	SpVgg. Zschopau	26	17:57 14:38
14.	VfL Pirna-Copitz	26	20:61 10:42

Saison 1995/96 · NOFV Oberliga Süd

1.	VFC Plauen	30	50:17 66
2.	Chemnitzer FC	30	69:28 56
3.	Carl Zeiss Jena	30	49:31 55
4.	Dresdner Sport-Club 1898	30	52:29 54
5.	VfB Chemnitz	30	45:27 50
6.	FV Zeulenroda	30	52:42 49
7.	1. Suhler SV 1906	30	35:35 45
8.	Meißner SV 1908	30	39:37 43
9.	VfL Halle 1896	30	43:40 40
10.	FSV Hoyerswerda	30	33:30 40
11.	Bornaer SV	30	31:31 36
12.	SC Weimar 1903	30	28:46 36
13.	1. FC Wernigerode	30	30:58 31
14.	SV Merseburg	30	28:55 25
15.	FSV Glückauf Brieske Senftenberg	30	32:55 24
16.	1. SV Gera	30	15:70 5

Saison 1996/97 · NOFV Oberliga Süd

1.	1. FC Magdeburg	30	63:20 63
2.	Dresdner Sport-Club 1898	30	58:20 62
3.	Fortuna Magdeburg	30	58:35 61
4.	VfL Halle	30	50:38 50
5.	FV Dresden Nord	30	39:27 48
6.	VfB Chemnitz	30	38:27 45
7.	FV Zeulenroda	30	40:48 40
8.	SV 1910 Kahla	30	32:33 39
9.	FC Carl Zeiss Jena/Am.	30	27:25 36
10.	Bischofswerdaer FV	30	27:32 36
11.	FSV Hoyerswerda	30	23:26 35
12.	Bornaer SV	30	21:31 33
13.	1. Suhler SV	30	29:44 31
14.	Meißner SV 1908	30	34:52 31
15.	SC Weimar 1963	30	22:57 22
16.	Chemnitzer FC / Am.	30	19:65 18

Saison 1997/98 · NOFV Oberliga Nordost-Süd

1.	Dresdner Sport-Club 1898	30	61:21 64
2.	FV Fortuna Magdeburg	30	58:22 62
3.	VfL Halle	30	46:23 59
4.	FV Bischofswerda	30	50:30 53
5.	FV Dresden Nord	30	41:31 50
6.	Jena / Am.	30	48:37 47
7.	1. Suhler SV 06	30	47:35 46
8.	VfB Chemnitz	30	30:33 38
9.	Bornaer SV	30	34:45 37
10.	FSV Hoyerswerda	30	29:36 36
11.	SV Grimma	30	47:71 35
12.	SV Jenaer Glas	30	31:48 31
13.	Hallescher FC	30	39:47 30
14.	Zeulenroda	30	33:55 29
15.	SV 1910 Kahla	30	29:47 28
16.	SV Dessau	30	27:69 17

100 Jahre DSC

1898 - 1998

Abgesang?

Dieses Buch verlangt geradezu ein paar Worte des Dankes. Retrospektiv kann ich sagen, ein Buch über einen 100jährigen Club, wie den Dresdner Sport-Club zu schreiben, war keine leichte Aufgabe. Aufwendige Recherchen, viele Gespräche und Vergleiche bildeten die Grundlage für immer wieder geänderte Manuskripte... - ganz abgesehen vom gewaltigen Zeitmaß für die Erstellung der Statistik. Ganz besonders danke ich hier sehr meiner Gefährtin Melanie Zeidler, die mich seit Januar 1997 unterstützte, für verständnisvolle Umsicht und Geduld.

Viele Helferinnen und Helfer haben mich immer wieder mit neuen Fakten unterstützt, stellvertretend seien Carla Naumann und Christian Legler von der DSC-Geschäftsstelle und die vielen Abteilungsleiter des Dresdner Sport-Clubs genannt, die mit ihrer Zuarbeit die Grundlage für die 11 Abteilungen im DSC schufen.

Besonderer Dank auch den vielen aufgeschlossenen, freundlichen und zugänglichen DSC-Sportlern und der Bevölkerung in Dresden-Leubnitz, mit seiner wahrlich optimistischen Unternehmerschaft. Ein Hort der Ruhe war dabei der Gasthof Goppeln wo ich als Autor oft sehr viel Kreativität und Kraft tanken konnte. Jürgen Schneider - vielen Dank für Deine gute Küche.

Doch jedes Buch ist auch abhängig von wirtschaftlichen Faktoren. Mit der IIT, an der Spitze Helmut Bill und Thomas Brasch, wurde das Unternehmen mit dem nötigen Backround gefunden, das die Gesamtherstellung des Bandes überhaupt erst ermöglichte.

„Flagge zeigen" - Dank den zahlreichen Sponsoren, Sie finden sie an entsprechender Seite im Buch gewürdigt. Diese sind der wichtigste Garant für das erfolgreiche Bestehen des DSC.

Last but not least: Danke an die Firma Stora in Düsseldorf, mit der Bereitstellung des Papiers wurde ein wichtiger Beitrag zum Erscheinen geleistet.

Ganz herzlicher und besonderer Dank an die Kreativen der Firma Steiner & Steiner in Dresden, die mit Ideenreichtum und einer tollen logistischen Leistung dem Buch einen ganz besonderen Schliff verliehen haben.

Allen Lesern viel Freude bei der hoffentlich spannenden und sportlichen Lektüre. Dem Dresdner Sport-Club wünsche ich sehr herzlich weitere erfolgreiche 100 Jahre.

Bernhard Heck
im Oktober 1998

Impressum

Copyright © 1998 by IIT
International Information Trading GmbH
Wehlener Straße 46 · 01279 Dresden
Tel. 03 51 · 2 12 09 10 / Fax 03 51 · 2 12 09 15
e-mail: info@iit-sports.de
Internet: http://www.iit-sports.de
in Zusammenarbeit mit dem
Dresdner Sport-Club 1898 e.V.

Autor und Projektleitung:
Bernhard Heck

Textbeiträge: Jörg Grundmann, Dr. Konrad Müller (Schach), Dr. Manfred Dreßler (Fechten), Dieter Hammer und Dorothee Parsch (Turnen), Dirk Oehme (Leichtathletik)

Fotos: Archiv Dresdner Sport-Club, Deutsche Fotothek Dresden, Alpen, Schirner, Falckenstein, Hentschel, Schöner, Lieberknecht

Grafische Konzeption: Grafikdesign, Bildverarbeitung, Satz und Logistik: Steiner & Steiner Dresden

Produktion:
Steinbeck-Druck GmbH · 45549 Sprockhövel
Papier: Dieses Buch wurde gedruckt auf LuxoMagic 135 g/m² - einer Qualität der Stora Fine Paper, geliefert über Schneidersöhne Papier.
Produktion:
IIT International Information Trading GmbH
Helmut Bill

Nachdruck und elektronische Reproduktion, auch auszugsweise, nur mit Genehmigung des Herausgebers.